自　　序

　　这是一本有关法学的历史书。

　　2001年，一个秋日的下午，几缕阳光暖暖地斜照在北大教学楼的过道。课间休息时茅海建老师问我："你到北大后准备做什么题目？"我答道："硕士论文写的会馆，博士论文还可以继续研究。"老师说："除了研究会馆，你也可以进军法学界，研究北洋时期的基层司法吧，这与你硕士论文为同一个时期，也都是关于基层的。"从此，面向法学界的北洋时期基层司法研究在我心中播种、破土、生长。从历史学的立场观察法学问题，可以为法学研究注入时间概念，亦可将理念、制度纳入具体历史情境予以理解。本书沿着时间坐标展开画卷，全方位呈现北洋时期基层司法制度的变迁、推行和运作。当然，法学问题引入历史学，也将拓展历史学的研究领域与问题意识。

　　题目在2001年的那个秋天已经定下，但直到2009年底我才开始集中精力动手撰写本书。而今，我们原来上课的教学楼旧址上建起了新楼，过道里，阳光下，师生课间交谈的情景已成追忆，同时，我漫长的读博生活马上也将画上句号。如果2001年开始紧锣密鼓写作，本书也许会成为现在众多近代法制史著作的参考书目，而事实是，这些书成了本书的参考书。发生的改变不仅仅是参考与被参考者位置的颠倒，史料的电子化、网络化，学术潮流、学术风气均非数年前所能想象，当然，改变的还有我本身。彼时的我，此时的我，相似的题目下会写出怎样的同与异呢？有人说四十岁前写的书翻翻即可，也有人说下多少年功夫书就可以放多少年，我拖延了岁月，岁月会留住我的书吗？

— 1 —

这是一个不乏结论的时代，法学界的理论更是层出不穷，各式结论令人目不暇接。风中摇曳、飘浮不定的结论固然耀眼，也往往转瞬即逝，使人眼花缭乱，甚至无所适从。厚重的史实重建可能会延长产出结论的周期，减少信手拈来的结论，从而避免浪费资源，节省读者搜寻、阅读有效信息的精力和时间。在一幅幅厚重而非频频被后来者遮盖、涂鸦的画卷前，才能留下足够的时间驻足、思考、品味。

史实重建的途径很多，量化即为其一。计量史学在世界史学潮流中曾盛极一时，而今，时过境迁，其风光不再。我们可以追随史学新潮流，在新叙事史、新文化史的视角下，历数计量史学的种种不是。学问并非追潮一途，旧理论、旧方法、旧领域虽不在潮头浪尖，却往往不能退出历史研究的舞台。所处境遇各异，有些课不得不补，有时在研究中不得不人弃之，我取之。在中国，无论史学还是法学都比较缺乏定量研究，世界史学潮流中不再时髦的量化研究在中国史学中即属应补之课。北洋时期，设新式法院的处所有多少？县知事兼理司法占多大比例？政治分立对司法统一冲击的范围有多大？法政毕业生与司法人才的供需矛盾如何？有哪些诉讼类别？诉讼的规模有多大？其结案率、结案方式是怎样的？上诉的规模与结果又如何？言说的界限就建立在这些数量概念之上，而人们往往有意无意忽略、模糊这些界限，在满是裂痕、松动的基座上建立起一些整齐、华美的图案。脆弱的基石到底能经得住几多风雨，图案会因其华美而不坍塌吗？

史实并非孤立独存。社会学法学、社会史都比较注意社会事实存系之网。司法源于社会，其目的在于实践。司法制度的命运常常并非由法律本身来决定，而为社会因素所左右。司法独立理念、共和观念、收回法权、政治分立、司法经费、司法人才、诉讼状况等因素在不同的社会情境下形成不同的组合模式，推动或制约法制建设的进程。

不仅我的研究对象深深镶嵌于社会之网，我本身何尝不如此？我成长的过程中总离不开家人、亲朋好友、老师、同学、同事、领导、编辑的关心、支持和帮助，感恩之心难以言表。

本书与博士论文大体重合，经历了博士论文预答辩、匿名评审、正式答辩，又获得了中国社科院创新工程出版资助。茅海建、郭卫东、黄兴涛、金

自　序

以林、罗志田、王奇生、徐思彦等老师参加了博士论文预答辩；茅海建、郭卫东、金以林、罗志田、汪朝光、王奇生等老师参加了答辩；还有五位老师对我的论文进行了匿名评审。申请中国社科院创新工程出版资助时，王奇生、左玉河老师为本书写了推荐意见，近代史所学术委员会的王建朗等老师批准将本书列为创新工程出版资助项目。诸位先生审读本书并提出了修改意见，令我受益匪浅，正是先生们的提携使本书得以顺利出版。同门诸友和近代史所内外的朋友们（特别是本所青年读书会和法律史研究群）多次为本书提出修改意见。

读博士期间有数篇论文在《历史研究》、《近代史研究》和《环球法律评论》等杂志和论文集中发表，其中包括本书的部分章节。社会科学文献出版社的编辑先生还为本书的出版加班加点地工作。诸位编辑细致入微地修改了本书，而我则在他们的修改过程中获得了严格的写作训练。

2007年至2009年因北京大学与莫斯科大学联合研究生院项目而被派往俄罗斯莫斯科大学法律系留学时，国家留学基金委、北京大学、莫斯科大学和近代史所等机构为我提供了帮助与资助。北京和台北两家近代史所为我在2012年底访学台北中研院近代史所提供了资助和热心服务。

在陈奎元先生身边工作是一种难得的人生体验，更重要的是陈先生特别支持我做学问，时常对我的生活、工作与学问予以指点和帮助。

莫斯科大学法律系的导师 Т. Е. Новицкая 教授给了我无私的帮助，至今常常怀念在俄罗斯的美好时光。国内两位导师李长莉和茅海建先生十多年来在学习、生活和工作上为我费尽心血。茅老师赐予了这个题目，李老师直接推动了本书的出版。谨以此书献给我的导师！

感谢所有给予我帮助的人！

唐仕春
2013 年于北京

目　　录

绪　论 ·· 1

● 第一编　司法制度之变迁 ●

第一章　清末民初筹设基层司法机关方案之流变 ············ 31
　一　清末急进之策 ·· 32
　二　清末变通之方 ·· 36
　三　民初稳健手段 ·· 40
　小结 ·· 44

第二章　审检所制度的昙花一现 ······························· 46
　一　县衙门的设官分职改革 ····································· 47
　二　审检所制度的出台 ·· 56
　三　审检所制度的推行与裁撤 ·································· 62
　小结 ·· 71

第三章　县知事兼理司法制度的演进 ························· 74
　一　县知事兼理司法制度的出台 ······························· 76
　二　县知事兼理司法制度的推行 ······························· 80
　三　县知事与承审员审理案件权限 ···························· 85
　小结 ·· 89

第四章 1914年审判厅大裁并的源流、过程与原委 … 91
　一　分散的裁厅交涉与行动 … 92
　二　梁启超与裁撤审判厅 … 97
　三　裁厅通电与《各省设厅办法六条》 … 100
　四　政治会议期间的裁厅与设厅讨论 … 104
　小结 … 112

第五章 1916年县司法制度改革的重启 … 115
　一　全国司法会议的召开 … 115
　二　对县知事兼理司法制度的检讨 … 119
　三　对县司法制度的新构想 … 122
　小结 … 129

第六章 1920年前后收回法权与基层司法制度改革 … 131
　一　巴黎和会与1919年的添设厅监分年筹备计划 … 132
　二　华盛顿会议与1921年开始的中国法制改良 … 138
　小结 … 145

第二编　司法制度之运行

第七章 基层司法机关的规模与分布 … 153
　一　新式审判机关的规模 … 154
　二　审检所、司法公署与县知事兼理司法衙门的规模 … 172
　三　基层司法机关的分布 … 177
　小结 … 183

第八章 基层司法机关的人员与经费 … 185
　一　司法人员的职掌、人数及来源 … 186
　二　司法经费的分配 … 199
　小结 … 211

第九章　政治分立与司法统一 …………………………………… 213
　一　司法部对各省司法人员的任免奖惩 ………………………… 215
　二　司法部对各省诉讼的督饬 …………………………………… 219
　三　大理院对各省案件的审理 …………………………………… 223
　四　司法系统的维持与断裂 ……………………………………… 227
　小结 ………………………………………………………………… 231

第十章　司法经费的筹措 ………………………………………… 233
　一　地方行政机关筹措司法经费 ………………………………… 234
　二　以司法收入补助司法经费制度的出台 ……………………… 238
　三　各县司法经费的来源与支取 ………………………………… 245
　四　各县的司法收入 ……………………………………………… 254
　小结 ………………………………………………………………… 259

第十一章　司法人才的供需 ……………………………………… 261
　一　普设法院所需司法人员数目 ………………………………… 261
　二　法政毕业生数目 ……………………………………………… 264
　三　所需司法人员与法政毕业生的供需矛盾 …………………… 273
　小结 ………………………………………………………………… 277

第三编　诉讼之量化分析

第十二章　基层诉讼的规模、效率及结案方式 ………………… 281
　一　清代基层诉讼规模的推算与评估 …………………………… 283
　二　北洋时期基层诉讼的规模 …………………………………… 288
　三　北洋时期基层诉讼中的结案率 ……………………………… 298
　四　北洋时期基层诉讼中的结案方式 …………………………… 304
　小结 ………………………………………………………………… 314

第十三章　基层诉讼的类别 ………………………………… 331
　一　案件的民刑构成 ………………………………………… 332
　二　刑事案件的罪名类别 …………………………………… 339
　三　民事案件的类别 ………………………………………… 348
　小结 …………………………………………………………… 360

第十四章　基层诉讼中的上诉与覆判 ……………………… 376
　一　基层诉讼中的上诉率 …………………………………… 376
　二　上诉案件之结果 ………………………………………… 381
　三　覆判案件之结果 ………………………………………… 396
　小结 …………………………………………………………… 400

结　论 …………………………………………………………… 414

征引文献 ………………………………………………………… 431

图 目 录

图 7-1　1910~1926 年地方审判厅数目 …………………………… 165
图 7-2　1914~1926 年地方分庭数目 ……………………………… 168
图 7-3　1915~1926 年省级司法机关附设地方庭数目 …………… 171
图 7-4　1922~1926 年司法公署数 ………………………………… 175
图 7-5　1910~1926 年设新式法院处所比例 ……………………… 178
图 7-6　1914~1926 年县知事兼理司法县数比例 ………………… 178
图 12-1　1923~1927 年顺义县年新收民刑事诉讼案件数 ……… 289
图 12-2　1925~1927 年顺义县月新收民刑事诉讼案件数 ……… 289
图 12-3　1925~1927 年顺义县新收民刑事诉讼案件之月数分布 … 290
图 12-4　1919~1926 年山西省各厅县新收民刑第一审案件数 … 291
图 12-5　1920~1926 年山西省各县每万户年均新收民刑
　　　　第一审案件数 ……………………………………………… 291
图 12-6　1919~1926 年山西省各诉讼规模之县所占比例 ……… 292
图 12-7　1922~1924 年浙江省地方厅与各县新收民刑
　　　　第一审案件数 ……………………………………………… 293
图 12-8　1922~1924 年浙江省各诉讼规模之县所占比例 ……… 294
图 12-9　1914~1923 年全国地方厅年均新收民刑第一审案件数 … 294
图 12-10　1914~1923 年全国各诉讼规模之地方厅所占比例 …… 296
图 12-11　1923~1928 年顺义县民刑案件年结案率 ……………… 299
图 12-12　1923~1928 年顺义县民刑案件月均结案数 …………… 300
图 12-13　1920~1926 年山西省地方厅与各县年结案数 ………… 300
图 12-14　1920~1926 年山西省地方厅与各县月结案数 ………… 301
图 12-15　1920~1926 年山西省各年结案率之县分布 …………… 301

图 12－16　1914～1923 年全国地方厅民刑事案件第一审年结案数 …… 302

图 12－17　1914～1923 年全国地方厅民刑事第一审月结案数 ……… 302

图 12－18　1914～1923 年全国民刑事第一审各结案率之
地方厅分布 ………………………………………………… 303

图 12－19　1923～1928 年顺义县民事案件第一审主要结案方式 …… 306

图 12－20　1919～1926 年山西省厅县民事案件第一审
主要结案方式 ……………………………………………… 306

图 12－21　1919～1926 年山西省民事案件第一审各判决率之
县数比例 …………………………………………………… 307

图 12－22　1919～1926 年山西省民事案件第一审各和解率之
县数比例 …………………………………………………… 308

图 12－23　1914～1923 年全国地方厅民事案件第一审各判决率
之厅次比例 ………………………………………………… 309

图 12－24　1914～1923 年全国地方厅民事案件第一审各和解率
之厅次比例 ………………………………………………… 310

图 12－25　1919～1923 年山西各县与全国地方厅民事案件
第一审判决率之比较 ……………………………………… 312

图 13－1　1923～1928 年顺义县新收民刑案件比例 ………………… 333

图 13－2　1919～1926 年山西省地方厅新收第一审案件民刑比例 … 333

图 13－3　1919～1926 年山西省各县新收第一审案件民刑比较 …… 334

图 13－4　1919～1926 年山西省新收民事案件少于刑事案件之
县数比例 …………………………………………………… 335

图 13－5　1922～1924 年浙江省地方厅新收第一审案件民刑比较 … 336

图 13－6　1922～1924 年浙江省各县新收第一审案件民刑比较 …… 336

图 13－7　1914～1923 年全国地方厅新收第一审案件民刑比较 …… 337

图 13－8　1923～1928 年顺义县新收刑事案件之主要罪名分布 …… 340

图 13－9　1919～1923 年山西省地方厅新收刑事案件之主要
罪名分布 …………………………………………………… 342

图 13－10　1919～1923 年山西省各县新收刑事案件之主要
罪名分布 …………………………………………………… 342

图目录

图 13 – 11　1924 年度浙江省地方厅刑事终结案件之主要
罪名分布 ………………………………………………… 344

图 13 – 12　1924 年度浙江省各县刑事终结案件之主要罪名分布 ……… 345

图 13 – 13　1914~1923 年全国地方厅新收刑事第一审案件之主要
罪名分布 ………………………………………………… 345

图 13 – 14　北洋时期全国地方厅与山西各县新收刑事第一审案件
主要罪名分布 …………………………………………… 347

图 13 – 15　北洋时期全国地方厅与山西各县新收刑事第一审案件
主要罪名分布（鸦片烟、赌博和特别法犯案除外）………… 348

图 13 – 16　1923~1928 年顺义县新收民事案件类别分布 …………… 349

图 13 – 17　1919~1926 年山西省各县新收民事案件类别分布 ……… 350

图 13 – 18　1924 年度浙江省地方厅与各县民事终结案件之诉讼
类别分布 ………………………………………………… 351

图 13 – 19　1914~1923 年全国地方厅民事终结案件之诉讼
类别分布 ………………………………………………… 352

图 13 – 20　北洋时期各县与地方厅民事案件类别比较 ……………… 353

图 13 – 21　1923、1924、1928 年顺义县民事案件各标的之
案件分布 ………………………………………………… 354

图 13 – 22　1923、1924、1928 年顺义县民事案件各标的
数目分布 ………………………………………………… 355

图 13 – 23　1919~1925 年山西省地方厅与县民事案件各标的之
案件分布 ………………………………………………… 355

图 13 – 24　1919~1925 年山西省地方厅与县民事案件各标的
平均数分布 ……………………………………………… 356

图 13 – 25　1914~1922 年全国地方厅民事案件各标的之案件分布 …… 357

图 13 – 26　1914~1923 年全国地方厅民事案件各标的平均数分布 …… 358

图 14 – 1　1923~1926 年顺义县民刑案件第一审的上诉率 ………… 378

图 14 – 2　1914~1923 年全国地方厅民刑案件第一审的上诉率 …… 380

图 14 – 3　1914~1923 年全国民刑事案件第一审各上诉率之
地方厅分布 ……………………………………………… 380

图 14-4　1914~1923 年地方厅与各县初级管辖民事控告案件数……… 381
图 14-5　1914~1923 年地方厅与各县地方管辖民事控告案件数……… 383
图 14-6　1914~1923 年地方厅与各县初级管辖民事控告案件之
　　　　　撤销率………………………………………………………… 384
图 14-7　1914~1923 年地方厅与各县地方管辖民事控告案件之
　　　　　撤销率………………………………………………………… 384
图 14-8　1914~1923 年地方厅与各县初级管辖民事抗告案件数……… 385
图 14-9　1914~1923 年地方厅与各县地方管辖民事抗告案件数……… 386
图 14-10　1914~1923 年地方厅与各县初级管辖民事抗告案件之
　　　　　撤销率………………………………………………………… 388
图 14-11　1914~1923 年地方厅与各县地方管辖民事抗告案件之
　　　　　撤销率………………………………………………………… 388
图 14-12　1914~1923 年地方厅与各县初级管辖刑事控告案件数……… 389
图 14-13　1914~1923 年地方厅与各县初级管辖刑事控告案件之
　　　　　撤销率………………………………………………………… 390
图 14-14　1914~1923 年地方厅与各县地方管辖刑事控告案件数……… 390
图 14-15　1914~1923 年地方厅与各县地方管辖刑事控告案件之
　　　　　撤销率………………………………………………………… 391
图 14-16　1914~1923 年撤销地方厅与各县原判之理由 ………………… 393
图 14-17　1914~1923 年地方厅与各县初级管辖刑事抗告案件数 ……… 394
图 14-18　1914~1923 年地方厅与各县地方管辖刑事抗告案件数 ……… 394
图 14-19　1914~1923 年地方厅与各县初级管辖刑事抗告案件之
　　　　　撤销率………………………………………………………… 395
图 14-20　1914~1923 年地方厅与各县地方管辖刑事抗告案件之
　　　　　撤销率………………………………………………………… 396
图 14-21　1914~1923 年各县年均新增覆判案件数 ……………………… 398
图 14-22　1914~1923 年各县覆判案件之核准率 ………………………… 398
图 14-23　1914~1923 年各县覆判案件之更正率 ………………………… 399
图 14-24　1914~1923 年各县覆判案件之覆审率 ………………………… 399

表 目 录

表 2-1	《审检署章程修正案》与《各县帮审员办事暂行章程》比较	61
表 3-1	审检所与县知事兼理司法制度比较	79
表 6-1	1920~1924年筹设地方审判厅计划	136
表 7-1	1913~1914年各省审检所一览	173
表 7-2	1910~1926年全国基层司法机关数目	179
表 7-3	1910~1926年各省区基层新式审判机关数目	181
表 9-1	1916~1925年司法部任免奖惩法官的省区	217
表 9-2	1916~1925年向司法部呈报收结案件数据的省区	220
表 9-3	1916~1927年大理院审判各省区上诉案件情形	224
表 9-4	1916~1925年司法系统之维持与断裂状况	228
表 10-1	1913~1925年各省审判厅处及监所等经费	236
表 11-1	1907~1909年法政学堂毕业人数	268
表 11-2	1905~1909年法政学堂在堂学生人数	270
表 11-3	1912~1916年法科学生及毕业生人数	272
表 11-4	1928~1947年法科学生及毕业生人数	273
表 12-1	1923~1928年顺义县收结民刑案件数	316
表 12-2	1925~1927年顺义县月收结民刑事诉讼案件数	316
表 12-3	1925~1927年顺义县各诉讼规模之月数分布	317
表 12-4	1919~1926年山西省地方厅年新收民刑第一审案件数	318
表 12-5	1919~1926年山西省各县年新收民刑第一审案件数	319

表 12 - 6	1919~1926 年山西省各诉讼规模之县分布	319
表 12 - 7	1917~1918 年山西省兴县受理民刑事第一审案件数	320
表 12 - 8	1922~1924 年浙江省地方厅年新收民刑第一审案件情况	320
表 12 - 9	1922~1924 年浙江省各诉讼规模之地方厅分布	320
表 12 - 10	1922~1924 年浙江省各县年新收民刑第一审案件数	321
表 12 - 11	1922~1924 年浙江省各诉讼规模之县分布	321
表 12 - 12	1914~1923 年全国地方厅年新收民刑第一审案件数	321
表 12 - 13	1914~1923 年全国各诉讼规模之地方厅分布	322
表 12 - 14	1920~1926 年山西省厅县民刑案件年结案情况	322
表 12 - 15	1920~1926 年山西省民刑案件第一审各结案率之县分布	323
表 12 - 16	1914~1923 年全国地方厅民刑事案件第一审结案数与结案率	324
表 12 - 17	1914~1923 年全国民刑事案件第一审各结案率之地方厅分布	324
表 12 - 18	1923~1928 年顺义县民事案件第一审结案方式	325
表 12 - 19	1919~1926 年山西省厅县民事案件第一审结案方式	325
表 12 - 20	1920~1926 年山西省厅县刑事案件第一审结案方式	325
表 12 - 21	1919~1926 年山西省民事案件第一审各判决率之县分布	326
表 12 - 22	1919~1926 年山西省民事案件第一审各和解率之县分布	327
表 12 - 23	1919~1926 年山西省民事案件第一审判决率低于和解率之县比较	327
表 12 - 24	1917~1918 年山西省兴县民事案件第一审结案方式	328
表 12 - 25	1914~1923 年全国地方厅刑事案件第一审结案方式	328
表 12 - 26	1914~1923 年全国地方厅民事案件第一审结案方式	328
表 12 - 27	1914~1923 年全国民事案件第一审各判决率之地方厅分布	329
表 12 - 28	1914~1923 年全国民事案件第一审各和解率之地方厅分布	329

表 12 - 29	1919~1923 年山西各县与全国地方厅民事案件第一审判决率比较	330
表 13 - 1	1923~1928 年顺义县新收案件民刑比较	362
表 13 - 2	1919~1926 年山西地方厅新收第一审案件民刑比较	362
表 13 - 3	1919~1926 年山西省各县新收第一审案件民刑比较	362
表 13 - 4	1919~1926 年山西省新收第一审案件民事少于刑事之县比较	363
表 13 - 5	1922~1924 年浙江省地方厅新收第一审案件民刑比较	363
表 13 - 6	1922~1924 年浙江省各县新收第一审案件民刑比较	363
表 13 - 7	1914~1923 年全国地方厅新收第一审案件民刑比较	364
表 13 - 8	1923~1928 年顺义县新收刑事案件之主要罪名分布	364
表 13 - 9	1919~1923 年山西省地方厅新收刑事案件之主要罪名分布	364
表 13 - 10	1919~1923 年山西省各县新收刑事案件之主要罪名分布	365
表 13 - 11	1917~1918 年山西省兴县新收刑事案件之主要罪名分布	365
表 13 - 12	1924 年度浙江省地方厅与各县刑事终结案件之主要罪名分布	366
表 13 - 13	1914~1923 年全国地方厅新收刑事第一审案件之主要罪名分布	366
表 13 - 14	北洋时期全国地方厅与山西各县新收刑事第一审案件主要罪名比较	367
表 13 - 15	1923~1928 年顺义县新收民事案件类别分布	367
表 13 - 16	1919~1926 年山西省各县新收民事案件类别分布	368
表 13 - 17	1917~1926 年山西省兴县新收民事案件种类分布	368
表 13 - 18	1924 年度浙江省地方厅与各县民事终结案件之诉讼种类分布	369
表 13 - 19	1914~1923 年全国地方厅民事终结案件之诉讼种类分布	369
表 13 - 20	北洋时期各县与地方厅民事案件类别分布	370

表 13-21	1923、1924、1928 年顺义县民事案件各标的之案件分布	370
表 13-22	1923、1924、1928 年顺义县民事案件诉讼标的分布	371
表 13-23	1919~1925 年山西省地方厅民事案件各标的之案件分布	371
表 13-24	1919~1925 年山西省各县民事案件各标的之案件分布	372
表 13-25	1919~1925 年山西省地方厅与县民事案件平均诉讼标的分布	373
表 13-26	1914~1922 年全国地方厅民事案件各标的案件分布	373
表 13-27	1914~1922 年全国地方厅民事案件平均诉讼标的分布	374
表 14-1	1923~1926 年顺义县的上诉率	402
表 14-2	1914~1923 年全国地方厅的上诉率	402
表 14-3	1914~1923 年全国民刑案件各上诉率之地方厅分布	403
表 14-4	1914~1923 年地方厅与各县民事控告案件之结果	403
表 14-5	1914~1923 年地方厅与各县民事抗告案件之结果	405
表 14-6	1914~1923 年地方厅与各县刑事控告案件之结果	407
表 14-7	1914~1923 年撤销地方厅与各县原判之理由	409
表 14-8	1914~1923 年地方厅与各县刑事抗告案件之结果	411
表 14-9	1914~1923 年各县覆判案件之结果	413

绪　　论

一　问题意识

　　一百多年前，中西文明的大碰撞中，"中国法制朝何处去"的问题摆在了中国面前，从此，它一次次叩击着国人的心弦，至今绵延不绝。

　　自古以来，刑名即为中国各基层衙门最重要的职能之一，中国也有以处理刑名为主的衙门，如清代的按察司综理全省刑名，三法司（刑部、都察院和大理寺）总理全国刑名。清末，随着西方近代政治学说及制度传入中国，以三权分立为参照物，中国的刑名往往被理解为司法，司法与行政不分则被当作中国传统政治制度的特点。破坏与重建的轮回里中国近代司法制度建设走过了一百年的历程，司法与行政应不应分立、能不能分立、如何分立便成了始终挥之不去，却又难以解决的问题。

　　一百年里，中国选择了"西行取经"，移植国外司法制度的步伐未曾停歇。清末，内外交困的中国开始经由日本移植西方司法制度，经过四五十年的发展，逐渐形成了国民党政府的司法制度。中华人民共和国建立初期全面废除国民党政府的司法制度，转而借鉴、移植苏联司法制度。又一个四五十年过去之后，中华人民共和国建立初期开始形成的司法制度遭受挑战，中国重新大规模地引进西方司法制度。而今，我们仿照西方样式建立了法院系统、检察系统，中国司法中处处可见西方司法制度的痕迹，甚至很难看到中国传统司法制度本身。然而在中国土壤中生长出来的"西式"司法制度，无论如何也不是西方司法制度的翻版，它往往与西方形似而神不似，骨子里隐约可见中国传统法律文化的影子。① 相对西方司法制度，中国今天的司法制度似乎有点"得形忘意"；相对中国传统诉讼制度，它仿佛又有点"得意忘形"。中国司法制度亦中亦西、不中不西的状况是因为中国学习西方不够充分，还是西方司法制度本身未必应该成为中国的不二选择？抑或中国传统司法制度尚有顽强的生命力？中国司法制度再次行走在十字路口，其未来的方向在哪里？是继续西行，抑或凸显中国因素？

不同的时代，对这些问题进行思考的立场和视角常常不一样。一百年前和一百年后的今天，中国司法制度建设的基点已经悄然发生改变。其中比较重大的一个变化是，中国在世界格局中的位置发生了重大变化。一百年前，列强环伺，中国积贫积弱，中国为救国图强而学习西方，西方处于强势地位，西方的司法制度似乎具有无可争辩的优越性。当时许多改革者"一方面鄙薄我国旧制，弃之唯恐不尽；一方面崇慕西洋新法，仿之唯恐不肖，对于中西法制的利弊难以冷静地检讨、比较，对于产生这两个法制的社会、政治、经济、思想诸体系更无暇深入研究，仓促地想将我国传统法制连根拔除，将西方法制移植过来。"② 而今，中国逐渐崛起，甚至开始在世界规则的制定与修改中具有发言权。在西方不再被作为顶礼膜拜对象的时代，人们不仅可以理直气壮地问，源于西方地方性经验的西方近代司法制度是否具有普适性，中国的传统以及现在的司法经验是否能成为中国未来司法制度的源

---

① 梁治平认为，"现今社会里占支配地位的无一例外是这种西化了的法律。至于说到法律意识，恐怕还是传统的占优势"。参见梁治平《法辩：中国法的过去、现在与未来》，中国政法大学出版社，2002，第249页。

范忠信甚至认为，"近代以来，我们国家的政治和社会生活实际上主要还是按照我国民族习惯的方式和规则在进行，只不过其过程受到了人为设计或移植的显性法制一定程度的'干扰'或'影响'而已"。参见范忠信《〈近代中国城市江湖社会纠纷解决模式〉总序》，易江波：《近代中国城市江湖社会纠纷解决模式——聚焦于汉口码头的考察》，中国政法大学出版社，2010，第3页。

各位先进的论著对本书多有启发，本书对学术略有推进，实赖各位先进之助。书中间有商榷，均出自学术本心，而不改对先进的敬重。为省文，提及各位先进大名时，均省"先生"二字。

② 张伟仁：《清代法制研究》，台北中研院历史语言研究所，2007，第55页。

泉，进而它能否为世界法律规则的制定与修改贡献什么，①而且连西方近代司法制度本身也饱受质疑，"西方法律传统像整个西方文明一样，在 20 世纪正经历着前所未有的危机"。②

随着中国自信心的恢复，在对现代性以及"现代化范式"的质疑声中，中国司法建设中如何妥善处理古今、中西关系较之以前显得更为迫切，也面临更为复杂的挑战。正如张伟仁所言，"我们也应该停一停盲从的脚步，仔细地看一看自己过去的路和西方过去的路，看出了其曲直、偏差，然后定下一个新的方向，选一条新的，自己的，更好的路"。③

近代弱势的中国遭遇强势的西方之后，拒西方司法制度于国门之外已无可能；传统仍贯穿于现代，以西方司法制度完全取代中国的司法制度似不可得。面对古今、中外司法制度将长期并存、互相渗透的局面，要把握中国司法制度的现在和未来，一个可能的途径就是下意识地从过往的记忆里寻找可资利用的资源。过去或许会向我们显示如何建设未来，或许它更多只是让我们思接千载，视通万里：今天如何从昨天走来，前人曾经在如何思考建设未来，他们选择了什么样的路，没有选择什么路，他们解决了哪些问题，留下了哪些问题。回到逝去不久的历史场景，中西司法制度在近代中国社会到底发生了怎样的碰撞与融合？兴许，这能激起我们思考由古及今的种种问题，寻找到何以至此的种种脉络。

司法独立是近代西方司法制度的基本原则。司法独立等原则传入中国后首先面对的现实是中国司法与行政不分，既没有近代西方司法制度中那

---

① 苏力提出了法治的本土资源论。（苏力：《法治及其本土资源》，中国政法大学出版社，1996）范忠信特别强调阐发中华民族的"活法"并为移植法制中国化服务。（范忠信：《〈近代中国城市江湖社会纠纷解决模式〉序》，易江波：《近代中国城市江湖社会纠纷解决模式——聚焦于汉口码头的考察》，第 6 页）邓正来指出，我们必须结束这个受"西方现代化范式"支配的法学旧时代，并在此基础上开启一个自觉研究"中国法律理想图景"的法学新时代。（邓正来：《中国法学向何处去——建构"中国法律理想图景"时代的论纲》，商务印书馆，2008，第 259～260 页）黄宗智力图发现中国法与西方法的共通之处与互补之处，认为"传统的从解决纠纷出发、强调调解和好的民事法律传统明显是有现代价值和意义的，并且是应当在现代中国、现代世界予以适当援用的制度"。（黄宗智：《过去和现在：中国民事法律实践的探索》，法律出版社，2009，第 256 页）
② 哈罗德·J. 伯尔曼：《法律与革命》，贺卫方等译，中国大百科全书出版社，1996，第 38 页。
③ 张伟仁：《清代法制研究》，第 56 页。

样的专门法院，也没有专门的法官。清末和北洋时期一部分中国人试图努力另建一套司法系统，培养、选拔专门的法官独立从事审判，以实现司法与行政分立。然而，司法长期并不能从行政中分离出来，更不用说司法独立。

为何在中西司法制度碰撞初期中国的司法与行政即难以分离，北洋时期实为理解这一问题的关键时段。

清末司法改革中，筹设法院计划刚刚起步清政府就灭亡了。历史没有留给清朝足够的时间来回答司法与行政能不能在基层实现分离这个问题。北洋时期是司法与行政的分离在基层实践的时代，在这样一个社会里，清末开创的司法改革何去何从呢？北洋时期中国司法改革不仅前承晚清司法改革之余绪，而且后启南京国民党政府司法建设之端倪。南京国民党政府的司法建设在北洋时期的基础上走得更远，很多方面只是量上的改变而已。作为中国法制变迁承前启后的重要环节，北洋时期司法与行政分离走过的历程对理解整个近代法制建设无疑具有重要意义。

当然，讨论北洋时期司法与行政分离必须将视角转向基层。

基层司法对纠纷的解决具有十分重要的意义。从审级上看，基层司法直接关系到绝大多数民众，如果不上诉，第一审就是终结审；即使上诉，上诉审主要是法律审，事实审仍在基层；何况北洋时期还有邻县上诉，县司法机关也受理部分上诉。基层司法在各审级中具有极其重要的地位，其对解决纠纷的作用不言而喻。

更为关键的是，只有将目光向下，才能发现基层司法建设中的复杂性和丰富面相。北洋时期在京师设有最高审判机关大理院1所，各省城设有高等审判厅共20多所，省城和少数商埠还设有地方审判厅。设有新式审判机关的县不足100个，占全国县数的比例不足5%；全国92%以上的县都是县知事兼理司法。① 如果不讨论基层司法，那么观察到的全部是大理院和高等审判厅这样的新式审判机关。迄今为止，学术界讨论民国时期的司法专业化、司法独立、国民党司法党化、陕甘宁边区大众化司法时仅仅聚焦于少数新式

---

① 详见本书第七章"基层司法机关的规模与分布"。

法院，往往忽略了未设审判厅各县，其结论的片面之处可以想见，解释力也必然受限。只有目光下移到基层，才能发现设新式法院之处原来如此之少，未设法院之处却如此之多；只有这样，一个真实的、多样性的中国才能完整展现。① 不仅如此，基层司法制度涉及1800余县，无论是涉案人员还是案件数，都远远超过大理院和高等审判厅，只有研究基层司法的实践才能把握中国法制建设进程的大局。因此，视角转换到基层将大大推进学术研究。

北洋时期基层司法制度的独特学术价值和现实意义还没有得到充分重视和深入发掘，值得进一步研究。

二 相关研究述评

本书主要研究西方近代司法制度与司法观念引入中国后，中国司法制度发生的变迁。那么，学者们在相关领域里已经取得了哪些成果，为本研究奠定了什么样的基础？

近20年，学界发表了数量众多的中国法制史特别是近代法制史研究综述与评论，加上新出版的一批近代法制史论著也对近代法制史研究成果进行了梳理，大体反映了这一领域的研究概貌。② 为避免重复，本书不再面面俱

---

① 近代史研究中往往关注"新"，以为"新"是了解中国的钥匙。殊不知，这把钥匙能打开的门内往往只是能看到中国微不足道的一角。同样，眼里只有"旧"中国，也无法理解今天的"新"何以至此。结合新旧两个世界才能多了解一点中国。

② 参见曾宪义、郑定编著《中国法律制度史研究通览》，天津教育出版社，1989；曾宪义、范忠信编著《中国法律思想史研究通览》，天津教育出版社，1989；刘广安：《二十世纪中国法律史学论纲》，《中外法学》1997年第3期；苏亦工：《法律史学研究方法问题商榷》，《北方工业大学学报》1997年第4期；饶鑫贤：《二十世纪之中国法律思想史研究及其发展蠡测》，《中国法学》1997年第6期；王志强：《略论本世纪上半叶中国法制史的研究方法》，李贵连主编《二十世纪的中国法学》，北京大学出版社，1998，第321～338页；王志强：《二十世纪的中国法律思想史学——以研究对象和方法为线索》，《中外法学》1999年第5期；徐忠明：《中国法制改革认知取向的考述与评析》，《中山大学学报》2000年第5期；陈晓枫、柳正权：《中国法制史研究世纪回眸》，《法学评论》2001年第2期；徐忠明：《关于中国法律史研究的几点省思》，《现代法学》2001年第1期；刘海年、马小红：《五十

到地赘述近代法制史研究的成果，仅从清代的基层司法制度研究成果入手了解西方因素进入中国之前的清代基层司法状况是什么，并在北洋时期整个司法制度，乃至整体社会变迁中观察基层司法的研究处于什么位置，从而定位本研究的起点和基础。

迄今为止，对清代基层司法领域的研究已经取得一批有分量、有影响的成果。1962年瞿同祖出版了英文著作《清代地方政府》，介绍了地方政府的构成及其司法职能。[①] 后经陶希圣、戴炎辉、张伟仁、那思陆、郑秦、吴吉

年来的中国法制史研究》，韩延龙主编《法律史论集》第3卷，法律出版社，2001；王志强：《中国法律史学研究取向的回顾与前瞻》，《中西法律传统》第2卷，中国政法大学出版社，2002，第59~90页；梁治平：《法律史的视界：方法、旨趣与范式》，《中国文化》2003年第19、20期合刊；倪正茂主编《法史思辨——2002年中国法史年会论文集》，法律出版社，2004；胡旭晟：《解释性的法史学：以中国传统法律文化的研究为侧重点》，中国政法大学出版社，2005；李力：《危机、挑战、出路："边缘化"困境下的中国法制史学——以中国大陆地区为主要对象》，《法制史研究》2005年第8期；张中秋编《法律史学科发展国际学术研讨会文集》，中国政法大学出版社，2006；刘广安：《中国法史学基础问题反思》，《政法论坛》2006年第1期；徐忠明：《中国法律史研究的可能前景：超越西方，回归本土？》，《政法论坛》2006年第1期；邓建鹏：《中国法律史研究思路新探》，《法商研究》2008年第1期；里赞：《中国法律史研究中的方法、材料和细节——以清代州县审判问题研究为例》，《法学》2009年第3期；刘昕杰：《"中国法的历史"还是"西方法在中国的历史"——中国法律史研究的再思考》，《社会科学研究》2009年第4期；尤陈俊：《"新法律史"如何可能——美国的中国法律史研究新动向及其启示》，黄宗智、尤陈俊主编《从诉讼档案出发：中国的法律、社会与文化》，法律出版社，2009；韩秀桃：《司法独立与近代中国》，清华大学出版社，2003；李启成：《晚清各级审判厅研究》，北京大学出版社，2004；吴永明：《理念、制度与实践：中国司法现代化变革研究（1912~1928）》，法律出版社，2005；欧阳湘：《近代中国法院普设研究——以广东为个案的历史考察》，知识产权出版社，2007；李超：《清末民初的审判独立研究》，法律出版社，2009；里赞：《晚清州县诉讼中的审断问题：侧重四川南部县的实践》，法律出版社，2010；付海晏：《变动社会中的法律秩序——1929~1949年鄂东民事诉讼案例研究》，华中师范大学出版社，2010；刘昕杰：《民法典如何实现：民国新繁县司法实践中的权利与习惯》，中国政法大学出版社，2011；李在全：《法治与党治：国民党政权的司法党化（1923~1948）》，社会科学文献出版社，2012；孙慧敏：《制度移植：民初上海的中国律师（1912~1937）》，台北中研院近代史研究所，2012；胡永恒：《陕甘宁边区的民事法源》，社会科学文献出版社，2012；邱志红：《现代律师的生成与境遇：以民国时期北京律师群体为中心的研究》，社会科学文献出版社，2012；韩涛：《晚清大理院：中国最早的最高法院》，法律出版社，2012。

① 该书后来被翻译成中文出版。瞿同祖：《清代地方政府》，范忠信、晏锋译，法律出版社，2003。

远、滋贺秀三等人的详细论证，清代地方政府的诉讼职能和诉讼程序大体轮廓已经勾勒清楚。① 瞿同祖使用了官箴书等主体资料，而戴炎辉、郑秦等人的学术研究已经建立在基层诉讼档案基础上了，戴炎辉和滋贺秀三等利用了淡新档案，郑秦使用的资料包括顺天府档案，吴吉远使用的资料包括顺天府档案和巴县档案等。近十年不少青年学者纷纷利用诉讼档案等资料继续讨论清代州县诉讼制度。邓建鹏用黄岩诉讼档案，② 胡谦用巴县和黄岩诉讼档案，③ 里赞用南部县档案，④ 张晓蓓和李艳君用清代冕宁司法档案等作为基本资料补充、证实或证伪了清代司法制度的诸多方面。⑤ 上述论证使清代州县处理诉讼相关人员的构成、职掌、薪俸，以及诉讼过程各环节如起诉、受理、审理、裁决、执行和上控等更为清晰、丰富。

清代州县诉讼制度研究领域一些问题尚未达成共识，学术争论在所难免。随着黄宗智为首的 UCLA 中国法律史研究群在 20 世纪 90 年代的崛起，⑥ 发生了一场美日学者关于中国法律问题的激烈交锋，引来无数中国学者围观、评论。⑦ 交锋的双方为美国的黄宗智和日本的滋贺秀三及其弟子寺

---

① 参见陶希圣《清代州县衙门刑事审判制度及程序》，台北，食货出版社，1972；戴炎辉：《清代之司法制度》，《台湾省通志卷三·政事志·司法编》，1972；戴炎辉：《清代台湾之乡治》，台北，联经出版事业公司，1979；那思陆：《清代州县衙门审判制度》，台北，文史哲出版社，1982；张伟仁：《清代法制研究》；滋贺秀三『続·清代中国の法と裁判』、創文社、2009；郑秦：《清代司法审判制度研究》，湖南教育出版社，1988；郑秦：《清代法律制度研究》，中国政法大学出版社，2000；吴吉远：《清代地方政府的司法职能研究》，中国社会科学出版社，1998。
② 参见邓建鹏《纠纷、诉讼与裁判——黄岩、徽州及陕西的民诉案研究（1874~1911）》，博士学位论文，北京大学法学院，2004；邓建鹏：《清代州县讼案的裁判方式研究》，《江苏社会科学》2007 年第 3 期；邓建鹏：《清代州县讼案和基层的司法运作——以黄岩诉讼档案为研究中心》，《法治研究》2007 年第 5 期。
③ 参见胡谦《清代民事纠纷的民间调处》，博士学位论文，中国政法大学，2007。
④ 参见里赞《晚清州县诉讼中的审断问题：侧重四川南部县的实践》。
⑤ 参见张晓蓓《冕宁清代司法档案研究》，中国政法大学出版社，2010；李艳君：《从冕宁县档案看清代民事诉讼制度》，云南大学出版社，2009。
⑥ 尤陈俊称原加利福尼亚大学洛杉矶校区（UCLA）历史学教授黄宗智所在研究团队为 UCLA 中国法律史研究群。
⑦ 对上述交锋的介绍甚多，最近对州县审断问题研究状况较为详细的评述参见里赞《晚清州县诉讼中的审断问题：侧重四川南部县的实践》。另参见黄宗智、尤陈俊主编《从诉讼档案出发：中国的法律、社会与文化》。

田浩明,[①] 争论的焦点主要集中在清代听讼的性质。滋贺秀三认为清代的民事审判性质是"教谕式调停"。黄宗智则认为清代州县官处理民事纠纷时,绝大多数都是严格按照法律做出明确的胜负判决。他们的争论概括为"调停说"与"审判说"。

滋贺秀三与黄宗智的思想资源其实都与马克斯·韦伯有关。"调停说"发挥了韦伯的司法类型学说,认为中国属于与西方截然不同的司法类型,不过自有其存在的逻辑与合理性。"审判说"以西方近代审判模式为蓝本,试图寻找中西法律的共通性。"调停说"与"审判说"都以西方为参照说明中国的司法是什么,再以中国为参照,反观西方司法,进而推进对中西司法性质的理解。

中国学者梁治平在1980年代中期便开始倡导且实践的比较法律文化研究,与滋贺等切入法律史的路径颇为接近,[②] 此后法律文化一度成为法律史研究的热门话题。不过中国学者以自己的实证研究将滋贺与黄宗智论战的问题推向深入的讨论并不多见,"就其研究的材料和所得出的结论而言,尚未见根本的突破"。[③] 里赞甚至认为:"滋贺和黄宗智所争论的清代州县是否依律的问题并非当时州县的关怀所在,因而对此问题的争论的理论或实际意义势必相当有限。"[④] 他指出,州县的审断主要是"政务"而非"司法",理解州县审断的关键既要看审断依据,更要看州县为何会如此灵活地运用依据。里赞的看法对西方司法概念传入中国前的州县审断可能会有重要意义,问题是清末司法改革之后,基层诉讼中已经不可避免地引进了西方近代意义

[①] 滋贺秀三与黄宗智等学者的主要观点参见滋贺秀三『清代中国の法と裁判』、創文社、1984;滋贺秀三『続·清代中国の法と裁判』、創文社、2009;滋贺秀三等:《明清时期的民事审判与民间契约》,王亚新、梁治平编,法律出版社,1998;寺田浩明:《权利与冤抑:寺田浩明中国法史论集》,王亚新等译,清华大学出版社,2012;黄宗智:《清代的法律、社会与文化:民法的表达与实践》,上海书店出版社,2001;黄宗智:《法典、习俗与司法实践:清代与民国的比较》,上海书店出版社,2003;黄宗智:《过去和现在:中国民事法律实践的探索》;黄宗智、尤陈俊主编《从诉讼档案出发:中国的法律、社会与文化》。

[②] 梁治平:《法辩:中国法的过去、现在与未来》。

[③] 里赞:《晚清州县诉讼中的审断问题:侧重四川南部县的实践》,第18页。

[④] 里赞:《晚清州县诉讼中的审断问题:侧重四川南部县的实践》,第223页。

上的司法概念，"司法"不再仅仅是"政务"，如果将里赞的看法推衍到民国时期，难免为片面之深刻。①

上述清代基层诉讼的研究成果有助于认识清代乃至传统中国法律制度与法律文化，这本身就是学术贡献，哪怕仅仅作为博物馆珍藏品似的研究。② 其实，弄清楚清代乃至传统中国法律制度与法律文化的内容与性质，无论是对中西法律进行比较研究，③ 抑或对古今法律变迁予以分析都有十分重要的价值。本书的主要旨趣既不是因发思古之幽情而考察中国传统法律的性质本身，也无意专门通过中西法律比较去认识外国法并为解决其遇到的问题提供参考，本书最关心的是清末西方法律制度传入后中国法律的走向。北洋时期基层司法制度由清代的诉讼制度变迁而来，清代基层诉讼制度的研究成果为北洋时期基层司法制度的变迁提供了一些比较的参照。不仅如此，清代基层诉讼研究成果的旨趣、视角、方法、范式往往还对北洋时期基层司法研究有借鉴意义，不过对此也需进一步反思。从结构功能研究清代法律制度或从整体分析中国传统的法律文化，容易导致时间感的缺失。如果把清代法律与北洋时期的法律放在一个变迁的动态过程进行观察，则前者丢失的时间感又将在某种程度上得以恢复，与此同时它也赋予后者以时间感。本书关心清代乃至传统中国法律制度与法律文化在北洋时期发生了什么样的变迁，以及为之后的变迁准备了什么样的基础，而不仅仅从性质或结构上分析北洋时期的法律是什么，或者以北洋时期为例说明中国法律制度与法律文化的性质或结构。再者，思考的进路恐怕不是逻辑上论证中国司法制度是否与西方近代司法制度相符，或是过于强调中国的独特性、自洽性，与西方的不可通约性，

---

① 这些论著过于强调中国中心观和内在理路，它走到了冲击—反应传统现代化研究模式的反面，即使在档案中发现了一些新变化，也不重视，而专注传统的延续，寻找旧制印痕。实际从一个极端走向另一个极端。近代中国社会新中有旧，旧中有新，而往往不是一个要么新要么旧的世界。此类研究参见刘昕杰《民法典如何实现：民国新繁县司法实践中的权利与习惯》。

② 黄宗智认为，与现实隔绝的法律史研究为一种博物馆珍藏品似的研究。参见黄宗智《过去和现在：中国民事法律实践的探索》。

③ 瞿同祖、滋贺秀三、寺田浩明、黄宗智、梁治平、里赞等均着眼于中国法的性质，外国读者对此当有特别兴趣，这无疑是他们了解中国法的捷径，进而有助于推进对他们自己的法律制度与法律文化的理解。

结果中国司法只能是多元法文化中的一元，无须也不能改变其自身的文化基因而发生根本性变革；或是强调中国与西方共通性，中国也具备移植甚至生长出西方近代司法制度的土壤和机制，西方的各种因素不过是打断、延缓或是加速了其进程而已。我以为，似应搁置各种理论预设，更重要的是进入具体的历史情景，考察中西司法制度发生碰撞后二者如何相互作用并形成新制度。北洋时期基层司法制度的构想、推行与运作不仅是考察中西司法制度碰撞融合状况的起点，也是比较前后时段司法制度发生何种变化的焦点。

　　清代基层诉讼的研究成果多集中在审判领域，讨论了诉讼程序、审判依据等问题。北洋时期，不仅需要考察审判制度本身发生了什么演变，变成了什么模样，而且该制度运作产生的结果如诉讼的规模、结案方式、种类、上诉与覆判等问题都需重新审视。然而一个比审判制度更大的问题，即在国家权力结构中如何安排司法与行政的关系尤其需要探讨。19 世纪西方盛行可以根据法律本身而对法律做出解释的看法，在 20 世纪初即受到社会学法学家的批评。埃利希指出，"在当代以及任何其他的时代，法的发展重心既不在于立法、也不在于法学或司法判决，而在于社会本身"。[①] 社会学法学家认为一门完全孤立的、自我中心的、自足的法律科学乃是不可能的。他们还主张，法律秩序乃是社会控制的一个方面，除非将法律秩序置于整个社会现象的背景中加以理解，否则它就不可能为人们所理解。[②] 对北洋时期法律的研究不仅在于法律本身，也不仅在于法律如何在审判领域适用和实施，更在于探讨各种因素如何促成法律制度的形成、推行以及该制度运作如何对社会产生影响。进入历史情境还可发现，北洋时期中国司法制度正处于新旧、中西碰撞融合过程中，基层司法制度多元并存，在全国尚未建立起统一司法制度的情况下，尤有必要跳出审判领域，在更宏观的层面深究国家权力结构中如何设置各类司法制度，特别是处理司法与行政的关系。

[①] 欧根·埃利希：《法社会学原理》，舒国滢译，中国大百科全书出版社，2009，"作者序"。
[②] 参见庞德《法理学》，邓正来译，中国政法大学出版社，2004，第 333~334 页。

与清代州县诉讼制度方面的研究成果相比，本书力图打破对中国法律制度与法律文化的类型分析、静态分析，而讨论其在北洋时期具体语境之中的变迁，分析的重心也从审判领域转到司法与行政的关系上。

相对于明清的法制史研究，学界对北洋时期基层司法的研究显得异常薄弱。[①]

关于北洋时期的历史研究，长期以来研究者对司法相对忽略。李新主编的《中华民国史》、费正清主编的《剑桥中华民国史》和张海鹏主编的《中国近代通史》是海内外民国史研究中较为权威的综合性著作，[②] 这三套书均无专门章节论述北洋时期的司法，法制史在史学界所受冷落可见一斑。黄宗智多次强调学者对民国法制史研究的忽略。他指出："对民国初期及国民党时期的研究都不多"，"如果我对已往研究成果的引用显得似乎没有像其他议题那样详尽，那是因为对民国时期的研究委实太少。"[③] 黄宗智的上述看法不无道理。

从学术大环境看，法制史在历史学领域的边缘化可能与20世纪50年代以后法制史在学科组织和建制上隶属于法学，而不是历史学有关。近些年，法制史在法学领域其实也相当边缘化。对民国法制史的研究一定程度上受制于史学与法学领域中法制史的双重边缘化。不过北洋时期法制史研究薄弱的原因还有其独特性。

北洋时期北京政府的某些历史面相往往被遮蔽、被贬抑。革命史的视角

[①] 对国民党政府时期基层司法制度的探讨也不多，本书不再单独论述。张仁善讨论了南京国民政府时期县级司法体制改革及其流弊。蒋秋明对国民政府基层司法建设进行了评论。吴燕对南京国民政府时期四川基层司法审判的现代转型展开了研究。付海晏对1929～1949年鄂东民事诉讼进行了卓有成效的分析，尤其是一些统计数据为对北洋时期与国民政府时期的诉讼状况进行比较提供了可能。参见张仁善《南京国民政府时期县级司法体制改革及其流弊》，《华东政法学院学报》2002年第6期；蒋秋明：《国民政府基层司法建设述论》，《学海》2006年第6期；吴燕：《南京国民政府时期四川基层司法审判的现代转型》，博士学位论文，四川大学历史文化学院，2007；付海晏：《变动社会中的法律秩序——1929～1949年鄂东民事诉讼案例研究》。

[②] 参见费正清等主编《剑桥中华民国史》，刘敬坤等译，中国社会科学出版社，1994；张海鹏主编《中国近代通史》第6～7卷，江苏人民出版社，2006～2007；李新主编《中华民国史》第2～6卷，中华书局，2011。

[③] 黄宗智：《法典、习俗与司法实践：清代与民国的比较》，第8页。

下，无论是国民党的视角还是中国共产党的视角，往往把北京政府当作革命对象。现代化的视角下，北洋乱世不能为中国现代化提供良好的政治环境，因而也是遭到抨击的负面形象。[①] 法制史研究虽然在学科组织和建制上不隶属于历史学，实际上深受史学影响，革命史或现代化视角下的北京政府法制史书写往往遮蔽了其丰富的面相。

北洋时期司法类资料尤其是基层司法档案保存状况不够理想。现在不少地方发现了清代州县衙门的司法档案，国民党政府时期的基层司法档案或多或少也有留存，唯独北洋时期的基层司法档案迄今尚未大量发掘利用。学者往往因资料缺乏，而对北洋时期的研究望而却步。审判领域难以做深入研究便受限于此。

最近十多年，法制史逐渐成为史学领域新的学术生长点，一批史学界青年学者纷纷投身法制史研究，而法学领域中国近代法制史方向培养的博士生越来越多。加之出版条件宽松，学术成果尤其是以博士论文、博士后出站报告为基础的近代法制史论著也越来越快地被出版。中国法制史研究持续升温，产生了一大批法制史论著，尤其是在近代法制史领域，相应对北洋时期司法制度的研究已经有了一定改观。这些论著多按照现代法学的分类体系分门别类地描述、分析北洋时期的法制状况如法院、检察院等司法机关，法官、律师等法律人员，民事诉讼、刑事诉讼、行政诉讼等审判制度，民法、刑法等法律。

一些法制通史类论著都或多或少介绍了北洋时期司法制度的几个主要方面，如司法机关、法官和诉讼制度等。[②] 一些专题研究则深化了相关课题的研究。司法机关的研究以李超、吴永明、欧阳湘等论述较多。李超对民初法

[①] 近年唐启华与川岛真等学者对北洋外交提出了颇为中肯的评价，一定程度上扭转了对北京政府的看法。参见唐启华《被"废除不平等条约"遮蔽的北洋修约史（1912~1928）》，社会科学文献出版社，2010；川岛真：《中国近代外交的形成》，田建国译，北京大学出版社，2012。

[②] 参见钱实甫《北洋政府时期的政治制度》，中华书局，1984；余明侠主编《中华民国法制史》，中国矿业大学出版社，1994；朱勇主编《中国法制通史》第9卷，法律出版社，1999；张晋藩主编《中国司法制度史》，人民法院出版社，2004；曾宪义主编《中国法制史》，北京大学出版社、高等教育出版社，2001。

院改组和法院体系的变迁有较全面的描述；吴永明对法院设置的数目进行了一些考证；欧阳湘以广东为个案对近代中国法院普设进行了考察。① 对大理院已经有较深入的探讨。黄源盛对民初大理院进行了迄今为止最为出色的研究，不仅讨论了中央司法机关如何由传统蜕变到近代，而且对大理院档案进行了整编，并以此为基础讨论了民初的裁判诸问题。② 张生也研究了民国初期大理院的最高司法机关兼行民事立法职能，并讨论了大理院审判独立的制度与实践。③ 有学者开始对地方司法制度变迁进行研究。魏光奇研究了20世纪上半期的县制，其中部分内容涉及司法制度。④ 台北中研院近代史所的学者在现代化的区域研究中多涉及近代法制。在朱浤源研究了广西司法的初期现代化。⑤ 张玉法研究了民国初年山东省的司法改革。⑥ 张勤探讨了民初奉天省的司法变革。⑦ 韩秀桃和刘昕杰对民国县级行政兼理司法制度进行了分析。⑧

法官的研究是近年北洋时期司法制度研究中的热点。大量论著探讨了法官的考选与培养。韩秀桃简单论述了司法考试与法官专业化。⑨ 俞江对司法储才馆进行了考证。⑩ 郭志祥对民初法官素养进行了探讨。⑪ 李超花了大量

---

① 李超：《清末民初的审判独立研究》；吴永明：《理念、制度与实践：中国司法现代化变革研究（1912～1928）》；欧阳湘：《近代中国法院普设研究——以广东为个案的历史考察》。
② 参见黄源盛《民初法律变迁与裁判》，台湾政治大学，2000；黄源盛：《法律继受与近代中国法》，黄若乔出版，元照总经销，2007；黄源盛：《民初大理院与裁判》，元照出版公司，2011。黄源盛正在整理、出版从南京第二历史档案馆复制的大理院档案，一批台湾学人以大理院档案为基本史料展开研究，其论著正陆续刊行。
③ 参见张生《民国初期的大理院：最高司法机关兼行民事立法职能》，《政法论坛》1998年第6期；张生：《民初大理院审判独立的制度与实践》，《政法论坛》2002年第4期。
④ 魏光奇：《官治与自治——20世纪上半期的中国县制》，商务印书馆，2000。
⑤ 参见朱浤源《我国司法现代化的个案研究——广西司法的初期现代化（1907～1931）》，《科际整合学报》1991年第1期。
⑥ 参见张玉法《民国初年山东省的司法改革》，《社会科学战线》1997年第3期。
⑦ 参见张勤《清末民初奉天省的司法变革》，《辽宁大学学报》（哲学社会科学版）2008年第3期。
⑧ 参见韩秀桃《司法独立与近代中国》；刘昕杰：《政治选择与实践回应：民国县级行政兼理司法制度述评》。
⑨ 参见韩秀桃《司法独立与近代中国》。
⑩ 参见俞江《司法储才馆初考》，《清华法学》第4辑，2004年5月。
⑪ 参见郭志祥《民初法官素养论略》，《法学研究》2004年第3期。

篇幅论述民初法官考选制度的形成与实践,详细考察了北洋时期的几次司法考试,并简单分析了司法储才馆与收回领事裁判权的关系,以及法官的地域回避制度。[①] 吴永明探讨了司法官的考选和培养,对司法官的薪俸待遇以及司法官的修养进行了分析。[②] 胡震对北洋时期的司法官考试进行了专门研究,并以司法官考试制度为例分析了民初司法发展的制度性环境。[③] 李启成通过对司法讲习所考证讨论了中国近代司法官培训。[④] 近代法制史的论著通常会论及司法经费和司法官的薪俸。毕连芳分析了北洋政府时期法官群体的物质待遇。[⑤] 杨天宏讨论了民国时期司法职员的薪俸问题,北洋时期为该文论述重点所在。[⑥]

除了法官,对律师也有较多研究。除了徐家力等对民国律师制度进行介绍外,[⑦] 其他学者主要以北京和上海为基础讨论律师制度、律师群体与律师职业。邱志红分析了民国时期北京律师群体的整体特征、专业养成、职业意识、角色期待,以及执业境遇等。[⑧] 徐小群讨论了律师的职业化,并以此为基础讨论了国家与社会的关系。[⑨] 陈同分析了社会变迁中的上海律师。[⑩] 孙慧敏通过考察中国律师在上海的发展经验,探讨了不同的政治势力、政府机关、社会团体乃至单一个人对中国律师制度与律师职业的期待、角力与协商,从而逐步建立起中国律师制度的内容与运作模式,形塑出新的职业观。[⑪]

---

① 参见李超《清末民初的审判独立研究》。
② 参见吴永明《理念、制度与实践:中国司法现代化变革研究(1912~1928)》。
③ 参见胡震《民国前期(1912~1936)司法官考试的模型设计》,《法学》2005年第12期;胡震:《民初司法发展的制度性环境——以司法官考试制度为例的分析》,《中国矿业大学学报》(社会科学版)2007年第3期。
④ 参见李启成《司法讲习所考——中国近代司法官培训》,《比较法研究》2007年第2期。
⑤ 参见毕连芳《北洋政府时期法官群体的物质待遇分析》,《宁夏社会科学》2009年第1期。
⑥ 参见杨天宏《民国时期司法职员的薪俸问题》,《四川大学学报》2010年第2期。
⑦ 参见徐家力《中华民国律师制度史》,中国政法大学出版社,1998。
⑧ 参见邱志红《现代律师的生成与境遇:以民国时期北京律师群体为中心的研究》。
⑨ 参见徐小群《民国时期的国家与社会:自由职业团体在上海的兴起,1912~1937》,新星出版社,2007。
⑩ 参见陈同《近代社会变迁中的上海律师》,上海世纪出版公司、上海辞书出版社,2008。
⑪ 参见孙慧敏《制度移植:民初上海的中国律师(1912~1937)》。

绪　论

　　诉讼制度的研究取得不少成果。一些论著对北洋时期的诉讼制度进行了详细分析。李春雷研究了民初刑事诉讼制度变革。① 宋玲探讨了民初行政诉讼制度。② 杨立杰分析了民初民事诉讼法制现代化。③ 基层审判领域也有学者开始关注。李雯瑾以江苏省句容县审判材料为例研究了民初的县知事审判。④ 尹伟琴以浙江龙泉祭田纠纷司法档案为例讨论了民国时期基层法院判决依据的多样性。⑤

　　北洋法制史上的一些重要事件被关注。从江庸等亲历者的回顾到现在韩秀桃、李超、吴永明、李在全等学者的论著都涉及1914年裁撤审判厅。⑥ 对法权会议的研究过去已经积累了大量成果，近年又出现了一些新成果。杨天宏基于法权会议讨论了北洋外交与"治外法权"的撤废。⑦ 李启成研究了治外法权与中国司法近代化的关系。⑧ 康黎描述了1922～1923年北洋政府京外司法考察。⑨

　　近代法制史论著津津乐道的一个话题是司法独立、司法现代化。多数论著往往笼统地论证司法独立的重要性，列举司法独立的表现若干条，又列出不符合司法独立标准的表现数条，最后归纳影响和制约司法独立的因素若

---

① 参见李春雷《中国近代刑事诉讼制度变革研究》，北京大学出版社，2004。
② 参见宋玲《清末民初行政诉讼制度研究》，中国政法大学出版社，2009。
③ 参见杨立杰《民初民事诉讼法制现代化研究（1912～1928）》，博士学位论文，重庆大学法学院，2008。
④ 参见李雯瑾《清末民初的县知事审判研究——以江苏省句容县审判材料为例》，硕士学位论文，中国政法大学，2009。
⑤ 参见尹伟琴《论民国时期基层法院判决依据的多样性——以浙江龙泉祭田纠纷司法档案为例》，《浙江社会科学》2010年第5期。
⑥ 参见江庸《五十年来中国之法制》，《最近之五十年——申报五十周年纪念（1872～1922）》，上海申报馆，1922；韩秀桃：《司法独立与近代中国》；李超：《清末民初的审判独立研究》；吴永明：《理念、制度与实践：中国司法现代化变革研究（1912～1928）》；李在全：《1914～1915年中国司法改革进程中的利益诉求与博弈》，《重庆社会科学》2008年第7期。
⑦ 参见杨天宏《北洋外交与"治外法权"的撤废——基于法权会议所作的历史考察》，《近代史研究》2005年第3期。
⑧ 参见李启成《治外法权与中国司法近代化之关系——调查法权委员会个案研究》，《现代法学》第28卷第4期，2006年7月。
⑨ 参见康黎《1922～1923年北洋政府京外司法考察述评》，《首都师范大学学报》（社会科学版）2007年第4期。

干,总结若干经验。公丕祥、郭志祥、韩秀桃、李峻等众多学者都以司法独立、法制现代化为题展开研究。① 徐小群以江苏为切入点对1901～1937年中国的司法改革进行分析,讨论了进行司法现代化的努力。②

随着北洋时期司法领域史实一点点地重建,司法状况的粗略轮廓正在形成之中。总体上,北洋时期历史研究中法制史的地位有所改善,但仍未扭转其边缘化的地位。在有限的北洋时期司法制度史研究中,较多注重中央制度,而对基层司法制度则相对忽略;对新式法院、法官、律师有较多研究,而对未设法院各县司法机关及相关司法制度研究薄弱;多数论著往往介绍法律条文规定了什么,鲜有专门论述司法制度是如何构建出来的,又怎样推行,对司法制度的实际运作状况更是甚少涉及。要推进北洋时期法制史的研究,展现丰富的、被遮蔽的历史面相,必须加强对基层司法制度的探讨,尤其分析基层司法制度的设计、推行和运作,比较法院与未设法院各县司法制度。

总之,对北洋时期司法制度的研究中缺乏基层司法制度的探讨,在对清代以来基层司法制度研究的脉络里北洋时期这一环又相当薄弱,因此,北洋时期基层司法制度尚有巨大的研究空间。

三 基本思路

本书对北洋时期基层司法制度研究采用以下思路:

首先,重建史实基础上进行整体分析。

现在学术研究中的宏大叙事备受质疑,动辄以个案研究相标榜,微观史学甚嚣尘上。若研究某个时期的基层司法制度,必然会被不停追问:研究的

---

① 参见公丕祥《中国的法制现代化》,中国政法大学出版社,2004;郭志祥:《清末和民国时期的司法独立研究》,《环球法律评论》2002年春、夏季号;韩秀桃:《司法独立与近代中国》;夏锦文、秦策:《民国时期司法独立的矛盾分析》,《南京社会科学》1999年第5期;李峻:《论北洋政府时期的司法独立》,《南京社会科学》2000年第10期。

② Xiaoqun Xu, *Trial of Modernity: Judicial Reform in Early Twentieth-century China, 1901 – 1937*, Stanford University Press, 2008.

绪 论

哪个地区？哪个省？哪个县？哪个村？事实上个案研究也会受到质疑。若进行个案研究，仍会被不停追问：个案到底有什么代表性？这个村能代表整个县吗？这个县能代表整个省吗？这个省能代表整个中国吗？以中国幅员之大，要对北洋时期所有地方进行个案研究几乎不可能。而且即使解剖了所有个案，未必就能得出整体性印象，相反，整体性可能变得更加模糊，甚至碎片化。研究完所有个案后再进行整体研究理论上是可行的，事实上未必具备可操作性。

个案研究和整体研究都面临着质疑，学术研究从何着手呢？学术需要分工，可能的研究途径有二：一方面不断积累个案研究成果，另一方面进行整体分析。① 结合个案与整体进行分析最佳，更多时候则需根据研究主题、材料和个人兴趣等侧重某一方面。

本书更偏重整体分析，而且力图将整体分析建立在扎实的史料基础上，避免宏大叙事。其一，考察司法制度需要整体观、全局观。个案研究本身对地方史而言可能意味着具有终极意义，因为它最终解决了地方史中的某个问题。然而并非所有史学都是地方史，有些史学的旨趣不仅在于分析此个案与彼个案的关系，而且在于通过这些个案呈现更大的历史图景。司法追求法律面前人人平等，它蕴含了不同地区的人们适用同样的司法制度之意，设计司法制度的目的在于向全国推行。因此，考察北洋时期司法制度应该倾向呈现更大的历史图景。其二，缺乏全局观、整体观的个案研究更容易走向碎片化。北洋时期推行了数种基层司法制度，如果仅仅研究某些比较孤立的个案，往往观察到的是碎片本身，很难明了这些个案在整个社会中到底占有多大比例，具有什么样的地位。因此，急需形成一个整体框架，以便为个案研究定位做参考坐标。张伟仁研究清代法制时指出，"合理的连接应该是先作断代研究，勾画出一个整体的轮廓，然后再作专题研究，探讨其细节"。② 面对薄弱的北洋时期法制史研究现状，张伟仁的上述看法也特别适合。再者，现在本人搜集了一些全国性资料，具备进行整体分析的资料基础。因

---

① 也有学者倡导用"中层理论"来协调宏大叙事与碎屑冗琐两个极端的研究取向。参见杨念群《中层理论——东西方思想会通下的中国史研究》，江西教育出版社，2001。
② 张伟仁：《清代法制研究》，第146页。

— 17 —

此，本书注重整体分析。当然，个案积累可以不断补充、修正、证实或证伪整体分析所得出的结论。在资料许可的情况下，本书也注意结合县、省与全国情况进行分析。

其次，注重分析司法制度的设计意图、实施状况和运作结果。

既有研究往往根据法律条文分析司法制度。根据法律条文本身而对法律做出的解释存在种种局限，它难以解决以下问题：为什么要设计这种司法制度？这种制度实施情况如何？制度运作情形怎样？带来什么样的结果？

为了分析设计司法制度的意图，本书将讨论1912年中央司法会议上对审检所的规划，1914年政治会议对裁撤审判厅的争辩，1916年全国司法会议对筹设地方分庭和县司法公署的探索等。为了知晓司法制度推行情形，本书将分析基层司法机关的规模与分布，司法统系的维持与断裂程度，各县司法人员及其薪俸等。为了探究司法制度运作及结果，本书将分析基层诉讼的规模、效率、结案方式、种类、上诉规模与结果等。

再次，利用统计数据进行量化分析。

基层司法制度研究中往往以定性、举例式研究偏多。黄宗智等少数学者力图利用诉讼档案进行一些定量研究，已经获得学界的广泛关注。由于清代诉讼统计资料的缺乏，黄宗智等人的定量研究需要进一步改进。

黄宗智的研究成果利用了一些基层诉讼档案，使他的许多立论显得更坚实。黄宗智曾自信地断言："这分歧其实没什么好讨论，将来使用档案的人多了，这个问题会不了自了"。[①] 黄宗智倡导利用基层诉讼档案应该充分肯定，但需要警惕的是，迷信档案，尤其是使用残缺的档案也可能使研究陷入迷途。

清代留下的基层诉讼档案数量不少，现在利用较多的有来自顺天府宝坻，直隶获鹿县，四川各县（巴县、南部县、冕宁县、新繁县等），浙江黄岩，以及台湾淡水厅、新竹县等处的基层诉讼档案。这些档案的完整性却不容乐观。某个时间段里该县处理的所有案件卷宗往往并没有全部保留

[①] 黄宗智：《清代的法律、社会与文化：民法的表达与实践》，2001，"重版代序"第11页。

下来，而且各个具体案件卷宗本身也可能残缺不全。如果现存诉讼档案是不完整的，那么势必会影响到分析的准确性。即使某县诉讼档案存留比较完整，以一县或几县的档案得出普遍性结论，仍有可能出现盲人摸象的情况。

对诉讼状况进行量化分析往往受制于统计数据的缺乏。清末司法改革之后，司法统计得到长足发展，一些完整的司法统计数据得以保存。对诉讼进行量化分析不再遥不可及。

本书大量使用统计数据，力图对司法领域一些问题进行定量分析。量化分析，特别是通过图表可以更清晰、更直观地勾勒出基层司法机关的规模与分布，司法统系的维持与断裂程度，基层诉讼的规模、效率、结案方式、种类、上诉规模与结果，法政毕业生的数目和司法经费等方面的历史图像。①

四 主要内容

本书主要分为三个部分：第一部分论述基层司法制度的变迁过程，包括第一章至第六章；第二部分论述基层司法制度的运行，包括第七章至第十一章；第三部分讨论基层司法制度运作的结果，包括第十二章至第十四章。

第一部分按照时间顺序讨论基层司法制度变迁过程。

基层司法制度变迁过程前人少有研究，即使有研究也多语焉不详或泛泛而论，更不用说讨论各项制度是如何出台的。本书首先讨论了清末民初筹办各级审判厅计划；其次，分析1913年至1914年审检所兴起与裁撤过程；第三，探讨1913年下半年至1914年初县知事兼理司法制度出台；第四，讨论

---

① 书中的数据过于庞大，表格太多，可能会影响到对主题的了解，甚至影响读者视线的感觉。本书采取了两个办法解决上述问题：一是在正文将表格内容图像化，使读者一望而知；二是将多数表格置于该章节后，一般读者可以略过，欲深入了解相关内容的读者或者研究者可以仔细阅读表格。

1914年审判厅大裁并；第五，分析1916年全国司法会议对筹设地方分庭和县司法公署的讨论；第六，探讨巴黎和会与华盛顿会议对1920年代添设厅监计划及筹设司法公署的影响。这六章重点分析了司法制度各主要变迁环节，描绘了司法制度建设在司法独立与设官分职两条道路上行进的过程，并讨论了在具体的历史情境中影响司法制度变迁的因素，如财政困窘、司法人才不足、共和思潮的推动、收回法权的诱导等。

第二部分又可细分为两个小部分。首先描述了司法制度推行取得的成果，勾画了各类基层司法机关数目及其变化的历史地图，以及基层司法机关的人员与经费。基层司法机关的规模与分布不仅使近代法制史诸多立论的平台明晰化，而且使我们认识到司法独立、司法专业化甚至司法党化的范围到底有多大。基层司法机关人员的职掌、人数、知识结构与司法经费的结构、数额展示了基层司法制度在北洋时期的变与不变。其次，分析了司法制度运作的三个条件，包括北洋乱世政治分立与司法统一的关系，司法经费的筹措，新式司法人才的供需状况。北洋时期至少81%的省区与北京政府在司法统系上保持了统一，政治分立对司法制度推行造成的影响并不算大。中央财政无能力负责筹集司法经费，由地方筹集司法经费，地方司法受制于地方行政势所必然，实现统一全国司法势必落空。以司法收入补充司法经费，虽使司法活动得以延续，但却有可能与司法独立背道而驰。新式司法人才在数量上的缺乏主要是在清末民初，1920年代开始，司法人才的压力已经不如之前那么大。

第三部分依据诉讼统计数据从第一审案件的规模、效率、结案方式，诉讼种类，以及上诉规模与结果分析各种基层司法制度下办理诉讼的状况。从司法状况既可发现司法制度变革的动力，也能见到其动力不足。不仅上诉案件，而且从上级审判机关对覆判案件的处理看，各县原判或原决定错误率并不低。因此，改革县司法制度，提高司法人员的素质以减少处理案件的错误将成为不得不面对的问题。诉讼规模并不大，结案率高表明司法制度还能够继续沿着旧有轨迹运作；诉讼种类说明社会与经济尚未足够发展，社会与经济交往尚未足够频繁；上诉率低反映当事人对原判决与决定接受程度并不低。故诉讼需求对司法制度改革的推动力仍嫌不足。

五 概念与术语

本书涉及一些概念与术语需要予以说明。

第一，基层司法机关及基层司法制度。

司法制度包罗甚广，包括司法行政、审判、律师制度等。由于北洋时期基层司法领域的主要工作是建设司法机关，构想并推行新的司法制度，加上篇幅和资料等限制，本书以司法行政为主要研究对象，对司法制度的构想、推行与运作进行分析，审判等领域的研究留待今后进行，在此暂不做过多研究。

北洋时期民刑案件根据管辖范围分为初级管辖和地方管辖。民刑初级管辖和地方管辖案件由地方厅、地方分庭、高等分厅附设的地方庭、审检所、初级审判厅、兼理司法县知事受理。本书的基层司法机关指审理地方、初级管辖案件的第一审衙门。基层司法制度即指与这些司法机关有关的司法制度。[①]

第二，全国地方厅与未设法院各县。

北洋时期基层诉讼大体以地方厅与未设法院各县司法机关为原审判机关。然而地方厅与各县司法机关也不整齐划一，需要予以分类。

地方厅及其分厅、分庭与高等分厅附设的地方庭主要设于省城、商埠以及北洋时期的道治所在地，由于政治地位及经济状况的不同，它与普通的县在受理案件的种类及数目等方面都可能有较大的不同。基于此，把地方厅及其初级审、简易庭，地方分厅和地方分庭，高等分厅附设地方庭归为一类。

1914 年至 1923 年司法部的"民、刑统计年报"上有各省地方厅、分厅

[①] 当时法院又称审判厅，司法制度为四级三审制。四级司法机关为：最高审判机关大理院、各省的高等审判厅、地方审判厅和初级审判厅。三审指初级管辖案件以初级审判厅为第一审，地方厅为第二审，高等厅为第三审；地方管辖案件以地方审判厅为第一审，高等厅为第二审，大理院为第三审。初级、地方审判厅与检察厅往往合设一处，文中推检指审判厅中的推事（法官）与检察厅中的检察官。

及分庭，高等审判分厅附设地方庭，绥远等特别区审判处及附设地方庭，东省特别区的地方厅及分庭受理第一审案件数据。这些司法机关基本是以地方厅为主的新式审判机关，以下称全国地方审判厅，有时为了表述方便也简称地方厅。

县知事兼理司法各县处理的案件基本来自县城及其乡村，它覆盖了全国绝大多数地方。1914 年已经宣布裁撤初级审判厅、审检所，但之后的统计中有少数年份仍涉及部分审检所和初级审判厅，这些地方后来多数变为县知事兼理司法，把它们也算入县知事兼理司法各县。"民、刑统计年报"始于 1914 年，统计数据中诸如审检所、初级审判厅主要存在于 1914 年和 1915 年，之后就很少存在。所以上述分类略有不妥，但对整个数据而言影响并不大。

实行县知事兼理司法等未设法院各县简称为各县。

第三，地方管辖与初级管辖案件。

民事初级管辖案件主要指因金额或价额涉讼，其数在 1000 元以下者。[①] 刑事初级管辖案件主要指 300 元以下罚金之罪或四等以下有期徒刑或拘役之罪。[②] 地方管辖案件指第一审不属于初级管辖和大理院特别权限内之案件等。[③] 本书所用民刑统计资料并没有明确标示哪些属于初级管辖案件，哪些属于地方管辖案件，但能根据受理该案件的衙门予以区分。

初级管辖案件由地方厅、地方分庭、高等分厅附设的地方庭、审检所、初级审判厅、兼理司法县知事受理，以地方厅、高等分厅附设的地方庭、高等分庭、道署承审员、邻县或从前府治的首县为第二审。由于司法部所编"民、刑统计年报"中没有道署承审员、邻县或从前府治的首县受理第二审案件数据，在此将地方厅、高等分厅附设的地方庭、高等分庭受理的上诉案件列入初级管辖。

地方厅、高等分厅附设的地方庭，以及各县受理的第一审地方管辖案

---

① 《民事诉讼律草案关于管辖各节》，蔡鸿源主编《民国法规集成》第 31 册，黄山书社，1999，第 117~122 页。
② 《刑事诉讼律草案关于管辖各节》，蔡鸿源主编《民国法规集成》第 31 册，第 131~134 页。
③ 《法院编制法》，蔡鸿源主编《民国法规集成》第 31 册，第 10 页。

件，以高等本厅或分厅为第二审。由兼理司法县知事为第一审而附近未设地方厅或地方庭者以高等分庭或道署承审员为第二审，高等分庭或道署承审员以受有各该本厅嘱托之案为限方得受理第二审。① 高等分庭或道署承审员作为地方管辖案件第二审，排序在高等本厅或分厅之后，而且受到一定的限制。再加上高等分庭本身也受理初级管辖案件，它们为数极少且昙花一现，② 将高等分庭受理的控告、抗告案件全部算在初级管辖的一栏。将高等本厅或分厅，以及审判处受理上诉案件列为地方管辖案件。

六　基本史料

1. 顺义县档案。顺义县档案馆藏有民国时期该县的司法档案，包括一些诉讼案卷和各类司法行政文书。已有学者使用过顺义县档案，但本书使用的档案绝大多数为首次使用。如顺义县诉讼案件数目等方面档案始于1923年，一直到1928年，有连续近6年的完整数据。黄宗智仅提及了顺义县档案中1927年的部分民事案件数据。③

2. 公报类。《司法公报》和《政府公报》中登载的大量法令，尤其是《司法公报》中的1914年至1925年司法部办事情形报告是勾勒北洋时期基层司法制度变迁的最基本史料。④ 公报中还有大量的统计资料，如《政府公报》

---

① 参见《民国法规集成》第31册，第104页。
② 1914年，筹设高等分厅的同时，限于经费不得已因陋就简，于道署附设高等分庭。1917年1月，司法部训令各高等厅酌量情形，筹设高等分厅，毋庸设置高等分庭，其已设高等分庭并应克期改组高等分厅。
③ 本书所引顺义县档案馆所藏档案全宗号为2，目录号为1，以下所引顺义县档案均省略"全宗号"、"目录号"、"档案顺序号"字样，仅注明顺义县档案2-1-（档案顺序号）。
④ 《司法公报》第34期为《司法部三年份办事情形报告》，第60、61期为《司法部四年度办事情形报告》，第78、82期为《司法部五年度办事情形报告》，第96、98期为《司法部六年度办事情形报告》，第108、110期为《司法部七年度办事情形报告》，第128、134期为《司法部八年度办事情形报告》，第161、163期为《司法部九年份办事情形报告》，第181、182期为《司法部十年办事情形报告》，第195、196期为《司法部十一年份办事情形报告》，第212、213期为《司法部十二年份办事情形报告》，第214、215期为《司法部十三年份办事情形报告》，第247、248期为《司法部十四年份办事情形报告》。

中可以找到1912年至1928年大理院审判的七八万个案件的相关线索,《司法公报》中有1914年至1925年间司法人员任免奖惩及司法统计报表等资料。

3. 会议速记录等资料。会议速记录等资料能较好地反映各项司法制度是如何设计、如何出台的。本书使用了北洋时期有关司法的几次重要会议的资料。如1912年的《中央司法会议报告录》,① 1914年的《政治会议议决案》和《政治会议速记录》等,1916年的《司法会议议决案附司法会议纪实》。1923年的《考查司法记》和1926年的《法权会议报告书》也含有司法调查和司法会议的相关信息。②

4. 地方志中的司法类资料。地方志中保留大量司法方面的资料。本书使用的地方志包括成文出版社出版的地方志（民国部分）、地方志集成（民国部分）、爱如生中国方志库（电子版）和新方志。③

民国时期编的地方志中已经有不少篇目直接与司法有关,出现了"司法"、"司法要略"、"司法志"、"政治志"、"司法篇"、"司法机关"等篇目。另外,职官和财政等部分也有司法人员和司法经费等内容。有些地方志依据档案撰写了司法方面的内容,如河北省的《威县志》（1929年）用财政课档案编纂了公署经费等内容,山西省的《合河政纪》（1927年）的司法篇多依据县署档案编成。

中华人民共和国所编新方志有各省的"审判志"、"司法行政志"、"司法志"、"检察志"、"法院志"、"政法志·审判篇"、"政法志·司法行政篇"、"政法志·检察篇"。这些新方志的司法部分多有历史部分,一些方志也引用地方档案。④

5. 报刊类资料。本书使用了清末和民国时期的报刊,如《吉林司法官报》、《法学丛刊》、《法学杂志》、《东方杂志》、《中华法学杂志》和《申报》等资料。

---

① 《中央司法会议报告录》,司法部,1913。
② 法权讨论委员会编《考查司法记》,北京日报馆,1924;《法权会议报告书》,《国闻周报》第4卷。
③ 本书最初主要使用成文方志和地方志集成等,后来随着爱如生中国方志库的开通,又补充了大量地方志中的史料。所引地方志能确定年份的通常注明年份。
④ 参见欧阳湘《新编政法志中的近代法制史料评述》,《中国地方志》2008年第3期。

6. 司法统计与教育统计数据。 1917 年，司法部总务厅第五科开始编辑出版《中华民国三年第一次刑事统计年报》和《中华民国三年第一次民事统计年报》。之后该"民、刑统计年报"连续出版了 10 年。[①] 它保留了 1914 年至 1923 年全国性诉讼统计数据，包括全国地方厅和各县的统计资料。

北洋时期，南方政权存在期间，其司法机关常常不向北京政府上报司法统计资料。广东除了 1914 年、1916 年向北京的司法部上报过司法统计资料外，之后便很少上报。1916 年以后广西、四川、云南、贵州、湖南等 5 省均有数年不向北京政府上报诉讼统计数据。1920 年底，东省特别区域设立司法机关后，开始向司法部上报诉讼统计数据。其余如京兆、直隶、吉林、奉天、黑龙江、山东、山西、河南、江西、湖北、福建、浙江、江苏、安徽、陕西、甘肃、绥远、察哈尔、热河等 19 省区几乎每年都将诉讼统计数据向司法部上报，"民、刑统计年报"基本能反映这些省区的情况。[②]

一些省编纂的司法统计则对该省司法状况进行了相当详细的描述，它正好可以弥补司法部"民、刑统计年报"的不足。

北洋时期所编《山西省政治统计·司法之部》共有 9 本，它主要反映山西省 1918～1926 年太原地方厅，第一、第二高等分厅附设地方庭和未设法院 104 县的司法状况。[③]

[①] 司法部总务厅第五科编《中华民国三年第一次民事统计年报》，1917 年 4 月；《中华民国四年第二次民事统计年报》，1918 年 8 月；《中华民国五年第三次民事统计年报》，1919 年 12 月；《中华民国六年第四次民事统计年报》，1921 年 12 月；《中华民国七年第五次民事统计年报》，1921 年 12 月；《中华民国八年第六次民事统计年报》，1922 年 12 月；《中华民国九年第七次民事统计年报》，1923 年 12 月；《中华民国十年第八次民事统计年报》，1923 年 12 月；《中华民国十一年第九次民事统计年报》，1924 年 12 月；《中华民国十二年第十次民事统计年报》，1924 年 12 月。同年度"刑事统计年报"与"民事统计年报"出版时间同。以上统计年报在下文简称"民事统计年报"和"刑事统计年报"，或"民、刑统计年报"。

[②] 详见本书第九章"政治分立与司法统一"。

[③] 山西省长公署统计处编印《山西省第一次政治统计·司法之部》，1920 年 6 月；《山西省第二次政治统计·司法之部》，1921 年 1 月；《山西省第三次政治统计·司法之部》，1922 年 8 月；《山西省第四次政治统计·司法之部》，1923 年 8 月；《山西省第五次政治统计·司法之部》，1925 年 4 月；《山西省第六次政治统计·司法之部》，1925 年 10 月。山西省政府统计处编印《山西省第七次政治统计·司法之部》，1928 年 9 月；《山西省第八次政治统计·司法之部》，1929 年 3 月；《山西省第九次政治统计·司法之部》，1929 年 12 月。

浙江省编有 1922 年至 1925 年共 4 个年度的《浙江司法年鉴》。① 浙江高等审判厅厅长经家龄和检察厅检察长陶思曾原本计划编司法方面的报告书，但没有出版。后来浙江高等审判厅厅长陈福民提议编司法年鉴，得到检察厅检察长陶思曾的响应。1924 年编印了《浙江司法年鉴》（民国十一、十二年度），后来又编印了《浙江司法年鉴》（民国十三年度）。《浙江司法年鉴》主要涉及 1922 年度到 1924 年度杭县等 4 个地方厅、嘉兴等 7 个地方分庭和 64 个未设法院的县。

县、省与全国司法统计资料不仅可以互证，而且可以互补。结合三类资料才有可能既反映全国状况，又反映一省一县的情形；既反映已设法院各地情形，又反映未设法院各县的状况，从而较好地避免因盲人摸象而妄下结论的弊端。上述资料除了记载民刑案件的数目，最重要的是它还根据现代司法统计的要求分门别类地统计了各方面数据。它正是分析基层司法实践的珍稀资料，为我们较为准确地研究北洋时期基层诉讼提供了前提条件。

统计资料提供的不是标准答案，而是参考答案；不是唯一答案，而是答案之一；不是最终答案，而是暂时答案。即便如此，仍应该认真地对待其准确性。从北洋时期顺义县档案来看，该县填报司法统计数据的确是有案可稽的。如 1927 年 1 月，张进芳在顺义县起诉了张玉庆；接着在顺义县的民事统计月报表底稿上记录该案，并汇总到民事统计月报表里；有时月报表又汇集成季报和年报表。各县的诉讼统计一般上报到高等审判厅和检察厅或省政府。如《山西省政治统计·司法之部》在"凡例"中称，其关于第一审者为径向各县署及各级初审法厅直接征集，其二审、三审数据则以高等审检两厅所送司法年表为根据。② 高等审判厅和检察厅将各县上报及其自身的诉讼统计数据，编制诉讼统计上报到司法部，由司法部根据这些资料编成"民、刑统计年报"等资料。司法部编制"民、刑统计年报"的原则之一是根据各地呈报有案者编制，未据造报各厅处及声明无案可报者概不列入。这说明

---

① 浙江高等审判、检察厅编辑处：《浙江司法年鉴》（民国十一、十二年度），1924；《浙江司法年鉴》（民国十三年度），1925；《浙江司法年鉴》（民国十四年度），1926。本人尚未收集到《浙江司法年鉴》（民国十四年度）。

② 山西省政府统计处编印《山西省第九次政治统计·司法之部》，1929 年 12 月。

司法部比较重视数据的可信性，采取了有就是有、无就是无的态度。发现各处数据可能有误，司法部还特意加以说明，甚至督促核改。① 各类司法统计数据在上级与下级司法机关之间，在不同类别的数据之间还互相关联，一定程度上可以防止统计错误。不仅如此，即便有些错误或不实数据，在浩如烟海的数据中，其可能不致影响整体判断。因此，应该对司法统计数据持谨慎态度，但是在没有可靠证据证明这些数据存在严重错误的情况下，大体还是可以使用它们进行研究。统计数据仅仅为我们提供了暂时的帮助，以便等待更好的证据与答案。

---

① 比如1915年的"民事统计年报"第6表"原审判衙门别控告受理件数及已结未结"中有河南等省数据略有不符，该表便注明："河南开封地审厅栏内本厅初级审旧受案件七起内有四起自前开封初级审判厅移并，故与三年度未结数不符；江苏高审厅栏内各县署之旧受件数多系该县已裁地审厅或审检所三年度未结数；云南昆明地审厅栏内，本厅初级审旧受案件二十六起，内有五起自前昆明初级审判厅移并，故与三年度未结数不符。"司法部总务厅第五科编《中华民国四年第二次民事统计年报》，第203～204页。

第一编　司法制度之变迁

民国的建立，既有朝代更替，又有政治制度的转换。那么，进入北洋时期，中国司法制度变迁的轨迹如何？清末民初筹设司法机关方案发生了怎样的流变？审检所制度如何昙花一现？县知事兼理司法制度怎样出台？1914年审判厅大裁并如何发生的？1916年袁世凯去世后"共和再造"氛围里基层司法制度改革怎样重启？1920年前后收回法权对基层司法制度改革有何推动？外力作用的限度在哪里？本编着重勾勒司法制度变迁的轨迹，分析具体历史情境里变迁何以发生，制度如何被设计、建构。

第一章
清末民初筹设基层司法机关方案之流变

　　1906年，清廷宣布从改革官制入手预备立宪。随后编制官制大臣奏称："现在议院遽难成立，先就行政、司法厘定。"① 于是，司法改革成了预备立宪、官制改革的重头戏。要推行司法改革，首先要筹设各级新式司法机关。清末完成了大理院和各省高等审判厅的设置，筹设数量庞大的基层司法机关却困难重重。民国初建，筹建基层司法机关所遭遇的困境进一步凸显。清末民初司法机关筹设方案不仅深深地影响着法制建设进程，也展现了政治变革的曲折与复杂。

　　清末民初筹设司法机关的某些方案在李超等学者的论著中已有介绍、分析，然而仍有不少问题需要继续探讨。② 随着清末立宪进程的加速推进，司法机关的筹设方案越来越"急进"，学界对这种"急进"还缺乏深入的反思；筹设司法机关本需巨额经费支持及众多法政人才的支撑，清政府是如何在越来越短的时间内落实方案的呢？③ 另外，学者往往把清末与民国的历史分开进行研究，通常单独介绍各个筹设司法机关方案，对其内在联系缺乏分

---

① 《立宪纪闻·更革京朝官制大概情形》，《东方杂志》临时增刊，1906年，"立宪纪闻"，第5~8页。
② 参见韩秀桃《司法独立与近代中国》，第213~225页；欧阳湘：《近代中国法院普设研究——以广东为个案的历史考察》，第39~93页；李超：《清末民初的审判独立研究》，第30~175页。
③ 罗志田认为，对晚清十年的研究最主要缺失包括"对当时中央和地方政府举措则研究偏少"。（罗志田：《革命的形成：清季十年的转折（上）》，《近代史研究》2012年第3期）本书认同上述看法，且以为对司法改革的具体举措进行分析之后应重估清末预备立宪的可能结局。

析。筹设法院计划刚刚起步，清政府就灭亡了。民国初建，中国由君主国变为共和国，没有了清政府"阻碍"、"拖延"，在筹设司法机关上是否比此前更加"急进"？如果不是，那么其基本走向是怎样的？本书将利用《中央司法会议报告录》、《司法公报》（北洋）等资料探讨筹设基层司法机关方案在清末民初的演进与流变。

一　清末急进之策

清末政治形势在预备立宪的短短数年内发生了剧烈的变动，筹设法院方案也一波三折。

1912年，司法总长许世英在中央司法会议上演说称："吾国于三权分立之义，初未揭明。自前清筹备宪政以来，司法独立之声始喧腾于士夫之口。"[①] 司法独立的前提是建立独立的司法机关，因此筹设新式司法机关正是在清末筹备宪政的过程中拉开了序幕。

1905年，载泽、戴鸿慈、端方等五大臣出洋考察宪政，次年归国后提出立宪的具体建议。光绪三十二年七月初六日（1906年8月25日），戴鸿慈等奏请改定全国官制以预备立宪。[②] 他们在改革全国官制方案中提出设置四级裁判所，各裁判所附设检事局：[③] 各县划为四区，每区设一所区裁判所；每县设县裁判所作为区裁判所的上级司法机关；县裁判所的上级为省裁判所；最高一级为都裁判厅。[④] 各县要建四个区裁判所、一个县裁判所。

数日之后，清廷宣布从改革官制入手预备立宪。官制改革以京曹官制为先。九月，京曹官制厘定，编定直省官制被提上议事日程。光绪三十二年九月十九日（1906年11月5日），编纂官制大臣载泽为厘定直省官制之事致

---

① 《许总长中央司法会议开会演说词》，《中央司法会议报告录》。
② 本书引用清代史料以年号纪年，并夹注公元纪年；1912年之后用公元纪年。
③ 裁判所即法院，检事局即检察院。
④ 参见《出使各国考察政治大臣戴鸿慈等奏请改定全国官制以为预备立宪折》，《清末筹备立宪档案史料》，中华书局，1979，第367~383页。

第一章　清末民初筹设基层司法机关方案之流变

电各督抚，提出将地方机关分为府、州、县三级，各级另设地方审判厅，置审判官，受理诉讼；并划府州县各分数区，每区设乡谳局一所，置审判官，受理细故诉讼，不服者方准上控于地方厅。①

由于地方官制改革方案遭到督抚的强烈反对，载泽等人又提出行政司法分立的说帖。该说帖提出先定期限，各省分期措办。之所以要分期设审判厅，既借鉴了日本的经验，又考虑到中国的国情："日本原小吾国倍蓰，其设置裁判所尚不能同时并举。以中国幅员之广，若同时于全国而设多数之裁判所，不但财力困难，更恐根基不固，转致有名无实"。设置审判厅分为五期，以三年为一期，十五年后全国裁判制度基本完备。京师为首善之区，直隶、江苏交通较便，风气较开，奉天则更新伊始，以上四处列为第一期；湖南、湖北、江西、安徽、浙江列为第二期；山东、广东、广西、福建列为第三期；四川、河南、山西列为第四期；云南、贵州、新疆、陕西、甘肃、吉林、黑龙江列为第五期。②

几经曲折，光绪三十三年五月二十七日（1907年7月7日）外省官制方案终获批准。③ 外省官制方案规定，各省应就地方情形，分期设立高等审判厅、地方审判厅、初级审判厅（即原拟乡谳局），分别管理各项诉讼及上控事件。④ 在此并未规定各级审判厅的设置细则，仅指明以"法院编制法"定之。⑤ 外省官制与前述行政司法分立办法说帖在设置审判厅方面有许多一脉相承之处。如直隶、江苏、奉天等在"说帖"里列为第一期开办，在外省官制里仍列为先办、试办地区；⑥"说帖"和外省官制都有分年分地办理，

---

① 参见《厘定官制大臣致各省督抚电》，《近代史资料》第76期，中国社会科学出版社，1989，第52页。
② 《附编纂官制大臣泽公等原拟行政司法分立办法说帖》，《东方杂志》第4卷第8期，1907年10月，第416~423页。
③ 参见李细珠《张之洞与清末新政研究》，上海书店出版社，2003，第276~279、306~315页。
④ 参见《总核官制大臣奏改外省官制折并清单》，《大清光绪新法令·外官制》，第1~6页。
⑤ 外省官制之所以不对法院设置进行具体规定，大约缘于1907年修订法律大臣沈家本等即已上奏编订的《法院编制法》草案，它对法院设置已经进行了具体规定。然而世事难料，直到两年以后《法院编制法》才颁行。
⑥ 京师此时已经开办了各级审判厅，故先办、试办地区没有京师。

— 33 —

限期15年完成等内容，如果从1907年批准外省官制谕旨颁布后即开始筹设审判厅，则各级审判厅将在1922年全部建成。

自戴鸿慈等提出筹设法院方案到清政府批准外省官制，历时近一年时间终于出台了一个全国性筹设司法机关方案。

清廷在1906年宣布实行预备立宪时并没确定预备年限。1907～1908年要求速开国会的请愿运动此起彼伏，召开国会的期限问题被提上议事日程。国会请愿运动涉及18省人民、8个立宪团体，全国签名人数可考者达15万之多。[①] 与此同时，一些地方督抚与驻外使臣也纷纷奏请速开国会。[②] 经朝野各方势力的推动，宪政编查馆大臣多次讨论，[③] 决定仿照日本以9年为期召开国会。光绪三十四年八月初一日（1908年8月27日），宪政编查馆与资政院会奏提出："拟自光绪三十四年起，至光绪四十二年止，限定九年将预备各事一律办齐。"该建议随后得到批准，[④] 其清单包括筹设审判厅的日程表。它改变了以省为单位、由东三省等处先办的方案，要在全国按照各地的行政层级普设法院。在"逐年筹备事宜清单"中把地方各级审判厅的筹办分三类：一是筹办各省省城及商埠等处各级审判厅；二是筹办直省府厅州县城治各级审判厅；三是筹办乡镇初级审判厅。筹设法院也分先后进行：1909年开始筹办各省省城及商埠等处各级审判厅，1910年一律成立；1911年开始筹办直省府厅州县城治各级审判厅，1913年一律成立；1913年开始筹办乡镇初级审判厅，1915年一律成立。

然而，司法机关筹设方案很快被再次修改。1910年，全国性国会请愿运动风起云涌。宣统二年（1910）九月底，东三省总督锡良等十几位地方

[①] 参见侯宜杰《二十世纪初中国政治改革风潮——清末立宪运动史》，中国人民大学出版社，2011，第153页。

[②] 参见孟森《宪政篇》，《东方杂志》第5年第8期，1908年，"记载"，第43～62页。

[③] 宪政编查馆是清政府为推行"预备立宪"而设置的机构。1907年改考察政治馆为宪政编查馆，直属军机处。主要任务是办理奉旨交议的有关宪政折件及承拟军机大臣交付调查各件；翻译各国宪法、编订法规及考核各部院、各省政治情况等等。1911年清政府裁撤军机处，改设内阁，此馆随之撤销。

[④] 《宪政编查馆资政院会奏宪法大纲暨议院法选举法要领及逐年筹备事宜折附清单二》，《九年预备立宪逐年筹备事宜谕》，《清末筹备立宪档案史料》，第54～68页。资政院是清末立宪运动中的议会准备机构，成立于1910年，终止于1912年初。

第一章 清末民初筹设基层司法机关方案之流变

大员联衔上奏,请求立即组织内阁,召开国会;资政院也通过了速开国会案。清廷谕令将各省督抚和资政院的折电交会议政务处王大臣共同阅看。①十月初二日(1911年11月3日)载沣召见王大臣等讨论开设议院之事。次日,清廷发布上谕修改预备立宪日程表:"缩改于宣统五年,实行开设议院"。②宪政编查馆奉旨拟呈"修正宪政逐年筹备事宜清单"。宣统二年十二月十七日(1911年1月17日),清廷批准"修正宪政逐年筹备事宜清单",缩短筹备立宪时间,即在3年后实现宪政。与此相伴随的是,法院筹设方案再一次改变。按照新的方案,各省府厅州县城治各级审判厅成立时间从1913年提前到1912年。另外,新方案也不再提及乡镇初级审判厅的设置。

在立宪大潮的轮番冲击之下,清政府从原有立场上不断让步,政治改革不断"急进":先是光绪三十三年规定用15年完成外省官制改革;后于光绪三十四年又宣布用9年时间将预备立宪各事项一律办齐;宣统二年则进一步缩短预备立宪期限。预备立宪中的急切心态大约如请愿代表奉天咨议局议长吴景濂所言:"朝野上下,无不公认国会为救亡之良药。果无此良药则已,既有此良药,则早服一日即早救一日之亡"。③因此,人们不满足于宣统五年开国会,如东北等地还继续请愿,要求于宣统三年召开国会。

筹设司法机关是预备立宪事宜的重要组成部分,其方案难免不随着政治改革的"急进"而"急进":外省官制方案对设各地审判厅的计划是东三省、直隶、江苏先行试办,其余各省分年分地请旨办理;一年之后,《九年预备立宪逐年筹备事宜谕》改变了由东三省等处先办的方案,要在全国普设法院;又过了一年多,"修正宪政逐年筹备事宜清单"进一步缩短了筹办各级审判厅的时间。完成设置各级审判厅的最终时间越来越提前,从1922年提前到1915年,再提前到1912年。不断改变的方案展现了加速筹设各级审判厅的意图,筹设各级审判厅的方案越来越"急进"。

---

① 会议政务处是清末清政府为施行"新政"而设置的中央办事机构。1901年成立督办政务处负责制定"新政"的各项措施,接受各地官吏章疏,办理全国学校、官制、科举、吏治、财政、军政、商务、邦交、刑律等事务。1906年后易名为会议政务处。1911年撤销。
② 《缩改于宣统五年开设议院谕》,《清末筹备立宪档案史料》,第78~79页。
③ 《东三省总督锡良奏奉省绅民呈请明年即开国会折》,《清末筹备立宪档案史料》,第648~649页。

二　清末变通之方

随着筹设审判厅计划的推行，清政府在经费和人才方面的压力越来越大。

1910 年之前，法院设置方案中，各县通常设 1 所地方审判厅，3～5 所初级审判厅。

宣统元年五月二十七日（1909 年 7 月 14 日），山东巡抚袁树勋上奏指出：每府厅州县城治，至少必设地方审判厅 1 所，初级审判厅 1 所，乡镇平均计算，每处必在 4 所以上；则每一厅州县，必有地方审判厅 1 所、初级审判厅 5 所。① 袁树勋估计山东省 107 州县设审判厅所需司法人员在 2000 人以上。

宣统元年六月三十日（1909 年 8 月 15 日），浙江巡抚增韫的奏折提出，浙江省厅州县共 78 个，按法部奏定各级审判厅制度，除省城高等审判厅不计外，全省应共设地方厅 78 所，平均各城治、乡镇，至少应共设初级审判厅 3 所，合计 234 所，而省城及商埠如果增设，尚不止此数。② 增韫称，浙江应设各级审判厅所需推事、检察等职约 2000 人。

若一个省需推事、检察等 2000 人，由此推算，全国各省所需司法人员当在 40000 人左右。清末新政中虽掀起了办理法政教育的热潮，但法政人才的培养非一日之功。1907～1909 年国内法政毕业生不足 3000 人，③ 即使不考虑其是否合格、是否愿意充当推检，其总数也不够山东、浙江两省所需推检之和。按照清末筹设法院方案，法政人才存在巨大缺口。

按照袁树勋的估计，每一厅州县的地方和初级审判厅推事、检察官约需 30 员，每员年薪 600 两，共需 2 万两左右；加之典簿、录事、书记、承发吏、庭丁、检验吏各项俸薪，与其他办公费用，至少亦须万金；一厅州

---

① 参见《山东巡抚袁树勋奏山东筹办审判厅并请变通府县审判厅办法及初级审判厅权限折》，《清末筹备立宪档案史料》，第 873～875 页。
② 参见《浙江巡抚增韫条陈审判事宜折》，《清末筹备立宪档案史料》，第 876～878 页。
③ 参见本书第十一章"司法人才的供需"。

县岁费3万两左右，22行省各府厅州县岁费约5000万两，而建筑费尚不在内。①

袁树勋等人的估计相对粗略，此外，还可以根据此后清廷颁布的《直省提法司署及审判厅划一经费简章》进一步估算。它规定了各类审判厅的常年经费，其中府及直隶州厅地方审判检察厅为25840两，省城、商埠及繁盛厅州县初级审判、检察厅为5776两。②如每个府州县设1所地方审判厅和3所初级审判厅，则常年经费需43168两。清末，全国有府215个，直隶州76个，直隶厅34个，以上共325个；有县1358个（未计台湾省），属州48个，散厅78个，以上共1484个。③府厅州县共计1809个，则常年经费约需7800万两。

周育民指出，宣统元年各省岁入除受协不计外，共收银26321.97万两。④各府厅州县司法机关的岁费即占全国岁入的1/5左右。当时新政众多，无不需款，国家财力压力可想而知。

基于对财力和人才的估计，袁树勋提出："宜于府、直隶州设立地方审判厅一所，而于有辖地之府及厅州县设立初级审判厅一所或二所，似此转移，于事实既无窒碍，而全国此项经费，可锐减十分之九有奇。"⑤

不仅山东巡抚有请变通府厅州县审判厅办法之奏，四川总督赵尔巽也提出扩大初级审判厅的管辖范围。⑥清廷将袁树勋等人的上述奏折交宪政编查馆审议。议复袁树勋、赵尔巽等变通设厅办法折之前，宪政编查馆便考虑了经费与设厅办法之间的关系：其核定《法院编制法》时，"特立地方分厅之

---

① 参见《山东巡抚袁树勋奏山东筹办审判厅并请变通府县审判厅办法及初级审判厅权限折》。
② 地方审判、检察厅常年经费，府及直隶州厅比省城及商埠少2000多两，比商埠地方分厅多2000多两，府及直隶州厅常年经费居于三类地方审判厅中间，作为计算标准较为合理；单独的初级审判厅常年经费仅此一类。参见《法部奏定直省提法司署及审判厅划一经费简章（附表9种）》（中国社科院近代史所图书馆藏），第3~6页。
③ 《清史稿·职官三》卷116，中华书局，1977，第3357~3358页；刘子扬：《清代地方官制考》，北京紫禁城出版社，1994，第102页。
④ 参见周育民《晚清财政与社会变迁》，上海人民出版社，2000，第414页。
⑤ 《山东巡抚袁树勋奏山东筹办审判厅并请变通府县审判厅办法及初级审判厅权限折》。
⑥ 《四川总督赵尔巽奏请改定地方审判厅初级审判厅管辖区域折》，《政治官报》1909年第740号，第11~13页。

制，不外乎便民省费之谋";① 奏进《司法区域分划暂行章程》时，"特将各府、厅、州、县附设及共设地方审判厅办法，分别详悉规定，早于因地制宜之中，寓有省节财力之意"。②

正如地方司法官员诸克聪在 1911 年所注意到的那样，山东巡抚有请变通府厅州县审判厅办法之奏，四川总督有请改地方审判厅管辖区域之奏，宪政编查馆所奏《司法区域分划暂行章程》，都是为节约经费而提出的变通设厅方案。③ 清廷与地方大员的互动中，采取了一些措施来减轻经费和人才方面的压力：在宣统元年十二月二十八日（1910 年 2 月 7 日）清政府颁布的《法院编制法》及《司法区域分划暂行章程》，宣统二年十二月十七日（1911 年 1 月 27 日）颁布的《修正宪政逐年筹备事宜清单》和宣统三年二月二十六日（1911 年 3 月 26 日）颁布的《直省提法司署及审判厅划一经费简章》等文件使各州县地方、初级审判厅的数目有可能减少，审判厅规模变小。

首先，地方分厅与初级厅合设。

《法院编制法》是规定法院设置的最重要法律，其第 21 条规定，地方分厅可以设于初级审判厅之内。④ 与之同时颁布的《司法区域分划暂行章程》规定了词讼简少的府、直隶州于该府直辖地面或者首县及该州初级审判厅内，由邻近府、直隶州地方审判厅分设地方审判分厅。《直省提法司署及审判厅划一经费简章》明确地指出，"按章，词讼较简之府厅州县得设地方分厅于所在地初级厅之内"。⑤ 从这些规定看，地方分厅与初级审判厅是

---

① 《宪政编查馆大臣奕劻等奏核议顺天府奏陈各级审判制度及现行清讼办法折》，《清末筹备立宪档案史料》，第 892～897 页。
② 《宪政编查馆大臣奕劻等奏地方审判厅管辖区域范围间有疑义分别规定片》，《清末筹备立宪档案史料》，第 903～904 页。
③ 诸克聪：《论法部奏地方审判厅检察分厅员额并其预算经费》，《吉林司法官报》第 1 期，1911 年，"杂志"，第 1～2 页。诸克聪 1912 年任吉林高等检察厅检察官。
④ "各省因地方情形，得于地方审判厅所管之初级审判厅内设地方审判分厅"。《宪政编查馆奏核订法院编制法并另拟各项暂行章程折并清单》，《大清法规大全·法律部·司法权限》卷 4，第 7 页。
⑤ 《法部奏定直省提法司署及审判厅划一经费简章（附表 9 种）》（中国社科院近代史所图书馆藏），第 3～6 页。

第一章 清末民初筹设基层司法机关方案之流变

可以合设的。关键是将在多大范围内合设地方分厅与初级审判厅。《直省提法司署及审判厅划一经费简章》把地方、初级审判厅经费分为 5 类，从中可以发现，分别设立地方和初级审判厅的地方为省城以及部分府、直隶州厅和商埠，其余地方都可合设地方分厅和初级厅。省城、部分府、直隶州厅和商埠是少数，普通州县等则占绝大多数。清末仅仅在省城、商埠筹设了各级审判厅，所以地方分厅与初级厅合设者非常少，如果按计划推进到筹设各县审判厅，则地方分厅与初级厅合设者必将大增。

其次，改地方审判厅为地方分厅。

《法院编制法》规定根据各地具体情形在初级审判厅内设地方审判分厅，通常理解为普通情形下设地方厅，特殊情况下才设地方分厅。《司法区域分划暂行章程》关于地方分厅的规定将极大地改变各省设厅的规模。之前多规定府、直隶州须设地方厅，现在《司法区域分划暂行章程》规定词讼简少的府、直隶州可以改设地方审判分厅；之前每县都设地方审判厅，现在规定多数州县改设地方审判分厅。① 如此一来，地方厅的数目将减少，而设地方分厅的地方将增加。

改地方厅为地方分厅即可减少人员配备和经费支出。如果设地方分厅，则可以与初级厅合设，其人员配备和经费支出将进一步减少。那么到底能省多少经费呢？《直省提法司署及审判厅划一经费简章》规定的常年经费中，省城、商埠地方审判检察厅为 28160 两（府及直隶州厅为 25840 两），省城、商埠及繁盛厅州县初级审判、检察厅为 5776 两，二者合计为 33936 两；而府州厅县地方审判、检察分厅及初级厅共 22672 两。单设地方厅和初级厅比地方分厅与初级厅合设常年经费要多 11264 两（8944 两）。② 仅 1484 个州县改地方厅为地方分厅后，地方分厅与初级厅合设一年即可节省经费 1000 多万两。

再次，减少筹设初级审判厅。

之前的一些设厅方案中，各州县和乡镇都要设初级审判厅。《法院编制

---

① 《宪政编查馆奏核订法院编制法并另拟各项暂行章程折并清单》，《大清法规大全·法律部·司法权限》卷 4，第 14～15 页。
② 常年经费中，省城等处地方厅与初级厅合计为 33936 两；府及直隶州厅的地方厅与繁盛厅州县初级审检厅合计为 31616 两。

法》及《司法区域分划暂行章程》规定各州县设初级审判厅一所以上，仅在著名繁盛乡镇设初级审判厅若干所。①"一所以上"意味着每个州县设一所初级审判厅也是可行的。初级厅数目急剧减少的主要是乡镇一级。之前的司法方案中一县所设初级厅为三五处，现在除了繁盛乡镇外，其余地方则不用设了。每个厅州县少设 1 处初级厅，则全国要少设 1484 所；少设 2 处，则全国少设 2968 所；少设 3 处，则全国少设 4452 所。"修正宪政逐年筹备事宜清单"中干脆对筹办乡镇初级审判厅不予考虑。

《法院编制法》、《司法区域分划暂行章程》等提出各州县由设地方厅而改为设地方分厅、地方厅与初级厅合设等措施，实为筹设各级审判厅"急进"之策背后的"变通"之方，它将使经费投入、人员配备大幅下降。不过，即便按照上述变通之法计算，假设清末所有的法政毕业生都进入审判机关，他们也远远少于筹设州县审判厅所需推事、检察官数目，这还不算书记官等司法人员数目。②"急进"之策背后的"变通"之方也不能救急，"急进"之策注定不能成功。随着辛亥革命的爆发，清政府迅速灭亡，其灭亡遮蔽了"急进"之策走向失败的命运。清政府把筹办府厅州县城治各级审判厅的计划留给了民国政府，随同遗留的还有筹设审判厅的"变通"之方。

三 民初稳健手段

辛亥革命后，建立了南京临时政府。然南北政权忙于和谈，筹设全国司法机关计划并没提上议事日程。随着清帝退位的交涉获得成功，孙中山辞去临时大总统，袁世凯于 1912 年 2 月 15 日被选为临时大总统，3 月 10 日在北京就职。袁世凯就职后提出以唐绍仪为内阁总理，经南京参议院同意后，唐绍仪于 3 月 25 日到南京组织新内阁，王宠惠被任命为司法总长。王宠惠于

---

① 《宪政编查馆奏核订法院编制法并另拟各项暂行章程折并清单》。清末省、府、商埠大概会有一些著名繁盛乡镇，普通州县本身多未必著名繁盛，其著名繁盛乡镇更少。当然在经费紧张的情形下，"著名繁盛"的标准也许会提升。

② 详见本书第十一章"司法人才的供需"。

第一章　清末民初筹设基层司法机关方案之流变

5月2日就任司法总长之职，并于5月7日派员接收并改组法部，不久即随唐绍仪去职，对司法事务未能更多规划。直到7月，许世英任司法总长，才重新谋划因辛亥革命而中断的基层司法机关筹设计划。

许世英指出："民国肇造，政体更新，潮流所趋，万方同轨，国民心理，渐次改观，将欲挈中外而纳于大同，其必自改良司法始。"民国的建立对改良司法的推动可见一斑。经过数月的"苦心擘画"，自以为对司法改革"粗已得其纲领"，许世英在1912年9月下旬提出了司法计划的主要设想，11月底便将"司法计划书"咨送各都督、民政长。①

"司法计划书"的主要内容包括组织法庭、培养人才、推行律师制度、试办登记、改造监狱、改良看守所等。许世英所提司法计划的核心措施是分年筹设司法机关。

分年筹设法院计划的关键之处在"分年"筹设。"司法计划书"从三个方面分析了"分年"筹设的理由：首先，新式司法制度和法院并没有被中国人充分认识和接受，故组织法庭应考虑各地情形，以开通之地为先，偏僻之地稍后；其次，如果在一年之内建立全国的法院、监狱，绝无这么多合格的官吏；再次，辛亥革命之后，元气大伤，财力严重不足。

合格的官吏和充裕的经费是筹设法院的必备条件。清末开始办新式法政教育，民初毕业的法政人才仍不多，难以满足筹设法院所需。民初财政艰窘，"初恃外债以图存，继借内债以补苴"。南北统一时，"部库直接收入既属无多，各省协济之款，尤为仅见，而所恃为财源者，仅保商银行等数种小借款而已。"1912年入秋以后，"适垫款及克里斯甫镑款，先后成立，部库得资周转。惟久涸之余，不久辄尽。中央于年底应付之赔款，仍未照偿，而各省应还之外债逾期未偿者，为数尤多"。② 这种局面下不得不分年筹设法院。

---

① 参见《司法总长致各省都督、民政长规定任用法官资格暨拟订旧法官特别考试法，期于新旧人才一体登用，希饬司转行现任厅员勿兹误会函》，《政府公报》第142号，1912年9月19日，第15~16页；《许总长司法计划书》，《司法公报》第1年第3期，1912年12月，第1~16页；《咨送各省司法计划书文》，《司法公报》第1年第4期，1913年1月，第15页。

② 贾士毅：《民国财政史》，上海商务印书馆，1917，第45~47页。

"司法计划书"所拟筹设法院步骤为：1914年6月以前，先改组已设的审判厅；1914年改组完成之后，再用5年时间筹设新的审判厅；全国应设法院等2000多所，分为5年筹设，每年至少成立1/5，至第5年，即1918年一律完成。

分年筹设法院办法是每一县设一所地方法院，在地方法院内附设一所初级法院。因事繁设两所以上初级法院的县，则初级法院与地方法院分设。它表明，初级法院附设于地方法院之内为普遍的方式，作为例外是单设初级法院。

民国初年除了许世英的"司法计划书"对筹设司法机关进行规划外，司法部还于1912年底召开中央司法会议为贯彻执行司法计划书进行了详细论证。①

中央司法会议上，司法部的王淮琛等提出地方审判厅内附设初级审判厅案，山东高等审判厅长孙熙泽等提出地方、初级合厅制案。这两案主要基于财政与人才的匮乏而提出，也考虑了地方厅内附设初级厅涉及的法律问题。王淮琛认为这与四级三审制度毫无冲突，而且地方厅推事兼充初级厅推事绝无一人参与两审之事。② 审查报告同意王淮琛的看法，指出地方厅内附设初级厅既不混合审级，又不变更审级，与《法院编制法》实无抵触。

地方审检厅内附设初级审检厅案提出了两种具体的设厅办法，一是未设审检厅的地方使地方、初级审检厅合为一体，二是已设初级厅的地方可酌量裁并。两种情况合在一起就有可能变成让所有的初级审检厅都附设在地方厅内。

然此意见引发了较大争论。司法部的骆通司长同意在未设初级厅之处可将初级审判厅附设于地方厅内，③ 但指出已设初级厅之处，则酌量情形仍可照旧存留，不必一律裁并。江苏法署总务科长陆炳章认为，该案不能推行于

---

① 1912~1949年间大约召开了4次全国性司法会议，它们是1912年、1916年、1935年召开的全国司法会议和1947年11月召集的司法行政检讨会议。首届中央司法会议于12月1日开幕，12月25日结束。
② 参见《中央司法会议报告录》，"议案录"，第1页。
③ 骆通，1912年8月至1913年任司法部刑事司司长。国民政府时期任上海地方法院院长、湖北高等法院第一分院院长。

第一章　清末民初筹设基层司法机关方案之流变

全国。他以江苏为例极力论证某些地方不能裁并初级审判厅。例如，苏州、镇江、江宁各城内初级厅且不止一处。上元、江宁两县辖地较广，如果仅留一所初级厅则事务过繁，因此不能裁并。就通商口岸言之，尤有设初级厅的必要。

司法部佥事刘远驹进一步把办理司法机关的办法分为三层："第一层，如司法总长计划书之规定，五年以后其经济充裕、人才众多之省分自可完全组织；第二层，如经济不甚充裕，人才不甚众多之省分，即可照此审查报告办理；第三层，如经济不能支持，人才又苦缺乏之省分即可设置专审员，以达于完全组织，然后再将专审员废去。"①

审查报告的最后结论是，地方厅内附设初级厅不是永久计划，而是权宜之计，地方、初级两厅原则上应同时分设，附设初级厅为事实问题而非法律问题。审查报告还强调初级厅是否附设于地方厅要因地制宜。对原案所称"已经分设地方、初级审检厅之处，亦可酌量裁并"，审查报告理解为，指力有不足者言之。而且审查报告认为，如果可以维持，以分设为善。②

清政府计划在1911年开始筹办直省府厅州县城治各级审判厅，由于爆发了辛亥革命，该计划尚未完成。许世英的筹设法院计划主要是在各县设法院，实际上延续了清末司法改革中普设法院的努力方向。

设法院方案上，民初筹设基层司法机关计划也延续了清末的变通之方。清末已经提出地方分厅与初级厅合设，地方分厅设于初级审判厅；民初筹设基层司法机关方案也强调地方厅与初级厅合设一处，不过是初级厅附设于地方厅。

较之清末司法改革一再改变计划，不断缩短建成审判机关时间的急进，民初筹设基层司法机关计划却延长了筹设法院的时间，大有反其道而行之的意味。清末曾计划把直省府厅州县城治各级审判厅一律成立的时间提前到1912年，筹设时间为两三年；民初筹设基层司法机关方案除了把筹设审判厅的时间延长为5年，还预留了一年多的改组期，到1918年完成。清末对

---

① 《中央司法会议报告录》，"议事录"，第62~63页。
② 《中央司法会议报告录》，"议案录"，第43页。

— 43 —

直省府厅州县城治各级审判厅的筹办不分先后,同时进行;民初筹设基层司法机关方案则要求先由各省就地方的情状,分开办之先后。与清末相比,民初筹设基层司法机关方案在某些方面的确更稳健了。①

小 结

越来越激进的立宪运动使清政府筹设法院方案不断"急进",但财政窘迫、司法人才缺乏等现实因素又迫使清政府不得不走向"变通"。民初一方面坚持普设法院的努力,另一方面则延续清末的"变通"而趋稳健。清末民初筹设基层司法机关方案实际上处于一个连续的变迁过程之中。辛亥革命并没有在清末与民初两个看似迥异的时代之间造成深深的断裂。如果沿着这个历史脉络进一步观察,甚至可以发现它已经为1914年裁并初级审判厅埋下了伏线。

1914年袁世凯政府将初级厅归并于地方厅,并裁撤大部分地方厅,这是中国近代筹设法院过程中的重大转折。这个转折并非凭空而起,其源头则要追溯到清末筹设各级审判厅计划中的变通之方。初级厅与地方厅合设,再退一步就是将初级厅归并于地方厅。更重要的是影响清末民初筹设司法机关的那些障碍在其后一段时间里仍没有发生根本改善,进一步设置法院所遇到的压力越来越大,以致不但不能前进,反而被逼得后退一步,发生诸如1914年裁并各级审判厅这样的事件。

清末民初筹设基层司法机关方案不仅深刻影响着之后的法制建设进程,其流变还展现了政治变革与法制改革之间的复杂性。

法制是政治制度的重要组成部分,政治改革、政治革命往往引起法律制度的变革。清末预备立宪开启了法制改革,民国建立也推动了普设法院。然而,政治改革、政治革命并非引起法制变革的唯一因素。无论是政治改革,还是政治革命,无论是君主立宪,还是共和制,都不得不受制于现实。面对

---

① 许世英在"司法计划书"中强调实施司法计划要"抱积极宗旨,行稳健手段"。

第一章 清末民初筹设基层司法机关方案之流变

窘迫的财政、司法人才缺乏等社会现实,清末与民初选择了类似的对策来筹设司法机关:清末筹设法院的急进之下存在变通;民初建立了共和国,可以高扬三权分立的旗帜,也没有了清政府的"阻碍"、"拖延",筹设司法机关的计划却并没有更快更"急进",而是更稳健。从清末变通之方,到许世英的"司法计划书",都力图减少筹设初级和地方审判厅的总数目,极大地压缩经费与人才的总需求;延长筹办年限,则使每年承受的经费与人才压力进一步减轻。与其讴歌清末民初筹设法院之"急进",或批评其不够"急进",不如关注"急进"背后的变通与稳健,以及如何由"急进"生出变通、由变通走向稳健。

第二章
审检所制度的昙花一现

预备立宪之后,清政府在州县改制过程中逐渐确立了司法与行政分立的政策,力图新建法院系统,实现分权。法院系统的普设无论是清末的急进,还是民初许世英的稳健,都需要或短或长的时间量。法院未普设之前,未设法院各县该如何办理司法?

清末开始在各县进行设官分职改革,实行分科治事。暂无筹设法院计划各县署的设官分职改革往往包括了司法组织、人员和职能的改变。以分权为导向的新式法院建设与以设官分职为特征的县行政制度改革在民国初年发生了交集,一个重要尝试就是推行审检所制度。该制度最基本之点在于县知事担任检察官的角色,另设审判人员办理审判事务。审检所制度为县知事兼理司法等制度之滥觞,它们共同构成了北洋时期中国最主要的基层司法制度。审检所制度不仅是北洋时期各县司法制度的基础,而且反映了中西两种司法理念、制度在近代中国发生碰撞与融合的情形。

目前学术界对审检所的研究相当薄弱,只有钱实甫、韩秀桃等学者对审检所做了非常简单的介绍。[1] 在此依据地方志、《司法公报》等资料分析审检所制度怎样兴起,又何以昙花一现,进而讨论中国旧有设官分职与西方近代分权的理念、制度在民初中国基层司法建设实践中如何互动。

---

[1] 参见钱实甫《北洋政府时期的政治制度》,第 144 页;韩秀桃:《司法独立与近代中国》,第 239~240 页。

一　县衙门的设官分职改革

清代旧制，名义上由州县正印官掌理词讼，实际上办理诉讼等事务时除了知县外，还有三部分人分工协助：一是由州县官私人雇佣并随其进退的幕友、家丁；二是盘踞州县的"六房"；三是以"三班"为主的各种差役。① 设官分职的主要内容是职位和人员的分类与分等。从分类的角度看，"六房"与"三班"等是一些分工相对明确的组织和人员，承担着比较固定的职能；从分等的角度看，知县、幕友、家丁、胥吏、差役等人员具有不同的权责、资格和社会地位，② 因此，县衙门存在一种广义的设官分职。③ 清末新政时，县衙门的设官分职发展为分科治事。

1. 清末分科治事

清末"预备立宪"后，县制改革开始突破旧有体制。1906 年启动了直省官制改革。1907 年，清政府颁布的《直省官制通则》要为各级行政官员建立正式的下属机构，进行分科治事。《通则》强调增设佐治各员作为地方自治的基础，设立法院作为司法独立的基础。由于计划在县署之外另设法院，故县行政机关并没有把司法人员纳入其中：各直隶州、直隶厅及各州县应酌设佐治各官分别为警务长、视学员、劝业员、典狱员、主计员，并不包括司法人员。④

然而法院的设立不能一蹴而就，进行县制改革时，绝大多数县都没有设立法院。这些县的诉讼事务却不能因此而停顿，那么由什么机关办理诉讼呢？一些县仍按传统旧制由知县、幕友、六房、三班等办理，另有一些县变

---

① 各县房数、班数及员役数不尽相同。
② 参见瞿同祖《清代地方政府》；陶希圣：《清代州县衙门刑事审判制度及程序》；那思陆：《清代州县衙门审判制度》；郑秦：《清代司法审判制度研究》；郑秦：《清代法律制度研究》；吴吉远：《清代地方政府的司法职能研究》。
③ 严格意义上，只有知县是官，其他如幕友、家丁、吏、役等不属于官。
④ 参见《总核官制大臣庆亲王等奏改订外省官制折（附清单）》，《东方杂志》第 4 卷第 8 号，1907 年 10 月 2 日，第 401～410 页。

通了《直省官制通则》，在县公署之内设置了执法或者司法科，以掌管司法等事项。

清政府规定各直省官制先由东三省等地开办，《直省官制通则》颁布后，东北等地开始县署改革，其主要内容是分科治事。

辑安、梨树、兴京、临江等县在光绪末年就进行了县制改革，县署内设立了执法科、司法科等司法机关。光绪三十三年（1907），梨树县变更旧制，裁去六房，并为行政、执法、统计、会计四科，每科设科长一人，科员一人，雇员四五人，撤去三班改组为司法巡警，所有民刑讼案统归执法科办理。① 在光绪三十四年（1908），辑安、兴京、临江等县裁撤六房改设行政、司法两科。②

1910 年，东三省总督赵尔巽整顿吏治，剔除旧习，通饬各属裁并房班，设立各科。各县所设科数和科目各异，其中司法机关大体有执法科、刑事科、司法科、刑事股等名称。

设执法科的有西丰、北镇、海龙、通化等县。西丰县改六房为三科。户房改为会计科，专司钱谷田赋等事；刑房改为执法科，办理民刑诉讼案件；吏礼兵工改为行政科，办一切地方行政事宜；此外另添统计一科以办理新政。每科置科长一人，又置科员一二人，协助科长办本科事宜。三班仍旧。③ 海龙县裁撤六房三班，改设总务、会计、执法、行政四科；改班役为司法警察。④ 通化县改设行政、会计、执法三科，各科设有科长一员，督率科员、书记办理各科事宜；将原有三班裁撤，添募卫队兼法警。⑤ 北镇县将吏礼兵工四房改为庶务科，刑房改为执法科，户仓二房改为会计科。⑥

---

① 参见民国（1934 年）《梨树县志》丙编政治卷 1《行政·县政府》，第 1 页。
② 参见民国（1931 年）《辑安县志》卷 3《政治·官署·县公署》，第 2～3 页；民国（1925 年）《兴京县志》卷 2《官制志》，第 3～4 页；民国（1935 年）《临江县志》卷 4《政治志·县公署》，第 1～4 页。
③ 参见民国（1938 年）《西丰县志》卷 13《行政》，第 1～4 页。
④ 参见民国（1937 年）《海龙县志》卷 4《民国行政之沿革》，第 4～5 页。
⑤ 参见民国（1927 年）《通化县志》卷 3《政事·官署志》，第 1～12 页。
⑥ 参见民国（1933 年）《北镇县志》卷 4《政治·行政·行政县公署》，第 2～4 页。

第二章 审检所制度的昙花一现

辽阳、岫岩、盖平、锦西等县设刑事科。辽阳县并房班，改吏礼兵工为民事科，刑房为刑事科，户仓房为户仓科，添设统计一科。每科置科长、科员各一，书记无定额，另招募司法警 30 名。[①] 岫岩县将吏礼兵工等房改为民事科，刑房改为刑事科，户仓二房改为会计科，共设三科，每科置科长一人、科员一人，书记无定额，四班改为行政警察。[②] 盖平县裁并班房改为民事、刑事科，并添设统计科，各设科长，另募法警以供差遣且资守卫。[③] 锦西县并房班，改为总务、民事、刑事、统计四科。[④]

另外，铁岭县设司法、行政、会计三科；[⑤] 昌图县改六房为民事、刑事等四股。[⑥]

1911 年，东北各县进行了新一轮改革。各县基本设立四科，其中司法机关名称主要分为司法或执法科两类。

设司法科的有辉南、兴京、辑安等县。辉南等县设置行政、司法、会计、统计四科，司法为其中之一科。[⑦]

设执法科的有辽阳、锦西、抚松、庄河、西安、盖平、辽中、铁岭等县。辽阳等县设行政、执法、会计、统计等科，执法为其中之一科。[⑧] 其中辽阳、锦西、抚松、盖平县把原来的刑事科改为执法科，辽中县将之前名法科改为执法科，铁岭将司法科改执法科，海龙、庄河、西安等县仍用执法科

---

① 参见民国（1928 年）《辽阳县志》卷 17《行政司法志·行政》，第 2 页。
② 参见民国（1928 年）《岫岩县志》卷 2《政治志·政行》，第 2 页。
③ 参见民国（1930 年）《盖平县志》卷 4《政治志》，第 41～42 页。
④ 参见民国（1929 年）《锦西县志》卷 4《政治·行政·县行政公署》，第 1～6 页。
⑤ 参见民国（1917 年）《铁岭县志》（无卷次）《县公署行政改革志》，第 127～131 页。
⑥ 参见民国（1916 年）《昌图县志》第 6 编《志政事·分科》，第 54 页。
⑦ 参见民国（1927 年）《辉南县志》卷 2《政治·沿革》，第 1～2 页；民国（1925 年）《兴京县志》卷 2《官制志》，第 3～4 页；民国（1931 年）《辑安县志》卷 3《政治·官署》，第 2～3 页。
⑧ 参见民国（1928 年）《辽阳县志》卷 17《行政司法志·行政》，第 2 页；民国（1929 年）《锦西县志》卷 4《政治·行政·县行政公署》，第 1～6 页；民国（1930 年）《抚松县志》卷 3《政治》，第 16～17 页；民国（1937 年）《海龙县志》卷 4《民国行政之沿革》，第 4～5 页；民国（1921 年）《庄河县志》卷 3《职官·县公署》，第 1～3 页；宣统（1911 年）《西安县志略》卷 1《建置篇第一上》，第 1～14 页；民国（1930 年）《盖平县志》卷 4《政治志》，第 41～42 页；民国（1930 年）《辽中县志》3 编卷 14《行政志·县政府》，第 5～6 页；民国（1917 年）《铁岭县志·县公署行政改革志》，第 127～131 页。

名称。

清末改制各县,废除了旧有的六房,开始分科办事,通常由刑房等改为执法或司法科,掌管司法等事项;改班役为司法警察。这些变动主要始于东北各县,也局限于东北。

2. 民初的分科治事

民国初建,县级行政机关的设置显得有些混乱。受辛亥革命冲击较小的地区,沿袭清代旧制,而受革命冲击较大的地区则涌现了不同名称、不同职能的县行政机关。在中央政府尚未制定县组织法令前,一些县机关继续进行分科治事改革。

东北各县的司法机关仍为执法科或司法科。如海城、西丰和辽中等县的执法科仍旧,专办司法事宜;① 复县和铁岭等县设司法科。1912 年,复县由县署分设司法科,委任掾属掌理;② 铁岭县将执法科改组为司法科。③

除了东北外,其他各省越来越多的地方设置了相应的司法机关。

1912 年 5 月 7 日安徽都督孙毓筠发布了"地方官制",规定"凡所不载,均即一律裁撤,实行分科办事,以专责成",并要求 1 月内办理完妥具复。当月宿松县就奉省令在县知事公署设立 6 科,分别为总务、内务、税务、学务、警务、司法。每科设佐治 1 员,书记唯有税务科 10 人,司法科 6 人,其余各科均 3 人。司法科置检验吏 1 人、执达吏 4 人、庭丁民刑共 4 人、禁卒 4 人、更夫 1 人、司法巡长 1 人、司法警察 10 人、拘留所看役 3 人、女看役 1 人,此外杂役在 35 人左右。宿松县司法科的司法辅助人员如检验吏等名称已经与新式法院司法人员一样了。

安徽的宁国县于 1912 年初废幕宾书吏制,设佐治员,分总务、内务、学务、税务、警务、司法 6 科。宁国县与宿松县的记载一样,表明安徽各地按照都督孙毓筠所发布的"地方官制"在组织县知事公署。

---

① 参见民国(1937 年)《海城县志》卷 2《政治志·民国政治沿革·县公署》,第 172~176 页;民国(1938 年)《西丰县志》卷 13《行政》,第 1~4 页;民国(1930 年)《辽中县志》3 编卷 14《行政志》,第 5~6 页。

② 参见民国(1920 年)《复县志略》(无卷次)《官制略》,第 1~2 页。

③ 参见民国(1917 年)《铁岭县志·县公署行政改革志》,第 127~131 页。

第二章 审检所制度的昙花一现

全国还有不少地方像安徽宿松县、宁国县这样分科办事，司法作为一科列于县知事公署之内。

1912年9月，山东省颁布了《山东州县暂行分科治事章程》。它规定州县知事得设佐治员，分总务、民政、财政、司法4科。司法科掌理民刑诉讼的批判预审，以及管理待质所、监狱的各种事项。《续修巨野县志》收录了该章程。① 《馆陶县志》也载，"民国革新，元年冬本县奉令颁县公署暂行分科治事章程，乃设有司法专科掌理民刑诉讼批判预审等事件"。② 《莱阳县志》载，"元年，改知县曰民政长，为荐任，职总一县之政令，废刑名钱谷两幕及吏户礼兵刑工六房为总务、财政、民政、司法四科"。③ 沾化县在民初分科治事，设民政、司法两科，后又添设总务、财政两科。④ 可知山东各县在民国初建之时主要根据《山东州县暂行分科治事章程》改组了县级机关，实行分科治事，设有司法科。

在河北省望都县，民国元年县署奉令改组，分设行政、司法、教育、实业4科。各科设科长1人，六房四班如故。⑤

山西沁源县于辛亥革命后改知县为知事，县署分设民治、财政、司法、教育各科，旋又改为总务、财政、教育、司法4科。⑥ 新绛县辛亥革命后废除清制，改州为县，设县知事。县署分民治、财政、教育、交通、实业、兵警、司法等7科，旋改为总务、财政、教育、司法4科。⑦

陕西洛川县在民国建立后，于县公署的总务科设司法股，内置主任1人，助手若干人（称为相公）。⑧ 宜川县则于县公署总务科置诉讼股，设书记1人，雇员2人，辅佐县知事办理司法行政及审判、检察之事。⑨

---

① 参见民国（1921年）《续修巨野县志》卷2《食货》，第4~5页。
② 民国（1936年）《馆陶县志》卷3《法治志·司法》，第22~23页。
③ 民国（1935年）《莱阳县志》卷2《政治志·内务·官制》，第27页。
④ 参见民国（1935年）《沾化县志》卷5《政治志·县政府》，第2页。
⑤ 参见民国（1934年）《望都县志》卷4《政治志一·官吏经费二》，第1~2页。
⑥ 参见民国（1933年）《沁源县志》卷5《官师表第三》，第14页；卷6《大事考》，第10~11页。
⑦ 参见民国（1929年）《新绛县志》卷7《官师表第四》，第1页。
⑧ 参见民国（1944年）《洛川县志》卷16《司法志》，第1页。
⑨ 参见民国（1944年）《宜川县志》卷16《司法志》，第1页。

湖南慈利县在民国元年改知县为知事、典史为典狱官，废止县刑名幕友、胥吏差役，设行政公署，分科治事，遴选士人为主任。① 汝城县在民国元年改设行政厅，以知事为行政长官，内分为民政、财政、教育、警务4科佐理。司法由法官负责办理。②

浙江寿昌县在民国建立后，县知事兼执法长，设执法科员1人，佐理一切民刑案件。③ 德清县在民国元年裁撤幕职，废六房等，设总务、民事、警务、教育、财政、执法等6课，各设课长、课员。④ 昌化县设民事长1员，分总务、民事、财政、警务、教育、执法等6课。后来又改民事长为知事，分民政、财政、教育、执法4科。⑤ 遂安县民国建立初期设执法科科长，办理民刑诉讼事件。⑥

江西宜春县公署设民政、财政、学务、实业、司法等课，各置课长、课员。⑦

广西省的邕宁、桂林、苍梧等县已设法庭，其他县自民国元年开始在县署佐治员中设司法1人，由县长聘充。⑧

民国元年安徽、山东、直隶、山西、陕西、湖南、浙江、江西、广西等省进行的县制改革，与东北各县的情况有不少相似之处，如在县衙门里设置专门的司法机构和人员掌管司法事务。不仅如此，而且许多改革是以省为单位进行的。这点可以从两个方面加以证明。首先，一些省颁布了地方官制、章程指导县制改革。如安徽省发布了地方官制，山东省颁布了《山东州县暂行分科治事章程》，河北省望都县也称是奉令改组。其次，从各省县行政公署的各科设置看，通常同一个省在科数、科名都大致相同，而省与省之间又存在差异，如安徽的宿松县与宁国县，山东的巨野县、莱阳县、沾化县、

---

① 参见民国（1923年）《慈利县志》卷18《事纪》，第12页。
② 参见民国（1932年）《汝城县志》卷8《建置志·公署局所》，第1页。
③ 参见民国（1930年）《寿昌县志》卷6《职官志》，第26页。
④ 参见民国（1923年）《德清县志》卷5《法制志·司法》，第22页。
⑤ 参见民国（1924年）《昌化县志》卷8《秩官制》，第1~2页。
⑥ 参见民国（1930年）《遂安县志》卷4《职官名表》，第17页。
⑦ 参见民国（1940年）《宜春县志》卷7《民政志·行政组织》，第4~5页。
⑧ 参见民国（1936年）《来宾县志》下篇《县之政典五·狱讼》，第92~96页。

馆陶县，山西沁源县与新绛县，陕西洛川县与宜川县，浙江寿昌县与昌化县的科数、科名都体现了这些特征。当然，即使省通令进行县制改革，也并不一定意味着该省所有县都同步进行了改革。

与清末相比，民国元年各县进行的分科治事改革又有了新进展：一是设立司法科的省份大为增加；二是安徽等地司法科中出现检验吏、执达吏、庭丁、司法警察等正式的司法辅助人员，其名称与正式法院趋同。

清末民初分科治事改革中，在知县（县知事）之下建立正式的下属办事机构，并设置作为国家正式职员的佐治各官。已经进行县制改革各县诉讼事务通常由正式的机关如执法或者司法科和正式的司法辅助人员来处理。这意味着正印官独任制和以私人势力承担州县诉讼的制度发生改变，它为新式司法机关的出现提供了组织基础。

然而，司法科与其他各科并列于县署之下，各科都设科长、科员与书记等，司法科的员额与资格似乎没有特别规定。因此，司法科与其他各科主要是按业务类别进行的普通分工，不过是在县署实施设官分职而已，尚不具备西方近代三权分立中司法与其他部门独立与制衡的意义。

3. 派充帮审员的地方性实践

清末民初县署旧有六房所管诉讼事宜改由司法科担任，三班改为司法警察，更多只是司法辅助机关和司法辅助人员的变动，县官审理诉讼案件的权限并没发生根本性的改变。不过在山东、广东、福建等省已经开始尝试向各县派专门审判人员协助县知事审理案件。

宣统元年（1909），山东巡抚袁树勋便提出培养审判人才的办法，"令曾在京外各法政学堂毕业之优秀者，择尤派充发审局帮审委员，俾有学问之学生，得增长其阅历"。[①] 派法政毕业生到发审局办理诉讼既是培养审判人才的办法，其实也是改造司法机关的途径。清末是否派法政毕业生到未设法院各州县从事审判，尚不得而知。民国初建，山东等省即着手选派法政毕业生前往各州县帮审却是事实。

---

① 《山东巡抚袁树勋奏山东筹办审判厅并请变通府县审判厅办法及初级审判厅权限折》，第873~875页。

1912年，山东代理提法司拟定《派充各州县帮审员考试任用章程》，请山东都督周自齐转咨司法部立案。1912年8月8日，山东都督将该章程咨司法部立案。8月15日，司法部咨覆山东都督，同意将帮审员考试任用章程准暂立案。司法部同时指出，各省审判厅未设立者尚占多数，州县各官又不是都能通晓法律，山东提法司拟选派法政毕业生前往各州县帮审一事，用意殊属可嘉。司法部还透露，该部对于未设审判厅各处，将来如何整顿变通，此时正在集议筹划，等司法部定有专章或山东省审判厅一体成立后即行废止该章程。① 1912年山东省的博山、济阳、广饶等县添设了帮审员。②

1912年，除了山东省，广东、福建等省也向未设法院各县派出审判人员处理诉讼案件。在广东，这些审判人员通常称专审员，福建则称审判官。③

广东省由于经费短缺，规定在未设地方厅之县设审检所（专审所）一处，受理初级和地方管辖民刑案件，并兼司检察职务。各县审检所通常有专审员及一些司法辅助人员，专审员由省司法司委派，一般为法政毕业生。连山县于1912年5月始设审检所，置专审员1员、司牍员1员，其下则有录事1人、承发吏2人、检验吏1人、庭丁2人、司法警察8人。④ 罗定县所设审检所，置专审员兼检事2人。⑤ 除了审检所之外，开平、大埔等县设有专审所。大埔县所设专审所直隶地方审判厅，由省司法司派专审员2人专办民刑诉讼。⑥ 设专审员的县较多，清远、⑦ 赤溪县、⑧ 泷

---

① 参见《咨覆山东都督酌定帮审员考试任用章程准暂立案文》，《司法公报》第1年第1期，1912年10月，第26页。
② 参见民国（1937年）《续修博山县志》卷3《建置志·县政府组织》，第5~8页；民国（1934年）《济阳县志》卷13《新政志·行政·县政府》，第9页；民国（1935年）《续修广饶县志》卷6《政教志·县政组织·县长》，第1~2页。
③ 派往各县处理诉讼的专业司法人员在各地司法实践中称"帮审员"、"专审员"、"审判官"等；"司法计划书"中称"专审员"；中央司法会议上最初称"专审员"，后来改称"审判员"和"检察员"；《各县帮审员办事暂行章程》等文件中称"帮审员"。
④ 参见民国（1928年）《连山县志》卷6《司法·司法沿革》，第1~2页。
⑤ 参见民国（1935年）《罗定县志》卷10《附民国大事记》，第1页。
⑥ 参见民国（1943年）《大埔县志》卷6《经政志·司法官》，第1~3页；民国（1933年）《开平县志》卷22《前事略四·民国上》，第2页。
⑦ 参见民国（1937年）《清远县志》卷9《职官表五·民国秩官》，第56~57页。
⑧ 参见民国（1920年）《赤溪县志》卷5《职官表·文职》，第5~10页。

第二章　审检所制度的昙花一现

安县、[1] 有海、[2] 东莞、[3] 曲江、[4] 翁源、[5] 阳山、[6] 儋县等地都曾设专审员。[7]

福建各县司法由审判员与县知事共同负责，县知事兼检察长，审判员由高等审判厅委任，所委任审判员有法政教育背景。如古田县的县知事兼检察长，另设审判员审理民刑诉讼；[8] 沙县由高等审判厅直接委任审判员一人，由县知事监督；[9] 福建设立审判员并非个别现象，崇安、[10] 平潭、[11] 长乐等县也都设审判员。[12]

山东、广东和福建等省在未设法院各县设有帮审员、专审员或审判员等专业审判人员。从上述各县记载可知其大致状况：第一，诉讼不再由县官独任，司法权被分成审判和检察两个部分，广东的审检所行使的权力分审判和检察权，福建县知事兼检察长，另设审判员审理民刑诉讼；第二，审判人员由上级司法机关任命，广东由司法司委任，福建由高等审判厅直接委任，由县知事监督；第三，审判人员具备法政毕业等特定资格，制定了考试任用章程；第四，配备了录事、检验吏等相关司法辅助人员，甚至有的县还设立了审检所、专审所等专门审判机关。

山东等地派法政毕业生到各县处理诉讼事务，并开始对他们的任用进行制度化的设计，使县署分科治事改革更进一步，已经触及县知事的司法权限，近代西方司法制度的某些内容逐渐被吸纳到县司法实践之中，设官分职与分权出现合流的趋向。

---

[1] 参见民国（1943年）《大埔县志》卷32《人物志》，第13页。
[2] 参见民国（1933年）《开平县志》卷28《选举表》，第5页。
[3] 参见民国（1920年）《赤溪县志》卷6《人物志·仕宦》，第8页。
[4] 参见民国（1931年）《乐昌县志》卷15《人物上·仕宦表三》，第15页。
[5] 参见民国（1935年）《罗定县志》卷10《附民国人物表》，第1页。
[6] 参见民国（1938年）《阳山县志》卷5《经政下·民国俸饷》，第12~13页。
[7] 参见民国（1936年）《儋县志》卷6《经政志十八·法院之设立及其沿革》，第32页。
[8] 参见民国（1942年）《古田县志》卷19《刑法志》，第1~4页。
[9] 参见民国（1928年）《沙县志》卷8《刑法志》，第1页。
[10] 参见民国（1941年）《崇安县新志》卷16《司法》，第1页。
[11] 参见民国（1923年）《平潭县志》卷13《职官志》，第5~6页。
[12] 参见民国（1917年）《长乐县志》卷12《职官志·文职》，第9~10页。

二　审检所制度的出台

清末民初，未设法院各县进行了一系列探索基层司法制度的实践，从六房到司法科，从三班到司法警察，以及帮审员、专审员、审判员的派充。各地先期探索积累了宝贵的经验，新的基层司法制度变革呼之欲出。司法部总结各地经验，推行既不同于新式法院，又区别于传统旧制的基层司法制度指日可待。契机出现在1912年下半年，司法总长许世英提出了"司法计划书"。

许世英的"司法计划书"不仅为各地探索的基层司法制度开始向全国推广提供了契机，而且改变了设官分职的性质。

许世英提出用五年时间筹设法院，筹设法院之前用一年多的时间改组整顿旧法院，六七年之后，各地法院才能完全成立。未设法院各县事务殷繁，如果由行政官承担司法职责，必然不能较好兼顾司法与其他职责。于是许世英在"司法计划书"中拟于未设法院各县，选合格者充专审员，每县三员，使司法、行政逐渐分离。一旦筹设法院，专审员即可改为法官。①

许世英向各县派专审员的着眼点在于培养司法人才，为逐步建立法院做准备。由司法部参与县署改革，并且往各县派专审员的最终目标是建立法院系统，使司法与行政分离，因此，不仅县署改革与筹设法院将有所交集而不再是平行的了，而且派专审员具有分权倾向，与设官分职下的分科治事有明显的区别。

"司法计划书"使未设法院各县的设官分职发生重大转折，不过它更多是指导性的意见。为贯彻执行"司法计划"，中央司法会议对审检所制度进行了详细论证。中央司法会议上的重要议题之一是审检所的筹设和专审员的派充。代表们围绕"拟筹设临时审检所议案"和两个"专审员之设备案"等集中讨论了筹设审检所的原因及具体方案。

---

① 参见《许总长司法计划书》，《司法公报》第1年第3期，1912年12月，第1~16页。

第二章　审检所制度的昙花一现

首先，向未设法院各县派专审员的原因。

司法部佥事沙亮功在"专审员之设备案"（第一）中指出了派专审员的缘起：民国初建，经费难筹，人才匮乏，司法机关绝不可能短期内普设。代表们在发言中也多次表达了类似的看法。既然现实条件不允许短期内普设法院，则司法制度面临两种选择，要么维持现状，要么进行局部变革。为何不能维持旧制，而非要派充专审员，进行局部变革呢？代表们从三个方面进行分析。第一，县知事掌审判权存在种种弊端。沙亮功指出，县知事为行政官，行政官无司法上的职权，则不负司法上之责任；其未必尽具有法律上之知识，如果以审判权仍操诸县知事之手，恐审讯、拟律及一切调查、检证未必尽能适法，于司法改良前途大生阻碍。① 直隶法署民刑科一等科员于傅林与直隶天津高等检察分厅检察官戚运玑强调要解决州县不依法判决这些弊端须设专审员。第二，设专审员是为了平等保护人民权利。沙亮功认为，改设审判厅之处用人行政概受成于司法部，然而在未设审判厅的地方，审判权仍隶于各省普通行政官职权之下，共和国之人民，都当遵守法律，则都应一律平等受法律的保障。② 第三，设专审员有助于解决司法人才问题。孙熙泽认为，过去州县署内均有刑幕，他们未尝无富于经验、优于学识的人才，如果任由刑幕人员流散，等他日组织审判厅时，将有人才缺乏之虑，为羁縻人才计，不得不设专审员。③

---

① 参见《中央司法会议报告录》，"议案录"，第3页。
② 参见《中央司法会议报告录》，"议案录"，第3页。
③ 参见《中央司法会议报告录》，"议事录"，第4~6页。许世英在"司法计划书"中已经指出设专审员有利于为筹设法院培养所需人才。后来，他还意识到设帮审员有助于分流被裁撤法院的司法人员。1913年，改良司法的重点是将组织不完备的审判厅一律废止，实行帮审制度。改组法院牵扯各方面利益，自然引起了不小的风潮。组织法院、任命法官各办法公布后，各省旧充推检各员，函电交驰，或登报纸，或印传单，纷纷反对，借口阻挠。许世英便命令司法筹备处长及审检长从法院改组被裁人员中择其办事认真、声誉素著者改充书记官及帮审员。（《复直隶冯都督请维持司法改组变通办法函》，《司法公报》第1年第7期，1913年4月，第61页）在奉天，法院改组一事风潮迭起。各厅旧员表示异议，有群起反对之举。许世英也试图通过设帮审员化解法院改组引起的矛盾。他指出，被裁人员本来符合书记官、帮审员的资格，如果其办事认真，声誉素著，应由各该长官分别酌量任用。（《令各省司法筹备处长、高等审检厅长法院改组、法官任用务照本部第53号训令办理文》，《司法公报》第1年第7期，1913年4月，第34~35页）

无论是主张县知事不应继续握有司法权,还是希望平等保护民众权利,都力图把司法权从县署中分离出来由专审员行使,使司法权最终归属于司法系统;设专审员,为筹设法院储备人才更是直接为建立独立的司法系统服务。通过设专审员而实现分权的意图十分明显。

其次,设专审员的方案。

"专审员之设备案"对于设专审员的一些具体方案有所考虑。"专审员之设备案"(第一)侧重点在经费、资格、管辖、名称、监督各项问题。在经费等方面用旧日州县办刑名之款作为设置专审员的经费;用人方面,专审员的资格从宽录取,以有法政速成科以上毕业之资格者充任,但须经司法部派员考试;管辖方面,专审员派赴未设审判厅各州县,其事务管辖应不分地方与初级,都归其审理,徒刑以上案件须送高等厅覆判;关于名称,专审员既无判事、检事的资格,其名称不得与审判厅同;关于监督,专审员应归高等厅监督。①

"专审员之设备案"(第二)提出设专审员的办法为,派法律毕业人员分赴各州县专任司法事务,与州县同署办公,以节经费。司法行政事务仍暂由州县官担任,其纯粹的司法事务则专由司法员担任。审判权须令州县官"毋稍侵越"。此方案比较重视权限,特别之处在于以州县官担任司法行政事务。②

总务股审查报告对上述议案提出修正,并拟了一个"审检署章程"。③经会议讨论对该章程略作修改,最后形成《审检署章程修正案》。第一,对"专审员之设备案"(第一)所提议的新司法机关名称予以修正,将专审所及专审员名称改为审检署及审判员、检察员。检察事务除应由县知

---

① 参见《中央司法会议报告录》,"议案录",第3页。
② 《中央司法会议报告录》,"议案录",第4页。
③ "专审员之设备案"第一与第二两案并案讨论,获得多数通过交付审查。讨论奉天法署总务科一等科员刘恩格所提交的"拟筹设临时审检所议案"时,不少员主张与"专审员之设备案"并案讨论,但也有人反对。结果表决时与会58人,27人赞成交付审查,以微弱劣势未获进入下一审查程序。虽然如此,但该方案实际上在审查"专审员之设备案"时很可能被参考。"拟筹设临时审检所议案"罗列了办法17条,审查"专审员之设备案"时另拟审检署章程16条,二者在不少条文上意思很相近。而"专审员之设备案"的两个原案都没有拟一个详细的章程。

事或民政长协助者不计外，均由检察员担任。对外联络属于审判一方者，以审判员的名义进行；属于检察一方者，以检察员的名义进行。第二，对"专审员之设备案"（第二）所提议司法行政事务仍暂由州县官担任进行修正，规定审检署的司法行政权应属于各省现设的司法长官，不让各县知事、民政长再有干涉审判之事，以期行政与司法早日分离。第三，将两议案的专审员资格修正为，审判员及检察员以学习试补推检及特别考试合格者充任，由各省司法长官呈请司法部任免。第四，将"专审员之设备案"（第一）所提管辖问题修正为，初审案件不分地方、初级皆归审检署管辖；不服审检署之初审判决案件的上诉机关，属于初级管辖者为附近地方审判厅（由各省司法长官指定），属于地方管辖者为高等审判厅。①

根据"审检署章程"的规定，审检署基本可以取代县署的司法权，审判员和检察员则可以取代县知事的司法权，县司法权被纳入司法系统之中。较之"专审员之设备案"，"审检署章程"在司法机关的职能、人员构成等方面离传统旧制越来越远，而与审检厅制度十分接近。

1912年下半年，"司法计划书"和中央司法会议基本完成对审检所制度的创制，不过公布关于审检所制度的专门法令则要在数月之后。首先对设帮审员做出规定的重要法律是北洋政府于1913年1月8日颁布的《划一现行各县地方行政官厅组织令》。该令第10条规定，未设审判厅的各县，得酌设帮审员1~3人，由知事呈由省司法筹备处长委任，并报告于司法总长。②随即，帮审员制度的推行正式拉开了序幕。

颁布《划一现行各县地方行政官厅组织令》之后，山东等省便开始筹设帮审员，但对审检所制度做出规定的两个专门文件到1913年2月底3月初才公布：《各县帮审员办事暂行章程》于1913年2月28日公布，《各县地方帮审员考试暂行章程》于3月3日公布。《各县帮审员办事暂行章程》首先强调未设法院各县设帮审员的法律依据是《划一现行各县地方行政官

---

① 参见《中央司法会议报告录》，"议事录"，第89页。
② 《政府公报》第243号，1913年1月9日，第11~13页。帮审员为各县审检所中办理审判的司法官员。

厅组织令》第 10 条规定，表明设帮审员是在县行政机关设官分职框架下进行的。

《各县帮审员办事暂行章程》与中央司法会议上议决的《审检署章程修正案》存在不少相近的条文。它们设计了大体比较接近的县司法制度框架。即要在未设法院各县设立既不同于传统衙门又不是新式法院的专门司法机关审检所（审检署）；司法机关的职能主要分为审判与检察两个部分；由专门人员帮审员（审判员、检察员）执行司法职务，司法人员的员额、资格、任免、监督、薪俸、职务分配都有明文规定；这个专门司法机关在适用法律、案件管辖、上诉等方面都有专门制度。1913 年司法部在全国推行的审检所制度，与许世英的"司法计划书"和中央司法会议中确定的审检署制度存在一脉相承之处，某种程度上蕴含了分权的精神。

审检署制度与审检所制度中涉及司法权的重要变化有两点。第一，司法权的行使者发生根本性变化。审检署中审判员执行推事职务，检察员执行检察官职务，县知事没有司法权；审检所中由县知事负责检察事务，县行政官重新掌握了部分司法权。第二，审检人员任免权不同。审检署中的审判员及检察员由各省司法长官呈请司法部任免；审检所中的帮审员由县知事呈由司法筹备处长委任，仍报告于司法总长。任免机关从司法部变为司法筹备处长表明帮审员地位比审判员低，更重要的是帮审员由县知事呈请委任，受制于县知事的可能性大为增加。

审检署制度与审检所制度之间也存在其他一些变化。如司法机关及相关人员的名称不同，县司法机关的名称由审检署改为审检所，司法人员名称由审判员与检察员变为帮审员与县知事。另外，案件管辖存在区别。审检署判决的初级管辖案件以附近地方审判厅为上诉机关。审检所判决的初级管辖案件在附近地方审判、检察厅或分厅上诉，其距离较远地方得以邻县审检所为上诉机关。相应，审检所除了受理初审案件，还包括部分初级管辖上诉案件（详见表 2-1）。

第二章 审检所制度的昙花一现

表 2－1　《审检署章程修正案》与《各县帮审员办事暂行章程》比较

项目	《审检署章程修正案》	《各县帮审员办事暂行章程》
设置范围	未设法院之州县均暂设审检署。	未设法院之各县设帮审员。各县须另置审检所，但该县知事得酌量情形于各县公署内附设之。
审检人员员额	审判员及检察员各1人或1人以上。	各县因诉讼事务之繁简，置帮审员1~3人。
审检人员资格	审判员及检察员以学习、试补推检及特别考试合格者。	一、考试合格者；二、曾充或学习推事、检察官一年以上者。
职务分配	审判员执行推事之职务，检察员执行检察官之职务。	帮审员办理审判，关于检察事务由县知事行之。
书记员额	设2人以上之书记员。	书记员1~3人。除前项规定外得酌用雇员。
审检人员任免权	审判员及检察员之任免由各省司法长官呈请司法部行之。	由县知事呈由司法筹备处长委任之，仍报告于司法总长。
书记员任免	书记员之考试任免由各省司法长官行之。	
监督机关	审检署受各省司法长官之监督。	书记员及雇员受县知事、帮审员之监督。审检所受司法筹备处长之监督。
俸给	审判员、检察员、书记员之员数、俸给由司法部定之，但俸给得依各省情形减成发给。	帮审员之考试章程并俸给暂行章程及公文书程式以司法部部令定之。
适用法律	审检署除本章程有特别规定外，凡地方初级审检厅所用之法令悉准用之。	凡地方、初级审判厅、检察厅适用之法令，审检所得适用之。
案件管辖	审判员审理民刑诉讼之初审案件。	办理该管境内民刑诉讼之初审案件及本章程第10条第一款之上诉案件。
上诉机关	属于初级管辖者为附近地方审判厅（由各省司法长官指定）；属于地方管辖者为高等审判厅。	一、属于初级管辖者在附近地方审判、检察厅或分厅上诉，其距离较远地方得以邻县审检所为上诉机关。二、属于地方管辖者在高等审判、检察厅或分厅上诉。

资料来源：《中央司法会议报告录》，"议案录"，第61页；《各县帮审员办事暂行章程》，《司法公报》第1年第7期，1913年4月，第15页。

三　审检所制度的推行与裁撤

1. 审检所制度的推行

在"司法计划书"中，许世英特别指出在未设法院各县派专审员已经由山东全省试办，全国仿行或无流弊。可见，山东往未设审判厅各县派帮审员的实践影响到许世英的"司法计划书"。1912年底司法部召开中央司法会议讨论了专审员问题。山东高等审判厅长孙熙泽介绍了山东设司法员的经验，他建议："设备专审员，似可仿此"。司法部佥事沙亮功在中央司法会议上说明专审员案时，指出广东已实行，江苏、湖北亦拟仿办。① 审检所制度由山东等地先行实践，各地设帮审员的经验经过"司法计划书"和中央司法会议的宣传推广，从而全国掀起设审检所的热潮。

《各县帮审员办事暂行章程》与《各县地方帮审员考试暂行章程》公布之前，山东等省便根据《划一现行各县地方行政官厅组织令》开始设帮审员。

山东在设帮审员方面继续领跑。1913年1月，山东司法筹备处向司法部报告称，未设审判厅各县所有帮审员及管狱员均由各知事就考取各员中自由选择呈请委任，其有延不呈请者，即由筹备处径行派往。司法部允许照办。②

司法部对于其他省设帮审员也做出指示。1913年2月11日，广西司法筹备处就设帮审员等事向司法部请示。14日，司法部电复广西司法筹备处，对帮审员的资格做出规定：帮审员除依法院编制法草案所定法官资格派充外，其未曾毕业而曾充推检一年以上及法政法律专业学制为一年半以上的毕业者均得酌量考用。③ 直隶司法筹备处提出，从1913年4月起分期设立各县帮审员。司法部认为，这与以1913年3月以前为限一律办齐的规定不符，

---

① 《中央司法会议报告录》，"议事录"，第4~6页。
② 参见《令山东司法筹备处未设审判地方各县帮审员及管狱员准筹备处径行派往文》，《司法公报》第1年第6期，1913年3月，第49页。
③ 参见《复桂林司法筹备处帮审员资格得酌量考用电》，《司法公报》第1年第6期，1913年3月，第67页。

第二章 审检所制度的昙花一现

于 2 月 26 日下令直隶司法筹备处长另筹办法，迅速呈报。①

《各县帮审员办事暂行章程》与《各县地方帮审员考试暂行章程》公布后，加快了设审检所的步伐。审检所制度在全国被迅速推广，到 1914 年初审检所被裁撤时达到了 922 所。② 全国设立审检所的县超过一半。如此众多的审检所是怎样建立起来的呢？

设立审检所之前，各县大体由审判厅、司法等科、专审员等人、县知事等机构或人员处理诉讼事务。

第一，一些原设审判厅的县裁撤审判厅，改设审检所。宝山县 1911 年设立审判厅，1913 年 10 月改审检两厅为审检所，设帮审员，以县知事兼检察职务。③ 1913 年呼兰地方、初级两审检厅取消，于县署设审检所，置审员二员审理民刑事件，其刑事侦查及执行由县知事兼司。④ 1912 年六合县设地方检察、审判两厅，次年春废审检厅，改为审检所，而以县知事兼任检察长，原检察长沈廷琦改为审判员，原推事长蒋鸿元改为审判员长。⑤

第二，原设专审员、审判员各县，通常是改专审员为帮审员，设立审检所。1913 年正月，连山县改专审员为承审员，专司审判，其检察职务由县知事受理；⑥ 清远、⑦ 开平、⑧ 罗定等县也将专审员改称帮审员。⑨ 1913 年 3 月，崇安县于县署附设审检所，改审判员为帮审员，以县知事兼检察官；⑩ 10 月，古田、长乐等县也改审判员为帮审员。⑪

第三，原设司法科各县，司法科或改为审检所，或与审检所并存。一些

---

① 参见《令直隶司法筹备处据呈直省各县帮审员从 4 月起分期设立核与 3 月以前为限不符应另筹办法文》，《司法公报》第 1 年第 7 期，1913 年 4 月，第 36 页。
② 参见第七章"基层司法机关的规模与分布"。
③ 参见民国（1921 年）《宝山续县志》卷 12《职官志》，第 1~5 页。
④ 参见民国（1930 年）《呼兰县志·司法志》，第 21~26 页。
⑤ 参见民国（1920 年）《六合县续志稿》卷 11《官师志》，第 10 页。
⑥ 参见民国（1928 年）《连山县志》卷 6《司法·司法沿革》，第 1~2 页。
⑦ 参见民国（1937 年）《清远县志》卷 9《职官表五·民国秩官》，第 56~57 页。
⑧ 参见民国（1933 年）《开平县志》卷 22《前事略四·民国上》，第 2 页。
⑨ 参见民国（1935 年）《罗定志》卷 10《附民国大事记》，第 1 页。
⑩ 参见民国（1941 年）《崇安县新志》卷 16《司法》，第 1 页。
⑪ 参见民国（1942 年）《古田县志》卷 19《刑法志》，第 1~4 页；民国（1917 年）《长乐县志》卷 12《职官志·文职》，第 9~10 页。

县改司法科而设审检所。1913年，东北的辉南、辑安、兴京、临江、铁岭等县都是取消司法科，设审检所，置帮审员，专理词讼；① 梨树等县则裁改执法科而设立审检所，所有讼案尽归审检所办理；② 凤城县于1913年奉司法筹备处令，改执法科为审检所，署内设民刑二庭，置帮审一员。③ 其他各省也存在裁改司法科而设审检所的情况。山东省莱阳县裁司法科，设审检所，置帮审员一员；④ 馆陶县1912年冬奉令设有司法专科掌理民刑诉讼批判、预审等事件，不久奉令改设帮审员，承办审判民刑诉讼案件，县知事仍有兼理司法事务之权。⑤ 江西宜春改司法课为审检所，以县知事兼检察官，置帮审员办理审判事宜。⑥

辽中、海城、锦西、岫岩等县司法科隶属于审检所。1913年，该县审检所成立，执法科改为司法科，隶属于审检所。⑦ 海龙等县执法科与审检所并存，科长兼审判员。1913年海龙县奉令将旧有之执法科改为独立机关，内分民事、刑事两股，专办审检所诉讼事件；同时成立审检所，设承审一员，由执法科长兼任。⑧ 齐东县于县公署内置帮审员一人，协助县知事审理民刑案件，由县知事遴选，呈请高等审判厅加委，又置司法科专掌司法，其权限批示呈状归司法科，法庭裁决归帮审员。⑨

另有一些县原有司法科、执法科，后设立审检所，但司法科等与审检所之间关系尚不得而知。复县原设司法科，1913年又设审检所并设帮审员二

---

① 参见民国（1927年）《辉南县志》卷2《政治·沿革》，第1~2页；民国（1931年）《辑安县志》卷3《政治·官署》，第2~3页；民国（1925年）《兴京县志》卷2《官制志》，第3~4页；民国（1917年）《铁岭县志·县公署行政改革志》，第127~131页；民国（1935年）《临江县志》卷4《政治志·县公署》，第1~4页。
② 参见民国（1934年）《梨树县志》丙编政治卷1《行政·县政府》，第1页。
③ 参见民国（1921年）《凤城县志》卷2《职官·凤城县公署》，第1页。
④ 民国（1935年）《莱阳县志》卷2《政治志·内务·官制》，第28页。
⑤ 民国（1936年）《馆陶县志》卷3《法治志·司法》，第22~23页。
⑥ 参见民国（1940年）《宜春县志》卷7《民政志·行政组织》，第4~5页。
⑦ 参见民国（1930年）《辽中县志》3编卷14《行政志》，第5~6页；民国（1937年）《海城县志》卷2《政治志·民国政治沿革·县公署》，第172~176页；民国（1929年）《锦西县志》卷4《政治·行政·县行政公署》，第1~6页；民国（1928年）《岫岩县志》卷2《政治志·政行》，第2页。
⑧ 参见民国（1937年）《海龙县志》卷4《民国行政之沿革》，第4~5页。
⑨ 参见民国（1935年）《齐东县志》卷4《政治志·司法》，第24~25页。

人，以一人为监督帮审员，是年 11 月因司法款项支绌裁撤帮审员一人，仅留监督帮审员。① 盖平、庄河、西丰等县原设有执法科，1913 年设立审检所，置帮审员。②

第四，传统旧制各县设司法科或帮审员。之前为传统旧制各县，在 1913 年县署改革时有的既设司法科又设帮审员掌司法。河北望都、香河、满城等县 1913 年奉令划一地方行政机关组织，县署改为县公署，知县改为知事；废六房改为行政、司法两科；废四班，属于行政者改为承发吏，旋改为政务警察，属于司法者改为司法警察；仵作改为检验吏；审理案件照章设帮审一人，由知事兼理。③ 青县改组县衙门为行政公署时，将司法一部分划出别立机关，名为审检所。管狱员、司法科、检验吏、承发吏、司法巡警等皆属司法一部分，以恽福华为主任，而以县长兼任检察官。④ 安徽宁国县原设有司法科，1913 年设承审员、管狱员，均由县知事委任或荐请民政长加委。⑤

有的县未设司法科，只设帮审员。1913 年河北沧县奉令改组行政公署。知县改为县知事，幕僚改为科长、科员。从前的稿案房班等名目一律取消。最初规定内务、财政、教育、实业 4 科，后因经费支绌，奉省令并为 2 科。⑥ 沧县无论是最初所设的 4 科还是后来的 2 科，都不包括司法。该年沧县设立审检所，由高等厅委帮审 1 员，主理司法案件，以县知事为检察官。⑦ 河南省陕县民初设帮审员，辅佐地方官讯问刑狱。⑧

清末以来各县的分科治事改革不仅为审检所制度的兴起积累了经验，而

---

① 参见民国（1920 年）《复县志略·司法表》，第 1~3 页。
② 参见民国（1930 年）《盖平县志》卷 4《政治志》，第 41~42 页；民国（1921 年）《庄河县志》卷 3《职官·县公署》，第 1~3 页；民国（1938 年）《西丰县志》卷 13《行政》，第 1~4 页。
③ 参见民国（1934 年）《望都县志》卷 4《政治志一·官吏经费二》，第 1~2 页；民国（1936 年）《香河县志》卷 4《行政·组织》，第 1~3 页；民国（1931 年）《满城县志略》卷 5《县政·机关组织》，第 2~3 页。
④ 参见民国（1931 年）《青县志》卷 7《经制志三·时政篇·司法》，第 2~3 页。
⑤ 参见民国（1936 年）《宁国县志》卷 4《政治志上·县政沿革》，第 1~2 页。
⑥ 参见民国（1933 年）《沧县志》卷 6《经制志·行政》，第 1 页。
⑦ 参见民国（1933 年）《沧县志》卷 6《经制志·行政》，第 1~2 页。
⑧ 参见民国（1936 年）《陕县志》卷 10《司法》，第 1~2 页。

且已经建立的司法科、已经派充的专审员等实际上为审检所的建立奠定了基础。司法科和专审员等很快就改组成为审检所的重要组成部分，这正是审检所在全国得以迅速建立的主要原因之一。

司法科等使各县旧有诉讼权限格局改变，各房的诉讼权力集中到司法科；不过各县旧有权力分类格局未根本改变，司法科与其他各科平行，仅为县署下数科之一；审检所设立后，县署权力格局发生重大变化，不仅县知事的司法权一分为二，而且把审检所作为一方，把其他各科归为一类，实际上确认了审检所已经区别于其他各科。审检所行使的司法权不同于其他各科所行使的权力，意味着出现从设官分职走向司法分权的趋势。

毕竟审检所、帮审员还处于县衙门权力系统之内，多数县审检所在空间位置也属于县署；而且县知事兼有部分司法权，总体上，设审检所、帮审员仍没跳出设官分职的范围，距分权相去甚远。

2. 审检所制度中的权力配置

审检所制度在实施过程中遇到各种各样的问题，其中最为重要而又难以解决的有两个：一是县知事应不应该执行检察事务，二是帮审员与县知事的权力配置。这两个问题甚至并不因审检所的裁撤而消失，司法部与各地司法机关常对此展开讨论。

首先，县知事应不应该执行检察事务。

清末已有改革县衙门，以行政官负责检察事务的方案，然建立法院的喧嚣声中其处末流，未被当局采纳。① 世事难料，类似的方案最后竟然出现在审检所制度中。由县知事担任检察职务在实施过程中仍引起一片质疑之声。

---

① 光绪三十二年七月十三日（1906年9月1日），清廷宣布从改革官制入手预备立宪。当月二十八日（1906年9月16日），出使德国大臣杨晟条陈官制大纲。杨晟提出的司法改革方案在县设初级厅。他主张在县裁判所以地方官暂行检事局之职，添设检事、书记官一员以佐之。杨晟设计的地方司法机关里，地方行政官员在县裁判所担任检事局之职，负责司法上之行政事务。当时的主流意见是筹设独立的审检厅，杨晟的方案并没有被采纳。参见《出使德国大臣杨晟条陈官制大纲折》，《清末筹备立宪档案史料》，第389~402页。

第二章 审检所制度的昙花一现

湖北司法筹备处将拟订的各县审检所办事细则向司法部呈报。第 17 条规定以书记员或帮审员代行检察事务，司法部认为该条与定章不合，于 1913 年 4 月 23 日令湖北司法筹备处删除该条。①

广东、江西等省也提出由帮审员办理检察事务。广东司法筹备处长建议，一县设帮审员二员者，即以一员专司审判，一员专司检察，以一事权。江西司法筹备处也担心县知事执行检察事务容易出错。1913 年 5 月 13 日和 14 日，司法部对广东和江西做出答复。司法部认为，以县知事执行检察事务是与帮审员划清权限，若以帮审员兼任检察，名实不符，仍应以县知事执行各县检察事务，遇有勘验、莅庭等事得由该县知事委任该县佐治员办理；知事有监督指挥警察之权，则关于检察事务执行较为方便；县知事负地方行政责任，应具法律常识，如果懵无所知，执行职务出现极端错误，各长官监督所在，自有补救之方；各县设立审检所原因人财两竭，出于一时救济之策，本难踌躇满志，更非永久机关。②

湖北、广东和江西等地反对由县知事执行检察事务，一个很明显的意图就是要将行政势力排除在司法活动之外，实现司法权与行政权的分离。由县知事执行检察事务是允许审检所留在县署之内，或是在审检所内为县知事留下一个职位，实质上仍要借助县知事办理司法事务。办理司法事务为什么要依赖县知事？纵观司法部所提出理由，只有县知事监督指挥警察便于执行检察事务勉强称得上优势，其余各条理由很少谈及由县知事执行检察事务的优势。因"人财两竭"而难于"踌躇满志"更能反映司法部的真实心态。如果审检所与县署完全脱离关系，所需经费从何而来？当时司法部几乎无法筹集设审检所以及维持审检所运转的经费；财政状况极端困难的情况下，县署似乎也缺乏为与己无关的审检所筹款的积极性。为了审检所的设置与运转，不得不依赖于县知事，由其担任检察职务。

---

① 参见《令湖北司法筹备处据呈拟订各县审检所办事细则分别改正文》，《司法公报》第 1 年第 9 期，1913 年 6 月，第 39～40 页。
② 参见《咨广东都督兼民政长请查照各省帮审员仍照原章办理文》，《司法公报》第 1 年第 9 期，第 26 页；《令江西司法筹备处据呈恐各县知事执行检察事务有错，似属过虑。又以地方厅为上诉机关一节，须会同两长另行指定，至所拟办事细则删改增加者分别指令遵照文》，《司法公报》第 1 年第 10 期，1913 年 7 月，第 45～49 页。

其次，帮审员与县知事的权力配置。

既然不得不让县知事掌握部分司法权，那么帮审员与县知事同为审检所内的司法官员，二者关系就显得尤为重要。《各县帮审员办事暂行章程》颁布不久，各省司法筹备处便敏锐地注意到帮审员与县知事的权力配置存在问题。

1913年3月15日，浙江司法筹备处长向司法部呈称，帮审员由知事呈请司法筹备处长委任使帮审员与县知事处于不对等地位，拟请径由司法筹备处长遴选委用，并改帮审员为专审员以符名实。① 18日又电司法部请改帮审为专审，毋庸知事荐任。② 江苏司法筹备处于3月18日致电司法部，同样拟请改帮审员名称，并由司法筹备处长径委帮审员。③

1913年3月21日，司法部复电江苏司法筹备处指出，帮审员资格既已明定限制，则呈请虽由县知事，其用舍之权实在处长。④ 3月22日，司法部复浙江司法筹备处电认为，帮审员由知事呈请司法筹备处长委任与审判独立并不相违；帮审员名虽帮审，权限实与知事分离。⑤ 3月28日，司法部进一步解释，"帮审组织不过暂时划一办法。既以教令公布，自未便朝令夕改，且名虽帮审，而依部定章程，其职权既与知事划分，即立于对待地位"。⑥

司法部的解释并没有完全解决帮审员与县知事的权力配置问题。4月9日，奉天司法筹备处指出，沿用帮审员旧称恐开干涉之弊，拟请改称专审员或审判员，以符名实；帮审员既专司审判而以县知事操其用舍进退之权，名

---

① 参见《令浙江司法筹备处长据呈帮审员考试录用及改名专审员各节分别示遵文》，《司法公报》第1年第8期，1913年5月，第58~59页。
② 参见《复浙江司法司筹备处除象南等5县各厅及永嘉监狱准予缓设外，余应切实进行电》，《司法公报》第1年第8期，第72~73页。
③ 参见《复江苏司法筹备处帮审员虽由县知事呈请，其用舍之权实在处长，所请俟另发部令再遵电》，《司法公报》第1年第8期，第72页。
④ 参见《复江苏司法筹备处帮审员虽由县知事呈请，其用舍之权实在处长，所请俟另发部令再遵电》，《司法公报》第1年第8期，第72页。
⑤ 参见《复浙江司法司筹备处除象南等5县各厅及永嘉监狱准予缓设外，余应切实进行电》，《司法公报》第1年第8期，第72~73页。
⑥ 《致江苏司法筹备处帮审组织不过暂时划一办法，所请应勿庸议电》，《司法公报》第1年第8期，第72~73页。

义上司法脱离了行政，实则检事兼摄判官，植党营私，故拟请各县审判人员概由司法筹备处长径委，以一事权。① 司法部仍坚持 3 月下旬回复江苏、浙江司法筹备处的看法。

浙江、江苏和奉天等地司法筹备处都注意到帮审员不仅由县知事呈请任免，而且名为帮审，故帮审员与县知事的地位不平等。他们主要是担心帮审员地位低下，受制于县知事，不能保障独立审判。司法部认为帮审员有资格限制，而且司法筹备处长有决定权，能防止县知事呈请委任帮审员之弊；帮审员与知事职权划分清楚就不能因为名称而影响其平等关系。帮审之名或多或少体现了帮审员与县知事之间的不平等，更为重要的是县知事拥有呈请委任帮审员的权力，这无疑会影响到帮审员与县知事的关系。被县知事选中而呈请委任的帮审员，要和县知事平起平坐，不受县知事影响而独立审判，事实上相当困难。

3. 审检所的裁撤

推行审检所制度不数月，即遭遇了种种困难，最主要是财政困难。其中的转折性事件发生在 1913 年 6 月。

1913 年，国务会议综核全国财政，发现该年度"财力出入之差相悬甚巨"。为此，司法部不得不把 1913 年度应筹设的法院、监狱一律延至第二年度。6 月 27 日，司法部令各省司法筹备处长、高等审检厅长，"法院、监狱之设，从权展缓"。② 作为司法计划的一环，筹设审检所也将面临经费方面的困难。

福建民政长江訚经等提出设立审检所要等 1913 年度预算案经国会议决后办理。司法部一方面认为，添设审检所为事实上所必要，碍难从缓；但另一方面又考虑到该民政长所称福建省财政极端困难的确属实，不得不同意了其请求。司法部于 7 月 24 日要求福建司法筹备处，在 1913 年度预算案未经国会议决以前，暂照上半年每县设帮审一员，仍等 1913 年度国会议决后再

---

① 参见《令奉天司法筹备处据陈述考试任用帮审员办法分别准驳其未呈请之管狱员亦照此办理文》，《司法公报》第 1 年第 8 期，第 61~62 页。
② 《令各省司法筹备处长高等审检厅长，财政艰窘，法院、监狱之设从权展缓文》，《司法公报》第 1 年第 11 期，1913 年 8 月，第 44 页。

行设立审检所。① 1913 年 9 月福建省以 1913 年度预算案未经国会议决,奉令裁撤审检所,仍设帮审一员。②

除了财政艰窘,战争及其引起的内阁更替,特别是司法总长易人进一步加速了审检所的裁撤。

1913 年 7 月发生了"二次革命"。在此过程中,袁世凯酝酿改组内阁。许世英于 9 月 4 日辞去司法总长职,最终梁启超担任熊希龄内阁的司法总长一职。司法总长易人,对司法建设不无影响。梁启超上任伊始便实行了消极的司法建设路线,在缓设、裁撤审判厅的同时,提出未设法院之地由县知事兼理司法。

裁撤审判厅的声浪不断高涨,审检所作为筹设审判厅计划的先期准备环节,也面临着同样的命运。1913 年下半年至 1914 年初,各省限于财力,多有呈请缓设审检所或停办已设者,有的省仅置帮审员受理诉讼,而不另设审检所。河南民政长提出裁撤各级审判厅的同时,准备把审检所也一并裁撤。③ 1913 年 12 月 31 日,湖南高等审检厅拟各县暂设一帮审员,不另设审检所。1914 年 1 月 8 日,司法部复电称,"事属可行"。④

1913 年 12 月 20 日,司法部致电各省高等审检厅,令其会同民政长调查审检所制度较之旧制能否此胜于彼,抑或害逾于利,及经费是否可以支撑等等。⑤ 司法部发此通电调查审检所的利弊,意味着对推行审检所也没有十足信心。

1914 年 3 月,奉天的审检所已撤,高等审判厅通令各县帮审员改充科长。司法部接奉天民政长关于审检所善后办法来电后,3 月 27 日致电奉天

---

① 《令福建司法筹备处准财政部函称准护理福建民政长呈开,各县审检所请俟二年度国会议决后再行设立仰即遵照文》,《司法公报》第 1 年第 12 期,1913 年 9 月,第 30~31 页。
② 民国(1920 年)《龙岩县志》卷 19《刑法志》,第 1~2 页;民国(1929 年)《霞浦县志》卷 20《司法》,第 1 页。
③ 参见《令河南民政长地初各厅暨各县帮审员暂缓裁撤文》(1914 年 3 月 17 日),《司法公报》第 2 年第 8 期,1914 年 5 月,"公牍",第 3 页。
④ 《复长沙高等审检厅照准各县暂设一帮审员电》,《司法公报》第 2 年第 5 期,1914 年 2 月,第 56 页。
⑤ 参见《致各省高等审检厅暨迪化司法筹备处会同民政长将地方情形报部核办电》,《司法公报》第 2 年第 5 期,第 54 页。

高等审判厅饬将帮审员改称司法科长通令撤销,并告知,其正在拟订县知事兼理司法条例,帮审员名称应否存在应等该条例公布后才能确定。① 司法部4月3日再次复电奉天高等审判厅称:"帮审员名称在知事兼理诉讼条例未公布前仍准暂行沿用。"② 从奉天的情况看,这段时间已经在处理裁撤审检所的善后问题了。

4月8日,司法部致电各省民政长、高等审判厅、高等检察厅宣布:"县知事兼理司法事务暂行条例业奉令公布,所有各县审检所应即一律裁撤。"③ 4月30日,大总统根据政治会议的呈覆意见再次下令取消审检所和帮审员。

审检所多在1913年下半年成立,其裁撤集中在1914年3、4月间。多数审检所存续时间仅数月至一年,审检所制度在中国昙花一现后便退出了历史舞台。④

小　结

审检所制度的命运深深地打上了设官分职与司法独立互动的烙印。清末"预备立宪"时,县署开始分科治事改革,未设法院各县废六房设立了司法等科;民国初建,广东、山东、福建等省往各县派充帮审员,司法科和帮审员等在各县办理诉讼。清末民初县署设官分职过程中,不断推进基层司法制度改革,这是与按照分权的精神另建法院系统平行的路径。许世英的"司法计划书"和中央司法会议以司法独立为旨归,计划向未设法院各县派专

---

① 参见《致奉天高审厅饬将帮审员改称司法科长通令撤销电》,《司法公报》第2年第9期,1914年6月,"公牍",第35页。
② 《复奉天高审检厅初级管辖案件办法电》,《司法公报》第2年第9期,"公牍",第35～36页。
③ 参见《致各省民政长高审厅裁撤各县审检所电》,《司法公报》第2年第9期,1914年6月,"公牍",第36页。
④ 护国战争期间,浙江省重新设置了审检所,不久即裁撤。参见《裁撤浙省审检所仍暂由知事兼理司法令》,《司法公报》第76期,1917年5月,第1页。《司法部五年度办事情形报告》,《司法公报》第78期,1917年,第1～2页。

审员、设审检署，以便为筹建法院做准备，设官分职与分权两条路径发生交集，设官分职被赋予了部分司法独立的意义。专审员、审检署在付诸实施时演变为帮审员和审检所，由县知事执行检察事务，这使设官分职中司法独立的意味有所弱化。许世英所拟"司法计划"被迫延搁乃至终止，审检所随后被裁撤而代之以县知事兼理司法制度，设官分职中司法独立的意味所剩无几。

数月之间全国一半的县都设置了审检所，不数月，所有的审检所又被统统裁撤。审检所为什么会昙花一现？如何看待设官分职中司法独立的意蕴骤增骤减？

审检所在1913年能够被迅速推广，首先在于分科治事改革中各县设司法科和派帮审员的地方性实践为之奠定了组织和人员基础；其次，许世英的"司法计划书"和中央司法会议将审检所作为筹设法院的一个步骤，一个重要的环节，使派帮审员得到重视，受到督促；再次，往县衙门派一个帮审员，人才和经费压力并不大。

相对审检所的骤然兴起，忽然间裁撤审检所的原因更为复杂。

实施审检所制度的过程中遇到了一些困难，审检所内部帮审员与县知事的权力配置更是难以解决。诚然，制度不良可以改良甚至取消，不过，代替审检所的却是县知事兼理司法，这种制度中县知事的地位变得更高了而不是相反，从分权的角度看，县知事兼理司法制度未必比审检所制度更完善。制度不良很可能并非审检所被裁撤的主要原因。另外，以县知事兼理司法代替审检所，基本司法人员数量和月薪变化不大，[①] 并不能大幅减少司法经费支出，也无助于解决人才缺乏问题。经济、人才压力似乎并不导致必须裁撤审检所而由县知事兼理司法。然而，审检所制度本身毕竟存在许多难以解决的问题，容易引起争议，一旦遭到攻击，其弊病暴露无遗。

审检所被裁撤与国家财政、政治状况有着密切关系。1913年国务会议已经发现国家面临严峻的财政困难，由于保障司法经费的机制并没有建立起

[①] 审检所和县知事兼理司法制度下都需要县知事、帮审员（承审员）和录事、检验吏、承发吏、司法警察等司法辅助人员。

第二章 审检所制度的昙花一现

来,压缩司法经费使许世英的司法计划被迫延后一年执行。作为司法计划的一环,审检所建设也深受影响。加之司法总长易人,梁启超对筹设法院持消极态度,而力主县知事兼理司法。1914年初裁撤审判厅之风席卷天下,皮之不存,毛将焉附?审检所作为筹设审判厅的一个步骤、一个环节,最终难逃昙花一现的命运。正所谓成也萧何败也萧何!

许世英筹设法院计划是影响审检所兴起与裁撤的关键性因素,筹设法院计划又受制于国家财政艰窘和各种政治势力的角逐。审检所制度的昙花一现,更多是外在力量作用的结果,历史没有留出更多的时间来证明该制度是否适合于中国。审检所制度的命运表明司法独立与设官分职的结合并不完美,然而并不意味着二者一定不能完美结合或是一定能够完美结合,外在因素终止了二者碰撞与融合的种种可能性。

清末筹设法院计划中没有考虑在筹设法院期间对未设法院各县司法机关加以改进,许世英的司法计划则提出完成筹设法院前的六七年时间里向未设法院的县派专审员,这既是改进未设法院各县司法机关,又是为将来筹设法院培养人才,因此是积极的举措。

向各县派专审员是过渡时期的权宜之计,是临时性措施,随着筹设法院受阻,它后来却不再是筹设法院计划的辅助部分,其本身即成了常规的县司法权配置模式。审检所中县知事与帮审员,县知事兼理司法中的县知事与承审员,司法公署中的县知事与审判官,乃至南京国民政府时期司法处的县知事与审判官,都是在县司法机关中由县知事与一个专门的审判人员共同从事司法事务。这种县司法权配置模式不仅存在时间长,而且存在于中国的绝大部分县,它是民国时期司法制度中的主体和主流。因此,民国建立之后筹设基层司法机关留下了一个影响深远的遗产——行政官兼理司法。

第三章
县知事兼理司法制度的演进

随着审检所制度的昙花一现，县知事兼理司法制度取而代之，成为此后数十年内中国基层最主要的司法制度。[①] 从 1914 年出台并推行县知事兼理司法制度直至北洋时期结束，[②] 全国 92% 以上的县都施行该制度，1914～1921 年其比例更是高达 96%～98%，县知事兼理司法制度无疑是北洋时期基层司法制度的主体。近代法制史研究中司法独立的载体——法院和法官是被关注的主角，而当时基层社会中处理诉讼的真正主角——县知事兼理司法制度却成为附带提及的配角。与法院建设相比，县知事兼理司法制度则更多反映了中西司法制度的冲突与融合，冲突与融合恰恰是中西司法制度与法律文化交流的主旋律，因此需要重新审视县知事兼理司法制度。

中国法制史论著大多认为，司法与行政合一是中国古代地方司法制度的重要特点。[③] 顾名思义，县知事兼理司法最明显的特征便是行政官行使司法

[①] 虽然《县知事兼理司法事务暂行条例》公布 3 日之后司法部才宣布裁撤审检所，但实际操作层面，县知事兼理司法制度取代审检所制度多发生在司法部宣布裁撤审检所之后。

[②] 韩秀桃等学者把审检所、县知事兼理司法、司法公署和县司法处等县制度统称为兼理司法制度。这四种司法制度虽然有不少共同之处，但它们毕竟都由专门的法律做出界定，又有专门的名称，以兼理司法制度统称四者容易混淆各自的特点，尤其容易把兼理司法制度等同于县知事兼理司法制度的简称。本书不将审检所、县知事兼理司法、司法公署和县司法处等县制度统称为兼理司法制度。

[③] 瞿同祖谓州县官之职责包括法官、检察官、警长、验尸官的职责。(瞿同祖：《清代地方政府》，第 193 页) 那思陆在所著《清代州县衙门审判制度》第五章中归纳了清代州县衙门审判制度的九大特征，其第一条就是行政司法合一。他认为，以今日术语言之，州县官是行政与司法合一，审判与检察合一。(那思陆：《清代州县衙门审判制度》，第 269 页) 张晋藩在《试论中国封建审判制度的特点》一文中，论述了贯穿中国整个封建社会的审判制度的特点，其中之一为，司法与行政合一，审判权受行政权的干涉。(张晋藩：《中国法律史论》，法律出版社，1982，第 78～81 页) 郑秦也同意张晋藩的上述看法。(郑秦：《清代法律制度研究》，第 468 页)

第三章 县知事兼理司法制度的演进

权,因此它很容易被理解为传统旧制,推行该制度往往被认为是传统的回归,或传统的延续。实际上北洋时期的县知事兼理司法制度具有特定含义,它指的是 1914 年 4 月 5 日公布《县知事兼理司法事务暂行条例》与《县知事审理诉讼暂行章程》等文件后形成的一套司法制度。①

迄今为止,仅有韩秀桃等几位学者对县知事兼理司法制度进行了讨论。已有研究成果列举了县知事兼理司法制度出台的原因与背景,介绍了其主要内容,评价了推行该制度的后果,② 这些成果推进了对该制度的理解。不过它们提及的诸种因果关系是否真实地存在,如所列举的原因是否必然导致该制度的出台,所指出的后果是否一定由该制度所产生,恐怕还需要更充分、更严密的论证。③ 不仅如此,已有研究成果基本围绕相关法律条文规定对县知事兼理司法制度主要内容予以介绍,其推行以及发展变化的实际状况尚鲜有涉及,这更需要进一步展开研究。

---

① 有的文献认为该条例公布日期为 4 月 6 日,有的认为是 4 月 5 日。分歧在于对"公布"的不同理解。长期以来,中国并不以法令的刊登日期为公布日期,对此学术界也存在不同看法。本书遵循旧例,暂以签署日期为公布日期。该条例以大总统令公布,大总统令的签署日期为 4 月 5 日,登载于 1914 年 4 月 6 日《政府公报》。

② 韩秀桃:《司法独立与近代中国》;吴燕:《论民初"兼理司法"制度的社会背景》,《求索》2004 年第 9 期;黄燕群:《民国时期"兼理司法制度"组织形式演变探析》,《湘潭师范学院学报》2005 年第 5 期;刘昕杰:《政治选择与实践回应:民国县级行政兼理司法制度述评》,《西南民族大学学报》(人文社科版)2009 年第 4 期。

③ 县知事兼理司法制度出台的原因,学者们列举有如下几点:新式法院太少;传统司法观念的束缚;司法独立被当作民族主义的工具;行政权对司法权的抵制;财力不支;专制统治需要;行政司法合一的综合治理模式、传统纠纷解决机制在民国时期的基层社会尚具备生命力。不少文章仅仅提及某几条理由,实际并未做任何论证,更关键的是其中不少理由与县知事兼理司法制度出台之间并无直接的因果关系。上述社会条件的存在,唯一的结果就是出台兼理司法制度吗?显然不是,因为同样的环境下还出现了另外一个结果,即法院的建立。法院规模虽然较小,但清末以来它事实上一直存在。比如韩秀桃认为:兼理司法制度是"在新式法院设置严重不足的情况下在县级地方政府所推行的一种临时性司法救济措施"。其实,新式法院设置严重不足的情况下存在另一种可能性,即继续筹设法院,而不是选择县知事兼理司法。清末司法改革时基层都没有专门法院,当时就没有选择坚持传统旧制,而是选择筹设新式法院。学者们所列举县知事兼理司法制度的弊端如下:行政官对司法审判的肆意干涉,使得司法审判缺乏必要的独立与公正的保障,与宪政精神背道而驰;县知事法律知识淡漠与司法官专业化的原则背离;造成诉讼迟延、冤假错案频发;易造成司法人员全体腐败;承审员难以胜任繁重的民刑审判工作。以上弊端是否只能为县知事兼理司法制度所造成尚缺乏充分论证,如法院中就不会出现诸如诉讼迟延等现象?

那么，县知事兼理司法制度是如何出台、推行和演变的？在此过程中西方近代司法专业化与中国设官分职之制是如何发生互动的呢？在此将利用基层档案、《司法公报》、地方志等资料对上述问题进行剖析。

一　县知事兼理司法制度的出台

1913年夏天，因财政预算等问题，许世英的筹设法院计划被迫宣布延搁至下年度实施，他本人也随即解职，基层司法制度建设出现变数。

"二次革命"后，新任司法总长梁启超推动了县知事兼理司法制度的出台。① 梁启超上任伊始便实行了消极的司法建设路线。1913年10月初，熊希龄内阁的《政府大政方针宣言书》由国会通过后发表。该宣言书提出，未设法院各地的审检职务暂责成行政官署兼摄，辟员佐理。县知事兼理司法的雏形已现。

1913年底，梁启超呈文大总统袁世凯称，由于人才、经费两缺，拟在未设法院之地委县知事以兼理司法之权。呈文还指出，司法部已开始编纂县知事兼理司法的新法令。12月28日，袁世凯对梁启超的呈文做出批示，允准推行县知事兼理司法制度，并令各省民政长官会同高等审检厅揆度情形，分别划改，由司法总长妥议监督办法。

1913年底至1914年初，司法部频频预告新的县司法制度即将出台。12月23日，司法部在致河南省民政长的一封电报里明确表示，"未设法院地方以知事兼理司法，本部原有此主张，其条例不日公布"。② 1914年1月8日，司法部复长沙高等审检厅电称，"各县兼理诉讼章程不日拟定"。③ 3月27日，司法部致奉天高审厅的沁电也宣称："奉省审检所已撤，司法事宜应

---

① 梁启超于1913年9月11日被任命为司法总长，9月15日就职，1914年2月20日被免职。
② 《致开封民政长外府县审检厅未裁以前仍请筹拨厅费电》，《司法公报》第2年第5期，1914年2月，第54页。
③ 《复长沙高等审检厅照准各县暂设一帮审员电》，《司法公报》第2年第5期，第56页。

第三章　县知事兼理司法制度的演进

由知事负责，此项暂行条例，刻正拟订。"①

1914年4月5日，以大总统令公布了《县知事兼理司法事务暂行条例》。它规定，凡未设法院各县的司法事务委任县知事处理，县知事审理案件得设承审员助理。②

不少县直接由传统旧制或是在县署分科治事改革的基础上改为县知事兼理司法。那么传统州县诉讼制度与县知事兼理司法制度有何异同呢？县知事兼理司法与传统州县诉讼制度的主要相同之处在于县知事都要处理诉讼事务，然而二者的差别远远多于其相同之处。

首先，县知事兼理司法折射出司法专业化的色彩。传统旧制下县知事的职能众多，但这些职能更多只是简单的"分类"或"分工"，并没有西方三权分立之制相互独立、相互制衡等意蕴。知县作为父母官，通过处理诉讼，解决纠纷，维持地方安宁是其政务行为之一，即刑名事务属于知县分内的职能。西方三权分立之制传入中国后，构建中国政治制度时已经注意到司法权与行政权分属不同的权力系统。在认知层面，基层权力结构中司法权从县知事的众多职能中独立出来了，不再属于行政权，而是从属于另外一套权力系统，出现司法专属化的倾向。县知事本身应该行使的权力属于行政权力系统，县知事处理诉讼事务并不是在行使行政权，而是兼理司法权。如果司法仍属于行政权范围之内，何来"兼理"一说？司法权从行政权中分离出来开启了司法专业化之路。县知事的角色认定已经不同于传统旧制，其兼理司法折射出司法专业化的色彩。

其次，非正式国家机关和非国家职官转变为正式的国家机关及其职员。知县通常以私人名义聘请幕友等帮助其处理刑名事务，幕友并没有取得处理刑名的法律地位。县知事兼理司法制度明文规定了参与处理司法事务人员的法律地位。县知事审理案件得设承审员助理，承审员获得国家的承认，具有法律地位，并由国家发给薪俸。传统旧制下，作为非

---

① 《致奉天高审厅饬将帮审员改称司法科长通令撤销电》，《司法公报》第2年第9期，1914年6月，"公牍"，第35页。
② 承审员指县知事兼理司法制度下，助理县知事审理案件的司法人员，后逐渐取得单独审理某些案件的权力。

正式国家机关的三班六房及非国家职官的吏役也协助知县处理诉讼。县知事兼理司法制度下设有司法科等正式的机关，置有书记员、录事、承发吏及检验吏等正式的司法辅助人员，法律对其员额及薪俸等方面都做出了详细规定。

再次，审判程序及审判依据等方面县知事兼理司法更接近新式司法制度。县署与法院审理案件时适用民事、刑事等法律基本一致，兹不赘述。审判程序方面，县署与法院审理案件存在不同，如覆判专门针对县署所审判的重大刑事案件，县署审理某些案件时可以用堂谕代判决等等。县知事审理案件的程序主要根据《县知事审理诉讼暂行章程》。高等以下各级审判厅审理案件的程序主要根据《高等以下各级审判厅试办章程》。这两个章程存在不同之处，但《县知事审理诉讼暂行章程》许多条款与《高等以下各级审判厅试办章程》的相关条款相近或完全一致，甚至前者直接引用后者，如审判人员的回避、民事诉状的填写、讼费、拘传票、保释、协助、证人及鉴定人、判决之定式、民事判决之执行等款。

事实上，在年复一年地处理各项司法事务过程中，各县逐渐习得新式司法制度的诸多知识。县知事兼理司法制度已经与新式司法制度愈走愈近，而与传统旧制渐行渐远。

全国有近半的县是废除审检所制度而代之以县知事兼理司法制度，那么，二者又有什么异同呢？

县知事兼理司法制度与审检所制度相比发生了以下变化：其一，县知事扩大了审判权，不仅掌检察事务，而且可以审理案件；其二，较之帮审员，承审员缩小了审判权，不再拥有独立审判权，承审员审理案件由承审员与县知事同负其责任；其三，与帮审员相比，承审员地位下降，仅作为县知事审理案件时的助理而存在，且受县知事监督；其四，兼理司法各县不再另置审检所；其五，承审员的资格宽于帮审员，增加了候补县知事等人，而且旧推事或检察官充承审员放宽了条件：曾充或学习推事、检察官一年以上者才具有帮审员资格，而曾充推事或检察官半年以上者即具备承审员的资格（详见表3-1）。

表 3-1 审检所与县知事兼理司法制度比较

项目	《各县帮审员办事暂行章程》	《县知事兼理司法事务暂行条例》
设置范围及职能分工	未设法院之各县设帮审员办理该管境内民刑诉讼之初审案件及初级管辖上诉案件。关于检察事务由县知事行之。	凡未设法院各县之司法事务委任县知事处理之。县知事理案件得设承审员助之。承审员审理案件由承审员与县知事同负其责任。
设置处所	各县须另置审检所,但该县知事得酌量情形于各县公署内附设之。	
审判官员资格	帮审员资格为:一、考试合格者;二、曾充或学习推事、检察官一年以上者。	承审员的资格为:一、在高等审判厅所管区域内之候补或学习司法官;二、在民政长所管辖区域内之候补县知事;三、曾充推事或检察官半年以上者;四、经承审员考试合格者。
审判官员任免	帮审员由县知事呈由司法筹备处长委任之,仍报告于司法总长。	承审员由县知事呈请高等审判厅厅长审定任用。高等审判厅厅长委任承审员后应即报告于司法部、民政长。
对审检官员之监督权	审检所受司法筹备处长之监督。	县知事关于司法事务受高等审判、检察长之监督,承审员受县知事之监督。
审检人员员额	各县因诉讼事务之繁简,置帮审员1~3人。	承审员之设置最多不得逾3人,如地方事简可不设者听之。
书记员额	审检所得用书记员1~3人。除前项规定外得用雇员。	县知事因掌理诉讼记录、统计、文牍及其他关于司法上之庶务得置书记员1~3人,录事2~5人,承发吏得置4~6人,司法警察以县知事公署巡警兼充之,检验吏1人或2人。
书记员任免	书记员及雇员受县知事、帮审员之监督。	书记员、录事、承发吏及检验吏受县知事及承审员之监督。

资料来源:《各县帮审员办事暂行章程》,《司法公报》第1年第7期,1913年4月,"法规",第15页;《县知事兼理司法事务暂行条例》,《司法公报》第2年第7期,1914年4月,"法规",第2~4页。

总之,与审检所制度相比,县知事兼理司法制度下县知事的司法权更大,承审员的地位更低,司法权更小。高等审判厅委任承审员还要向民政长报告,进一步增强了行政机关在司法方面的影响。

县知事兼理司法制度与审检所制度也有相通之处。其一,审检所与县知事兼理司法制度下审判人员数量变化不大。审检所设1~3名帮审员;县知事兼理司法制度下承审员员额上限仍为3人,但却规定"如地方事简可不

— 79 —

设者听之",似乎县知事兼理司法可以减少这个专门的审判人员。不设承审员不仅与"县知事审理案件得设承审员助理之"的规定矛盾,而且县知事兼理司法制度的绝大多数规定也变得毫无意义了。事实上传统旧制下多数知县尚需刑名幕友帮助审理案件,专门司法人员对多数县知事是必需的。因此,不设承审员应当作为县知事兼理司法制度的特殊情形,而非普遍状况。其二,帮审员由县知事呈由司法筹备处长委任并报告于司法总长,承审员仍由县知事呈请委任,委任承审员后除了报告于司法部外,还需报告于民政长。其三,审检所属于司法筹备处长的监督,县知事关于司法事务受高等审判、检察长的监督。① 其四,书记员等司法辅助人员的数目在两种制度下基本一致。另外帮审员还可以转任承审员,如河北威县等地方的帮审员在审检所裁撤后改任承审员。② 有些地方帮审员与承审员的薪俸也差不多,如福建政和县等地方的承审员月薪与帮审员同。③ 其五,审检所中书记员及雇员受县知事、帮审员之监督;县知事兼理司法制度下书记员、录事、承发吏及检验吏受县知事及承审员的监督,二者基本相同(详见表3-1)。

二 县知事兼理司法制度的推行

推行县知事兼理司法主要有三个途径。其一,从审检所到县知事兼理司法。有900个左右的县从裁撤审检所改县知事兼理司法。其二,从审判厅到县知事兼理司法。1914年4月30日,大总统下令将各县初级审判厅裁撤或归并于地方厅。④ 随即有135所初级审判厅遭裁并,约占全国总县数的7%。意味着全国约7%的县是裁撤初级审判厅后建立起县知事兼理司法制度。其三,其余的县陆续从传统旧制改为县知事兼理司法制度。当时所设法院无几,故全国绝大多数县都是从审检所或是传统旧制而改为县知事兼

---

① 司法筹备处撤销后其职权转归高等审检厅的缘故。
② 参见民国(1929年)《威县志》卷8《政事志下》,第38~40页。
③ 参见民国(1919年)《政和县志》卷19《刑法志》,第1~5页。
④ 参见《大总统令》,《司法公报》第2年第8期,第2页。

第三章　县知事兼理司法制度的演进

理司法。

不少县都是在 1914 年开始施行县知事兼理司法，接下来的 10 来年时间内全国多数县陆续委任了承审员。需要指出的是，各县设承审员的时间并不一致。兴城县于 1915 年 2 月奉令设承审员 1 人，由奉天高等审判厅委任，专理审判事宜而以县知事兼理检察事宜。① 太谷县于 1918 年改行政官厅为县公署，知事之下设承政、承审等人员，承县知事之命同厅办公，各员分占署内斋舍。② 1925 年 2 月，双山县经知事李筠生请准添设承审员缺。③ 抚松县也是到 1925 年才设承审员 1 人。④ 另外还有一些县由县知事兼承审员。如平潭县 1914 年废审检所改设承审员，1916 年 6 月以后由知事兼任。⑤

县知事兼理司法制度下处理诉讼的人员也不仅仅是县知事和承审员，还需要其他司法辅助人员，仍需要司法科等机关。那么，司法机关内部结构是怎样的？司法人员之间的关系是什么样的呢？

有的县设司法科处理诉讼事宜，承审员为司法科成员之一，科中另有其他司法辅助人员若干。1914 年，怀德县裁审检所改为司法科，县知事仍兼司法，设承审员 1 人、书记员 1 人、承发吏 4 人、检验吏 1 人、司法警察以县公署差遣警察充当。⑥ 梨树县裁审检所的同时添设司法科，由高等厅委承审员一人审理讼案，科内设司法、会计、书记各 1 人，雇员 5 人，综理司法事务。⑦ 庄河县撤销审检所，县知事仍兼司法，署内改组为司法等两科，司法科设承审员 1 人、书记员 1 人、书记 5 人、检验吏 1 人、司法巡官 1 人、司法巡警 34 人。⑧ 绥中县设司法科，置承审员，书记、录事及办公人员均由县署派人兼办。⑨

有的县明确规定由司法科长充承审员或是承审员掌管司法科。桓仁、锦西、

---

① 参见民国（1927 年）《兴城县志》卷 6《司法》，第 1~7 页。
② 参见民国（1931 年）《太谷县志》卷 7《营建·公署》，第 6~7 页。
③ 参见民国（油印本）《双山县志·司法》，第 25 页。
④ 参见民国（1930 年）《抚松县志》卷 3《政治》，第 16~17 页。
⑤ 参见民国（1923 年）《平潭县志》卷 13《职官志》，第 5~6 页。
⑥ 参见民国（1929 年）《怀德县志》卷 6《司法》，第 63~66 页。
⑦ 参见民国（1934 年）《梨树县志》丙编政治卷 1《行政·司法公署》，第 15~17 页。
⑧ 参见民国（1921 年）《庄河县志》卷 3《职官·县公署》，第 1~3 页。
⑨ 参见民国（1929 年）《绥中县志》卷 6《司法组织及成立》，第 28~29 页。

兴京、开原、辉南等县由司法科长充当承审员，专门审理人民词讼案件。①

司法科作为县署的组成部分而存在，无论承审员为司法科之一员，或是承审员为司法科长，承审员也相应被纳入设官分职的框架之中。

承审员的任用方法不仅关系到承审员与县知事，高等厅与司法部、民政长的关系，而且影响到承审员的素质。《县知事兼理司法事务暂行条例》规定，承审员由县知事呈请高等审判厅厅长审定任用，高等审判厅厅长委任承审员后应即报告于司法部、民政长。《高等审判厅办事权限条例》规定，高等审判厅长于未设审检厅各县承审员之用撤惩奖均详请巡按使核办。② 各地对这些文件的理解存在分歧。1916年4月10日，司法部为此咨各巡按使指出："关于各县承审、管狱之任免，自应由厅详巡按使核办，至委任状之发给，仍应以高等审判厅名义行之。"③

除了上述规定，推行县知事兼理司法制度时，有的省根据具体情形对此进一步细化，甚至在贯彻执行中进行一些修改、变通。

直隶省的119县中除天津、保定、万全三县已设地方厅外，其余兼理司法各县均设有承审员一员。承审员的任用方法完全依照定章由各县知事遴选合格人员呈请高等厅委任，转报省公署备案。④

山东省对承审员任用有较具体的规定。承审员由县知事呈请委任，由高等厅查核。如果请委人员履历、凭证文件符合《县知事兼理司法事务暂行条例》第三条各项资格之一者，高等厅给发委任状，令县转给并令将就职日期具报考查，并由高等厅缮具所委各承审员履历，分别呈报省、部备案。该省经考试及格或具有免试资格者以及曾充帮审员、承审员报部核准有案者为最多。⑤

---

① 参见民国（1930年）《桓仁县志》卷4《官制志·官署》，第44~45页；民国（1929年）《锦西县志》卷4《政治·行政·县行政公署》，第1~6页；民国（1925年）《兴京县志》卷2《官制志》，第3~4页；民国（1931年）《开原县志》卷5《政治·行政司法》，第12~21页；民国（1927年）《辉南县志》卷2《政治·沿革》，第1~2页。
② 参见《高等审判厅办事权限条例》，《司法公报》第2年第9期，1914年6月，"法规"，第1~3页。
③ 参见《画一各县承审管狱等员办法咨》，《司法公报》第62期，1916年6月，第4~5页。
④ 参见法权讨论委员会编《考查司法记》，第43~44页。
⑤ 参见法权讨论委员会编《考查司法记》，第44页。

第三章　县知事兼理司法制度的演进

安徽省由各县知事呈送承审员详细履历及凭证等件，请高等厅加委，其资格与条例规定相符即由厅分报司法部及省署核准再给委任状。① 安徽省承审员的任用方法与直隶、山东略有不同，前者是由高等厅报司法部与省署核准再给委任状，后者是由高等厅先发委任状，再呈报省、部备案。

河南省的承审员任用方法前后有变动。各县承审员最初由县知事指名呈请高等厅按照定章所列各项资格审核，如合格者暂委代理，呈省署咨部核复再行委署。河南承审员先由高等厅"暂委代理"与直隶、山东相似，由高等厅"呈省署咨部核复再行委署"又与安徽的承审员任用办法比较接近。河南后来举行各县承审员考试，其任用方法由县知事于考试及格者中保荐三人呈请高等厅审定任用一人。②

浙江省承审员任用方法与河南最初的办法相近，由县知事遴员呈荐，经高等厅审查合格后呈请该省署核委，也是令该员先行代理，候省署指令照准后再由高等厅加给任命状。有时县知事无员可荐，便呈高等厅请派，由高等厅遴员派充并呈请省署核委。③

奉天省也有与浙江省类似的规定，当应设承审员各县县知事无相当人员详请委任或延不详请时，由高等厅长详请巡按使委任。④

山西省对承审员任用限制较严，制定了《各县承审员试验规程》。免试人员范围较窄，仅规定"凡在本省候补知事，曾在国内外法律法政学校一年半以上毕业得有文凭者免受试验"。与《县知事兼理司法事务暂行条例》相比，山西省扩大了接受"试验"者的范围："大学专门法律本科或别科毕业者"、"修法律之学一年半以上得有毕业证书，曾任推检及候补推检、承审员、帮审员者"和"现任承审员者"都要接受"试验"。不仅如此，考试及格者还须入行政研究所练习两个月，期满给予证书，然后才交高等审判厅记存，由县知事指名呈请委任，并由本署加委。⑤

---

① 参见法权讨论委员会编《考查司法记》，第47页。
② 参见法权讨论委员会编《考查司法记》，第44页。
③ 参见法权讨论委员会编《考查司法记》，第47~48页。
④ 参见《承审员委任惩奖及处务细则请饬行咨》，《司法公报》第62期，1916年6月，第6~13页。
⑤ 参见法权讨论委员会编《考查司法记》，第45页。

江苏省的承审员任用方法前后也有变化。1922 年之前，各县对于所荐人员因私人交谊或其他关系虽资格不合，也力为迁就请署，不准即请暂代，滥竽充数在所难免。故高等厅于 1922 年 9 月间订定《各县请委承审员办法》、《考询承审员规则》，严格呈请委任手续，并规定由高等厅径派承审员。该办法经司法部、省署核准，通令各县遵照办理。江苏省一方面对旧委承审员加以整顿，从前核准暂代承审人员限期调送证明资格文件按照新章考验，除资格相符，才勘胜委者分别加委外，余均一律撤销改委；另一方面举行各县承审员考试，培养司法后备人才。考取人员如果未曾办理司法事务，由高等厅拣派各地方审判厅学习 6 个月，其余经验较优各员发交各县，遇有承审员出缺得随时遴请委用。① 江苏省希望通过这种办法更好解决各县以不合格人员纷请暂代及承审员出缺延不遴员荐委等弊端。

各省承审员任用方式的探索一方面涉及核准、委任、备案的各部门之间的关系，更重要的是在一定程度上可以保障承审员的质量，防止县知事任意呈请或延不呈请等弊端。前者如安徽等省由高等厅报司法部与省署核准再发给承审员委任状，加强了司法部与省署在承审员任用中的作用。后者如各县呈请承审员数量与高等厅任用承审员数量直接存在差额，使高等厅具有择优任用的可能性；经考试、培养选拔出合格的承审员后，交高等审判厅记存，或由高等厅发交各县以备呈请委任，甚至由高等厅直接遴员派充，高等厅扩大了对承审员的掌控，而县知事在呈请时只能在高等厅划定的合格人员中选择，可供选择的人员范围受到限制。

不仅各省，司法部也没有停止探索承审员的任用方法。司法部认为承审员"名义上虽为县知事之补助，实际上要为审检厅之分司"，"固宜使之专心所守，毋任轻于动摇"。承审员往往随县知事以为进退，其后果是"视职守如传舍，匪惟弛责任之心，抑恐启奔竞之渐"。1919 年 3 月 20 日，司法部训令京外高等厅及审判处强调，嗣后"县知事于交替之时，现有之承审、管狱各员仍应继续行其职务，不得无故更换，随知事为转移，亦资保障而重

---

① 参见法权讨论委员会编《考查司法记》，第 45～47 页。

职守"。① 规定各县承审员不得随知事为进退,给承审员以保障,鼓励其忠于职守,使承审员地位得以提升。

三 县知事与承审员审理案件权限

县知事审理案件由承审员助理,县知事与承审员审理案件时具体如何分工合作呢?

《县知事兼理司法事务暂行条例》对此仅做了粗略规定,于是各地制定了县知事处理司法事务细则呈司法部核正。从这些细则能比较清楚地看到县知事与承审员在处理司法事务中的关系。1915年7月22日,广东高审厅所呈《县知事处理司法事务细则》即为其中之一,它划分了县知事与承审员的司法权限。县知事所兼理司法事务包括处理一切司法行政事务、审判民刑诉讼案件、监督所属司法职员。承审员则审判民刑诉讼案件和处理县知事委任办理的司法事务。县知事可以将诉讼案件分交承审员审理,但重大案件仍应由县知事自审。司法上一切文件均用县印,县知事应署名盖章,以县知事名义行之,但于职名上应载明兼理司法事务字样,若由承审员助理,承审员也应在文稿判词原本及堂谕上署名盖章。承审员审理的案件如县知事认为有不妥洽之处得提回自审。承审员作成判词应送县知事核阅,如果词义不明显、理由有抵触、拟律有错误,县知事应加修正,承审员不同意可以拒绝署名盖章。②

县知事兼理司法的权限涵盖了司法行政与审判,即使交承审员审理的案件,不仅承审员作成判词后应送县知事核阅并修正,而且县知事还可以提回自审。承审员的权限主要体现在审判过程中,其可以审理非重大案件,有权对自己助理案件的文稿判词原本及堂谕署名盖章,所作判词县知事如有修改,承审员不同意也可以拒绝署名盖章。

---

① 《各县承审管狱各员不得随知事为进退令》,《司法公报》第104期,1919年4月30日,第12页。
② 参见《核正县知事处理司法事务细则批》,《司法公报》第37期,1915年8月,第17页。

广东省规定承审员可以审理非重大案件,但何为重大案件仍比较模糊。除了广东省,福建省也在探索县知事兼理司法的一些具体问题。

《县知事兼理司法事务暂行条例》规定,承审员审理案件与县知事同负责任,受其监督,立法的原意是因承审员为助理司法人员,一旦授以单独裁决权恐起冲突、专擅之弊。不意行之既久,流弊渐多。福建巡按使许世英出巡考察时发现:以承审员的地位而言,则人人视为无足轻重之职;以承审员权力而言,则远不及行政掾属之大;知事贤明者尚知延揽人才,昏庸者则每视同赘瘤。许世英出巡考察后,即向大总统上条陈提出了一些整顿内务、财政、司法、教育、实业等方面的办法。政事堂将该办法交司法等部讨论。1915年9月5日,司法部核议许世英条陈变通县知事审理权限案,同意将初级管辖案件概归承审员独自审判,由承审员完全负责;地方管辖及第二审案件如遇有知事公出,得由承审员先行审理,等县知事回署裁决后再行宣判。大总统令由司法部将该办法通行各省,一律照办。①

由此,承审员所审案件范围划分得更为清楚:其独自审判初级管辖案件,并完全负责。

此后,奉天省制定了《各县知事承审员处理司法事务细则》和《奉天各县承审员委任奖惩规则》,并请司法部核覆。1916年4月15日,司法部咨请奉天巡按使"饬厅转饬所属切实奉行"。该细则遵照司法部核议许世英条陈变通县知事审理权限案的办法并略作修改,规定,民刑事案件除属于初级管辖者概归承审员审理外,其他各案县知事与承审员应按收案次序平均分配,但县知事因行政事务繁多,得分配三分之一。

承审员单独审判所分配案件;单独以承审员的名义对于所分配案件做出批谕;承审员对于单独审理案件有发民事票、刑事票之权。刑事案件有应勘验者,县知事应自往勘验或委托承审员进行勘验。民刑事案件在审理中有应勘验者,承审员得自行勘验,但事前应报告于县知事。

不过,承审员拟订判词后,应送由县知事核阅。如果判词中文字有错误或体裁失当,适用法规显有错误,裁判理由欠缺及所叙事实含混不明,不依

---

① 《遵核整顿闽省司法办法呈并批》,《司法公报》第41期,1915年9月,第36~38页。

法令规定为裁判，县知事核阅时应加以纠正。①

1923年3月14日，修正《县知事兼理司法事务暂行条例》第二条，规定："承审员审理案件与县知事同负其责任，但初级管辖案件由承审员独自审判者不在此限"。② 1923年3月29日公布教令第7号，修正《县知事审理诉讼暂行章程》第一条为："设有承审员各县属于初级管辖案件概归承审员独自审判，以县公署名义行之，由承审员负其责任。地方管辖案件得由县知事交由承审员审理，但县知事应与承审员同负其责任。"③ 这两处修正确认了承审员对初级管辖案件独立审判，单独负责，而审理地方管辖案件则需要与县知事共同负责。

关于县知事与承审员在审判中的权限，司法部与各省都做出了种种规定。各县大体能遵照上级主管部门的规定，实施的具体方式又略有不同。

开原县司法科承审员虽受高等审判厅委任，仍归县知事管辖，办理司法案件，帮同审理词讼，署名拟判，以县知事名义行之。1918年2月，奉令添设首席承审员一员，与承审员专司民事案件，以承审员名义行之，县知事不加限制；刑事案件由县知事审理。1919年奉令将承审员等仍归县知事节制，对于词讼案件受县知事之制裁，办事程序与1917年以前大致相同。④ 莱阳县的承审员审理案件须秉承县知事意旨，轻微者可自行拟结，稍重大须县知事负责署名。⑤ 阳武县虽有承审之设，多系呈请帮办，非得县长同意不能判决民刑案件。⑥ 昌黎县的承审员为知事的掾属，遇有诉讼案件由科长拟准驳各批，由承审员以定刑事罪之有无，民事理之曲直，并作判词或堂谕。⑦

顺义县的司法案卷上呈现了承审官在司法活动中的丰富面相。

---

① 参见《承审员委任惩奖及处务细则请饬行咨》，《司法公报》第62期，1916年6月，第6~13页。
② 《修正县知事兼理司法事务暂行条例第二条呈并指令》，《司法公报》第176期，1923年4月，第3页。
③ 《修正县知事审理诉讼暂行章程》，《司法公报》第176期，1923年4月，第11页。
④ 参见民国（1931年）《开原县志》卷5《政治·行政司法》，第12~21页。
⑤ 参见民国（1935年）《莱阳县志》卷2《政治志·司法》，第61~64页。
⑥ 参见民国（1936年）《阳武县志》卷2《司法志·承审员》，第74页。
⑦ 参见民国（1933年）《昌黎县志》卷4《行政志·司法》，第61~62页。

1916年10月15日，顺义县"为饬法警查封事"的案卷上，落款为承审官张某与知事唐某。① 至少在1916年，顺义县便已经设置承审员一职，不过把他称作承审官。承审官参与了司法事务，而且承审官在指挥法警方面有一定权力。县知事在审判文书上的意见分下列三种：其一，对诉讼人呈请有所准驳以批行之；其二，对诉讼之进行有所指挥者以谕行之；其三，就该案为第一审之终结者以判决行之。② 此处命令法警执行司法任务，当为"谕"。

1918年4月18日，"京师地方审判厅函请检送本案卷宗过厅"的文件上有一条批语："即核送"，批语的后面有承审员张某的印章。③ 承审员任务之一是审核往来文稿。

1920年2月，顺义县"本城赵李氏诉赵福欺孀寻殴卷"的案卷末尾有"知事李批"字样，印章有李恒实（知事）、张某（承审官）。承审官参与"批"的署名，它说明县官在"准驳"方面的独断权开始被承审官打破。

同一案件的另一份稿件上落款为：

> 承审官张某核
> 县知事李行
> 司法科员
> 司法科掾吏、书记童安廷④

这也说明承审员有审核往来文稿的职责。

蔡松等诉蔡杨氏谋同李景吉杀害本夫身死一案中，1919年9月15日判决书末署名为：知事李恒实，承审潘棪，书记官童安廷。⑤ 嵩祝寺案卷中，1922年6月17日，顺义县知事堂判，批语中有承审员与知事的印章。堂判

---

① 顺义县档案 2-1-80。
② 《县知事审理诉讼暂行章程》（1914年4月6日），《民国法规集成》第31册，第83~84页。
③ 顺义县档案 2-1-124。
④ 顺义县档案 2-1-190。
⑤ 顺义县档案 2-1-184。

或者判决书是过堂审问后的判决意见,清代以及北洋前期,通常都署名为正堂某某或者县知事某某,现在承审员参与署名,它是否表明承审员在判决中发表了意见,或者对县知事的判决可以发表意见,我们不得而知,但有一点是清楚的,承审员在县知事判决时从幕后走向了前台,履行了法律上的职责。

蔡松等诉蔡杨氏谋同李景吉杀害本夫身死一案中,1922年11月3日和11月8日都是由承审官罗鸿藻审问蔡杨氏。嵩祝寺案卷中,1922年5月25日,公署法庭审理时,出席人员为承审官罗鸿藻、书记官言守公。1922年12月20日,在顺义县公署法庭,讯问赫吉田诉李长举伤人一案,出席人员为承审官罗鸿藻、书记员童安廷。1923年1月5日、1923年2月2日、1923年2月13日对该案的审理都是由承审官罗鸿藻审问。①

总之,1922年前后的案卷中,出现不少承审官单独审判的案例。看来在司法职能中,承审官还不仅仅是参与"批"、"谕"、"判决",他们其实已经走到审判的前台,并有单独审理案件的机会。

小　结

县知事兼理司法制度反映了中国传统设官分职的新发展,使非正式国家机关和非国家职官转变为正式的国家机关及其职员,承审员逐渐独自审判初级管辖案件,并完全负责。县知事兼理司法又包含了西方近代司法专业化的部分内容,越来越多地采用新式司法制度的审判程序及审判依据。因此,县知事兼理司法制度显然已经不同于传统旧制了。需要注意的是,司法科作为县署的组成部分而存在,承审员也首先作为县署职员而存在,知事兼理司法制度中的新因素仍未突破旧有设官分职框架。

1914年开始,全国约7%的县在裁撤初级审判厅的基础上建立起县知事兼理司法制度;约一半多的县经由裁撤审检所而走向县知事兼理司法,剩下

---

① 顺义县档案2-1-228。

近一半的县则直接由传统旧制或在县署分科治事改革的基础上而走向县知事兼理司法。这些从未建立过审判厅和审检所而仍实行传统旧制的县，县知事兼理司法制度恰恰是它们走出传统的重要一步，根本没有发生所谓"离异"，何来"回归"？由于审检所与县知事兼理司法制度比较接近，即便经由裁撤审检所而改为县知事兼理司法也并无明显回归传统的性质。中国版图内绝大多数县实行县知事兼理司法并非回归传统旧制。一些学者强调兼理司法制度是近代司法改革领域中向传统回归，或是传统的延续。① 这些观点忽视了县知事兼理司法制度在传统旧制上的新发展，强调县知事兼理司法制度向传统回归的观点更是忽略了北洋时期法院寥寥无几的事实。②

---

① 参见韩秀桃《司法独立与近代中国》；吴燕：《论民初"兼理司法"制度的社会背景》；黄燕群：《民国时期"兼理司法制度"组织形式演变探析》，《湘潭师范学院学报》2005 年第 5 期；刘昕杰：《政治选择与实践回应：民国县级行政兼理司法制度述评》，《西南民族大学学报》（人文社科版）2009 年第 4 期。
② 多数学者论述的兼理司法制度包括了审检所与县知事兼理司法，这意味着兼理司法制度是对传统旧制回归的看法对 90% 多的县完全不适用。

第四章
1914年审判厅大裁并的源流、过程与原委

1914年4月初,北京政府宣布在各县推行县知事兼理司法,裁撤审检所;4月底,北京政府又宣布裁撤清末以来陆续设置的大部分地方审判厅和全部初级审判厅。1914年的审判厅大裁并"几欲举司法而根本推翻之",① 被当作我国推行新法制过程中的一大逆流,② 成为此后整个民国时期司法与行政不分的背景,以及初级审判组织迟迟无法建立的源头。从江庸等亲历者的回顾,到当前韩秀桃、吴永明、李超、李在全等学者的论著,都涉及这一近代法制史上的重大转折事件。③ 这些论著主要针对政治会议上《司法计划案》、《停止司法机关案》与《各省设厅办法案》三个司法议案进行文本分析,而未严密论证事件的起因及其发展过程。本书将在已有研究成果的基础上,利用《政治会议议决案》、《政治会议速记录》、《司法公报》(北洋)、《政府公报》(北洋)、《申报》等资料,从清末民初司法改革的历史脉络来进一步考察1914年审判厅大裁并的源流与原委,以期还原近代中国司法与行政分离的曲折过程,深化对这一事件的整体了解与认识。

---

① 参见《司法总长开会辞附议长答辞》,《司法会议决议案附司法会议纪实》(1916年),第101~103页。
② 参见展恒举《中国近代法制史》,台湾商务印书馆,1973,第207页。
③ 参见江庸《五十年来中国之法制》,《最近之五十年——申报五十周年纪念(1872~1922)》;韩秀桃:《司法独立与近代中国》;吴永明:《理念、制度与实践:中国司法现代化变革研究(1912~1928)》;李超:《清末民初的审判独立研究》;李在全:《1914~1915年中国司法改革进程中的利益诉求与博弈》。

一 分散的裁厅交涉与行动

清末实行预备立宪，司法与行政机关分离提上议事日程，1907 年开始设置新式审判厅。在设立审判厅的主流之外，也有个别地方停办审判厅，如新疆各审判厅在 1910 年底成立，但很快停办。①

1912 年 2 月，南京临时政府司法部对全国审判厅进行调查，② 8、9 月份陆续返回的各省调查结果显示，约 4 省审判厅被部分或全部裁撤。③ 其中，直隶天津县初级厅被裁 1 处，④ 奉天承德县初级厅被裁 2 处，⑤ 吉林被裁去地方厅 3 处、地方分厅 2 处、初级厅 5 处，⑥ 甘肃各厅一律停办。⑦ 以上各级审判厅被裁撤或停办大多发生在辛亥革命后不久，其原因主要是军事影响和经费缺乏。故清末司法改革以来设置的新式审判厅被裁撤并不始于 1914 年，其源流可以追溯到辛亥革命前后。

自 1912 年民国成立至 1914 年初，各省请求裁并各级审判厅之交涉与行

---

① 参见司法部总务厅《新疆省已（拟）设各级审判检察厅一览表》，《政府公报》第 187 号，1912 年 11 月 4 日，第 15 页。
② 南京临时政府司法总长为伍廷芳。参见《南京来电》（2 月 21 日），《江苏司法汇报》第 1 期，1912 年，"本省公牍函电来去附"，第 4 页。
③ 另有陕西各审判厅辛亥革命后均驻扎军队，暂由行政官兼理司法（参见司法部总务厅《陕西省已（拟）设各级审判检察厅一览表》，《政府公报》第 185 号，1912 年 11 月 2 日，第 11~13 页）；湖北沙市商埠清末已设初级、地方审判厅，调查结果未提及该厅，很可能已裁撤，具体情况有待于进一步考察（参见司法部总务厅《湖北省已（拟）设各级审判检察厅一览表》，《政府公报》第 188 号，1912 年 11 月 5 日，第 12~13 页）；贵州省城各级审检 6 厅改为裁判局（参见司法部总务厅《贵州省已（拟）设各级审判检察厅一览表》，《政府公报》第 192 号，1912 年 11 月 9 日，第 16 页）。
④ 司法部总务厅：《直隶省已（拟）设各级审判检察厅一览表》，《政府公报》第 179 号，1912 年 10 月 27 日，第 20 页。
⑤ 司法部总务厅：《奉天省已（拟）设各级审判检察厅一览表》，《政府公报》第 180 号，1912 年 10 月 28 日，第 11~13 页。
⑥ 司法部总务厅：《吉林省已（拟）设各级审判检察厅一览表》，《政府公报》第 180 号，第 13~14 页。
⑦ 司法部总务厅：《甘肃省已（拟）设各级审判检察厅一览表》，《政府公报》第 185 号，第 13~14 页。

第四章 1914年审判厅大裁并的源流、过程与原委

动也时有发生。

司法部尚未接收法部之前,① 江苏省议会便于1912年4月5日做出废除各县初级审判厅而设地方厅的决议。江苏都督认为该决议"窒碍难行",于4月10日咨请省议会复议。5月初江苏都督和提法司先后致电北京司法部,请核覆初级审判厅存废问题。② 1912年5月19日,司法部电覆称:审判制度由法院编制法规定,初级厅不能遽行废止。③

此后奉天、湖北等省也提出裁并审判厅的问题。为节省经费,1912年夏天奉天都督向提法司提出对辽阳、营口、新民、锦州、安东地方、初级各厅及省城地方厅内附设的特别庭及抚顺检察分驻所进行裁并。提法司为此照会奉天高等审判、检察厅。随后,奉天高等审判、检察厅向司法部报告此事。8月5日,司法部咨请奉天都督维持已设审判厅。但不久奉天都督却将经奉天临时省议会讨论并通过的提法司、各级审判厅应分别裁并、暂行停办以节省经费决议案咨请司法部核覆。1912年10月4日,司法部咨覆奉天都督,对裁减冗员和裁汰浮费的方案,大多表示同意;至于停办司法机关,则多不赞同。④ 湖北天门、秭归、蕲水等处的审判厅或因事撤销,或因批缓设,司法部于10月1日致电湖北民政长指出,法官失职可以更换,但司法机关成立后,应大力维持,不宜半途废止。⑤ 综上所述,此时司法部的态度倾向于维持审判厅。

除各省主动提出裁撤审判厅外,司法部也逐渐主动推动裁撤部分审判厅,这与新任司法总长许世英密切相关。1912年7月底就职后,他很快提出改组、筹设审判厅的"司法计划书",要求在1914年6月以前先改组部分不完备的审判厅。

---

① 1912年3月30日,王宠惠被任命为北京政府司法总长。他于5月2日就任司法总长之职,并于5月7日派员接收前法部事务。
② 《关于初级存废问题往来公文汇录》,《江苏司法汇报》第4期,1912年,"本省公牍函电",第2~14页。
③ 参见《司法公报》第1年第1期,1912年10月,"公牍",第50页。
④ 参见《咨覆奉天都督裁并各级审判厅人员文》,《司法公报》第1年第2期,1912年11月,第43~48页。
⑤ 参见《致湖北民政长请维持法权电》,《司法公报》第1年第2期,第70页。

为何许世英刚一上任就要针对已设审判厅进行改组？这是因为辛亥革命之后，各地迅速成立一批审判机关；民国初建后，审判厅总数更是急剧增长。虽然多数省份审判厅的数目并没有太多增加，但地方厅数目增加且总数达到 10 所以上的有 3 省：江苏（由清末的 4 所增至 54 所）、浙江（从 3 所增至 11 所）、湖北（从 4 所增至 11 所）；初级审判厅数目增加且总数达到 10 所以上的有 4 省：湖北（从 4 所增至 69 所）、江苏（从 7 所增至 53 所）、浙江（从 5 所增至 11 所）、四川（从 2 所增至 10 所）。其中，江苏和湖北两省审判厅急剧增长情况尤其突出。湖北为首义之省，江苏为中华民国临时政府所在地，两省在辛亥革命中的独特地位使之高扬司法独立的旗帜，大量设立审判机关。两省共增设地方厅及分厅 57 所；新增初级审判厅 111 所，占新增审判厅的绝大多数。① 湖北、江苏等省急风暴雨似的增设审判厅，新任推事、检察官往往既不合法又不合格。许世英担心使用司法人员不当将影响司法前途，故提出对已设法院进行改组。② 客观而言，这种整顿改组十分必要。

1913 年，司法部的工作之一就是按照许世英的司法计划，改组不完备的审判厅。对审判厅改组的主要措施，一是对审判厅人员进行考核任免；二是如果人才难得，宁可废止机关，毋令滥竽充数。③ 司法部裁撤不完备审判厅的工作富有成效。如江苏、湖北等地审判厅数目因此大幅下降。1912 年秋至 1914 年初大规模裁厅前，江苏的地方厅共被裁撤 43 所，减为 11 所；初级厅共被裁撤 40 所，减为 13 所。湖北的初级厅共被裁撤 58 所，减为 11 所。④ 江苏、湖北等省因辛亥革命而骤设的审判机关已得到控制。

在改组审判厅过程中，既有反对者，又有趁机扩大裁撤范围者。

1913 年 1 月 21 日，许世英致电江苏都督，拟将组织不完备的审判厅一

---

① 参见《直省省城商埠各级厅厅数表》，《吉林司法官报》第 1 期，1911 年；《司法公报》第 1 年第 3 期，1912 年 12 月，第 63~65 页。
② 参见《令各省高等两厅长将高等以下各厅员文凭成绩认真考验文》，《司法公报》第 1 年第 7 期，1913 年 4 月，第 27~28 页。
③ 参见《令各省司法筹备处长及高等两厅长迅将已设未完备之法院妥商改组文》，《司法公报》第 1 年第 7 期，第 27 页。
④ 参见《司法公报》第 34 期，1915 年，第 19 页。

第四章 1914年审判厅大裁并的源流、过程与原委

律裁撤,推行帮审员制度。① 但江苏省各地方团体并不赞同,请求司法部恢复审判厅之电络绎不绝,司法部对此基本不同意。5月15日,司法部复电江苏省议会,道明裁并审判厅的缘由:第一,江苏省自辛亥革命以后,遍设各厅,仓促告成,迁就之处颇多;第二,该省司法筹备处长裁撤、改组不完备审判厅,而另外筹设完备的组织,是贯彻执行司法部的政策,并无不合法之处;第三,现在财才两难,与其补苴罅漏,不如改弦更张。② 后因"二次革命"爆发,江苏司法经费骤减,多数审判厅不得不停顿或解散。

与江苏省各地方团体请求恢复审判厅大相径庭的是,1913年至1914年初,一些地方裁撤审判厅的呼声继续高涨。

司法部原本要裁撤和改组的是不完备的审判厅,但一些地方对较完备的审判厅也借故停办。如安徽凤阳、合肥、歙县三处审判厅,本不在停办之列,可是安徽都督却借口财政艰窘,下令裁撤这几处审判厅。1913年10月,司法部致电安徽都督,指出未成立各厅要扩充不容易,已成立各厅应当勉予维持。③

1913年底至1914年初,河南就裁撤审判厅问题甚至与中央政府几经交涉。河南都督张镇芳等以财政困难为由,于1913年11月29日电请大总统和国务院将自治、司法等机关酌量裁改。袁世凯电谕称,"各省初级审判厅亦多请裁,汴省事同一律,亦可酌核办理……至徒具形式之各种机关或并或裁,应即悉心规定,切实施行,是为至要",不仅允许,而且以他省请裁初级审判厅相告,大有鼓励河南裁撤初级审判厅之意。经一个多月裁改,张镇芳再次呈文袁世凯对裁并司法机关等提出变通办法。张镇芳认为,应该裁撤8府审判厅和各县帮审员,而照旧继续办理省城初级厅。④ 1914年2月4日,袁世凯将张镇芳呈文交内务、财政、司法、教育各部会核办理,并登载于2

---

① 参见《致江苏都督对于司法计划书电》,《司法公报》第1年第6期,1913年3月15日,第59页。
② 参见《复南京省议会所请回复各厅碍难照办电》,《司法公报》第1年第10期,1913年7月,第61页。
③ 参见《司法部致安徽都督兼署民政长电》,《政府公报》第525号,1913年10月20日,第19页。
④ 参见《政府公报》第633号,1914年2月10日,第21~22页。

月 10 日的《政府公报》。由于呈文转述了袁世凯对张镇芳 1913 年 11 月 29 日呈文的电谕,该电谕经《政府公报》而广为传播,各地方大员自然能领会袁世凯对裁撤初级审判厅的想法。很快河南民政长再次向国务院等处提出裁撤各机关以节财源案,认为四级三审制度手续繁而费用多,地方及初级厅应一律取消。1914 年 2 月 22 日,国务院将该案函交到司法部。3 月 17 日,司法部训令河南民政长指出,司法、行政既已分离,机关实不容偏废;将地方、初级概予废止,于法院编制不合,且不利于收回法权。最后司法部要求已设各地方、初级厅及各县帮审员暂缓裁撤。①

1914 年 1 月 24 日,浙江民政长致电司法部,提出未设审判厅的地方以县知事兼理审判,并裁废初级审判厅。1 月 31 日,司法部致电浙江民政长指出,地方厅、初级厅合设不过为节省经费起见,审级并非混合,职务仍各自分开进行,诉讼手续也与独设之初级厅无异,地方、初级可以合厅,但废除初级厅,省费不多,不准许将其裁废。② 2 月 3 日,司法部同意杭县、鄞县、永嘉等商埠仍照旧将地方、初级厅合设,其余 8 县的初级厅一律裁撤,被裁初级厅管辖事宜即由县知事办理。③ 2 月 6 日,浙江省民政长又致电司法部,提出将地方审判厅的初审管辖权划归县知事,理由是知事为亲民之官,无论轻微重大案件非经知事则情势隔膜,百姓呼应不灵。2 月 11 日,司法部复电不同意将地方厅的初审管辖权划归县知事。司法部强调,县知事审理案件仅限于未设厅各县,浙江省各厅已经是地方厅、初级厅合设,如果因初级废止并将地方厅初审管辖权划归知事,就变成了专以地方厅为上诉机关,与《法院编制法》不符。不过,司法部最后不得不再次让步,称如果浙江实有为难之处,可将地方、初级合厅酌予裁撤。④

---

① 参见《令河南民政长地初各厅暨各县帮审员暂缓裁撤文》,《司法公报》第 2 年第 8 期,1914 年 5 月,"公牍",第 3~5 页。
② 参见《复杭州屈民政长改良法规俟法律编查会成立妥拟办理电》,《司法公报》第 2 年第 6 期,1914 年 3 月,第 42~43 页。
③ 参见《复杭州屈民政长地初合计十一厅除杭县、鄞县、永嘉照办外,其余初级厅一律裁撤电》,《司法公报》第 2 年第 6 期,第 43~44 页。
④ 参见《复杭州屈民政长地厅权划归县知事碍难照准》,《司法公报》第 2 年第 6 期,第 44 页。

第四章 1914年审判厅大裁并的源流、过程与原委

从1914年1月24日到2月11日，不到20天，但在浙江民政长的一再紧逼下，司法部步步后退，从主张地方厅、初级厅合设一处而不裁废初级厅，到裁撤大部分地方、初级合设审判厅里的初级厅，再到同意酌予裁撤地方厅、初级厅合厅。这意味着司法部面对各省裁厅行动，立场发生变化，不仅同意地方厅、初级厅合设，而且允许裁撤初级厅，甚至地方厅。

不仅浙江、河南等地因裁厅与司法部交涉不断，而且京师也出现裁并初级审判厅之议。1914年2月2日，有报道称司法总长梁启超欲将京师初级审判厅裁撤、合并于地方厅内，以省经费。①

存废审判厅的理由中涉及法理问题并不多，主要是四级三审制度和变更法律。大量交涉围绕着社会现实进行，如司法经费困难、人民是否习惯新式审判厅、是否影响领事裁判权的收回等等。司法经费困难是主张裁厅最普遍的理由，连废除初级审判厅，实行四级三审制度这个法理问题也基于其费用多而提出；反对废除初级审判厅的理由之一也在于其省费无多。②

二 梁启超与裁撤审判厅

讨论1914年裁厅，不能忽略曾任司法总长的梁启超在其中所产生的影响。

丁文江评论梁启超任司法总长这段历史时指出，梁启超最初还有积极的计划，之后面对各方压力不得不做消极方面的努力。③ 其实，梁启超上任伊始便实行了消极的司法建设路线。

梁启超的第一个大举措就是裁撤司法筹备处。1913年9月17日，梁启超就职才两天，就上《呈请裁撤各省司法筹备处文》，呈请裁去各省司法筹

---

① 参见《京话日报》第858号，1914年2月2日，第4版。
② 以上理由参见《司法公报》第1年第1期，"公牍"，第20页；《司法公报》第2年第6期，第42~43页。
③ 参见丁文江、赵丰田编《梁启超年谱长编》，上海人民出版社，1983，第685页。

备处。他认为,司法筹备处专为筹备法院而设,现在国家财政支绌,对于各种机关,凡属骈枝均应裁并。虽然司法筹备处被裁后,其职能改由高等审判、检察厅行使,但裁撤筹设法院的专门机构(司法筹备处)一定程度上反映了梁启超对筹设法院的消极态度。9月23日,大总统袁世凯下令裁撤司法筹备处。① 他还引用梁启超呈文中"各处未设法院有无余力扩充,尚待从长计划"一句,透露出有终止法院扩充计划之意。

10月初,熊希龄内阁的《政府大政方针宣言书》由国会通过后发表。关于司法改革方针,该《宣言书》提出:"以消极的紧缩主义,行积极的改进精神。"可以说,该宣言书是梁启超消极司法建设思想的进一步阐发。②

将消极的紧缩主义作为司法改革的核心方针之一,意味着司法政策的走向将发生变化。这种改变其实在辛亥革命前后已经开始,只是梁启超走得更远而已。许世英就任司法总长后曾强调对司法改革要"抱积极宗旨,行稳健手段"。然而即使这种稳健手段,在梁启超看来也过于急进。1914年2月19日,梁启超在司法部的谈话会上说:"我国司法因上年进行太速,致生出无限之阻力,近来各省几致全然办不动。正月间在此开茶话会时,虽略道及此等情形,计亦为诸君所深知。"③ 梁启超不仅以"消极的紧缩主义"取代"稳健手段",而且数次批评许世英时期司法进行太速,其消极的司法政策可谓自始至终。

《政府大政方针宣言书》指出,司法独立之制在中国已推行数年,但"颂声不闻,而怨吁纷起","人民不感司法独立之利,而对于从前陋制或反觉彼善于此",其原因主要在于"法律之不适"与"法官之乏才"。为此他对法院改革提出两点意见:一是要将已成立的法院改良整顿,二是未设法院各地的审检职务暂责成行政官署兼摄,辟员佐理。许世英在未设法院之处极力推行审检所,以便向正式法院过渡。而梁启超连审检所也不要,提出未设法院之地委县知事以兼理司法之权。这是要在未设法院的地方推行与审检所

---

① 参见《司法公报》第2年第1期,1913年10月,第1页。
② 据丁文江称,该宣言书全出自梁启超一人之手。参见丁文江、赵丰田编《梁启超年谱长编》,第671页。
③ 丁文江、赵丰田编《梁启超年谱长编》,第683页。

不同的新制度。该项新制度的核心是行政官署兼摄审检,辟员佐理。县知事兼理司法的雏形已现。

两个月后,这项新制度在袁世凯的批示中被确认。1913年底,梁启超呈文袁世凯称,司法部已开始编纂新法令,为未设法院之地委县知事以兼理司法之权做准备。同时解释:"今之暂以一部分司法权委代理于县知事,不过因人才、经费两皆缺乏,故作权宜之计,非惟久远之图。"① 12月28日,袁世凯依据该呈文,下令:"法院未立之地,使知事兼理审检,尤属权宜救济之计。应饬令各省民政长官,会同高等审检厅揆度情形,分别划改,仍由该总长妥议监督办法,俾兼任者得有率循。"② 这大概就是"知事兼司审检之令"。

梁启超和袁世凯发出缓设、裁撤审判厅,由县知事兼理司法的信号。各地方大员见此情形,更有恃无恐地推动裁厅交涉与行动。梁启超1914年2月18日向袁世凯递交辞呈,③ 还上条陈《司法计划书十端》,④ 更是一石激起千层浪。

《司法计划书十端》的第一项是改正法院审级,主张将初级管辖废去,归并于地方厅办理,实行三级三审制。梁启超认为,虽然四级三审制用意良美,但要实行,则法官须在15000人以上,每年司法经费须在四五千万元以上,考虑中国国情,无论如何也难以达到。除此之外,还指出,近世欧美学者已频议四级制繁迂。日本在台湾、关东都采用三级制,且渐施诸内地;英国在印度也采用三级制。因此,中国应采用三级制。⑤ 梁启超提出实行三级三审的最主要理由仍在人才与经费的缺乏,更多考虑的还是国情因素,而不

---

① 参见《呈大总统详论司法急宜独立文》,《司法公报》第2年第4期,1914年1月,第31~34页。
② 《司法公报》第2年第4期,第5~6页。
③ 参见《司法总长梁启超呈大总统沥呈下情恳予辞职文》,《司法公报》第2年第6期,第18页。
④ 《司法计划书十端》为梁启超递交辞呈的前一天"闭户草成",不过,征求了江庸的意见。参见江靖编注,汤志钧、马铭德校订《梁启超致江庸书札》,天津古籍出版社,2005,第68~72页;《梁前司法总长呈大总统司法计划书十端留备采择文》,《司法公报》第2年第8期,"杂录",第1~4页。
⑤ 参见《梁前司法总长呈大总统司法计划书十端留备采择文》,"杂录",第1~4页。

是法理上之不善。

　　1914年2月24日，袁世凯批示《司法计划书十端》，指出梁启超所陈十端"均系征诸事实，故多切中时弊"。① 2月25日，《司法计划书十端》被交到政治会议，成为《司法计划案》。时论认为，《司法计划书十端》有推翻司法独立之意，一时满城风雨，梁启超几成司法界之罪人。②

　　梁启超何以会主张和推行上述司法政策呢？丁文江指出，梁启超推行消极司法政策的原因不仅在于经费的困难，还由于各方对司法现状的攻击和袁世凯的消极态度。张朋园也对丁文江所提三点原因加以解释与发挥。③本书具体分析了经费困难对其司法政策的影响，以及裁厅交涉与行动中各方面对司法现状的攻击和袁世凯的消极态度。笔者还认为，梁启超的主张和行动推动了对司法现状的攻击，做出了配合袁世凯裁厅行动的"努力"，甚至一定程度上影响了袁世凯对司法的态度。从各省裁厅通电、咸电的发出，章宗祥《各省设厅办法六条》的出台均可见及梁启超对裁厅之推动。可以说，梁启超的《司法计划书十端》事实上成为1914年裁撤审判厅事件的导火索。

三　裁厅通电与《各省设厅办法六条》

　　1914年2月，各省地方大员终于在全国范围内掀起一股裁撤审判厅的风潮。

　　2月20日，正式接任直隶都督不久的赵秉钧即发出拟暂行裁撤审判厅的笃电。④ 就管见所及，该电是目前全国性裁厅通电中较早的一封。⑤ 笃电的收报人既非大总统、国务院，也非司法部，而是各省都督、民政长、镇守

---

① 《政府公报》第648号，1914年2月26日，第15页。
② 参见张朋园《梁启超与民国政治》，吉林出版集团，2007，第111页。
③ 参见张朋园《梁启超与民国政治》，第115~116页。
④ 参见《赵秉钧拟暂行停止审检两厅电》，《申报》1914年2月24日，第2版。
⑤ 姜桂题于2月18日首先发出了裁撤各地审判厅的通电，但笔者尚未见及该电。

第四章　1914 年审判厅大裁并的源流、过程与原委

使,且被公开刊登于当时很有影响力的《申报》等报刊上,显示赵秉钧等要联合地方大员,造起废除审判厅的舆论声势。

之前与司法部商讨停办审判厅的浙江都督朱瑞、民政长屈映光接到哿电后,很快于 2 月 28 日发出关于停办审判厅意见的勘电。① 首先,该电提及先有姜桂题的巧电,才有赵秉钧的哿电,姜桂题才是振臂一呼号召裁撤各省审判厅的发起者。其次,在朱瑞和屈映光之前还有江苏都督冯国璋通电响应。再次,朱瑞和屈映光考虑了冯国璋意见,认为应该研究裁撤全部审判厅是否引起外国人的反对,主张留省城、商埠的少数审判厅。这实际上缩小了裁撤审判厅的范围。又次,提出已设审判厅一律暂行停办的两个原因:法院办理不善,叠见弊端;耗费库储,于民鲜益。

接任赵秉钧任直隶都督的朱家宝收到勘电后,对保留省城商埠审判厅极表赞同。他在电复浙督的同时,还电告了姜桂题。② 由此可见姜桂题在这次裁撤审判厅运动中的领导者角色。而察哈尔都统何宗莲所发赞成留高等审判厅、商埠各厅的冬电（3 月 2 日）,更直接提出请姜桂题领衔联名入告。③ 此外,该电还提及朱瑞、屈映光的勘电,赣督的感电（2 月 27 日）和前赵督的哿电,显示各地方大员互通声气,形成越来越大的声势。绥远都统张绍曾也通电响应勘电,对浙江都督、省长拟留省城审判厅的意见"极表赞同"。④ 继朱家宝、何宗莲后,张绍曾再次电复勘电,说明朱瑞和屈映光的勘电在地方大员中引起较大反响。

1914 年 2 月中旬到 3 月中旬不到一个月时间里,《申报》上就刊载了热河、直隶、江苏、浙江、江西、察哈尔、绥远等省以上的地方大员所发提倡或响应裁撤审判厅的通电。正是有了各地方大员的互动,由各地方大员联衔通电入告便指日可待了。

3 月中旬,姜桂题等都督、民政长共 34 人一起签署了请大总统袁世凯

---

① 参见《浙江都督、民政长对于停办审检两厅意见电》,《申报》1914 年 3 月 1 日,第 3 版。
② 参见《申报》1914 年 3 月 5 日,第 2 版。
③ 参见《察哈尔都统赞成留高等审检、商埠各厅电》,《申报》1914 年 3 月 5 日,第 2 版。
④ 参见《归化张将军赞同浙都督、省长拟留省城审检厅电》,《申报》1914 年 3 月 15 日,第 3 版。

停办地方、初级各厅及审检所的通电，这就是在裁并各级审判厅事件中扮演了重要角色的咸电。① 咸电所提裁厅理由与屈映光等勘电如出一辙，裁厅方案与上述裁厅通电大体一致，即要废止地方、初级审判厅及各县审检所的帮审员，司法事务悉归各县知事管理，高等审判厅仅设于交通省份及通商口岸。

袁世凯收到咸电后，令国务院交到政治会议。国务院认为事关紧要，未及备函知会便于3月19日将原电抄送政治会议。政治会议对咸电尚无思想准备，不明国务院交来咸电的意图，于是去函询问。3月24日，国务院复函指出，咸电是大总统特交议案，请政治会议迅速付议。②

后来的研究者认为《停止司法机关案》（咸电）是受梁启超的《司法计划书十端》影响而发。《司法计划书十端》与咸电在时间上有近一个月的间隔。如果咸电受到《司法计划书十端》的直接影响，那么，为何要等一月之久？以往的研究不提2月中旬到3月中旬地方大员的裁厅通电，才让人感觉咸电的出现十分突兀。时人其实已把《司法计划书十端》与各省裁厅通电联系在一起。1914年3月，一位司法界人士指出，《司法计划案》在政治会议上虽未审查完，而审查会员多数赞成梁启超原议，加上赵秉钧的哿电以及浙江民政长的主张，司法独立岌岌可危。③ 笔者认为，梁启超上呈《司法计划书十端》之后，立即出现一系列裁撤审判厅的通电，后者或多或少受到前者的鼓励与"暗示"。正是地方大员们"往复电商"，经过一个时期的酝酿而达成了"共识"，最后形成咸电。各省裁厅通电充当了《司法计划书十端》与咸电之间的纽带。

时人和后来的研究者往往把另一份文件——司法总长章宗祥的《呈大总统各省已设高等以下各厅一律裁撤办法文》（该文简称《各省设厅办法六条》）——与咸电相提并论，没有注意章宗祥有呈文《各省设厅办法六条》

---

① 除黑龙江外的25个省区长官参与署名。参见《各省都督民政长请裁设各司法机关电》，《司法公报》第2年第8期，"杂录"，第10~11页。
② 咸电在政治会议上的正式名称为《停办各地方、初级审检厅及各县审检所并厘定刑律案》，常简称为《停止司法机关案》。
③ 参见《法官甄试后之司法思潮》，《申报》1914年3月12日，第6版。

第四章 1914年审判厅大裁并的源流、过程与原委

和续呈之分,也没有注意到上述3月16日之前裁撤审判厅的种种活动,以为由咸电引出《各省设厅办法案》最符合逻辑。① 有资料证实,章宗祥的续呈才与咸电有直接因果关系。1914年3月29日《申报》所刊《再志司法之前途》(作者为黄远生)写道:"先此,司法总长乃拟呈各省设厅办法六条以为对待……及此项都督等电呈既发去后,章氏乃复续一呈。"② 不难看出,先有《各省设厅办法六条》,后有咸电,最后才是续呈。

从续呈本身也可进一步判断《各省设厅办法六条》及其续呈与咸电的时间顺序。首先,章宗祥向袁世凯当面汇报各省审判厅裁并办法,之后才有16日的书面文件《各省设厅办法六条》上呈。章宗祥在16日前即着手准备各省审判厅裁并办法,既然已经面陈大总统,该办法应该比较成熟,因此无论是否有咸电的出现,《各省设厅办法六条》都有可能提出。其次,章宗祥呈《各省设厅办法六条》后,看到咸电,并知道咸电将交政治会议,于是上续呈提出应对之策。续呈才是针对咸电而发的。再次,续呈所提方案有二:一是请大总统批准《各省设厅办法六条》而不将咸电发交政治会议;二是如果将咸电交政治会议讨论,则请将《各省设厅办法六条》与咸电一并交政治会议核议。③ 袁世凯同意了章宗祥续呈所提第二套方案。3月21日,国务院奉命将章宗祥所呈《各省设厅办法六条》并续呈、清折各一件交政治会议讨论。④ 该文件在政治会议上被列为议案后通常称为《各省设厅办法案》。因此,咸电并不直接导致《各省设厅办法六条》的上呈,但却是章宗祥续呈的直接原因。

既然《各省设厅办法六条》续呈才是直接针对咸电的,那么《各省设厅办法六条》针对什么而发?在章宗祥看来,国库空虚、人才缺乏导致司法制度变革遭遇困难,于是出现前任司法总长梁启超司法政策的转向,提出"分别缓设及维持之谋",⑤ 大总统继而发布"知事兼司审检之令"。正是对

---

① 1914年2月20日,章宗祥接替梁启超任司法总长。参见《呈大总统各省已设高等以下各厅一律裁撤办法文》,《司法公报》第2年第8期,"公牍",第1~2页;《废止审检各厅案交议之详情》,《申报》1914年3月30日,第6版。
② 《再志司法之前途》,《申报》1914年3月29日,第3版。
③ 参见《废止审检各厅案交议之详情》,《申报》1914年3月30日,第6版。
④ 参见《政治会议议决案》,第197页。
⑤ "分别缓设及维持之谋"指缓设法院,整顿、裁并已设法院。

— 103 —

这两件事的误解，又导致以讹传讹，"以为现制动摇，方针改变，甚至谓各省已设高等以下各厅，均可一律裁撤"。① 章宗祥接任司法总长不到一个月的时间内，地方大员们裁撤审判厅的往来通电正风起云涌，政治会议上对《司法计划案》的讨论也如火如荼，而《司法计划案》的焦点之一是审判厅的存废，甚者政治会议议长李经羲还特意致书章宗祥痛斥新法律之害，极力维护梁启超的《司法计划书十端》。② 章宗祥制定《各省设厅办法六条》的直接原因就是上述"摇惑"、"误会"，目的是制止"以讹传讹，或不无故作危词，率以裁厅为请者"。③

四　政治会议期间的裁厅与设厅讨论

黄远生指出，梁启超的《司法计划书十端》、姜桂题等人的咸电及司法总长章宗祥的《各省设厅办法六条》共为司法前途运命所关，而一系于政治会议之手。④ 1913年12月15日，政治会议开幕。⑤ 之后两个月之内，政治会议的议事日程并无司法议案。直到1914年2月25日，梁启超所陈《司法计划书十端》被列为《司法计划案》，司法改革才成为政治会议的一项重要议题。

3月4日下午政治会议第十一次会议讨论《司法计划案》，实际并未具体讨论裁撤审判厅的问题，仅决定将该案先付审查，以便详细讨论，将来议决也只作为意见以备主管机关采择。⑥ 3月6日，政治会议审查《司法计划

---

① 《呈大总统各省已设高等以下各厅一律裁撤办法文》。
② 参见《李议长与章总长论司法书》，《申报》1914年3月16日，第6版。
③ 《呈大总统各省已设高等以下各厅一律裁撤办法文》。
④ 参见《再志司法之前途》，《申报》1914年3月29日，第3版。
⑤ 熊希龄内阁大政方针的要点之一是省制改革。1913年11月5日，国务院奉令通电各省派员入京讨论地方行政问题，故名行政会议。后来行政会议改为政治会议。政治会议1913年12月开会，1914年6月闭会。国会被解散后，政治会议作为咨询机关活跃于政治舞台，议决关于国家建设之政治问题，其议决案对政府决策有一定影响力。
⑥ 参见《政治会议通告第十一次会议情形电》，《申报》1914年3月9日，第2版。政治会议上讨论认为某提案需要审查，则指派专人开会进行审查，并将审查报告提交政治会议讨论。在会议期间针对司法改革的三案共召开6次审查会。

第四章 1914年审判厅大裁并的源流、过程与原委

案》，比较赞成裁撤初级审判厅，归并于地方厅，实行三级三审制。① 梁启超《司法计划书十端》提出的三级三审得到政治会议的赞同，意味着咸电和《各省设厅办法六条》呈送大总统前，裁撤初级审判厅已基本成定局。地方大员的咸电和章宗祥的《各省设厅办法六条》对裁厅大局可能并无实质性影响。

3月28日下午政治会议第十二次会议将《停止司法机关案》与《各省设厅办法案》列入议事日程并案讨论。裁撤审判厅再次成为政治会议上讨论的焦点。按照李经羲的说法，"司法部章总长之意是保护司法各级审检厅多一处好一处，各省都督民政长之意则是少一处好一处……两面意见绝端反对"。② 那么，政治会议是基于什么原因而做出决议的呢？

1. 裁厅原因之讨论

经费困难与人才缺乏是梁启超推行消极司法政策以及将初级管辖名目废去，归并于地方的重要原因。各省都督、民政长停止司法机关所持理由比较明确：一为经费困难；次则痛诋审判官之舞弊。司法总长章宗祥也大谈"以国库空虚，人才缺乏，两者交病，著手遂难"。③ 他们都十分强调经费与人才问题对设置审判厅的重要影响，但多语焉不详。政治会议的代表们不仅关注经费困难、人才缺乏与裁厅的关系，而且对其进行了仔细的探讨。

首先，代表们主要从两个方面考虑经费困难与裁厅的关系：一是司法经费是否为裁厅的主要原因；二是停办审判厅所省经费到底有多少。

李经羲指出，司法独立的种种困难固然是由于财政之艰、人才之少，而诉讼手续法之不良、刑律施行法之不备实为其主因。不过他也注意到财政困难将引起司法变革："在国家财政困难达于极点，大借款一时不能成立，币制借款因损失主权过重不能成立。军事用款尚且设法限制，行政费必应节省，可知司法为行政之大端，岂得不亟图变计。"④

---

① 参见《司法机关将来》，《申报》1914年3月12日，第6版；《审查司法意见书之报告》，《申报》1914年3月15日，第3版。
② 《政治会议速记录》，"政治会议第十二次会议速记录"，第1页。
③ 《呈大总统各省已设高等以下各厅一律裁撤办法文》。
④ 《政治会议速记录》，"政治会议第十二次会议速记录"，第1~4页。

陈懋鼎认为，都督和民政长通电呈请停办地方、初级审判厅，虽其前提条件在财政问题、人才问题，而实因司法不良。他指出，只有从根本上解决了新刑律与旧刑律之冲突、诉讼手续之不良、检察制度之不良三个问题，司法制度始能改良。梅光远亦持类似观点。①

既然造成司法制度不良的主要不是财政问题，而是其他问题，这实际上质疑了因经费困难而裁厅的逻辑。在审判厅与县知事兼理司法两种制度下，维持司法活动都需要一定的经费。裁撤审判厅而代之以县知事兼理司法所省经费到底有多少？

梅光远指出，高等审判厅仍须设置，县知事也必需帮审员，所省经费很有限。②余绍宋与梅光远的论证相似。论及司法时，他说："试问县知事管理此等事务是否亦需用款？"他还注意到，各省除省城商埠外之已设地方、初级各厅因财政困难裁撤者已属不少，现在一省不过存在少数几个审判厅，经费既不甚巨，维持也不过难。恩华以身边的例子说明停办审判厅，财政未见得即能节省。他说："从财政方面而论，以为停办地方、初级审检各厅可节糜费，则亦未必尽然。前清未设审检厅以前各县本有帮审员，首县及通商大埠所设审员为数尤多，本员前在江宁就幕时见江宁、上元等县已设帮审员三四人。将来地方、初级审检厅停办后，各县亦必仍设帮审员，财政未见即能节省。"③

如果仅从司法人员的配置看，初级厅可以设推事1人、检察官1人，县知事兼理司法制度一般配有帮审员。二者相较，人员差别主要是检察官，如果县知事行政事务太多，检察事务实际上也需要另外安排司法人员来做。审判厅里的其他必备司法人员如书记员、录事、承发吏及检验吏等，在县知事兼理司法制度下同样需要。从这个意义上来说，两种制度下司法人员的数目及薪俸总数相差不会太多。更主要的是当时已设的审判厅并不多，裁并审判厅后能节省的经费的确有限。

然而，吴乃琛持不同看法，认为："节省经费一层理由至为充足。综计

---

① 参见《政治会议速记录》，"政治会议第十二次会议速记录"，第5~8页。
② 参见《政治会议速记录》，"政治会议第十二次会议速记录"，第7~8页。
③ 《政治会议速记录》，"政治会议第十二次会议速记录"，第15~17、19~20页。

第四章　1914年审判厅大裁并的源流、过程与原委

全国司法经费一年约一千四五百万元，将下级审检机关归并县知事办理虽云仍须用款，究可减轻不少。"① 吴乃琛仅仅提出观点，而没有具体论证下级审检机关归并县知事办理到底减少多少费用。

邓镕从长远角度来看待裁厅是否节省经费，认为现在国家财力不及，审判厅不宜多设，但因财政困难而裁撤审判厅，将来财政充裕再行设立，不但浪费金钱，且多费一层手续。②

4月24日的政治会议第十三次会议上，许鼎霖对审查报告书进行说明，指出："财政困难自系实情，但不能因财政困难而废除司法。如吾人饥则食，寒则衣，断不能以财政困难遂废衣食"，③ 不认同经费不足而停办审判厅的逻辑。

政治会议向大总统呈覆《停止司法机关案》与《各省设厅办法案》时指出："财政虽极艰难，而司法亦国家要务，苟权衡轻重，于可以裁减之处，则司法者自当以节用为先。于认为当设之区，则理财者亦应以维持为务。"④ 更强调应该以审判厅当设不当设为标准，而非财政困不困难为标准。

无论是把财政困难看成是造成司法不良的次要因素，还是强调设厅与裁厅不以财政困难与否为转移，都认为因财政困难而裁厅的理由并不充分。裁审判厅后维持司法活动也需要一定的经费，加上所剩审判厅数目较少，裁撤审判厅省钱并不多，故通过裁厅节省经费的理由并不充分。

其次，用人不善而停办审判厅？

对司法官的批评向来不绝于耳，咸电还把法官不良作为裁撤审判厅的两个主要原因之一。许鼎霖在政治会议第十三次会议上对审查报告书进行说明时解释了导致用人过乱的原因，指出，人才问题因为之前推行过速，需人孔亟，导致有三年毕业及不及三年毕业者滥竽充数。⑤

针对司法人才不良即停办司法机关而由县知事兼理司法的逻辑有两种看

---

① 《政治会议速记录》，"政治会议第十二次会议速记录"，第22~24页。
② 参见《政治会议速记录》，"政治会议第十二次会议速记录"，第8~10页。
③ 《政治会议速记录》，"政治会议第十三次会议速记录"，第20~23页。
④ 《政治会议决案》，第193页。
⑤ 参见《政治会议速记录》，"政治会议第十三次会议速记录"，第20~22页。

法。一如恩华所反问的那样：如果行政官兼理司法，则行政官未必尽是人才，假使行政官非人才，行政机关是否也裁撤呢？① 李经羲也担心：县知事中好者固然较多，坏者也不少，如果出现弊端，司法部便以此为借口，认为县知事办理不善，又可以提出恢复地方、初级各厅。二如吴乃琛所提议：如果县知事能胜任司法则何不调县知事为司法官，而何必取消司法独立机关？② 因此，《停止司法机关案》关于司法官不良而停办审判厅的逻辑存在较大问题。

一些代表从用人不善与制度不良的角度进行分析。邓镕认为，《停止司法机关案》所称法官蔑法既无条件又无证据，简直是因噎废食而将根本制度推翻。他进一步指出，即使偶有蔑法之事，也是用人之不善，并非制度之不良。王印川也同意邓镕的上述看法，指出："民国开始三载，未见司法之益，而反生种种流弊者，在本员观之，非司法独立制度之不良，实执事者非其人耳，"③ 认为所谓司法独立也生流弊的舆论实不足以成立。

政治会议在《停止司法机关案》与《各省设厅办法案》的呈覆中指出："司法为全国人民所托命，而废与兴，沿革尤为中外士庶所观瞻，法律不良，人才之不足，应改易而调剂之，非将数年筹备之精神一举而摧灭之也。"④ 这里主张人才不足等应该改易而调剂，不赞成因出现人才不良等因素而将司法独立精神摧灭。

政治会议向大总统呈覆《司法计划案》时称，四级三审制设厅太繁，经费、人才都有较多困难，不如将初级管辖名目废去，归并于地方。⑤ 经费、人才困难仍被当作废除初级审判厅的两个最重要原因。政治会议上对经费、人才与裁厅关系存在两种似乎自相矛盾的看法：一方面在学理上、逻辑上承认财政困难、用人不善并不能成为裁并审判厅的主因；另一方面，受制于现实极端困难的财政状况又不得不以这个并不充分的理由而裁并审判厅，其纠结心态可见一斑。

---

① 参见《政治会议速记录》，"政治会议第十二次会议速记录"，第 19~20 页。
② 参见《政治会议速记录》，"政治会议第十二次会议速记录"，第 1~4、22~24 页。
③ 参见《政治会议速记录》，"政治会议第十二次会议速记录"，第 8~10、12~14 页。
④ 《政治会议议决案》，第 193 页。
⑤ 参见《政治会议议决案》，第 171 页。

第四章　1914 年审判厅大裁并的源流、过程与原委

2. 裁并方案之讨论

政治会议围绕三个司法议案，不仅分析了裁厅的原因，而且对裁并审判厅的具体方案进行了磋商。

一是关于高等厅。

《停止司法机关案》提出，交通省份及通商口岸仍设高等审判厅，其余偏僻各省及边远地方暂行停办。《各省设厅办法案》则主张，各省高等审判厅一律仍旧。李经羲提出留大理院与司法部，裁撤高等以下各级审判厅。他认为司法独立是指定案他人不能干涉，并非司法官与司法机关独立；所应保存者是独立之精神，非独立之形式。① 不过，李经羲的方案在政治会议上没有引起反响。

设厅以交通省份、通商口岸与偏僻各省、边远地方为标准分别进行遭到议员猛烈抨击。余绍宋认为"最可笑者谓交通省份及通商口岸仍设高等审检两厅"。他指出，广西近于法领土，云南近于英领土，虽辽远省份莫不与外国"交通"。他认为 22 行省都是交通省份，均应一律设置审判厅。王印川质疑各边远省份暂行停办的说法，他认为要停办也须整齐划一，无论交通及边远省份省城都必须设置高等厅及地方厅。②

边远省份以行政长官兼理司法也引起了议员的质疑。陆梦熊指出，即使在不交通省份，民政长也断难兼理司法，所以高等厅无论交通与否省份均须设置。③《停止司法机关案》提出，各省行政公署内暂设一二司法人员，专司其事。余绍宋质问道："试问司法事件关系如何重大，即以各省都督民政长最有才能之人司其事恐亦不能办到，何况一二司法人员？"④

政治会议上对暂行停办偏僻各省及边远地方高等审判厅基本持否定态度，议决案也规定保存已设的高等审判厅。

二是高等分厅。

《各省设厅办法案》第二条是关于高等审判分厅的。政治会议第 12 次

---

① 参见《政治会议速记录》，"政治会议第十二次会议速记录"，第 1~24 页。
② 参见《政治会议速记录》，"政治会议第十二次会议速记录"，第 1~24 页。
③ 《政治会议速记录》，"政治会议第十二次会议速记录"，第 1~24 页。
④ 《政治会议速记录》，"政治会议第十二次会议速记录"，第 1~24 页。

会议讨论《各省设厅办法案》时，这一条并没有引起太多关注。审查会时考虑为了监督便利及与各县知事沟通意见，提出设立高等分厅，并以各道长官兼任分厅厅长。该意见一经审查长许鼎霖在政治会议第十三次会议上报告，会场反对之声不绝于耳。该提议遭到反对，并非反对设高等分厅本身，而是主要反对由各道长官兼理高等分厅厅长。

陆梦熊、刘馥、李庆芳、邓镕、姚震、恩华等议员对审查会所提各道长官兼理高等分厅厅长的理由逐条驳斥。①

节省经费为各道长官兼理高等分厅厅长的重要理由。陆梦熊认为，各道长官兼理高等分厅厅长只能省其兼任厅长一人之薪俸，而推事薪俸仍不能省，其他经费仍不能少。刘馥和邓镕进一步指出，高等分厅至少须推事三人，人员不能再少；其他庭丁、茶役以及煤油纸张都需要经费。恩华还补充道：所设高等分厅不多，分厅人员较少，即使各道长官不兼理高等分厅厅长，分厅经费也不是太多。因此，以各道长官兼理高等分厅厅长而节约经费的理由并不充分。

便于监督兼理司法县知事是以各道长官兼任分厅厅长的另一重要理由。李庆芳等指出，《县知事兼理司法事务暂行条例》规定各县审判由县知事兼任，而监督权完全归高等厅，以监督权归之于道长官，则与现行法令不合。刘馥认为，县知事事事秉承于民政长，任免之权不操于道长官，道长官"安有监督县知事之实力"？议员们认为以各道长官兼任分厅厅长不仅影响到高等厅行使监督兼理司法县知事的权力，而且他们事实上难以监督县知事兼理司法事务。

一些议员认为以各道长官兼任分厅厅长将引起司法统系的混乱。李庆芳指出，如果以各道长官担任高等分厅厅长，那么也可以由民政长担任高等审判厅厅长，这将造成司法统系的破坏。邓镕也对此质疑道：下级审判厅的监督权在高等厅与大理院，现在忽然插入行政官为监督，"尚谓不越司法统系，宁有此事？"陆梦熊还指出，推事本由司法部呈请任命，如果将撤换之

---

① 刘馥，字奇甫，湖南宝庆人。毕业于日本法政大学。归国后，历任法制院编制官、农林部参事、农商部参事、政治会议议员、内务部参事、代理内务部次长。

第四章　1914年审判厅大裁并的源流、过程与原委

权划归道长官，则推事一方面任审判之职务，另一方面又须听道长官之命令，必然导致推事无所适从。①

朱文劭见大家都反对各道长官兼任高等分厅厅长，他作为审查员之一，自行提出修正案，即删去由各道长官兼理高等分厅厅长的有关内容，另订专章予以规定。最后，朱文劭的修正案获得通过。②

三是关于地方、初级厅。

关于地方、初级厅的裁撤，一是从审级上加以考量，如《司法计划案》主张裁撤所有初级审判厅，实行三级三审制；二是根据地域的重要性加以裁撤，如梁启超要保存省会及通商口岸的法院，《各省设厅办法案》要保留的是省城、商埠、东三省的地方、初级审判厅，而对其他各处审判厅的存废并不十分坚持，《停止司法机关案》则要停办全部地方、初级审判厅及各县审检所。③

陆梦熊主张各县审检所及初级审判厅应当由县知事兼理以期易举，每省地方厅至多也不过三四处，重要地方如省城及通商口岸应仍旧设置。④ 王印川主张，通商口岸酌设地方厅，重要地方酌设分厅，各县的地方厅、初级厅一律停办归县知事管理。⑤ 邓镕意识到当时围绕审判厅的存废大略可以分为新旧两派，他自认为是中间派。他的看法是"高等、地方以上各厅不能废除，初级各厅之裁撤办法亦应俟各省长官查明情形能否停办方能定夺。至于边远地方绥远、新疆、青海等处当令该地办事长官酌量情形缓办……东三省审判厅有与外国协定条件之关系，此层尤当注意"。⑥ 吴乃琛认为省会及通商口岸人口既繁，案件必多，且商埠又有对外关系，所有地方厅应保存，各县初级、地方审判厅不妨一律裁撤，委任县知事办理。⑦

---

① 参见《政治会议速记录》，"政治会议第十三次会议速记录"，第1~38页。
② 参见《政治会议速记录》，"政治会议第十三次会议速记录"，第1~38页。
③ 梁启超与裁撤审判厅部分对此进行了分析。可能主要在政治会议审查会上讨论了《司法计划案》的三级三审制，在大会速记录中讨论较少，由于尚未见审查会留下文字记载，在此也无法进一步分析。
④ 参见《政治会议速记录》，"政治会议第十二次会议速记录"，第1~24页。
⑤ 参见《政治会议速记录》，"政治会议第十三次会议速记录"，第1~24页。
⑥ 《政治会议速记录》，"政治会议第十二次会议速记录"，第1~24页。
⑦ 参见《政治会议速记录》，"政治会议第十二次会议速记录"，第1~24页。

代表们对裁撤各县初级审判厅和审检所意见比较一致。对地方厅,特别是省城和商埠等处的地方厅则多主张予以保留。政治会议议决案为,省城地方厅,宜照旧;商埠地方厅则酌量繁简分别去留,未设者暂缓筹设;省城、商埠以外地方、初级各厅归并县知事兼理审判,与审检所帮审员一并取消;东三省一律办理。

4月24日下午政治会议第十三次会议完成了对《司法计划案》、《停止司法机关案》与《各省设厅办法案》的议决。4月27日向大总统呈覆了三个咨询案。政治会议对司法议案的讨论至此结束。① 1914年4月30日,大总统根据政治会议的呈覆意见下令:各县初级审判厅概予废除,归并于地方厅;而商埠等处地方厅根据繁简决定其去留。② 1914年初共有地方审判厅117所,被裁79所,尚存38所;裁撤京外初级审判厅135所。③ 1914年停办地方、初级厅后,曾经设审判厅各地的县知事又重掌基层司法权。

小　结

有学者认为,袁世凯背离了民主共和理想,为了独裁而对审判厅大规模裁撤,是裁厅的主谋,其"御用工具"政治会议和地方大员是"帮凶"。不过,需要进一步回答的是,清朝末年,正是袁世凯在未必有民主共和理想的情况下最先在天津建立各级审判机关;④ 北洋时期,袁世凯走向独裁、走向帝制过程中,司法权尚无足够力量制约大总统的权力,何况司法权对大总统的制约主要不在地方,一个省多几个审判厅对其独裁与否构不成太大威胁;若袁世凯为了独裁而裁撤审判厅,为什么没有全部裁撤,而是继续让大理院、高等审判厅和一些地方审判厅继续存在?既然袁世凯是妨碍设置审判厅

---

① 政治会议至1914年6月5日结束。
② 参见《司法公报》第2年第8期,"命令",第2~3页。
③ 参见《司法公报》第34期,第19~27页。
④ 《升任直隶总督袁奏天津试办审判厅情形折》,《东方杂志》第4年第10期,1907年,"内务",第478~481页。

第四章　1914年审判厅大裁并的源流、过程与原委

的罪魁祸首，他去世后，何以设置审判厅并无大的起色？

毋庸置疑，袁世凯在处理一些有关司法机关存废的公务中对维持审判厅的行动采取消极态度，对裁厅举动予以积极支持。袁世凯根据政治会议的呈覆而下令裁撤审判厅。政治会议的议决案对1914年裁撤审判厅的作用不言而喻。政治会议开幕两个多月之后收到袁世凯所交梁启超的《司法计划书十端》，才首次讨论裁并审判厅的议案，甚至收到国务院交来的咸电还"莫名其妙"，这表明，政治会议不是主动提出裁厅议案，而是收到相关议案之后对其进行讨论。几乎所有各省都督、民政长都列名于《停止司法机关案》，但在政治会议上各地派出的代表并非一边倒地支持该议案。政治会议上关于司法议案的讨论并非众口一词，而是多种声音在激荡。聆听政治会议上发出的不同声音，才能更好理解政治会议在1914年审判厅大裁并中的作用。政治会议上，议员们一方面认为，借财政困难和用人不善而停办审判厅在逻辑上是不能够成立的，另一方面，财政困难事实上又成了最后做出停办审判厅决定的最主要依据。

政治会议的裁厅议案首先来自梁启超的《司法计划书十端》。梁启超在清末即提倡法律现代化，[①] 任司法总长后也宣称"立宪国必以司法独立为第一要义"，[②] 然而正是他提出裁并初级审判厅。分析梁启超在任上推行消极的司法政策后不难发现，无论其主观意图如何，"分别缓设及维持之谋"和《司法计划书十端》等实为1914年裁撤审判厅的最直接原因。政治会议根据《司法计划书十端》达成裁并初级审判厅的意向，其后咸电等不过辅助推进了裁并审判厅的进程而已。不仅如此，梁启超的司法政策还推动了地方大员们对司法现状的攻击，甚至也迎合了袁世凯裁并审判厅的举措。可以说，袁世凯、梁启超、地方大员、政治会议等在裁撤审判厅过程中扮演了不同的角色。

清末预备立宪中司法被推到了改革的前台。司法的载体为司法机关，司法改革的首要工作即在于建立专门的审判机关。进入民国后的最初两年，虽有分散的裁厅交涉与行动，但设立专门审判机关的趋势仍在继续。1914年裁并各地审判厅使清末以来的设厅趋势戛然而止，连业已设置的大部分审判厅

[①] 参见张朋园《梁启超与民国政治》，第113～114页。
[②] 丁文江、赵丰田编《梁启超年谱长编》，第685页。

也被裁并,尤其是中断了设置初级审判厅的努力而代之以推行县知事兼理司法。人们时常把北洋时期乃至整个民国时期的法制想象成具有专业化特征,殊不知,民国建立后的第三年,建立专门审判机关的努力便遭受重创。直到1928年北洋政府结束,初级审判厅再也没有恢复,地方审判厅也没有恢复到1914年裁厅前的规模。新式司法机关建设陷入低潮,司法领域元气大伤,司法独立遭受沉重打击,当时司法专业化的程度实不容高估。

第五章
1916 年县司法制度改革的重启

1914 年,北京政府宣布在各县推行县知事兼理司法,继而裁并地方、初级审判厅,清末司法改革以来的新式司法制度建设陷入低谷。1916 年随着袁世凯的去世,帝制氛围灰飞烟灭,共和思潮重现,司法独立论调再起,这成为基层司法制度改革重启的内在动力。"共和"、"宪政"思潮将如何推动基层司法制度改革的重启,又到底能在多大程度上推动基层司法制度改革?

1916 年召开的全国司法会议吹响了重启基层司法制度改革的号角。展恒举指出该会议"无案可稽,无从论述";[①] 吴永明与欧阳湘的论著也都略微涉及该会议。[②] 事实上,该会议绝非"无案可稽",它所留下的议决案与会议纪实等资料比较全面地反映了基层司法制度改革重启的原委与过程。

在此即以 1916 年全国司法会议的议案、速记录,《司法公报》等资料为基础,分析 1916 年基层司法制度改革重启的动力、过程及其遭遇的困境。

一 全国司法会议的召开

1916 年的全国司法会议是民国建立之后召开的第二次全国性司法会

[①] 展恒举:《中国近代法制史》,第 358～359 页。
[②] 参见吴永明《理念、制度与实践:中国司法现代化变革研究(1912～1928)》,第 96 页;欧阳湘:《近代中国法院普设研究——以广东为个案的历史考察》,第 68 页。

北洋时期的基层司法

议。为什么继1912年中央司法会议之后，时隔4年又召开一次全国性司法会议？

全国司法会议首先是在恢复共和的背景下召开的。1916年6月6日，袁世凯去世后，黎元洪继任总统。6月29日，段祺瑞当上了内阁总理，掌握了北洋政府的实权。段祺瑞同意恢复旧约法和召集国会，博得肃清帝制、恢复共和的名声。此时社会思潮颇有从帝制走向共和的趋向，这种转向为司法界所捕捉。

1916年底召开全国司法会议时，议长徐谦在开幕答辞中分析了司法与共和的关系。徐谦指出，实行帝制则司法机关必将完全消灭，政治会议几乎将司法从根本上推翻就是其征兆，而全国人心趋向共和，帝制卒归消灭，于是主张司法独立的声浪又渐传播于全国。他断言，"有共和而后有司法，若无共和则无司法可断言也。立宪之精神在，司法独立固矣"。他认为司法与共和密不可分，共和是司法独立的前提和保障。当"立宪"、"共和"成为官方提倡的意识形态时，对待司法独立的态度反映了对待"立宪"、"共和"的态度，它也是"政治"是否正确的标志。徐谦充分认识到了这一点，他指出，"前清创办司法，未必出于真诚，然以人民希望立宪，故司法遂为时势所要求。无论如何顽固者率亦不能反对司法，以无司法则非宪政也。抚今追昔，吾人所可执以为盾者，厥惟共和，故共和回复时代即司法昌明时代，若反对司法是反对共和也"。[①] 全国司法会议议案的提出也往往基于"共和再造"，比如司法总长的"县知事兼理司法应否废止咨询案"便指出："司法独立为宪政不易之经，乃比年以来，国家多故，司法制度迄未确立，际兹共和再造之会，自应为完全宏大之谋。"既有从帝制向共和的转向，司法界便试图把握机会，召开全国司法会议，以推进司法改革。

其次，全国司法会议的召开与司法部领导的更换有一定的关系。1916年，段祺瑞最初组织新内阁时提出了一个内阁名单，拟由章宗祥继续担任司法总长。这个内阁名单与旧内阁变化不大，交由黎元洪审核时，黎元洪将章

---

① 《司法会议议决案附司法会议纪实》（1916年），第101～103页。

宗祥等4人换掉，并以张耀曾取代章宗祥为司法总长。段祺瑞表示同意。6月30日，黎元洪发布命令，任命张耀曾为司法总长，张耀曾未到任前，由张国淦暂兼署司法总长。不过张耀曾等力辞不就，结果司法部由次长江庸代理部务。直到9月6日张耀曾才就任司法总长之职。不仅内阁更替，司法总长更替，司法次长也在此时出现了更替。1916年9月16日，江庸辞去司法次长之职，徐谦任司法次长。新内阁任命的新司法总长和次长，面对变化的政治形势，会做出什么样的判断与决策呢？张耀曾在1916年的全国司法会议开幕时提出，改良司法已遇可乘的机会。他说："今日则情形大异。社会要求司法独立之热度已继长增高，而在上者对于司法制度亦甚望其所有改良，从此为积极之进行，前途之障碍实已完全减去"，"现在中央旧有障碍业已完全消灭，地方有无阻滞，虽尚不可知，但由中央政府主特（持）改良于上，各省长官积极进行于下，较前总易为力而成效或有可期"。① 张耀曾等正是看到了社会与国家、中央与地方对司法态度的改变，于是希望通过召开全国司法会议改良司法。

再次，召开全国司法会议还与护国战争中一些地方司法机关被破坏有关。1916年10月17日司法部通知各省高等审检两长参加11月10日在北京召开的司法会议。② 10月24日公布了"会议章程"。"会议章程"第一条规定全国司法会议的宗旨为谋求司法统一及进步。为何要谋求司法统一呢？1916年10月，国务院答复众参院的咨文中称，"本年独立各省将原有司法机关破坏另组，在当时原属不得已之举，现在政府正谋统一，业由司法部致电各省高等审检长来京定期来月10日开司法会议讨论此事，并改良司法一切事宜"。③ 咨文明确指出了司法会议要解决护国战争中各省独立造成的司法机关破坏问题。司法总长张耀曾上任以后的首要工作便是解决各省司法各自为政的纷乱局面，而谋求司法统一。他说，"自云南首义，川黔湘粤浙等省相继独立，其司法机关亦多改组，名目纷歧，省自为制，在独立期间原属不得已之办法而终非划一之道。耀曾莅任以来以为欲求改良须先统一，故首

---

① 《司法会议议决案附司法会议纪实》（1916年），第99~101页。
② 参见《政府公报》第285号，1916年10月20日，第19页。
③ 《答复司法腐败有无整顿计划咨》，《司法公报》第68期，1916年，第50~57页。

从恢复原状入手，于机关组织之不合法者更变之，于人员任用之不合现章者调换之。数月以来，渐行就绪，从此可循规蹈矩，徐图进步"。① 张耀曾提出开司法会议，谋求司法统一，缘由之一就是为了解决护国战争所造成的司法"省自为制"问题。

总之，袁世凯去世后，司法界弥漫着由帝制走向共和的气息，新上任的司法部长官借此契机，重新打出司法独立的大旗，加之护国战争对一些省地方司法机关造成破坏，司法部希望通过召开全国司法会议谋求司法统一，推进司法改革。

1916 年 11 月 10 日，全国司法会议在大理院大法庭开幕，至 11 月 28 日结束。会议以司法部次长徐谦为议长，余棨昌为副议长。参加会议的会员有司法部次长、参事、司长及部员；大理院庭长、总检察厅检察长及京师高等、地方各厅长与检察长官；各省高等审判厅厅长，高等检察厅检察长，各特别区域审判处长；司法总长于富有司法经验人员中所选若干会员。② 会议集中了当时司法界的高级官员，发出的是司法界精英的声音。

会议共收到议案 34 件，其中司法总长所交咨询案 3 件，会员提议案 31 件，除否决 4 件，又由提议人自行撤回 5 件改为意见书外，其余 25 件均按照议事规则公同议决。最后会议向司法总长提交了答复咨询案意见书 1 件及议决书 14 件。③

提案主要涉及司法机关推广改革、司法经费、监狱等事项。司法总长所提三个咨询案之一为《县知事兼理司法应否废止咨询案》，会员所提《各省旧府治宜增设地方分厅、各县设地方分庭案》等近 10 个议案都涉及县司法制度的改革。县司法制度改革成为会议讨论的热点。

---

① 《整理各省司法机关并追认以前所设各种机关呈并指令》，《司法公报》第 70 期，1917 年，第 61~62 页。

② 参见《司法会议章程》，《司法会议决案附司法会议纪实》(1916 年)，第 81~82 页。11 日，议长称，"本会会员原系 79 人，内有 4 人不报到，实只会员 75 人"；15 日，他又报告说："本会会员除不能到会者外，计 71 人"。15 日对到会人员情况的统计基本准确了，因为会议之后编制的会员录上也共采录了 71 名会员的信息。

③ 参见《司法会议议决案附司法会议纪实》(1916 年)，第 350 页。

二 对县知事兼理司法制度的检讨

11月11日,开始讨论《县知事兼理司法应否废止咨询案》。对县知事兼理司法的存废有完全不同的两种看法,张仁普等主张"绝对废止",陈福民等认为"似未可遽行废止"。

之所以要废止县知事兼理司法,大约正如司法总长在《县知事兼理司法应否废止咨询案》中所指出的,县知事兼理司法不仅"最无理",而且还存在诸多流弊。[①] 但他在咨询案中并没有具体指明县知事兼理司法到底"无理"在何处,又有哪些"流弊"。司法会议的提案与讨论总结了县知事兼理司法制度的以下几方面不足。

首先,法理上无县知事兼理司法的理由。张仁普指出,民国元年的约法已经恢复,按照约法规定应是立法、行政、司法三权鼎足分立,之前政府以行政兼理司法即属违背约法,现在既与之前政府不同,当然力谋司法独立,则县知事兼理司法非即行废除不可。[②] 刘豫瑶也认为,就法理论,县知事万不能兼理司法。[③]

其次,县知事法律知识不足,将导致司法不统一,人民不能平等受法律保护。周诒柯指出,各省知事多为前清官僚,对于法律茫然无知。[④] 朱献文进一步指出,县知事深明法律者甚少,其判断案件按诸法理错误极多。[⑤] 张仁普认为,县知事在职务上、地位上多不能依据法律以保护人民,因此,设法院地方人民受法律保护优,未设法院地方人民受法律保护薄。[⑥]

再次,县知事身兼数职,影响司法独立、公正。朱献文认为县知事因行

---

① 参见《答复县知事兼理司法应否废止咨询案意见书》,《司法会议议决案附司法会议纪实》(1916年),第1~4页。
② 参见《司法会议议决案附司法会议纪实》(1916年),第111~112页。
③ 参见《司法会议议决案附司法会议纪实》(1916年),第112~113页。
④ 参见《司法会议议决案附司法会议纪实》(1916年),第191~193页。
⑤ 参见《司法会议议决案附司法会议纪实》(1916年),第185~191页。
⑥ 参见《司法会议议决案附司法会议纪实》(1916年),第111~112页。

政事务繁多，对于司法事项往往淡漠轻率视之。① 张仁普指出，县知事往往因行政方面事务牵制司法独立，虽欲尽其以法律保护人民的责任而不能，或者因为裁判有失公平，妨碍其他政务，其结果使行政、司法两受其弊。②

县知事兼理司法流弊甚多几乎成了"共识"，连主张县知事兼理司法不能遽行废止的会员发言时也先承认，"县知事兼理司法积弊甚深，固应立行废止以为根本铲除，计其兼理司法之权，划归我司法机关自行办理"，然后再指出"但现欲遽行废止其兼理者，其中困难甚多，恐一时赶办不及"。③

面对县知事兼理司法的流弊，司法总长提出要么立即废除县知事兼理司法，要么暂不废止，而另设他法来进行救济。既然有如许流弊，为什么还主张暂不废止呢？

许多会员都无奈地表示，人才与财力困难不能遍设审判厅，只好暂由县知事兼理司法。周祚章认为，如果取缔知事兼理司法而设地方厅固然很好，但财力又实有不逮。④ 周诒柯指出："至于遍设地方厅，实为至要，而在座各位，谁不知现在中国人材、财力实办不到，若责成各省自筹经费，是一难事"。⑤ 陈福民也提出，设法院所需款项筹措极费磋商，因此不能遽行废止县知事兼理司法。⑥

不过，何基鸿和刘豫瑶等少数会员并不认同上述理由。

关于人才，何基鸿认为，县知事兼理司法并非由县知事自己判断案件，而由县署中的承审员判断案件；承审员的资格不过为国内外法政学堂毕业者，这样的司法人才其多如鲫，因此，所谓废止县知事兼理司法制度，将有培养人才之困难的说法不能成立。⑦ 刘豫瑶首先对法政毕业生无经验而不能信任其做法官表示异议："试问现在之县知事兼理司法皆具有法律知识并经

---

① 参见《司法会议议决案附司法会议纪实》（1916年），第185~191页。
② 参见《司法会议议决案附司法会议纪实》（1916年），第111~112页。
③ 《司法会议议决案附司法会议纪实》（1916年），第110~122页。
④ 《司法会议议决案附司法会议纪实》（1916年），第183~184页。
⑤ 《司法会议议决案附司法会议纪实》（1916年），第191~193页。
⑥ 参见《司法会议议决案附司法会议纪实》（1916年），第110~122页。
⑦ 参见《司法会议议决案附司法会议纪实》（1916年），第114~115页。

第五章 1916年县司法制度改革的重启

验否？以法政毕业之学生，谓其无经验，不能信用其做司法官，于未学法政之知事既信其能办行政，并谓其能办司法，在理论上诚不可通。"他进而指出，因回避本省，裁缺的司法官甚多，不至于不敷任用；加之甄拔合格及讲习所毕业的人才也不少，不至于有才难之叹。①

刘豫瑶提出，如能裁汰国家行政方面的骈枝机关，将大大增加司法经费；另外就司法收入而言，设法院之处多于各县，因各县对司法收入不太注意，应收者不知收，多收者或少报，若改完全法院，收入当然增多，也可为司法经费的补助，所以财力也没有困难。②

随着法政毕业生的增加，设法院所需司法人才数量可能不难满足，但要提供高素质的司法人员却非易事。何基鸿和刘豫瑶等更多是从数量上考虑司法人才是否缺乏。通过增加司法收入补助司法经费往往导致司法不公，伤及司法根本；裁汰其他骈枝行政机关谈何容易，刘豫瑶认为财力没有困难只能是一家之言，很难被认同。

除了财政困境、司法人才缺乏这两个原因，一些会员还指出，需要行政机关的协助而不能废止县知事兼理司法。朱献文认为"检查员则只能由县知事兼任，以命盗案件缉捕一事颇不易易故也"。③ 张仁普担心如果不让县知事兼检察，知事对于司法一切俱抱消极主义。④ 周诒柯指出，不能不就县知事兼理司法加以改革，而不是废止它，不然，遇有重大案件，司法警察有不敷用时，知事未必协力相助。⑤ 陈福民也担心，如果地方分庭另设检察官，"则县知事转得假协助之名，而行其诿卸之实"。⑥ 余荣昌还提出，登记、公证等事项非行政机关协助办理不可。⑦

正是基于这些理由，司法界不得不依赖于行政机关，不得不容忍县知事兼理司法暂时存在。

---

① 《司法会议议决案附司法会议纪实》（1916年），第193~197页。
② 《司法会议议决案附司法会议纪实》（1916年），第193~197页。
③ 参见《司法会议议决案附司法会议纪实》（1916年），第185~191页。
④ 《司法会议议决案附司法会议纪实》（1916年），第179~183页。
⑤ 参见《司法会议议决案附司法会议纪实》（1916年），第191~193页。
⑥ 参见《司法会议议决案附司法会议纪实》（1916年），第5~7页。
⑦ 参见《司法会议议决案附司法会议纪实》（1916年），第193~197页。

最后，司法会议议决通过的《答复县知事兼理司法应否废止咨询案意见书》认为：县知事兼理司法流弊较多，虽有人主张坚决废止，但要废止县知事兼理司法非各县遍设审判厅不可。各县设审判厅计划介于当时财力、人才情况，在一两年内各省实在不容易办到。故多数会员认为，县知事兼理司法制度只得先议变通，难以遽议废除。该意见书其实还是把财力和人才等因素作为县知事兼理司法存在的理由。

三　对县司法制度的新构想

如何变通县知事兼理司法制度呢？司法总长在咨询案中提出了三个具体改革方案：一是各县遍设初级厅以理诉讼事件；二是设专审员以理诉讼，而以县知事兼理检察事务；三是并设检察员以处理侦查、起诉、莅庭、执行等事务。司法会议上会员们所提县司法制度方面的议案基本与司法总长的三个方案分别呼应，不少议案简直就是司法总长方案的具体化。

11月15日，会员讨论了县知事兼理司法的几个救济办法。陈福民提出了《各省旧府治宜增设地方分厅、各县设地方分庭案》。① 该案获得大家的支持，交法令股审查。

接着讨论张仁普所提《拟举办全国审检所案》。该议案一经提出即遭到了党积龄、周祚章、杨光湛等人抨击。

党积龄和周祚章不仅参加了1912年的中央司法会议，而且当时都曾赞成设审检所，并曾参与筹办审检所。他们以自己的切身经历进行反省，指出审检所制度"由表面观察似觉甚善"，"不过是理想的以为甚善而已"；"审检所的弊害较之知事兼理司法相等"。他们认为，"现在为应推广法院时代，非应增设审检所时代"；"要设厅非设完全地方厅不可，否则宁肯从消极办法，仍以县知事兼理司法"。党积龄等对设立审检所持绝对不赞成的态度。杨光湛也指出："既要改良法院，似乎要设完全的才好，似此种非驴非

---

① 《司法会议议决案附司法会议纪实》（1916年），第175~178页。

第五章　1916年县司法制度改革的重启

马之机关可以不必设。"表决时赞成举办全国审检所案成立者为少数，该案被否决。①

会议初期，与会者对形势的估计过于乐观，以为共和时代来临，普设法院时代来临。周祚章所提《县知事兼理司法各县应添设司法检察员案》，②陈官桃所提"废止县知事兼理诉讼暂行章程，于各县暂设审检所，添设推事一职，以县知事暂兼检察官"，③都因主张在县知事兼理司法制度的基础上变通而被相继否决。

张仁普和陈官桃等人的提案在11月15日被否定，朱献文可能感受到了鼓吹审检所将面临的压力，于16日报告时特意请大家注意自己的提案与张仁普、陈官桃的提案之区别，并将原提案标题中的"恢复审检所"去掉，修正为《请废止县知事兼理审判权，改置审判员，委任县知事兼任检察员，划清审检权限，先行各县审判独立案》。④朱献文被迫临时改提案名，与会者反对设审检所的倾向可见一斑。

司法会议的前几日，由于力主设立审判厅，往往对设审检所之类变通县知事兼理司法制度的议案并不详加讨论而予以否决。张志便指出："昨日张君仁普所提议拟举办全国审检所案时，有人言现在应筹划设立法厅，不应筹划设立审检所，于是遂将张君提案否决。……张君仁普之提案，本席认为即是筹设各县法厅之计画，乃同人不察，仅见该案标题有审检所三字遂打消之。而昨日陈君福民提议，议请各省旧府治宜增设地方厅各县设地方分庭，按此案表明主张虽是设立法厅，而其内容实在即是设立审检所，乃同人不察，见该案标题系是增设法厅，遂予通过。"⑤

张志的发言引起热烈反响。汤铁樵称："昨日该两案之表决为时不过两三分钟，本席核阅案文尚未完了，而两案即已打消矣。不免有轻率之咎……应将昨日所否决之两案连同今日之本案一并交付审查以供参考。"⑥王树荣

---

① 《司法会议议决案附司法会议纪实》（1916年），第179~183页。
② 《司法会议议决案附司法会议纪实》（1916年），第183~184页。
③ 《司法会议议决案附司法会议纪实》（1916年），第184~185页。
④ 《司法会议议决案附司法会议纪实》（1916年），第185~191页。
⑤ 《司法会议议决案附司法会议纪实》（1916年），第185~191页。
⑥ 《司法会议议决案附司法会议纪实》（1916年），第185~191页。

认为,将已否决的议案再恢复,与会议章程不合。周祚章提出"将昨天打消的三个议案作为参考"。不少人认为提案都有参考价值,即使没有交审查的议案,在审查相关议案时也要参考它们。①

此后,会上倾向性为之一变,再也不轻易否决变通县知事兼理司法制度的提案。朱献文的提案被交法令股审查,该日周诒柯所提《县知事兼理司法改革案》、②刘豫瑶所提《分年筹设各县地初厅,未设厅各县仍由县知事暂行兼理诉讼酌订取缔办法案》,③均交法令股审查。18日龙灵所提《变通审级及其事务管辖分期筹设地方审检厅案》④、20日张映竹所提《限期遍设法院暨对于各县诉讼暂时救济办法案》也都交法令股审查。⑤

以上变通县知事兼理司法制度的方案主要是设专审员以理诉讼,而以县知事兼理检察事务,或是既设专审员又设检察员,这与1912年中央司法会议上设计的审检署及其后推出的审检所有相通之处,有的甚至明确提出了推广审检所。这些方案引起了激烈的争论。审检所到底存在什么弊端才会引起争议?

审检所的主要弊端是县知事与帮审员之间的关系不好处理。杨荫杭以江苏为例说明县知事与帮审员之间冲突的原因及其危害:"民国二年间江苏省创办审检所,各县知事与帮审员屡起冲突。县知事自以为主体,欲以帮审员为附属品。帮审员自以为审判官,止认县知事为检察官。各张旗鼓,从此多事。于是帮审员诉苦于处长、厅长,县知事诉苦于省长。而诉讼事务遂为之停滞。其结果则县知事握有实权,帮审员仍处于孤立。以言刑事,则缉捕等事办理愈觉困难;以言民事,则已结之案,苦不能强制执行,此而谓之司法之分裂则可,谓之司法独立之基础则不可。故其法归于失败,而审检所亦因是废止。"⑥刘豫瑶认为:"因审检所名目人民不信用,且审检所与知事权限

---

① 《司法会议议决案附司法会议纪实》(1916年),第185~191页。
② 《司法会议议决案附司法会议纪实》(1916年),第191~193页。
③ 《司法会议议决案附司法会议纪实》(1916年),第193~197页。
④ 《司法会议议决案附司法会议纪实》(1916年),第224~229页。
⑤ 《司法会议议决案附司法会议纪实》(1916年),第243~251页。
⑥ 《司法会议议决案附司法会议纪实》(1916年),第326~338页。

亦甚难划清，非消极的放任，即积极的冲突。"① 周诒柯以为"民国元二年所设之审检所与县知事权限不清，毫无实益，反不如知事兼理之为愈然"。② 杨荫杭等人所归纳审检所的弊端主要是县知事与帮审员地位不平等，司法权限不清。

由于1913年曾经设立过审检所，若重设审检所将如何避免可能出现的弊端？会员在所提议案和讨论中形成了以下主张。

第一，另建审检所署。张仁普认为从前审检所附设于知事衙署，虽可省经费，但窒碍甚多。因为差员人役等对于县官十分敬畏，承审员在县署实处附属人员地位，想独立而不能。他拟将从前县城内学署或城守衙门收回简单修改作为审检所署。另建审检所署的主要目的在于提高帮审员的地位，避免县知事对他们审判的干预。③

第二，司法人员名称不同。帮审员隐隐以县知事为主，有偏重县知事之意。朱献文提议掌审判者名为审判员；司检察者，则名为检察员。审判与检察两相对立，其地位、名义相对等。④

第三，司法人员资格不同。张仁普认为，从前帮审员取才过宽，收效故少，他提出审判员、检察员须与法官资格同。⑤ 朱献文也指出，从前帮审员免试资格很宽，又有并未经过考试即行轻率派充，以致滥竽充数人员，他提议审判员须考试及格。⑥

第四，改进审判人员的任命。朱献文提出审判员的任用由高审厅于考试及格人员中遴选派充，以杜倖进之弊。⑦ 刘豫瑶也主张各县承审员由高等厅遴委，不能由县知事呈请高等厅委任，以防流弊。⑧

第五，划分清楚审检人员的权限。张仁普认为，从前县官例兼检察，诉

---

① 《司法会议议决案附司法会议纪实》（1916年），第193~197页。
② 《司法会议议决案附司法会议纪实》（1916年），第191~193页。
③ 《司法会议议决案附司法会议纪实》（1916年），第179~183页。
④ 《司法会议议决案附司法会议纪实》（1916年），第185~191页。
⑤ 参见《司法会议议决案附司法会议纪实》（1916年），第179~183页。
⑥ 参见《司法会议议决案附司法会议纪实》（1916年），第185~191页。
⑦ 参见《司法会议议决案附司法会议纪实》（1916年），第185~191页。
⑧ 参见《司法会议议决案附司法会议纪实》（1916年），第193~197页。

讼各案交帮审员审理与否，常常任意自由处分，帮审各员同清朝的发审员，甚至假借检察以济其贪枉之私。他提出县知事协助司法事件应明定责任，明定处分。① 朱献文指出，帮审员与县知事权限多未划分清楚，故县知事与帮审员间有争权闹意气之弊，往往影响诉讼。他所拟组织纲要中将审判员与检察员权限以及其他事项一一划分清楚。朱献文很乐观地认为：各县审判由审判员掌管，不仅民事案件的审判权专属于审判员，即使刑事案件的判决，县知事也无权过问。② 陈官桃主张审检所内审判员宜采用推事名目，划清审检权限，与知事平等办事较为容易，将来改组完全法院也易进行。③

《县知事兼理司法应否废止咨询案》等7个涉及县司法制度改革的议案被交付法令股审查。法令股的成员有20人，他们既有司法部、大理院、法典编纂会等中央司法机关的官员，又有各省高等审检两厅的长官。法令股的审查报告融合中国绝大多数省区司法机关高官的意见。④

11月28日，进行《县知事兼理司法应否废止咨询案》等七案的二读。⑤ 虽然这些方案多涉及筹设审检所，但法令股只字不提审检所，却提出要变通县知事兼理司法制度，唯有先筹设各县地方分庭或先筹设县司法公署两种办法。筹设司法公署一经提出，再次引起争论。

杨荫杭认为，"司法公署之办法与从前审检所相似，不过一张皇补苴之术"，尤其担心县知事与帮审员的冲突重演。他指出，"县知事兼理之制，固非良法，然若县知事得人则彼善于此亦有之矣。若变法不得其当，使县知事与专审员互相牵制，恐虽有贤县知事亦不能行其职务，虽有贤专审员亦苦

---

① 参见《司法会议议决案附司法会议纪实》（1916年），第179～183页。
② 参见《司法会议议决案附司法会议纪实》（1916年），第185～191页。
③ 参见《司法会议议决案附司法会议纪实》（1916年），第184～185页。
④ 法令股的成员有司法部参事胡以鲁、广东高审厅厅长范贤方、京师高等审判厅厅长林荣、大理院佘棨昌、法典编纂会江庸、察哈尔审判处长周树标、山东高等审判厅厅长高种、司法部参事钱泰、江西高审厅厅长朱献文、浙江高检厅检察长陶思曾、浙江高审厅厅长经家龄、黑龙江高审厅厅长周玉柄、前云南高审厅厅长张仁普、前浙江高检厅检察长王天木、司法部参事余绍宋、司法部刘定宇、司法部谢晓石、前湖南高审厅厅长陈彰寿、湖北高检厅检察长刘豫瑶、福建高审厅厅长陈经莩，江庸为审查长。议案的提出者有山西高检厅检察长陈福民、湖北高审厅厅长周诒柯、贵州高审厅厅长龙灵、吉林高检厅检察长张映竹等。
⑤ 《司法会议议决案附司法会议纪实》（1916年），第326～338页。

于无法救济"。杨荫杭明确表示，不赞成司法公署的办法，称，"今日改良司法最好能设完备之法庭，如其不能则仍旧制"。

张志认为司法公署是变通县知事兼理司法最完善的办法，故对设立司法公署"极端赞成"。江庸认为：司法公署制度鉴于从前审检所的推诿及与县知事争权各种弊害而设法剔除，划清彼此权限；只要奉行得人，当较县知事兼理司法为善，只要一种制度比县知事兼理司法略为进化就不妨采用。余荣昌也支持先设立司法公署："想从前审检所中章程不过寥寥数条，而事务权限又未划分清楚，所以审查会商量结果设立司法公署的意思过不（不过？）先把审判独立，特设审判员，把权限划分清楚，待国家财政人才充足再说推广。"① 多数会员同意筹设县司法公署。

《答复县知事兼理司法应否废止咨询案意见书》对司法公署进行了详细的描绘。从司法总长所提设专审员方案，从张仁普、朱献文等人关于改良审检所的提案中，从讨论审检所的发言里不难寻找到司法公署的某些要素。司法公署不是凭空而来的，它是在县知事兼理司法和审检所制度的基础上加以改进的一种制度。司法公署的改进之处表现在哪些地方呢？

第一，司法机关设置处所不同。各县须另置审检所，但县知事得酌量情形于各县公署内附设。县知事兼理司法制度下，司法完全在县署内进行。司法公署是不同于行政衙门的司法衙门，其取名为县司法公署就是为了区别于县行政公署。

第二，司法公署审判员的地位要高于审检所中帮审员和县知事兼理司法中的承审员。审判员受荐任待遇，帮审员与承审员都属委任职，荐任与委任迥然不同。审判员由高等审判厅厅长呈请任用，帮审员和承审员由县知事呈请任用。审判员由司法部派充，帮审员和承审员由司法筹备处处长或高等审判厅厅长委任。

第三，审判员的审判权限不同于帮审员和承审员。帮审员办理民刑诉讼的初审案件及初级管辖上诉案件。承审员的审判权限较之帮审员有所下降。县知事兼理司法制度最初规定由县知事处理司法事务，设承审员予以助理。

---

① 《司法会议议决案附司法会议纪实》（1916年），第 326~338 页。

到 1915 年 9 月，扩大了承审员的审判权限：将初级管辖案件概归承审员独自审判，由承审员完全负责；其他地方管辖及第二审案件如遇有知事公出，由承审员先行审理，等县知事回署裁决后再行宣判。审判员对审判部分案件完全负责，其审判权限与帮审员相当，但大于承审员。司法公署中县知事不得干涉审判事务，审判员的审判权又比帮审员有更多保障。

第四，县知事在司法事务中权限不同。审检所中县知事办理检察事务。县知事兼理司法制度下县知事有权处理司法事务，当然也包括检察事务。司法公署中检举、缉捕、勘验、递解、刑事执行等事务由县知事办理，并由县知事完全负责。刑事案件除由县知事检举外，凡属告诉、告发、移送案件由审判员径行受理，不过受理后，须通知县知事以备判决后县知事可以提起上诉。县知事莅庭，以审判重要刑事案件为限。

第五，司法行政事务的分工不同。审检所与县知事兼理司法制度对司法行政事务规定较为简略，笼统规定书记员、录事、承发吏及检验吏受县知事与帮审员或承审员的监督。县司法公署中行政事务如征收司法收入，支领司法经费，典守印信，保管案件，监督书记官、承发吏、检验吏、司法警察、丁役等类，何者应共同办理，何者应单独负责，均一一明确规定。[①]

司法会议中所构想的司法公署有几个努力的方向：其一，试图提高承审员的地位，减少县知事对承审员的干预；其二，划清县知事与承审员在司法审判过程中的权限，使审判官与县知事彼此不致卸责，也不致互相争权。

司法会议结束不到半年，即出台了《暂行各县地方分庭组织法》和《县司法公署组织章程》。1917 年 4 月 22 日，北京政府颁布了《暂行各县地方分庭组织法》。该组织法贯彻了司法会议精神。它规定，凡已设地方审判厅的地方得于附近各县设立地方分庭，各县地方分庭得设于县知事公署。地方分庭置推事一人或两人，配置检察官一人或两人。该组织法还规定，凡未设地方厅及地方分庭各县应设立县司法公署。很快北京政府又公布了《县司法公署组织章程》（1917 年 5 月 1 日），其许多条款基本是 1916 年司法会

[①] 《答复县知事兼理司法应否废止咨询案意见书》，《司法会议议决案附司法会议纪实》（1916年），第 1~4 页。

议《答复县知事兼理司法应否废止咨询案意见书》的翻版。

《暂行各县地方分庭组织法》和《县司法公署组织章程》宣布自文件公布之日起施行。① 筹设地方分庭和司法公署看似前景光明，然而其命运却颇为曲折。

上述文件颁布后，仅过了4个多月，即在1917年9月7日，司法部便通电要求缓办各县司法公署。司法部称，筹办各县司法公署未列入1916年度预算案内，自不免因此而受影响，应即暂缓进行。② 这一缓就是5年。

小　结

1916年全国司法会议的最主要议题是县司法制度，尤其是县知事兼理司法制度的改革。与会人员认为，县知事兼理司法存在诸多弊端不得不改革，但由于财力和人才等因素的限制尚不能立即废止县知事兼理司法。

司法会议议决案试图从三个方面推进县司法制度改革：在已设地方审判厅的地方，于附近各县逐渐筹设地方分庭；如果财力不逮而不能筹设地方分庭，各县可设立县司法公署；各县于设地方分庭或司法公署以前，仍由县知事兼理，但要加强对承审员和兼理司法县知事的管理。三种县司法制度之间既可在全国、全省范围内并列存在，也包含了层层递进的关系。所谓层层递进关系实际又包含了两层意思：一是各县优先设地方分庭，设司法公署次之，实在不行仍由县知事兼理司法；二是可由县知事兼理司法改进为司法公署或地方分庭，由司法公署改进为地方分庭。

1916年的全国司法会议提出要在各县推行地方分庭与司法公署制度，反映了推动司法与行政分离的内在努力。不过这种努力遭遇了财政等方面的阻力，使推行司法公署与地方分庭制度计划举步维艰。

---

① 地方分庭与司法公署设置状况详见本书第七章"基层司法机关的规模与分布"。
② 参见《缓办各县司法公署电》（1917年9月7日），《司法公报》第84期，1917年11月。

"共和"、"宪政"等思潮推动了全国司法会议的召开。筹设新式法院，反对设审检所等新旧杂糅司法机关的呼声一度成为会议初期的主流，"共和"、"宪政"等思潮对基层司法制度改革的重要影响可见一斑。然而，会议逐渐接受对县知事兼理司法逐步改良，并最终决定筹设县司法公署又显示，当"共和"、"宪政"等思潮遭遇财政、司法人才等现实问题时，司法界不得不放缓筹设法院的步伐。

第六章
1920年前后收回法权与基层司法制度改革

1916年的全国司法会议为司法与行政分离的重启做了制度上的准备。增设新式法院、筹设县司法公署的实践却要借助巴黎和会、华盛顿会议的召开,以及调查法权委员会对中国法律和司法进行考察来推动。

巴黎和会与华盛顿会议相继召开,中国欲借机收回法权。[①] 清末即存在收回法权须以改革中国法制为条件的逻辑。依上述逻辑,中国要收回法权首先应改革国内法制。收回法权再次对中国法制改革提供了外在的压力。

收回法权与清末法制改革的关系已有较多研究成果,[②] 对北洋时期收回法权与国内法制改革的讨论还比较薄弱。李启成以调查法权委员会为个案分析了治外法权与中国司法近代化之关系,对废除治外法权而改良法律和司法

[①] 清末民初论及收回法权时,治外法权与领事裁判权往往混用。领事裁判权制度是一国通过驻外领事等对处于另一国领土内的本国国民根据其本国法律行使司法管辖权的制度。治外法权制度是一国国民在外国境内不受所在国管辖,如同处于所在国领土以外一样的制度。本书的治外法权主要指其中的领事裁判权。

[②] 西方冲击下中国做出变革反应的论说模式对中国近代史研究有着深远影响,其在法制史领域的一个重要体现就是关于收回法权与中国法制改革的讨论。1902年签订的《中英续议通商行船条约》第十二款一直被中外学术界广泛引用,并把它当作清末修律的主要动力。李贵连及李启成先后撰文论证,晚清政府改革法律和司法之最大动力即在于废除治外法权,不过,他们并不认同废除治外法权而改良法律和司法的逻辑。陈亚平和高汉成等则认为清廷的修律决策不是《中英续议通商行船条约》影响的结果,该项条款也不具有以往所认为的那种转折性的地位。参见李贵连《清季法律改革与领事裁判权》,《近代中国法制与法学》,北京大学出版社,2002,第38~48页;李启成:《领事裁判权与晚清司法改革之肇端》,《比较法研究》2003年第4期,第16~28页;陈亚平:《〈中英续议通商行船条约〉与清末修律辨析》,《清史研究》2004年第1期,第58~65页;高汉成:《晚清法律改革动因再探——以张之洞与领事裁判权问题的关系为视角》,《清史研究》2004年第4期,第52~58页。

的逻辑进行了批判。① 杨天宏基于法权会议重点讨论了北洋外交与"治外法权"的撤废，他也附带指出，法权会议对中国国内法制改革具有积极作用。② 另有学者介绍了1916年后国内法制改革的一些具体举措，如李超分析了1919年的添设厅监计划，③ 康黎描述了1922~1923年北洋政府京外司法考察的基本情况。④

上述论著从不同角度推进了治外法权与国内法制建设关系的研究，然而"收回法权"如何对北洋时期基层司法制度改革产生影响、其影响有多大等问题仍需要进一步深究。

一 巴黎和会与1919年的添设厅监分年筹备计划

北洋时期，中国收回法权过程中出现了两个重要转折点，即巴黎和会与华盛顿会议。⑤ 北京政府以此为契机，继清末收回法权与国内法制改革互动

---

① 李启成认为，为了收回法权而改革法制的论证对于法律和司法改良的展开的确起到了很大的促进作用。前述论证从逻辑上看恰好是因果倒置，其主要缺陷在于它不能保证移植来的新制度与中国民众的社会生活方式相融合。另外，新的法律和司法制度移植是需要正当性论证的，而在前述论证中，在正当性上是不充分的。参见李启成《治外法权与中国司法近代化之关系——调查法权委员会个案研究》。

② 杨天宏指出，为促成会议召开，北洋政府在改良法律制度方面做了一些除旧布新的工作，这有利于中国法制的近代化建设。即便是以批评为基调的调查报告书，对中国而言也是一把双刃剑：一面可能割掉国人希望争取到的权利，一面则可能对中国传统法律制度产生促其变革的良性刺激。报告书以西方法律家的眼光及特殊视角，对当时中国法律制度所做的调查分析以及所提出的改良建议对于国人尤其是沾沾自喜于中国法制改良已有成绩的国人反思中国现存法律制度及其实践的缺陷，应当具有一定的参考价值。参见杨天宏《北洋外交与"治外法权"的撤废——基于法权会议所作的历史考察》。

③ 参见李超《清末民初的审判独立研究》。

④ 参见康黎《1922~1923年北洋政府京外司法考察述评》。

⑤ 北洋时期，中国为收回领事裁判权做出了一定努力，其经过大略如张耀曾所言："现在日本等国皆已先后收回，我国则历次呼号而西人均置之不理。巴黎和会中代表费尽心力，亦无何等效果。华盛顿会议时王代表以法律专家坚执中国司法，业经改良，堪与各国司法等量齐观之说。且发表言论，遍登报章，谓领事裁权殊无利于各国，因各国领事多属外交官，法律知识未必充分，何如让与中国司法专家行审判之为愈。此种论调本具充分理由，外人颇乐闻之。于是始承认有让中国收回之必要，惟对于中国司法内容，究不免于怀疑。遂同时声明须俟派员到中国考察后，方能实行。"（法权讨论委员会编《考查司法记》，第10~11页）

第六章 1920年前后收回法权与基层司法制度改革

之后，再次上演了改善国内法制以收回法权的历史剧，其舞台不仅设在国内，而且还远涉重洋延伸到了法国的巴黎和美国的华盛顿。

1918年10月，德国向协约国提出停战请求，第一次世界大战的结束指日可待。10月27日，总统徐世昌向众议院提出《对德、奥宣战咨请同意案》，11月5日国会通过该案。1918年11月11日，欧战以协约国的胜利而告终。中国作为协约国的一员将参加1919年1月18日在巴黎凡尔赛宫召开的和会。一时间举国欢庆，即将召开的巴黎和会成为各界关注的中心。

各界普遍存在利用巴黎和会收回治外法权的想法。还在欧战结束不久的1918年12月18日，徐世昌即下令成立了一个外交委员会，专为总统和政府提供有关巴黎和会的政策、方针、措施等咨询及建议，并处理某些外交事务。外交委员会拟出了一个方案，其中一项为取消领事裁判权。该方案由国务院电告参加巴黎和会的中国代表团。司法部也行动起来，急电各省，征求收回领事裁判权的意见。1919年2月16日，熊希龄等发起国民外交协会，通电全国各团体提出七点主张，其中第四点为定期撤去领事裁判权。①

为了配合收回法权，中国司法界提出一个20年司法改革计划，即1919年司法部与财政部提出的"添设厅监分年筹备计划"。

1919年3月26日，司法部提出了"添设审判厅计划大纲"。司法部原计划从1919年开始实施司法改革计划。4月18日，国务院会议议决，将第一期计划改为自1920年起实施。国务会议议决后，由国务院电知巴黎和会专使陆徵祥及驻英法日美等国公使，请其就近接洽。财政、司法部认为此事关系国家法权，至为重大，将拟订的添设法院新监并分年筹备表会呈大总统，并恳请大总统明令颁布该方案，以示国家收回法权之决心。②

巴黎和会召开前后，北京政府的司法总长为朱深。1918年3月29日，

---

① 1919年2月16日，由北京各界各团体联合组成的国民外交协会在熊希龄宅召开成立大会，推举熊希龄等10人为理事。《中国大事记》，《东方杂志》第16卷第3号，1919年3月，第230页。
② 《财政司法两部会呈》，《司法公报》第109期，1919年9月，第20~21页。

— 133 —

朱深任司法总长，在任一年才推出该计划，说明该计划可能并非其施政纲领的初衷。在财政、司法部的呈文中明确指出了该计划直接出于在巴黎和会收回领事裁判权的需要："自欧战告终，和议不日成立，我国对于德奥之领事裁判权业经撤回，我国议和专使亦曾以收回之议提出和会。虽其结果对于英法诸国能否一律收回，未敢预必，而《中英续议通商行船条约》第12款、《中美续议通商行船条约》第15款、《中日通商行船续约》第11款，皆有俟我国律例及审断办法，及一切相关事宜整顿妥善后即行撤去领事裁判权之明文，则吾国此时自应急起直追，赶速筹备。当经司法部征集全国法官之意见，佥谓第一要着在遍设正式法厅及颁布法典两事。"另外，该呈也指明了司法计划是为了落实清末商约中治外法权条款。清末商约中治外法权条款对中国法制的影响此时再次凸显。

1919年4月，中国代表团向巴黎和会提出了《中国希望条件》的说帖，希望摆脱帝国主义的束缚，使中国能够独立、自主地发展。它提出了7项希望，其中第4项即为废止领事裁判权，这就是《中国提出巴黎和会请求撤销领事裁判权案》。该案指出，中国将在5年内（1919~1924年）颁布刑法、民法、商法及民事诉讼法、刑事诉讼法5种法典，各旧府治所在地（实际上是外国人普通居住之地）成立地方审判厅，要求各国届时撤废领事裁判权。[①] 该案循着《中英续议通商行船条约》第12款的思路在前进，即中国改善法制而收回治外法权。此时所提条件更为具体，一是以5年为限，二是明确指出颁布刑法等5种法典，三是对成立地方审判厅的地点做了具体规定。

中国的领事裁判权问题不是由于欧战而产生的；它涉及的不仅有战败国，而且多数为协约国，中国虽为协约国一员，实际上是在欧战结束前6天国会才通过《对德、奥宣战咨请同意案》；在弱肉强食的世界里，当时中国根本没有多少发言权。在巴黎和会上试图就收回领事裁判权而达成多么有利于中国的协议，其结果可想而知。果不其然，1919年5月14日，巴黎和会主席、法国总理克里孟梭答复中国代表团，充分承认《中国希望条件》所

[①]《中国提出巴黎和会请求撤销领事裁判权案》。

第六章　1920年前后收回法权与基层司法制度改革

提问题的重要,但强调此提案非因欧战而产生,故不在和会权限范围之内,此问题要留待万国联合会行政部(国际联盟)能行使职权时请其注意。① 由于拒绝讨论该说帖,因此,收回领事裁判权在巴黎和会上没有取得什么实质性成果。

徐世昌注意到,"司法独立制度为列邦所注重,吾国经画已久,现于领事裁判权方议撤回,尤应急起直追,期臻完备"。② 正是基于收回领事裁判权的考虑,6月29日,徐世昌批准了"添设厅监分年筹备计划"。此时不仅距巴黎和会上克里孟梭拒绝讨论中国收回领事裁判权已经过去一个多月,而且这已经是巴黎和会闭幕的第二天了。③

李超已经注意到了该司法改革计划。④ 其所用资料为第二历史档案馆所藏"司法部提议添设审判厅计划大纲"档案,它更多反映了该司法改革计划前期准备阶段的情况,是未定稿。《司法公报》上所刊载《添设厅监分年筹备事宜》则是定稿。这两份资料的主要差别是筹备时间有差别。司法部原计划从1919年开始实施该计划,不过国务会议和大总统批准的方案是1920年开始实施该计划。

"添设厅监分年筹备计划"的第一期自1920年度起至1924年度止,筹设各省旧道治高等分厅暨旧府治地方审判厅;第二期自1925年度起至1940年度止,筹设各县地方审判厅,用20年时间各县正式法庭一律成立。第一期计划有详细规划,第二期计划则根据第一期完成情况再规划。

1914年政治会议已经决议斟酌繁简在各道公署内附设高等分厅。添设厅监计划筹设各省旧道治高等分厅由政治会议的议决案而来。各省基本已设高等厅,所以高等分厅并不是筹设的重点,中国所缺的是专门的基层司法机关。第一期计划重点在于筹设地方厅(见表6-1)。中国代表团在巴黎和会上也是把5年之内各旧府治所在地成立地方审判厅作为收回治外法权的条件。

---

① 《中国提出巴黎和会请求撤销领事裁判权案》。
② 《大总统令》,《司法公报》第109期,1919年9月,第19~20页。
③ 《发布添设厅监分年筹备原呈仰悉心筹画令》,《司法公报》第111期,1919年9月,第1~2页。
④ 李超:《清末民初的审判独立研究》,第173~175页。

表 6-1　1920~1924 年筹设地方审判厅计划

单位：处

省区	第一年(1920)	第二年(1921)	第三年(1922)	第四年(1923)	第五年(1924)	计
京兆	通县	霸县	昌平			3
直隶	万全、大名	正定、河间	滦县	邢台	永年	7
山东	济宁、益都、聊城、即墨	惠民、临沂、潍县	菏泽、黄县	泰安	掖县	11
奉天		海城、抚顺	西丰、通化	昌图		5
山西	安邑、大同		汾阳、长治	临汾、宁武		6
河南	安阳、南阳	信阳	汲县、商邱（丘）	沁阳	淮阳	7
吉林	农安	双城	宾县	扶余	依兰	5
陕西	南郑	安康	大荔	凤翔	榆林	5
安徽	凤阳	歙县、合肥	阜阳	宣城	贵池	6
甘肃		西宁	张掖、庆阳	陇西	酒泉	5
湖北	黄冈、江陵	恩施、郧县	安陆、钟祥	襄阳、宜昌	沔阳、广济	10
四川	泸县、雅安、阆中	奉节、西昌、万县分厅、自流井分厅	宜宾、乐山、西阳	南充、忠县、资中、绵阳	达县、三台、平武、邛崃、眉山、叙永、茂县	21
江苏	吴县、丹徒	武进、淮安	铜山、江都			6
湖南	沅陵、宝庆、桂阳	衡阳、岳阳	零陵、芷江	郴县、永顺	澧县、靖县	11
浙江	绍兴	嘉兴	临海、衢县	吴兴	建德、丽水	7
江西	吉安、上饶	宜春、临川	鄱阳、南城	赣县、宁都		8
贵州	遵义	毕节	兴义、铜仁	黎平、都匀	思南、石阡	8
福建	龙溪、南平	晋江、龙岩	莆田、建瓯	长汀、霞浦	永春、邵武	10
黑龙江	呼兰	绥化	海伦	瑷珲	嫩江	5
广西	邕宁、苍梧、桂平	龙州、平乐、郁林	马平、宜山、武鸣	崇善	白色、天保、凌云	13
广东	惠阳、潮安、梅县	琼山、崖县、高要	茂名、海康、阳江	南雄、曲江、连县	钦县、合浦、罗定	15
云南	建水、文山、广南	大理、楚雄、丽江	曲靖、东川、昭通	普洱、顺宁、保山	腾冲、澂江、师宗	15
计	40	40	42	33	34	189

资料来源：《分年筹备厅所表》，《司法公报》第 109 期，1919 年 9 月，第 23~47 页。

虽然"添设厅监分年筹备计划"为巴黎和会而提出,但旧府治所在地成立地方审判厅的设想却由来已久。清末颁布的《司法区域分划暂行章程》便规定京师及直省府、直隶州设地方审判厅,顺天府各州县及直省各厅州县应设地方审判分厅。① 1916年全国司法会议上,陈福民所提《各省旧府治宜增设地方分厅、各县设地方分庭案》也认为,我国府制相沿已久,现虽废除,而人民心目中尚有某县为旧时府治之观念,另外府治所在地多数为扼要之地,故应在各省旧府治增设地方厅。②

"添设厅监分年筹备计划"主要为在巴黎和会上解决领事裁判权问题而提出,领事裁判权涉及的地域又为通商口岸,因此,其设厅次序以未设厅的通商口岸为先,商务繁盛人烟稠密之处次之。

其整体设计为:1920年,筹设高等审检分厅14处,地方审判厅40处;1921年,筹设高等审检分厅6处,地方审判厅40处;1922年,筹设高等审检分厅5处,地方审判厅42处;1923年,筹设高等审检分厅8处,地方审判厅33处;1924年,筹设高等审检分厅7处,地方审判厅34处。为了使筹备易于进行,它规定各省每年筹设地方审判厅两处左右。

巴黎和会没有将《中国希望条件》列入讨论日程,之后,"添设厅监分年筹备计划"是否如李超所认为的那样,不了了之了呢?实际上,巴黎和会闭幕后,大总统仍批准了该方案。1919年9月1日,司法部令各省高等厅悉心筹划分年添设厅监。③ 12月8日,司法部又训令京外高等厅,筹设厅监计划须认真办理继续进行。④ 那么1920年该计划执行情况如何呢?1920年如期成立者有直隶的万全地方厅和第一高等分厅、黑龙江的呼兰地方厅、甘肃的第三高等分厅。其余各省多以该年度预算案未能成立,经费无所出,虽筹备有案,而开办无期。⑤ 之后各年情况与1920年差不多,多数省份不

---

① 《宪政编查馆奏核订法院编制法并另拟各项暂行章程折并清单》,《大清法规大全·法律部·司法权限》卷4,第14~15页。
② 《答复县知事兼理司法应否废止咨询案意见书》,《司法会议议决案附司法会议纪实》(1916年),第5~7页。
③ 参见《发布添设厅监分年筹备原呈仰悉心筹画令》,《司法公报》第111期,第1~2页。
④ 参见《筹设厅监计划须认真办理继续进行令》,《司法公报》第114期,1919年12月,第2页。
⑤ 参见《司法部九年份办事情形报告》,《司法公报》第161期,第1页。

能按计划设厅,但每年都有新的厅监陆续成立。因此,说该方案不了了之并不完全正确。

中国代表团在巴黎和会上提出 5 年之内达到两个条件,即颁布刑法等 5 种法典和在各旧府治所在地设立地方审判厅,从而撤废领事裁判权,更多只是中国一厢情愿的想法。1902 年签订的《中英续议通商行船条约》及其后签订的中美、中日商约都有若中国改善法律和司法英、美、日等国放弃领事裁判权的条款。巴黎和会虽然拒绝讨论中国收回领事裁判权的问题,但承认其重要性,并提出由未来的国联来解决,较之中英、中美、中日双边商约时期又前进了一步。它也让中国看到了改善国内司法制度而收回领事裁判权的希望。"添设厅监分年筹备计划"之所以还有些许成果,与之不无关系。

二　华盛顿会议与1921年开始的中国法制改良

巴黎和会后,美日冲突日益激烈,国际形势紧张。日本在东亚的扩张也威胁到英国的利益。于是美国总统哈定邀请有关国家在华盛顿讨论限制军备及太平洋与远东问题,以期约束日本。中国朝野对华盛顿会议的兴奋超过巴黎和会,各方力量都对华盛顿会议充满了期待。1921 年 11 月,华盛顿会议开幕。大会的主要宗旨是限制军备,其他如太平洋及远东问题,只处于整个会议的从属地位。对中国而言,最重要的问题是远东问题。顾维钧认为,与会的主要目的是设法解决山东问题,除山东问题以外,再解决一两个其他问题。中国提出的问题很全面,其中包括废除领事裁判权。

王宠惠在华盛顿会议上负责谈判收回外国租界、废除领事裁判权、取消二十一条等问题。在会上,他指出了领事裁判权的存在对中外人士造成了 5 个方面的不便,并向与会各国代表介绍了中国自晚清以来改良法律和司法的显著成效。王宠惠的建议得到了会议主席许士等人的响应。[①] 1921 年 12 月

[①] 许士(Charles Evans Hughes)时任美国国务卿。

10日远东委员会会议通过《关于在中国之领事裁判权议决案》,同意以中国司法制度改良为撤废领事裁判权的先决条件,并决定在华盛顿会议闭会之后3个月内成立一个专门委员会,以调查中国司法现状,根据调查结果再由各国政府裁决中国是否具备废除领事裁判权的条件。

中国对华盛顿会议关于中国领事裁判权的决议充满了期待,并采取了一些实际行动以改变国内法制状况。

1. 改善法院设施

司法部指出,"太平洋会议吾国法权能否收回以各国派员实地调查为根据。现在京师及通商巨埠法院、监狱因经费支绌,设备未能完善,各国派员来华调查,难免资为口实,殊于法权前途,大有窒碍"。经费问题是各法院整饬、改良的关键所在,于是司法部通盘筹划,选择最急的需要列为预算,京外各处共需款59万余元。1922年1月17日,阁议通过司法部所提预算方案,由国务院、司法部电达各省区。司法部除抄清单咨财政部及各省长、都统迅饬财政厅遵照筹拨外,又于1月26日训令京外各厅处,按照清单及分摊细数,迅速筹备并商承省长、都统办理。该清单中规定:京师高等审检两厅经费5000元,用以添制庭丁、法警服装、印刷簿册、整理卷宗及添置器具;京师地方审检两厅经费2万元用以修葺房屋及添置器具;奉天、吉林、黑龙江、河南、陕西、山西六省修整法院经费共3万元,每省5000元;直隶、江苏、江西、安徽、福建、浙江、山东、湖北八省均为沿江沿海商埠,与收回领事裁判权关系尤为紧要,法院应该倍加修葺,所以每省为1万元,修整法院经费共8万元。上述经费还包括司法部派员到各处调查法院并督促改良事宜应需旅费2万元。①

司法部根据调查报告,将各高等厅务必整顿事宜开列清单,于1923年3月8日,训令各高等厅按照清单督饬迅速办理。司法部所列清单极为具体。如关于天津地方厅的清单是:法庭除大法庭外余均过于狭小,旁听席过少,未设木栏,应设法改建;侦查室光线由前面射入,于察言观色多有不

---

① 参见《收回领事裁判权经费预算经阁议通过仰知照迅速筹备令》,《司法公报》第160期,1922年3月,第47~58页。

便；候审室面积既小，光线又暗，均应设法改良。关于保定地方厅应改良的清单是：正中楼下法庭三处互相衔接，中间法庭出入须穿过其旁二庭，如同时开庭必多不便；法庭所涂颜色欠庄严；旁听席分列两旁，未设栏隔别；收状处与缮状处同在一处，与诉讼人接洽仅凭一小窗口，难免拥挤，且窗外无廊，以避风雨；证人候审室、登记收件处宜另设专室；民刑事记录多未按日期次序编订。① 司法部对法院建筑的大小、结构、光线、颜色等诸多细节都提出了具体的改良意见。

不过，改善法院设施更多只是外在物质层面上的改善，并没有变革司法制度本身，而且当时各地所设法院主要是高等厅和为数不多的地方厅，这种改善对整个中国司法状况，尤其是广大未设法院各县的司法并没有太多触动。

2. 中国法权讨论会进行司法考察

早在巴黎和会之后，华盛顿会议之前，为收回治外法权做准备，除了从1920 年开始断断续续添设厅监外，中国还成立了法权讨论委员会。1920 年11 月 6 日公布《法权讨论委员会条例》，其第一条规定，法权讨论委员会掌讨论关于收回法权之准备实行及善后事宜。② 同日，大总统特派王宠惠（大理院院长）为法权讨论委员会委员长，张一鹏（司法部次长）为副委员长。③

华盛顿会议后不久，中国政府在 1922 年 5 月 20 日颁布《修正法权讨论委员会条例》。④ 6 月 15 日，大总统特派张耀曾为法权讨论委员会委员长。⑤ 实际上这是由 1920 年所成立的法权讨论委员会改组而来，它不是新成立的组织，且张耀曾当时未在司法总长任上。⑥

张耀曾上任后与其他委员围绕改良司法制度及收回治外法权进行了数次

---

① 参见《各厅应行整顿事宜仰督饬办理积极进行令》，《司法公报》第 175 期，1923 年，第 70~75 页。
② 参见《法权讨论委员会条例》，《司法公报》第 127 期，第 10~11 页。
③ 参见《大总统令》，《司法公报》第 127 期，第 75 页。
④ 参见《修正法权讨论委员会条例》，《司法公报》第 166 期，第 1 页。
⑤ 参见《司法公报》第 167 期，第 79 页。
⑥ 康黎与李启成均认为法权讨论会成立于 1922 年 5 月，且认为张耀曾此时为司法总长。

第六章 1920年前后收回法权与基层司法制度改革

讨论。由于对各省司法具体状况缺乏充分了解，难以制订具体计划，基于此，1922年10月2日，张耀曾上书大总统黎元洪，请求赴京外考察各省司法状况，以备将来收回领事裁判权。10月13日，张耀曾的建议获得批准。随后，以张耀曾为首的考察团正式成立。考察团由法权讨论委员会的委员和北洋政府中的一些司法人士共同组成，其主要成员还有京师高等审判厅厅长沈家彝、司法部佥事戴修瓒等人。

11月7日，考察团沿京汉铁路南下，开始了为期两个月的京外司法考察之旅。在短短两个月内，考察团成员的足迹遍布了直隶、山东、山西、河南、安徽、湖北、湖南、江西、江苏、浙江10省。他们总共视察了10所高等审判厅和检察厅、18所地方审判厅和检察厅、21处刑事看守所和民事管收所、22所新式监狱、3所外国监狱和3处会审公廨。

考察结束后，张耀曾于1923年2月1日将此次司法考察情形呈报大总统。报告指出了我国法制不完备之处，如"正式法院设置未周，人民不能均沾保护之益；如地方厅第二审管辖区域过广，人民上诉不便；如各厅人员之配置不均，往往劳逸攸殊而案件不免积压"等。[①]他提出将拟具改良计划送由国务会议议决后分交主管官署施行，重点是请求筹议增加司法经费并指定的款。法权讨论委员会向北洋政府提出了《各厅推检员额应按案件多寡平均配置案》《拟派送司法人员赴欧美日本实习司法实务案》《整顿司法经费预算案》，建议政府立即采取有力措施革除司法弊病。同年5月18日，法权讨论委员会将沈家彝所撰《视察直鲁等省司法事宜》条陈函送司法部，请求其就有关司法改良事项施行于全国各省。

法权讨论委员会所注重的还是审判厅，所拟各项措施涉及未设法院各县的并不多。

3. 筹设县司法公署

1917年司法部通电要求缓办各县司法公署。华盛顿会议后各国委员将来华考察司法，以撤废领事裁判权，设立司法公署又被提上了议事日程。

---

① 法权讨论委员会编《考查司法记》，第3~6页。

北洋时期的基层司法

1922年2月17日，司法部致电各省长、都统、高等审判检察厅、各区审判处，要求就紧要处所先行举办县司法公署。其理由是："县司法公署组织章程早经奉令公布在案，以预算未定，迄未进行。现在各国委员行将来华考察司法，县司法公署之组织势难再缓，兹拟就紧要处所先行举办，各该厅处所属地方应先行设置几处，需费若干，能否就地筹划，应就近体察情形与行政方面妥速筹商，限于三星期内呈覆。对于该项章程如有意见，并详陈以备采择。"①

各地陆续呈覆称，关于经费一层多在与行政方面磋商之中，大半磋商经费尚无把握，未便办理。司法部便于1922年5月29日发出通知，"应俟各厅处先将经费筹有把握覆齐到部再行通盘规划，另案饬遵，以归一律"。②

筹备收回法权，力求改良司法之际，京师和其他一些地方提出了筹设司法公署的方案。京师拟将大兴、宛平两县境内民刑诉讼事件完全改归地方厅管辖，其余18县废除承审制度，先于通县设地方厅，余均设司法公署。③ 有些边远省区情形特殊，业经筹有的款，司法部准其先行举办司法公署。1922年，甘肃、察哈尔、绥远等省区首先开始设立司法公署。④

司法公署从宣布设立，到真正设置，拖延了5年。正是借助各国委员来华考察司法，以撤废领事裁判权的东风，设置司法公署方案才得以再次启动。之后，设置的司法公署越来越多，1926年达到45处。⑤

司法公署成立后，有的附设于县署，如通化县1923年设县司法公署，公署附设县行政公署内，专办司法事宜；⑥ 怀德县的司法公署暂借县署西院

---

① 《就紧要处所先行举办县司法公署之组织电》，《司法公报》第160期，1922年3月，第1页。
② 《县司法公署应候另案饬办》，《司法公报》第168期，第1页。
③ 参见《筹拟京兆所属各县改良司法事宜呈并指令》，《司法公报》第162期，1922年4月，第43~52页。
④ 参见《关于收回青岛法院暨筹设厅庭与县司法公署事项》，《司法部十一年份办事情形报告》（上），《司法公报》第195期，第25~26页。
⑤ 参见本书第七章"基层司法机关的规模与分布"。
⑥ 参见民国（1927年）《通化县志》卷3《政事·官署志》，第1~12页。

办公;① 临江县的司法公署附设于县署院内,占用西厢瓦房。② 也有的司法公署设在县署之外,如岫岩县司法公署设在县署东南隅,添修房舍共25间,内分审判、检察两部。③ 另外有的司法公署如辽中县那样,先附设于县行政公署内,后来另修司法公署。④

收回法权对中国基层司法制度的一个直接影响是1922年开始推动设置司法公署。⑤

4. 调查法权委员会对中国法律和司法的考察

按照华盛顿会议决议案的规定,在会议结束3个月之后,列强就要组织代表团来华考察中国法律和司法。华盛顿会议闭会未久,中国驻美公使施肇基奉北京政府命令,以中国政府翻译法律条文及采择各项备治外法权委员会参考的统计专门材料,非短促时间所能办成,用公文询问美国国务卿许士,可否将该委员会来华时期延至1923年冬。中国政府很快就得到美国国务卿复函,称各国都赞同此议。后来,法政府以要求中政府用金法郎交付法国庚子赔款未能如愿,遂以不批准华盛顿条约,不派员赴华开治外法权委员会为要挟。到了1923年10月,美国政府照会中国驻美公使,称尚有政府未能同意,故治外法权委员会不能开会。美国政府所指的政府即为法国政府。于是该委员会召集时期又被延搁。至1925年法国因北京政府变相承认其关于金法郎案的要求,批准华盛顿条约。⑥ 于是各国重新商定于1925年12月18日在北京组织调查法权委员会。

---

① 参见民国(1929年)《怀德县志》卷6《司法》,第63~66页。
② 参见民国(1935年)《临江县志》卷4《政治志》,第37~39页。
③ 参见民国(1928年)《岫岩县志》卷2《政治志·司法》,第75~76页。
④ 参见民国(1930年)《辽中县志》3编卷15《司法志》,第9~10页。
⑤ 一些学者认为司法公署制度并未实行。如杨鸿烈指出,1916年也曾改设县司法公署以期代替县知事兼理司法制度,但是该制度并未实行,仍由县知事兼理司法。李雯瑾引用了杨鸿烈的看法。徐小群认为直到1926年,该计划仍停留在纸上。参见杨鸿烈《中国法律发达史》,中国政法大学出版社,2009,第591页;李雯瑾:《清末民初的县知事审判研究——以江苏省句容县审判材料为例》;Xiaoqun Xu, *Trial of Modernity: Judicial Reform in Early Twentieth-century China*, p.65.
⑥ 参见曾友豪《法权委员会与收回治外法权问题》,《东方杂志》第23卷第7号,1926年4月,第5~12页。

为迎接列强来华进行法权调查，除了改组法权讨论委员会外，中国政府还于1925年12月18日批准成立调查法权筹备委员会，会址借用修订法律馆原办公地点，由王宠惠担任全权代表。该委员会聘请国内司法界、外交界经验名望素著的专家为高等顾问或参议。该委员会的任务除了接待陆续抵京的列强考察代表外，更重要的是协调外交部、司法部、省县地方政府和新式司法机构之间的关系，尤其是协调应付调查法权委员会旅行团的考察有关事宜。

1925年秋，中国北方发生混战，造成交通混乱，有几个国家的委员无法按期到达北京。直到1926年1月12日才在北京南海居仁堂举行调查法权委员会开幕典礼，此时，距离华盛顿会议做出决议已过去4年之久。之后，调查法权委员会开始了对中国法律和司法为期8个月的调查。

调查法权委员会对中国法律和司法的考察主要分为两部分：一是由各国委员和随员在京开会讨论，二是由部分委员和随员组织旅行团到中国各地考察各级新式法院、监狱和看守所的实际运作情况。从1926年1月12日到9月16日共在京开会21次，其主要任务是考察中国法典、例规以及列强在中国实行治外法权而产生的各种问题。旅行团于5月10日到6月16日这一个多月时间里在中国的十来个省份参观法院、监狱、看守所及中国司法制度的实行状况。调查法权委员会在考察和开会讨论的基础上撰写了《法权会议报告书》。① 该报告书列举了治外法权对中外造成的不便，并指出中国法制改良取得了不少成绩，但仍存在严重的问题，如在司法领域军人任意综揽行政、立法和司法事务，司法经费常不能保障，中央政府不能号令全国，法律与司法制度的系统受到破坏，新法律与司法制度的扩充和发达受到阻碍等。

调查法权委员会认为不能建议即时撤销治外法权。中国对此结论十分失望，正如《中国委员宣言书》所称："近廿年来中国政府以深挚之诚意、不挠之毅力，对于中国法律、司法制度，及司法行政极力改良，中国因此切望享

---

① 李启成介绍了调查法权委员会的组织与考察过程，并分析了调查内容与结论。参见李启成《治外法权与中国司法近代化之关系——调查法权委员会个案研究》。

有治外法权各国对于即行放弃其国人所享受之治外法权一事认为适当,乃调查法权委员会以为按中国现状,未便即时为撤销之建议,中国对此殊形失望。"①

调查法权委员会最后对未来中国的法制改良提出了四款建议。第一款为,"关于普通人民之司法事项须归法院掌管,法院须有确实之保障,不受行政机关或其他民政或军政机关不正当之干涉";第二款为,"中国政府应采纳报告书之计划,以期改良现有法律、司法及监狱之制度";第三款为,"上项所述各建议实行至相当程度以前,如主要部分业经实行,关系各国应中国政府之请求,可商议渐进撤销治外法权之办法,或分区或部分或以其他方法,可由双方协定";第四款为,"治外法权未撤销以前,关系各国政府,应参酌本报告书第一编所述各节,容纳其意见,改良现行治外法权之制度及习惯,遇有必要时,应请中国政府协助"。② 其中前两款是建议中国政府改良法制,第四款是建议有关各国改良治外法权。

1926 年 9 月 16 日,调查法权委员会召开最后一次会议。其后不到一个月,北伐军攻占了武昌等地。调查法权委员会的建议纵有可取之处,然而北京政府又何暇他顾?维持司法已经不易,司法改良只能留待他日。

小　结

1920 年前后收回法权与基层司法制度改革在清末以来收回法权与中国法制改革互动的脉络中展开:不仅反映了 1920 年前后收回法权与中国法制改革的时代特征,而且呈现了其从清末直至 1920 年代的演变过程;既有收回法权对中国法制改革的推动,又有中国国内法制改革对收回法权的影响。1920 年前后收回法权与基层司法制度改革的互动具有以下特点。

第一,收回法权在一定程度上推动了中国法制改良。

《中英续议通商行船条约》第 12 款不是清末启动法制改革的主要原因,

---

① 《法权会议报告书》,第 180～181 页。
② 《法权会议报告书》,第 157～161 页。

但商约谈判的确影响了清末法制改革启动的一些重要环节。① 在此后的法制改革过程中该条款屡屡被拿来为改革张本,甚至影响到北洋时期。② 1916 年

---

① 讨论《中英续议通商行船条约》第 12 款与清末法制改革的关系时学者们存在完全相反的看法。多数学者认为《中英续议通商行船条约》促成了清末修律,陈亚平和高汉成对此进行了反驳。我认为陈亚平和高汉成的观点大体上是正确的。正如陈亚平与高汉成注意到的那样,仅从时间就可以断定,《中英续议通商行船条约》的签订与清廷的修律决策之间没有任何直接联系。《中英续议通商行船条约》的签订在 1902 年 9 月 5 日,而清政府对《江楚会奏变法三折》的批示、发布修订法律的谕旨、任命修订法律大臣的时间都在 1902 年 9 月 5 日之前,后来的事件不可能成为之前发生事件之因。与清末开始修律关系最密切的因素是庚子事变,而清末新政前改进领事裁判权的谋划为法律改革提供了某些资源和参考。

《中英续议通商行船条约》第 12 款不是清末宣布法制改革启动的直接原因,不过商约谈判的确对中国法律改革的启动产生影响。光绪二十八年二月初二日（1902 年 3 月 11 日）清廷令刘坤一、张之洞与袁世凯保荐修律人员。张之洞接到谕旨后,于二月十三日致电刘坤一、袁世凯,称:"不改律例,交涉直无办法。内地杂居通商,此次商约虽力驳,将来必难终阻。且此时散住内地之教士、游历寄居之洋人,已甚不少。藩篱已溃,不改律例,处处扰吾法矣。三省公举通律人员较为得力,当遵示会奏"。(苑书义等主编《张之洞全集》,河北人民出版社,1998,第 8750 页) 他在电报中明确把商约谈判与国内正在进行的修订律例活动联系在一起,商约谈判对国内修订律例的影响可见一斑。高汉成指出《中英续议通商行船条约》不是促成清末修律原因的第二个论点是 3 月 11 日第一道修律上谕和 5 月 13 日第二道上谕都没有提到领事裁判权的问题。张之洞这个电报表明,办理 3 月 11 日修律上谕过程中,张之洞等人已经比较深入地考虑到了领事裁判权问题,他们推荐修律大臣的结果与 5 月 13 日上谕的出台有直接关系。因此,虽然两个上谕没有提领事裁判权,但并不意味着清政府在修律过程中没有考虑领事裁判权的问题。

② 自从有了《中英续议通商行船条约》第 12 款,此后,"改善中国法制以利收回法权"的论调在主张推进中国司法改革的人们及其反对者那里时隐时现,甚者时至今日,治外法权早已收回,仍能感觉其逻辑力量。不过这种论调的侧重点经常发生改变,面对中国听众时,它的侧重点往往变成了借收回法权而改革中国法制。屡屡有人打着收回法权的旗号推行法制改革或者保护法制改革的成果。

清末沈家本在法制改革中就多次以废除领事裁判权为旗帜来证明其改革的合理性。比如光绪三十一年三月二十日（1905 年 4 月 24 日）,沈家本在《删除律例内重法折》中称:"方今改订商约,英、美、日、葡四国,均允中国修订法律,首先收回治外法权,实为变法自强之枢纽。"(李贵连:《沈家本评传》,南京大学出版社,2005,第 453～454 页)

1905 年清廷出使日本大臣杨枢奏请谕令留日学生讲求外国法政之学,以备修改法律,收回治外法权。他说,"现在中国唯有将法律修改……方能与各国公议,将治外法权一律收回,不受外人挟制"。(张晋藩:《中国百年法制大事纵览》,法律出版社,2001,第 6 页)

第二次海牙保和会于 1907 年 6 月 15 日至 10 月 18 日举行,共 44 国派代表与会。中国政府派陆徵祥等参加会议。会中美国议设新公断院,以中国法律未备,列为三等国;英国代表提议治外法权排除在公断之外。陆徵祥等深受刺激,于光绪三十三年八月十五日（1907 年 9 月 22 日）联衔电外务部,请代奏清廷速行立宪修律。外务部将此电咨送宪政编查馆、修订法律大臣参考。修订法律大臣复文称:"此次修订大旨,本为收回西人在内地审判权与警察权地步,尤为各国所注意,是非期合世界公理,不足以杜觊觎而昭信守",拟派馆员二三人分年驻荷,研究公法。(唐启华:《清末民初中国对"海牙保和会"之参与》,《国立政治大学历史学报》第 23 期,2005 年 5 月)

第六章 1920年前后收回法权与基层司法制度改革

的全国司法会议提出要在各县推行司法公署与地方分庭制度,反映了推动司法与行政分离的内在努力。不过这种努力很快就遇到了财政等方面的阻力,使推行司法公署与地方分庭制度计划流产。巴黎和会与华盛顿会议对北洋时期最后10年间法制改革提供了动力。这期间收回法权的运动风起云涌,中国借此契机力图改善国内法制,提出了添设厅监计划,改善了法院设施,对国内司法状况进行了调查,开始筹设县司法公署。司法领域能有所改良确实离不开收回法权的推动,尤其是华盛顿会议对筹设各县司法公署的推动。

第二,收回法权对中国法制改革的推动很有限。

1914年讨论裁撤各级审判厅时,为了收回法权而保留审判厅的论调所起作用并不大。[①] 添设厅监计划基本上是受收回法权影响而制定的,虽没有完全搁置,但实际上没有大规模展开。外力对设各县司法公署推动最大,然而1922~1926年总共设立的司法公署也不过四十几处。这期间还增设了一些地方厅及其分庭,增设总数目也不过30处而已。总的来看,县知事兼理司法的县在减少,然而到1926年全国92%的县仍由县知事兼理司法。因此,收回法权作为一种外在的诱因多多少少能推动中国法制改良,其推动力并不够强大。

[①] 北洋时期也屡见以收回法权而推动司法改革之想法与举动。比如1914年讨论裁撤各级审检厅时,一些人再次祭出"改善中国法制以利收回法权"武器以求保留审检厅。《各省设厅办法案》的第四条为各省商埠地方初级各厅,已设者仍旧,未设者筹设。章宗祥提出这条的理由是,"各省商埠法院多有华洋诉讼案件,动关交涉,且与收回领事裁判权极有影响,法院似不可省"。刘邦骥认为,国家若不强大,虽将刑律再减三等而外人之犯罪者恐怕也不能受我国惩治。他指出,领事裁判权之有无在国家之强弱,不在刑律之轻重。《各省设厅办法案》第五条主张东三省已设之地方、初级各厅一律仍旧,其理由为东三省办理日俄交涉尚称得手。刘邦骥以实例加以反驳。他说:"南满铁路吉林一带近闻被某国于铁路两旁各侵占80丈不给地主分文,此等事项究竟如何解决有无方法,此系一大问题也。况今日图圄充斥、盗贼横行,治内尚且不及,遑论治外。"王印川对通商口岸设置审检各厅以利将来收回领事裁判权有与刘邦骥类似的看法。他指出,"断非设一二通商口岸之审检厅即可收回者"。参见《政治会议速记录》,"政治会议第十二次会议速记录",第1~24页。

一些通商口岸的地方审检厅在收回法权的名目下得以保存,这也不能证明收回法权对保存这些地方审检厅的确起到了很大的作用。收回法权没有保住其他一些通商口岸的地方审检厅和各个通商口岸初级审检厅的裁撤就是明证。另外一些非通商口岸的地方审检厅得以保存则反证了保存地方审检厅的理由可能不是为收回法权。通商口岸通常经济较为发达,需要审检厅来解决日益增加的纠纷,也有条件维持地方审检厅的运转,这可能是该地保留地方审检厅的最主要原因。所以1914年讨论裁撤各级审检厅时,为了收回法权而保留审检厅的论调所起作用并不大。

第三，收回法权是在中国法制改革既有轨道上助推。

清末商约谈判期间收回法权是在清末法制改革原有运行轨道上略有助力。预备立宪后也是借重收回法权为法制改良保驾护航而已。① 添设厅监计划基本上是受收回法权影响而制定的，不过清末即有筹设法院计划，许世英也有推广法院计划，添设厅监计划其实是从这个内在脉络而来。1922 年筹

---

① 首先，商约谈判初期中英双方都准备就中国修律与治外法权进行磋商。中英双方都准备了治外法权方面的条款，而且中方的盛宣怀、张之洞、赫德等比较赞同马凯所提拟定海上律例并成立商律衙门等条款。即使双方关于治外法权等条款都被否决，相关话题在谈判中仍时不时被牵扯进来。《中英续议通商行船条约》第 12 款最后由张之洞在谈判中提出来并说服马凯将其列入商约。高汉成认为中方拒绝谈判马凯所提出的第 6 款和第 12 款，表明在中英谈判的初期，整顿律例以收回治外法权问题并不在清政府的考虑之内；修律启动的时候，中方根本就没有在谈判中谋求领事裁判权的收回。高汉成的这些看法过于武断，忽略了中英双方都准备谈判治外法权的事实。中国修律后英国放弃治外法权虽然由张之洞谈判而列入商约，但是之前赫德、盛宣怀、张之洞、刘坤一等都考虑了修律与收回领事裁判权。尤其是张之洞称盛宣怀所拟谈判方案中修律、法制改革最为救时要策，认为马凯所提商律衙门甚好等等，这都说明张之洞在商约谈判过程中一直在关注中国改律例与治外法权等问题。因此，中国修律后英国放弃治外法权不是张之洞一个人的想法，也不是张之洞有意制造的一面"政治盾牌"。（高汉成认为，张之洞提出治外法权条款，首先是为了应对商约谈判的各种批评，以便条约的顺利签订和批准；其次是为了推进国内的变法改革进程；再次是为了对外宣示争取国家主权独立的愿望和要求。因此，《中英续议通商行船条约》第 12 条是张之洞有意制造的一面"政治盾牌"）

其次，是中国希望修律后外国放弃治外法权，不是外国允诺放弃治外法权诱使中国修律。《中英续议通商行船条约》第 12 款把列强放弃治外法权与中国的法制改革联系在一起。学者在引用这一条款时，往往强调后半部分内容，英美等列强成了主体，似乎是他们抛出了放弃治外法权的条件，此后中国司法改革的目标仿佛是为了满足他们所提条件而收回治外法权。该条款的前半部分事实上已经说明是中国本身很想整顿本国律例，中国律例和司法完善后，外国允诺放弃治外法权，提出整顿律例的主体也是中国。从这个条款看，中国提出该款的目的在于收回治外法权，而不是侧重于修律。陈亚平和高汉成认为"弃除领事裁判权"是中国提出的谈判要求，是近代中国社会变迁的必然选择，并不体现帝国主义的意志；领事裁判权问题始终只是晚清主持改革者推进法律变革的手段，晚清法律改革作为清末新政的一部分，也是服从和服务于新政这一整体政治局势的。他们的看法不无洞见。

再次，清末启动法制改革过程中，适逢主张法制改革的张之洞等人同时也主持商约谈判，商约谈判促使他们进一步考虑法制改革的问题。他们不过借商约谈判，特别是借《中英续议通商行船条约》第 12 款推进国内法制改革而已。如果没有商约谈判，法制改革仍会沿着既有轨道继续前行，即使有了商约谈判及《中英续议通商行船条约》第 12 款，清末法制改革的最初几年，仍在缓慢前行。预备立宪开始后，法制改革才涉及司法系统的改造，才开始建立各级审判厅。筹设各级审判厅基本上属于预备立宪的重要组成部分。无论是否收回法权，随着预备立宪的前行，筹设各级审判厅的工作也将逐步开展。

第六章 1920年前后收回法权与基层司法制度改革

设县司法公署更是在重新推行1916年全国司法会议的决议。收回法权作为一种外在的诱因更多是在中国法制改革既有轨道上助推而已,中国的法制改革大体还是在其内在脉络中运行。

第四,中国通过法制改革而收回法权取得少许成绩。

清末,中国逐渐形成通过国内法制改革而收回法权的想法。《辛丑条约》之后进行的商约谈判中,中国谋求将改善中国法制以收回法权列入条约,几经曲折它被列为《中英续议通商行船条约》第12款,此后,美、日等国也允诺等中国法制完善而放弃治外法权。① 巴黎和会上,中国提出将在5年内颁布刑法等5种法典,各旧府治所在地成立地方审检厅,要求各国届时撤废领事裁判权。巴黎和会的主席建议由未来的国联讨论中国领事裁判权等问题。华盛顿会议上,中国介绍了国内法制改良的进展,再次提出废除领事裁判权。华盛顿会议决定成立专门委员会对中国法律和司法状况进行考察评估而决定是否放弃治外法权。为了迎接调查法权委员会的考察,中国政府又开始新一轮法制改良。最后,调查法权委员会虽认为中国法制改良取得了

---

① 清末法律改革的启动推动了《中英续议通商行船条约》第12款出台。

　　商约谈判中最棘手的一些问题如内地杂居通商等与领事裁判权有关,而西方国家要求拥有领事裁判权的一个借口是中国法律不良。张之洞等人解决问题的思路是,改律例而收回领事裁判权,进而解决谈判中遇到的那些棘手问题。商约谈判把中国改律例推向了前台,成为一件亟待办理的国家大事。

　　商约谈判期间,修律活动取得一定进展,它不时成为中方谈判的砝码。光绪二十八年二月初二日(1902年3月11日),政务处奏请改定律例,设译律局。清廷据此发布了修订法律的谕旨,责成袁世凯、刘坤一、张之洞等保荐修律人选。二月二十三日(4月1日),刘坤一、张之洞、袁世凯联衔会奏保荐沈家本和伍廷芳为修律馆总纂,沈增植为帮办。四月初六日(1902年5月13日),清廷正式任命沈家本和伍廷芳为修订法律大臣。这些事件对商约谈判中盛宣怀、张之洞等人的影响是显而易见的。1902年7月6日,马凯在"新裕"轮上与盛宣怀磋商英国人应在中国交印花税和英国人内地贸易侨居。盛宣怀明确提出了伍廷芳将回国修律,在华英国人归中国管辖,然后允许外国人在内地侨居。张之洞等常常把改律例,收回领事裁判权,内地杂居通商等问题放在一起考虑。他作为倡导并领导法律改革的主将,借助商约谈判,推进法律改革,推动收回治外法权是再自然不过的想法。从这个脉络看来,武昌纱厂谈判时,张之洞等提出将治外法权列为《中英续议通商行船条约》并不那么突兀。马凯多次提出外国人到中国内地侨居的条款,也重复听到了盛宣怀和张之洞等人的上述逻辑,他之所以爽快同意按照张之洞的要求把治外法权列入商约不能说没有考虑盛宣怀和张之洞等人的上述逻辑,他明白治外法权是解决内地侨居问题的关键所在。中国法制完善,治外法权失去了存在基础,该放弃的终归要放弃;放弃了治外法权,内地侨居将有转机,这最终对英国其实也是有利的。

— 149 —

一定成绩，但仍不完善，于是做出不能建议即时撤销治外法权的报告。从双边条约英、美、日等允诺中国法制完善而放弃治外法权，到国际会议对此加以讨论，从条款规定到考察实践，中国通过国内法制改革而收回法权的行动取得了一定成绩。

20世纪的最初20多年里，中国在收回治外法权的道路上一步步艰难前行，成果并不突出，终究没能达到取消治外法权的目标。调查法权委员会所指出中国法制不完善之处多为不争事实，因此，直到北洋时期终结，仍不能证明改良中国法制而收回法权之路一定走不通。如果中国足够强大，或者打败各国，或者不战而屈人之兵，都可能收回法权；另外采取革命手段也未尝不可以收回法权。因此，各国长期以来坚不放弃治外法权的借口固然是中国法制不良，然而影响收回法权的因素却不仅仅在于中国法制本身是否已经改良。不过，在中国还没有变得足够强大，也没有采取其他手段收回法权之前，改良中国法制使外国失去一个借口，对中国收回治外法权也是一大助力。改良中国法制而谋求收回法权的努力当无可厚非。

北洋时期，巴黎和会与华盛顿会议是收回法权直接推动中国基层司法制度改革的最重要事件。巴黎和会与华盛顿会议对国内法制改良虽有影响，但影响力并不大。另外，中国通过国内法制改革而收回法权的行动取得了一定成绩，成果并不突出。因此，收回法权与中国基层司法制度改革之间存在互动，但相互的影响力却比较小。

第二编　司法制度之运行

　　北洋时期种种基层司法制度被设计、建构出来之后，其在社会实施状况究竟怎样？各类基层司法机关的规模与分布如何？各县司法人员的职掌、人数和来源是否发生变化？司法经费花在何处，数额有多大？司法制度运作的政治环境怎样？司法经费如何筹措？司法人才的供需状况怎样？本编重点分析司法制度的实施状况，讨论影响其运作的政治、经济、人才因素。

第七章
基层司法机关的规模与分布

　　北洋时期司法机关的规模与分布不仅反映了筹设司法机关在此时到底有何进展，也标志着近代西方司法制度的核心内容如司法独立和司法专业化等达到了什么样的程度，而这正是此后司法建设的基础和前提。[①] 研究北洋时期司法机关的规模与分布对认识北洋时期乃至整个近代法制史都极具价值。

　　学界对北洋时期新式基层司法机关数目比较关注，澄清了部分历史真相，[②] 然而其不足之处也十分明显：一是不太注意区分新式法院的种类和分布，对未设法院各县司法机关的研究相当薄弱；二是仅以某一两年的司法机关数目来概括整个北洋时期，无视其间的历时性变化；三是往往对政治分立格局下北京政府实际管辖的、北京政府名义上管辖的、中国实际存在的司法机关数不加区分。[③] 总之，现有研究成果对基层司法机关的规模与分布缺乏一个全面而准确的量化评估。要推进对北洋时期司法机关之规模与分布的研究，一个可能的途径是从长时段考察不同地理空间和政治格局中各类司法机关的变迁过程。

[①] 辛亥革命中一些地方建立了诸如司法署之类的司法机关，它们仅在少数地方存在过，非中央推行的制度，兹不赘述。
[②] 涉及司法机关数目的论著较多，在下文相关部分予以注明。
[③] 1917 年护法运动后，南方广东等省的司法行政往往不受北京管辖。北京政府对广东等省增设厅庭情形往往无从稽考；也可能出于意识形态考虑，不愿承认南方司法机关的变动，在统计表中常常保留其原有的司法机关名目。所以司法机关数目存在三种统计口径：北京政府实际管辖的、北京政府名义上管辖的，以及中国实际存在的司法机关。北京政府名义上管辖的，包括北京政府实际管辖的和南方独立省份旧有的司法机关。中国实际存在的司法机关包括北京政府实际控制的与南方独立省份新成立司法机关在内的所有司法机关。

在此即以1914～1923年的"民、刑统计年报",及北洋时期的《司法公报》与《政府公报》等资料为基础,力图勾画一幅北洋时期各类基层司法机关规模与分布的历史地图,并借以分析评估司法独立、司法专业化所达到的程度,观察近代法制建设取得的成就与不足。

一 新式审判机关的规模

北洋时期所设基层司法机关种类繁多,既有地方审判厅、初级审判、地方分庭和省级司法机关附设地方庭等新式法院,也有审检所、司法公署与县知事兼理司法衙门等新旧杂陈的司法机关。

1. 初级审判厅的规模

清末预备立宪时开始筹设初级审判厅。[①] 1907年初首先在天津试办各级审判厅,年底又成立了京师各级审判厅。1907年底至1908年初东三省也开办了一些审判厅。[②] 1908年,清政府决定以9年为限预备立宪,规定1909年开始筹办各省省城及商埠等处各级审判厅。实际上筹办各级审判厅进展十分缓慢。[③] 到1909年底筹办省城审判厅比较有成效的为河南、山西,只有吉林省长春先期成立了商埠审判厅。[④] 1910年11月,清廷发布上谕修改预备立宪日程表,不仅1910年要完成筹设各省城及商埠等处各级审判厅,而且1912年要完成筹办直省府厅州县城治各级审判厅。面对日趋紧迫的预备立宪任务,各地于1910年底至1911年初在省城及商埠等处设立了一批审判厅。1911年为直省府厅州县城治各级审判厅筹设之年,然辛亥革命的爆发打断了其进程,因此,清朝灭亡之前,所建直省府厅州县城治各级审判厅甚

---

① 初级审判厅有权处理初级管辖第一审民事、刑事诉讼案件,登记及其他非讼事件。参见《宪政编查馆奏核订法院编制法并另拟各项暂行章程折并清单》,《大清法规大全·法律部·司法权限》卷4,第6页。
② 参见李启成《晚清各级审判厅研究》;李超:《清末民初的审判独立研究》。
③ 孟森称:"已时将半载,而各省省城及商埠等处各级审判厅,尚无萌芽。"孟森:《宪政篇》,《东方杂志》第6卷第7号,1909年,"记载一",第391～398页。
④ 参见孟森《宪政篇》,《东方杂志》第7年第1期,1911年,"论说",第17页。

第七章 基层司法机关的规模与分布

少。清末各省共建立了 88 所初级审判厅。① 全国初级审判厅总数应该是各省的 88 所加上京师的 5 所，共约 93 所。②

辛亥革命前后，由于军事影响和经费缺乏，有些省的审判厅被部分裁撤。与此同时，辛亥革命也激起设审判厅的热情，特别是首义之省湖北，中华民国临时政府所在地江苏。两省在辛亥革命中的独特地位使之高扬司法独立的旗帜，大量设立审判机关。仅两省共新增初级审判厅即达 100 多所。那么，经历革命、经历政权更迭后全国初级审判厅的总数目变成了多少？

1912 年初级审判厅的数目被频频提及。1936 年，国民政府司法院院长居正在《二十五年来司法之回顾与展望》一文中引用 1913 年《世界年鉴》，认为 1912 年有 196 个初级审判厅，不过他同时注明，1933 年的《申报年鉴》记载是 179 个。③ 居正面对 1912 年的两个数据也难以做出取舍。余明侠等学者在其 1994 年出版的著作中指出，1912 年北洋军阀政府控制的区域中，共设地方审判厅和初级审判厅 303 所，其中地方厅占 124 所。④ 他们认同 1912 年有 179 个初级厅的看法。2003 年韩秀桃在《司法独立与近代中国》一书引用了余明侠的上述说法。⑤ 学者引用较多的 1913 年《世界年鉴》与 1933 年《申报年鉴》的数据哪个更可靠，它们是否还参考了别的更原始的数据？

的确，还有三份更原始的材料涉及 1912 年审判厅的数目。

第一份是司法部调查资料。1912 年 2 月，司法部对全国审判厅进行调查，⑥ 8、9 月份，各省陆续将调查结果报告给了司法部。很快《政府公报》和《司法公报》公布了调查结果，并列出了各省 196 个初级审判厅的名称。⑦

---

① 参见李启成《晚清各级审判厅研究》，第 221~224 页。
② 京师各级审判厅数目往往单独统计，不被纳入各省审判厅统计，研究者多以各省数据为全国数据。
③ 参见居正《二十五年来司法之回顾与展望》，《中华法学杂志》新编第 1 卷第 2 号，1936 年 10 月 1 日，第 6 页。
④ 参见余明侠主编《中华民国法制史》，第 190 页。
⑤ 参见韩秀桃《司法独立与近代中国》，第 234 页。
⑥ 参见《南京来电》，《江苏司法汇报》第 1 期，1912 年，"本省公牍函电来去附"，第 4 页。
⑦ 参见《各直省已（拟）设各级审判检察厅一览表》，《司法公报》第 1 年第 3 期，1912 年 12 月，第 63~65 页；《政府公报》1912 年 10 月 27 日至 11 月 9 日。

这并不包括京师的审判厅。京师原有5个初级审判厅，1912年8月底，为了节约经费将第三、第五两厅合并为第四厅，京师初级审判厅改组后仅剩4所。① 京师的4所加上各省的196所初级审判厅，全国共约200所。第二份材料是1912年12月中央司法会议上司法部所派代表沙亮功在一个提案中提及的："其已设初级厅者不过207（据各省呈报）"。② 第三份材料是1917年1月份的《政府公报》刊载统计局所编《行政统计汇报·司法类》称："初级厅元年共179所"。③ 后来流传的1912年有196所或179所初级审判厅大概源于上述第一和第三份资料。

如何看待三份材料三组不一样的数据？第一份材料中一些地方大员在将审判厅调查结果报告给司法部时称正拟设审判厅："各属地方、初级各厅现正饬司赶速筹办"；④"余限年内一律筹办"；⑤"已列入本年预算案者为南宁、龙州各厅"。⑥ 一些拟设的审判厅很有可能如他们所言，在年底设立。各地向司法部报告调查结果后，增加初级审判厅并非没有可能。沙亮功等人的提案在司法部公布调查结果之后，且其为司法部佥事，根据各省呈报得到的数据也很可能是准确的。因此，第一和第二份材料都比较可信，而且并不矛盾。1917年1月份《行政统计汇报·司法类》里的数据本身由政府公布，而且与1915年《司法公报》第34期上公布的若干司法统计数据是一致的，这个数据也是比较可信的。在没有资料证明孰是孰非之前，暂且可以认为，在1912年不同时间段里初级审判厅分别为179所、200所和207所。由于《行政统计汇报·司法类》未指明具体的审判厅名称与分项数据，沙亮功的

---

① 参见《呈请荐任署理京师初级审判厅推事检察厅检察官文》，《司法公报》第1年第1期，1912年10月，"公牍"，第12页。
② 《中央司法会议报告录》，"议案录"，第3页。
③ 统计局编《行政统计汇报·司法类》，《政府公报》第363号，1917年1月13日，第25页。
④ 《湖南省已（拟）设各级审判检察厅一览表》，《政府公报》第188号，1912年11月5日，第13~14页。
⑤ 《浙江省已（拟）设各级审判检察厅一览表》，《政府公报》第187号，1912年11月4日，第17~18页。
⑥ 《广西省已（拟）设各级审判检察厅一览表》，《政府公报》第192号，1912年11月9日，第13~15页。

第七章 基层司法机关的规模与分布

数据是个人提出的，本书以司法部调查所得的 200 所初级厅作为该年的审判厅数，这较之清末的 93 所已增加一倍多。

由于辛亥革命之后一些地方大规模增设审判厅，新任推事、检察官的资格往往既不合法又不合格，司法总长许世英上任不久即对已设法院进行整顿改组。1913 年，整顿改组已见成效，江苏、湖北等处审判厅数目大幅下降。1912 年秋至 1914 年初大规模裁厅前，江苏的初级厅共被裁撤 41 所，从 54 所减少为 13 所；湖北的初级厅共被裁撤 58 所，从 69 所减到 11 所。1913 年初级审判厅的总数目是否减少呢？

张朋园在《梁启超与民国政治》中引用了 1913 年《中国年鉴》（*The China Year Book*）的数据，指出 1913 年初级审判厅为 197 所。① 1913 年《中国年鉴》的数据与 1912 年司法部调查结果相差一所。1913 年《中国年鉴》关于司法机关的数目很可能是 1912 年的，而不是 1913 年的。据《行政统计汇报·司法类》记载，1913 年初级审判厅的总数目为 134 所，这较之 1912 年，减少了数十所。②

面对国库空虚、人才缺乏等困境，大总统袁世凯、司法总长梁启超、各地方大员以及政治会议等各方势力推动下，发生了 1914 年基层法院大裁并。③ 1914 年法院数目为众多的学者所提及，其主要关注的是被裁撤的法院数目。1915 年夏出版的《司法部三年份办事情形报告》记载，"裁撤京外初级审判厅 135 所"。④《行政统计汇报·司法类》中的"京外裁并高等以下各司法机关一览表"里记载被裁并的初级审判厅有 142 所。⑤ 前者比后者少 7 所，其中山东少 2 所，江西少 1 所，湖南少 4 所。《行政统计汇报·司法类》仅有数据，没有列出审判厅的名称。《司法部三年份办事情形报告》离 1914 年审判厅大裁并的时间最近，且列有被裁初级厅的名称，故可以认为 1914 年的初级审判厅数目为 135 所。

---

① 参见张朋园《梁启超与民国政治》，第 109 页。
② 参见《行政统计汇报·司法类》，第 25~26 页。
③ 裁撤法院经过与原委参见第四章 "1914 年审判厅大裁并之源流、过程与原委"。
④ 《司法部三年份办事情形报告》，《司法公报》第 34 期，1915 年，第 17~19 页。
⑤ 参见《行政统计汇报·司法类》，第 28~30 页。

初级审判厅存在时间总共 7 年，命运十分曲折：清末预备立宪运动中天津第一所初级审判厅建立，此后 3 年进展不大，直到 1910 年底才出现筹设审判厅的小高潮；在辛亥革命的推动下，1912 年江苏、湖北等地再掀设审判厅高潮，初级审判厅数目飙升；1913 年司法部对此加以整顿改组，其数目下降；1914 年大总统下令裁并全国的初级审判厅，从此它便逐渐退出了历史舞台。

2. 地方厅及分厅的规模

1914 年之前，地方审判厅的命运与初级审判厅基本相似，之后则大不相同：初级审判厅不复存在；地方厅虽然在 1914 年也被大量裁撤，但每省仍留有一两所，有的省还陆续增设了一些。①

清末各省设有地方厅 56 所，地方分厅 5 所，② 京师有地方厅 1 所，全国共设有地方厅及分厅 62 所。

1912 年《司法公报》所载"各直省已（拟）设各级审判检察厅一览表"中，地方审判厅和检察厅均为 113 所，地方审判分厅为 11 所，地方检察分厅为 12 所。地方审判分厅与检察分厅数目的差别是由于 1912 年将抚顺地方分厅裁去并入奉天地方厅而留检察官一员分驻抚顺县巡警局内，作为奉天府地方检察厅的分驻所，所以地方检察分厅比地方审判分厅多 1 所。地方审判厅与分厅的总数为 124 所，地方检察厅与分厅的总数为 125 所。③《行政统计汇报·司法类》所载地方厅及分厅数目也是 124 所。④ 它没有把奉天地方检察厅的分驻所算在内。这两组数据都是各行省的审判厅数目，而不包括京师地方审判厅。加上京师地方审判厅，全国的地方审判厅与分厅的总数应为 125 所，地方检察厅与分厅的总数为 126 所。

---

① 清末，地方审判厅有权管辖不属初级审判厅权限及大理院特别权限内的案件；1914 年初级审判厅被裁并后，地方审判厅拥有了初级管辖和地方管辖的权限，还受理初级管辖案件的上诉。参见《宪政编查馆奏核订法院编制法并另拟各项暂行章程折并清单》，《大清法规大全·法律部·司法权限》卷 4，第 7 页；蔡鸿源主编《民国法规集成》第 31 册，黄山书社，1999，第 10 页。

② 参见李启成《晚清各级审判厅研究》，第 221～224 页。

③ 参见《各直省已（拟）设各级审判检察厅一览表》。

④ 参见《行政统计汇报·司法类》，第 25～26 页。

第七章　基层司法机关的规模与分布

1913年，有的省在继续增设地方厅，与此同时，司法部对地方审判厅进行了整顿改组。1912年秋至1914年初大规模裁厅前，裁厅比较突出的是江苏，其地方厅从54所减少为11所，共被裁撤43所。[①] 全国而言，1913年地方厅的数目比1912年少了二十几所，为103所。[②]

1914年基层审判厅大裁撤中多数地方审判厅也难以幸免。到底有多少地方审判厅被裁撤，几处记载却不一致。1914年度司法部办事情形报告的说明性文字中称："计裁并各省地方审检厅90所"；[③] 而在附表"各省裁并地方审检厅一览表"里却只列举了80所地方审判厅的名称。[④]《行政统计汇报·司法类》中被裁地方审判厅和分厅总数也为80所。[⑤] 不过桂林在"各省裁并地方审检厅一览表"中属于被裁之列，但却出现在"京外现设各法院一览表"和"各省初级管辖案件上诉机关一览表"中。[⑥] 一般而言，一个省都会保留一个地方厅，若广西把梧州、桂林、龙州这三所地方厅都裁撤的话，该省就没有地方厅了。再者，《中华民国三年第一次民事统计年报》显示桂林地方厅仍存在，《行政统计汇报·司法类》中的"京外现设高等以下各司法机关一览表"在广西一栏下列有地方厅1所。[⑦] 这所地方厅应该就是桂林地方厅。以上分析表明，把桂林列入"各省裁并地方审检厅一览表"可能是统计失误。基于此，被裁并的各省地方审判厅既不是90所，也不是80所，正确的应该为79所。

1914年被裁并后剩下的地方审判厅有38所，[⑧] 加上被裁撤的79所，共存在过117所，不过年终数为38所。

1915年12月云南蒙自地方厅被裁撤，全国地方审判厅减至37所。[⑨] 至

[①] 参见第四章"1914年审判厅大裁并之源流、过程与原委"。
[②] 参见《行政统计汇报·司法类》，第25页。
[③] 《关于法院改组及暂设特别司法机关各事项》，《司法部三年份办事情形报告》，第17~18页。
[④] 参见《各省裁并地方审检厅一览表》，《司法部三年份办事情形报告》，第20~21页。
[⑤] 《行政统计汇报·司法类》，第28~30页。
[⑥] 《京外现设各法院一览表》和《各省初级管辖案件上诉机关一览表》，《司法部三年份办事情形报告》，第23~53页。
[⑦] 参见《行政统计汇报·司法类》，第27~28页。
[⑧] 参见《京外现设各法院一览表》，《司法部三年份办事情形报告》，第23~27页。
[⑨] 参见司法部总务厅第五科编《中华民国四年第二次民事统计年报》，1918年8月。

此，地方审判厅数目降至北洋时期最低水平。

1916 年开始，地方审判厅数目开始逐年增加。奉天的锦县、铁岭、洮南三县作为华洋杂居之地，诉讼日繁，于是三县各筹设了一所地方厅。吉林延吉地方分厅由第二分庭改组成立。浙江成立了金华道高等分厅，附设有金华地方厅；瓯海道高等分庭改组为高等分厅，附设永嘉地方厅。① 由此，该年地方审判厅及分厅增至 43 所。

云南、贵州、广东等省地方厅在 1916 年经历了裁撤和恢复。西南各省独立期间，云南裁高等、地方审判厅，改组为司法厅，以县为第一审，以道为第二审，以司法厅为终审；贵州裁高等、地方厅及高等分庭，改组为军法局，用二级二审制；广东裁高等两厅改组为司法厅，并对广州、澄海两审判厅进行改组。8、9 月间独立取消，广东高等、地方各厅及云贵两省高等厅，省会地方厅均已先后恢复原状。云南的蒙自地方厅仍未恢复。②

一些文献对 1916 年地方审判厅数目存在错误记载，学界往往不予甄别而引用。日本东亚同文会调查编纂部所编《支那年鉴》记载，截至 1916 年，中国存在地方审判厅 38 所。③ 该年鉴的统计还停留在 1914 年，忽略了 1915 和 1916 年地方厅数目的变化。朱浤源在《社会犯罪与治安维护》中引用了 1916 年《支那年鉴》的数据。④ 吴永明又引用了朱浤源文中的数据。⑤

1917 年，奉天辽源、海龙、复县和福建思明都是华洋杂处之地，诉讼繁多，故各设地方审判厅。贵州省自高等分庭停办后，东西两道控诉案件归贵阳地方厅管辖，距离较远的各县人民上诉困难，故于镇远、郎岱各设地方审判厅。⑥ 奉天、福建、贵州等省共增设地方厅 6 所，使地方厅及地方分厅达到 49 所。⑦

---

① 参见司法部总务厅第五科编《中华民国五年第三次民事统计年报》，1919 年 12 月。
② 参见《关于法院及上诉机关沿革事项》，《司法公报》第 78 期（《司法部五年份办事情形报告》），1917 年，第 1~2 页。
③ 参见《支那年鉴：第三回》，日本大正七年初版，第 464 页。
④ 参见朱浤源《社会犯罪与治安维护》，《中华民国史社会志》，台湾"国史馆"，1999。
⑤ 参见吴永明《理念、制度与实践：中国司法现代化变革研究（1912~1928）》，第 99~100 页。
⑥ 参见《关于法院及上诉机关沿革事项》，《司法公报》第 96 期（《司法部六年度办事情形报告》），1918 年，第 1~2 页。
⑦ 参见司法部总务厅第五科编《中华民国六年第四次民事统计年报》，1921 年 12 月。

第七章 基层司法机关的规模与分布

1917 年，由于政局变动，广东的广州地方厅、澄海地方厅，云南昆明地方厅各有数月受结案件数据没向司法部报告。① 由于这些审判厅尚有数月维持着与北京政府的司法行政关系，所以权且把他们都算在北京政府实际管辖的司法机关数目之内。

吉林滨江县为通商口岸，中外杂处，商贾云屯，于 1918 年 3 月 1 日成立了滨江地方审判厅。该厅开办以后，所有中东铁路附属地的民刑诉讼向为我国审判所不及者，一律收回办理。河南河洛道高等分庭于 6 月 26 日改组为洛阳地方厅。②

1918 年西南各省的独立对司法机关影响更大。完全没有向司法部呈报各项诉讼统计数据的有广州地方厅、澄海地方厅、昆明地方厅，这三所地方厅中断了与北京政府的司法行政关系。

北京政府统治区域里的地方厅及地方分厅数目较上年新增加了 2 所，但又有 3 所脱离其管辖，北京政府实际管辖的地方厅数目应为 48 所。如果加上南方的广州等三所地方厅，北京政府名义上管辖的地方厅数目为 51 所。

1919 年广东、广西、云南、四川、贵州等省只有桂林地审厅向司法部报送统计表册。以上 5 省又有 5 所地方厅不向司法部呈报各项司法数据，所以受北京政府管辖的地方厅数目较上年少了 5 所，其数目变为 43 所。北京政府名义上管辖的地方厅数目未变，仍为 51 所。

1920 年前后，受国际因素的影响，中国的审判厅设置出现新动向。

为了配合在巴黎和会上收回领事裁判权，1919 年，司法部与财政部提出的"添设厅监分年筹备计划"。虽然中国所提通过改善国内法制而收回领事裁判权的说帖并没有被列入巴黎和会议事日程，巴黎和会闭幕后，中国政

---

① 参见《各审判厅处收结民刑事案件表（六年度）》，《司法部六年度办事情形报告》，第 34~43 页。本书对南方政治独立省份中司法机关与北京政府司法部的司法行政关系主要考察是否上报诉讼统计等资料：某司法机关只要有数月向北京政府司法部上报诉讼统计等资料，则仍算在北京政府管辖的司法机关范围之内；整年不向北京政府司法部上报诉讼统计等资料，则不算在北京政府管辖的司法机关范围之内。司法部指北京政府的司法部，下同。

② 参见《关于法院及上诉机关沿革事项》，《司法公报》第 108 期（《司法部七年度办事情形报告》），1919 年，第 1~3 页。

— 161 —

府仍决定实施"添设厅监分年筹备计划"。1920年如期成立了直隶的万全地方厅和黑龙江的呼兰地方厅。①

十月革命之后,俄国政局动荡。1920年北京政府借机将哈尔滨及横道河子,满洲里、海拉尔各处前俄罗斯法院分别收回。10月,北京政府公布了《东省特别区域法院编制条例》,设立东省特别区域各级法院,其中包括地方厅一所。②

1920年,昆明地审厅重新恢复了与司法部的司法行政关系。

北京政府统治区域里增加万全、呼兰、东省特别区域、昆明等4所地方厅,其实际管辖的地方厅数目增到47所。北京政府名义上管辖的地方厅数目因为新设了3所而变为54所。

1921年,湖南的两所地方厅和广西桂林地方厅中断与司法部的司法行政关系,受北京政府管辖的地方厅及地方分厅少了3所,北京政府实际管辖的地方厅数目减至44所。北京政府名义上管辖的地方厅数目仍为54所。

该年,广东增设地方厅6所,其总数达到8所,③不过司法部各项司法统计表中并不将这6所地方厅列入。中国实际存在的地方厅总数变为60所。

1922年,新增设了江苏的吴江、丹徒和四川的泸县、自贡等4所地方厅。1922年2月4日,中日代表在华盛顿签订《解决山东问题悬案条约》和《附约》,大体收回了山东权益。为收回青岛法院,司法部派山东高等审检两长,亲赴青岛举行接收仪式,着手改组。12月14日,青岛地方审检两厅正式成立。④ 该年北京政府统治区域里的地方厅及地方分厅数目增加5所,北京政府实际管辖的地方厅数目达到49所。

同年,广西的苍梧与南宁地方厅出现在司法部的厅监职员任免惩奖表格上,表明它们得到了司法部的承认。由于该两厅尚没有向司法部上报诉讼业务数据,暂不将其列入北京政府实际管辖的地方厅数而仍将其算入北京政府

---

① 参见司法部总务厅第五科编《中华民国九年第七次民事统计年报》,1923年12月。
② 参见《关于组织东省特别法院及各省筹设新厅事项》,《司法公报》第161期(《司法部九年份办事情形报告》),1922年,第1页。
③ 参见《粤省筹备司法独立各县一律设置分庭》,《申报》1922年2月23日。
④ 《关于收回青岛法院暨筹设厅庭与县司法公署事项》,《司法公报》第195期(《司法部十一年份办事情形报告》),第25~26页。

第七章　基层司法机关的规模与分布

名义上管辖和中国实际存在的地方厅之内,则北京政府名义上管辖的地方厅数目共增加 7 所,达到 61 所,中国实际存在的地方厅也增至 67 所。

陕西南郑地方厅于 1923 年 1 月成立。① 该年广西的桂林、苍梧与南宁地方厅与司法部有业务上的联系,而四川的泸县、自贡以及云南的昆明等 3 所地方厅中断了与司法部的司法行政关系。1923 年受北京政府管辖的地方厅较上年新增加 4 所,又减少了 3 所,其总数从上年的 49 所增至 50 所。北京政府名义上管辖的地方厅数目从 61 所增至 62 所。1923 年,湖南省新设或改设辰州、宝庆、永州、郴州和岳阳 5 所地方厅。② 司法部各项司法统计表中并不将这 5 所地方厅列入。该年南郑与湖南共新设 6 所地方厅,中国实际存在的地方厅增至 73 所。

1924 年,不见南宁地方厅向司法部上报诉讼业务数据。北京政府实际管辖的地方厅数目减少 1 所,为 49 所。

1925 年 7 月,延吉地方厅改组为第二高等分厅,延吉的珲春地方分厅改为珲春地方庭,使地方厅及分厅数目减少 2 所。该年福建添设莆田、晋江、龙溪三县地方厅。广西邕宁地方厅（南宁）向司法部上报诉讼业务数据,却不见广西苍梧地方厅向司法部上报诉讼业务数据。③ 受北京政府管辖的地方厅及地方分厅较上年共减少 3 所,新增加 4 所,其总数变为 50 所。新增的莆田等 3 所,减去吉林改组的两厅,北京政府名义上管辖的地方厅数目增 1 所,为 63 所；中国实际存在的地方厅也因此而增加 1 所,变为 74 所。

1926 年 1 月,抚顺分庭改组成抚顺地方厅；5 月,设立通化地方厅。④ 北京政府实际管辖的地方厅数目增至 52 所。北京政府名义上管辖的地方厅数目增至 65 所。中国实际存在的地方厅增至 76 所。

---

① 参见《关于筹设厅庭及县司法公署事项》,《司法公报》第 212 期（《司法部十二年份办事情形报告》）,1925 年,第 1~2 页。
② 参见欧阳湘《对民国前期新式法院数量的核实》,《中国地方志》2006 年第 5 期。
③ 参见《各审判厅处收结民刑事案件表》,《司法公报》第 247 期（《司法部十四年份办事情形报告》）,1928 年,第 3 页,第 39~48 页。
④ 参见《各审判厅处十五年份收结民刑案件表》,《司法公报》第 243 期,1927 年 12 月,第 95~113 页。

1926年地方审判厅的数目,因《调查法权委员会报告书》的记载而广为流传。居正《二十五年来司法之回顾与展望》一文引用了《调查法权委员会报告书》正文中的数据,认为1926年有地方审判厅66所,地方分庭23所。张国福认为北洋时期有地方庭89所,[①]他是把地方厅与地方分庭混在一起算的。汪楫宝认为"终北京政府时代,全国计有高等厅21所,高等分厅26所,地方厅67所。"[②]《调查法权委员会报告书》中新式法院项下的地方厅为66所,还有东省特别区地方审判厅1所,汪楫宝认为地方厅为67所大概源于此。黄宗智引用了1933年《申报年鉴》的说法,认为当时有地方厅66所,地方分庭23所。[③]吴永明认为有地方厅66所,地方分庭21所。[④]他在表格中把东省地方厅与地方分庭的数目放错了列,把1所地方厅变成了3所,而3所地方分庭则变为零了。欧阳湘发现,关于厅庭数量,《调查法权委员会报告书》的正文与附表有出入,正文为地方厅66所,附表则只有64所;地方分庭正文为23所,附表为24所。欧阳湘指出了《调查法权委员会报告书》中数据的矛盾之处,这是过去多数学者都没有发现的。

《调查法权委员会报告书》第二编附录一"中国新式法院地点及法官员缺一览表"关于地方厅记载基本准确,不准确之处在于抚顺的司法机关是分庭还是地方厅。抚顺分庭在1月已经改组成抚顺地方厅,1926年9月16日调查法权委员会召开最后一次会议时,应该已经知道此事。[⑤]1926年,奉天应有地方厅12所,而非11所;北京政府名义上管辖的地方厅数目为65所,而不是《调查法权委员会报告书》附表所列举的64所,也不是它在正文里所称的66所。

3. 地方分庭的规模

地方分庭在1914年地方、初级审判厅大裁并之际已经出现。到1917年

[①] 参见张国福编《中华民国法制简史》,北京大学出版社,1986,第279页。
[②] 汪楫宝:《民国司法志》,正中书局,1959,第8页。
[③] 参见黄宗智《法典、习俗与司法实践:清代与民国的比较》,第38页。
[④] 参见吴永明《理念、制度与实践:中国司法现代化变革研究(1912~1928)》,第99~100页。
[⑤] 因为5月所设立的通化地方厅已经准确反映在《调查法权委员会报告书》中。

第七章 基层司法机关的规模与分布

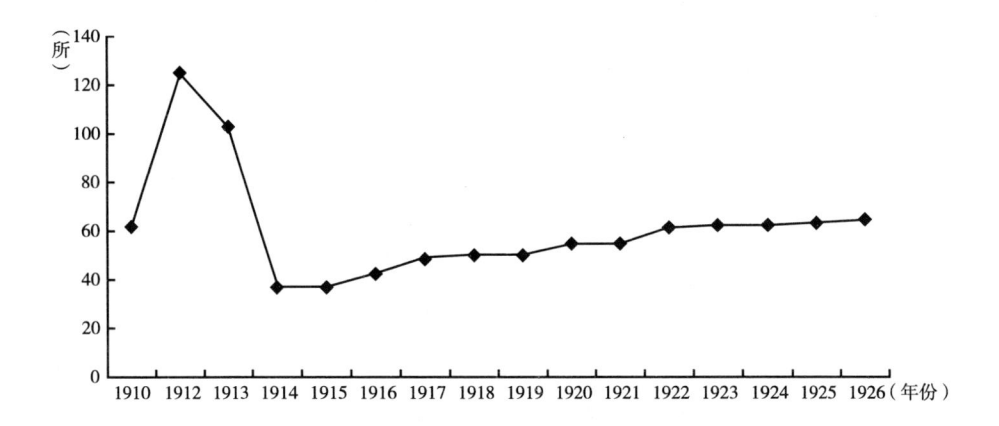

图 7-1　1910~1926 年地方审判厅数目

资料来源：根据表 7-2"地方审判厅及分厅（名义）"栏相关数据制作。

公布《暂行各县地方分庭组织法》时才对地方分庭做出详细规定。

1914 年 5 月 25 日，京师各初级审判厅全部裁撤，其主管司法事务归并地方厅办理，于地方厅内添设简易庭，于外城改设第一、第二分庭，凡旧属于初级管辖民刑案件归简易庭及第一、第二分庭受理。有的省仿照京师裁并办法设简易庭及分庭。同年 7 月 28 日，上海设地方分庭；9 月 8 日，天津设地方分庭；10 月 2 日，福建设闽侯地方分庭；10 月 21 日，吉林设延吉地方第一分庭、第二分庭。1914 年设置的地方分庭有 7 所。[1] 简易庭通常设在地方厅之内，管辖区域与地方厅大体相同；地方分庭则多设置于地方厅之外，另有管辖区域。本书主要关注的是设有不同司法机关的地方各有多大范围，简易庭既然与地方厅在一处，故不再详细讨论简易庭的数目。

上海的地方分庭在 1915 年 10 月 16 日被批准裁撤另组简易庭。[2] 该年地方分庭的数目由 7 所减至 6 所。1916 年，吉林延吉地方厅第二分庭改组为地方分厅，全国的地方分庭数目由 6 所减至 5 所，该数目一直保持到

---

[1] 参见《京外设置地方审判厅简易庭及分庭一览表》，《司法部三年份办事情形报告》，第 20 页。

[2] 参见《准裁撤上海地分庭另组简易庭批》，《司法公报》第 51 期，1916 年 1 月，"官制"，第 1 页。

1920年。

　　1920年10月,北京政府决定在中东铁路沿线设地方分庭若干处。①1921年1月东省特别区域的6所地方分庭成立。第一、第二、第三分庭驻哈尔滨;第四分庭驻横道河子站;第五分庭驻海拉尔站;第六分庭驻满洲里站。后来因为横道河子、海拉尔、满洲里各站距离哈尔滨路途遥远,关于地方管辖第一审案件如果一律赴哈尔滨呈诉十分不便,于是实行变通办法,第四、第五、第六各分庭对于地方管辖第一审案件,准其暂行审理,以利进行。② 全国的地方分庭数目在原有5所的基础上,新增6所,共有11所。

　　1922年,遵照司法部分年添厅计划,在浙江新增设绍兴等7县地方分庭。其中绍兴、嘉兴、吴兴三县分庭归杭县地方厅管辖;衢县、建德两县分庭归金华地方厅管辖;临海县分庭归鄞县地方厅管辖;丽水县地方分庭归永嘉地方厅管辖。③ 1922年地方分庭新增7所,达到18所。

　　1923年,奉天复县地方厅因新厅署建筑工竣,迁移别处,即于10月在原厅地址设地方分庭;山东青岛地方厅,因所辖李村距地方厅较远,12月添设李村地方分庭。新增之外,也有裁撤者。1923年2月,京师地方厅第一、第二分庭被裁撤。3月,东省特别区域的一、二、三分庭裁撤,将原来的四、五、六分庭改组为一、二、三分庭。④ 该年共添设地方分庭2处,裁撤5处,年终地方分庭数目为15所。

　　1924年7月奉天的抚顺、东丰二处地方分庭成立。⑤ 12月黑龙江呼兰地方厅第一分庭成立,但未收案,之后不见其信息,故仅把它列入当年地方

---

① 参见《东省特别区域法院编制条例》,《司法公报》第127期,1920年11月,第3~4页。
② 参见《关于组织东省特别法院及各省筹设新厅事项》,《司法部九年份办事情形报告》,第1页。
③ 参见《关于收回青岛法院暨筹设厅庭与县司法公署事项》,《司法部十一年份办事情形报告》,第25~26页。
④ 参见《关于筹设厅庭及县司法公署事项》,《各审判厅处收结民刑事案件表》,《司法部十二年份办事情形报告》,第1页,第35~44页。
⑤ 奉天之抚顺、东丰、昌图三县于1923年已组织司法公署。因其诉讼日增,1924年,拟将司法公署改设为地方分庭。抚顺分庭归沈阳地方厅管辖,东丰分庭归海龙地方厅管辖,昌图分庭归铁岭地方厅管辖。

第七章 基层司法机关的规模与分布

分庭总数,之后不再列入。奉天的复县地方分庭以其诉讼其简,于该年 5 月间裁撤。① 该年共添设地方分庭 3 处,裁撤 1 处,年终地方分庭数目为 17 所。

1925 年 1 月,成立了昌图地方分庭。福建龙溪县石码距城颇远,5 月,添设石码地方分庭 1 处。京师的涿县、武清、顺义原设的司法公署,在 1925 年 6 月改组为地方分庭。② 奉天盖平县司法公署诉讼日繁,6 月改组为地方分庭,归营口地方厅管辖。7 月延吉地方厅改组为第二高等分厅,原隶于延吉地方厅的六道沟地方分庭,改隶于第二高等分厅,定名为六道沟地方庭。③(详后)1925 年该年共添设地方分庭 6 处,裁改 1 处,再除去呼兰地方厅第一分庭,则年终地方分庭数目为 21 所。

1926 年 1 月,抚顺分庭改组成立抚顺地方厅。锦县地方厅义县分庭 8 月成立。④ 该年地方分庭总数目不变,仍为 21 所。

关于地方分庭数目,学者多引用《调查法权委员会报告书》。该"报告书"对此记载存在几项不准确之处。一是"报告书"中有京师西郊地方分庭,而《各审判厅处十五年份收结民刑案件表》中并无该分庭的记载。⑤ 二是奉天抚顺地方分庭在撰写《调查法权委员会报告书》之前已经改组为地方厅了,"报告书"仍记载为地方分庭。三是奉天的义县地方分庭 8 月成立,"报告书"却没有记载,很可能是漏计了。奉天的地方分庭总数虽正确,但这实际上是因为增计抚顺地方分庭,漏计义县地方分庭而造成的结果。四是

---

① 参见《关于厘定权限及筹设厅庭与县司法公署事项》,《司法公报》第 214 期(《司法部十三年份办事情形报告》),1925 年,第 1 页。
② 黄宗智认为 1925 年顺义县司法公署改为京师地方审判厅的分厅,这是不准确的。1925 年建立了京师地方审判厅顺义县分庭,而不是分厅。参见黄宗智《法典、习俗与司法实践:清代与民国的比较》,第 40 页。
③ 参见《关于筹设厅庭及县司法公署事项》,《司法部十四年份办事情形报告》,第 3 页。
④ 参见《各审判厅处十五年份收结民刑案件表》,第 95~113 页。
⑤ 《调查法权委员会报告书》的西郊地方分庭疑为四郊地方分庭。京师四郊初级案件向沿成例由步军统领衙门管辖,自 1924 年,该衙门裁撤,所有四郊案卷应由法院接收,12 月司法部训令京师高地审检四厅会同筹设四郊地方分庭,以便受理诉讼。京师的地方分庭通常不太可能不向司法部上报收结民刑案件数据,《各审判厅处十五年份收结民刑案件表》没有该分庭的数据,该分庭没有成立还是成立后未受理案件,尚不得而知。参见《关于厘定权限及筹设厅庭与县司法公署事项》,《司法公报》第 214 期《司法部十三年份办事情形报告》,第 1 页。当然,四郊为西郊之误也不是没有可能。

"报告书"所载吉林的珲春地方分庭和六道沟地方分庭混淆了地方分庭与地方庭。其实早在1916年吉林省延吉地方厅第二（珲春）分庭已经改组为地方分厅，1925年珲春地方分厅和六道沟地方分庭又改组为吉林第二高等分厅珲春地方庭和六道沟地方庭。地方分庭隶属于地方厅，地方庭隶属于高等分厅，二者虽一字之差，但实质上相去甚远。故"报告书"所统计的地方分庭正文为23所，附表为24所都是不准确的，正确的应为21所或22所。①

除了上述地方分庭，广东在独立于北京政府期间也曾设立为数众多的地方分庭。欧阳湘指出，1917年前后，广东增设了7县地方分庭；1921年，又增设78县分庭。地方分庭总计85县。1925年底广东一些地方分庭推事、检察官裁撤，另组巡回庭，至1926年6月，国民政府废除巡回制，7月1日恢复旧制。②

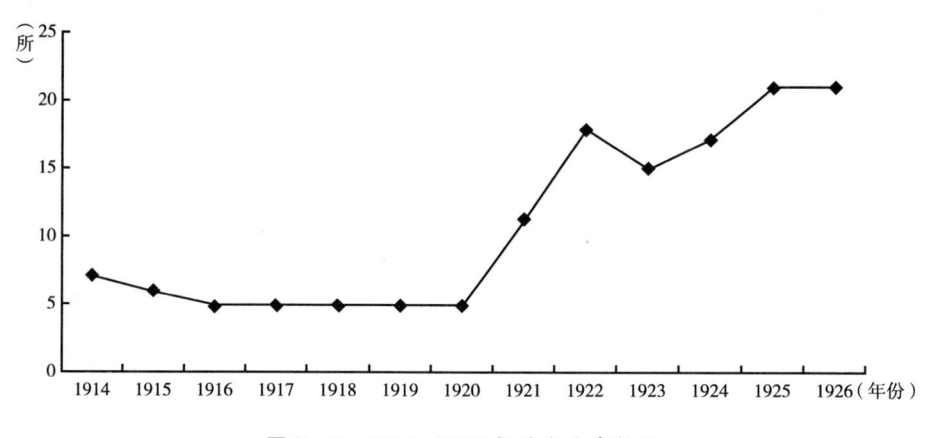

图7-2　1914~1926年地方分庭数目

资料来源：根据表7-2"地方分庭"栏相关数据制作。

4. 省级司法机关附设地方庭的规模

北洋时期，省级司法机关在多数省为高等审判厅及高等分厅、高等分庭；在新疆设司法筹备处；在绥远、热河、察哈尔特别区设都统署审判处。

---

① 算上四郊地方分庭为22所，不算为21所。
② 参见欧阳湘《近代中国法院普设研究——以广东为个案的历史考察》，第181~210页。

第七章　基层司法机关的规模与分布

有的高等分厅附设有地方庭，在绥远和察哈尔都统署审判处也附设地方庭（以下简称"附设地方庭"）。

1915年3月18日，司法部明确规定了高等分厅附设地方庭的职能：它可以受理初级管辖和地方管辖第一审案件；由兼理司法县知事受理的第一审案件也可由高等分厅附设的地方庭为第二审，不服高等分厅附设地方庭的第二审判决而上告者，概应专归高等本厅为终审。①

1915年8月，江西高等分厅和湖北第一、第二高等分厅附设地方庭受理案件已经上报到司法部。② 1915年，有上述3所高等分厅附设地方庭在受理诉讼。③

1916年1月，察哈尔审判处以从前都统署积案及都统特交之案办理困难，决定在审判处内附设地方庭，置专员审理初级管辖第二审，及地方管辖第一审特定各案。④ 1月28日，司法部核定了察哈尔审判处附设地方庭章程。⑤ 不久即于审判处内附设地方庭。⑥ 1916年新增设的1所附设地方庭加上1915年的3所，总数达到4所。

1917年，甘肃、安徽、山西、湖南、江苏等省改组或新成立了一批高等分厅。⑦ 该年山西省第一、第二高等分厅，湖南省高等分厅和绥远特别区都统署审判处附设的地方庭向司法部报送了诉讼方面的情况。故仅将这4所地方庭算入1917年新增数目，则该年总数为8所。

1918年6月10日改组成立了陕西高等分厅，其附设的地方庭于9月1

---

① 参见《司法部饬第334号》，《政府公报》第1042号，1915年4月3日，第27页。
② 参见《京外各审检衙门四年八月分受理案件一览表》，《司法公报》第63期，1916年7月，第60~61页。另，江西高等分厅1914年已经成立并受理诉讼，但该年不见其附设地方庭的受理诉讼。《京外各审检衙门三年十二月分受理案件一览表》，《司法公报》第29期，1915年2月，第215页。
③ 参见司法部总务厅第五科编《中华民国四年第二次刑事统计年报》，1918年8月。
④ 参见《关于法院及上诉机关沿革事项》，《司法部五年度办事情形报告》，第1~2页。各审判处附设地方庭与高等分厅附设地方庭职能大体相同，故一并予以统计。加之其数甚微，不致有大的偏差。
⑤ 参见《核定审判处附设地方庭章程批》，《司法公报》第54期，1916年2月，第2~3页。
⑥ 参见《答复改良新疆、热河、绥远、察哈尔、川边各省区司法机关意见书》，《司法会议议决案附司法会议纪实》，《司法公报》第71期，1917年，第388页。
⑦ 参见《关于法院及上诉机关沿革事项》，《司法部六年度办事情形报告》，第1~3页。

日成立。河南省第一高等分厅与附设地方庭同于 6 月 10 日成立。① 河南等高等分厅附设地方庭自成立后并没有向司法部上报诉讼统计等资料，它是否存在，是否收受案件不得而知，故仅把它列入 1918 年高等分厅附设地方庭总数之内，之后年份不再列入。1918 年，新增江苏、陕西、河南等高等分厅附设地方庭 3 所，总数为 11 所。

1919 年与 1920 年，附设地方庭的数目均为 10 所。湖南的高等分厅附设地方庭自 1920 年 4 月以后收结案件等数据不向司法部上报。② 从 1921 年开始，不再把湖南高等分厅附设地方庭列入北京政府实际管辖的附设地方庭数目之内，而仍列入北京政府名义上管辖的附设地方庭数目。

1921 年，甘肃开始筹设高等分厅附设地方庭事宜。12 月 31 日，司法部指令甘肃高等厅，准予将"甘肃第一，第三高等分厅暨附设地方庭暂行章程"备案。在此之前，甘肃第一、第三高等分厅附设地方庭已经开始收受案件了。③ 1921 年，北京政府实际管辖的附设地方庭数目为 11 所，北京政府名义上管辖的附设地方庭数目为 12 所。

1922 年和 1923 年，附设地方庭数目与 1921 年同。④ 1922 年附设地方庭数目没有变动，1923 年附设地方庭数目虽有增减，但总数仍不变。由于 1923 年 1 月，陕西省的南郑地方厅成立，故原设于汉中道南郑县的陕西高分厅附设地方庭被裁撤。该年，《司法部十一年份办事情形报告》的《各审判厅处收结民刑案件表》等资料出现甘肃第二高等分厅附属地方庭收受案件的信息。⑤

1924 年，吉林高等分厅及附设地方庭成立。吉林省会偏处西南，该省东北部的十余县距省城较远，且山川险阻，交通不便。民事案件向高等厅上

---

① 参见《关于法院及上诉机关沿革事项》，《司法部七年度办事情形报告》，第 1~3 页。
② 参见《各审判厅处收结民刑事案件表》，《司法部九年份办事情形报告》，第 39 页。
③ 参见司法部总务厅第五科编《中华民国十年第八次刑事统计年报》和《中华民国十年第八次民事统计年报》，1923 年 12 月。
④ 1922 年 12 月，甘肃第二高等分厅成立，不过该年司法部的《各审判厅处收结民刑案件表》等资料没有显示甘肃第二高等分厅附属地方庭已经成立受理案件。参见《京外各法院法官任免奖惩员数表》与《各审判厅处收结民刑案件表》，《司法部十一年份办事情形报告》，第 6 页与第 40 页。
⑤ 参见《关于筹设厅庭及县司法公署事项》及《各审判厅处收结民刑案件表》，《司法部十二年份办事情形报告》，第 1、35~44 页。

第七章 基层司法机关的规模与分布

诉，当事人辗转途中，动辄累月，往往因无力投审，不得不放弃上诉。刑事案件上诉后，人犯必须由原县递解，多借口道路不靖，需费浩繁，案件到厅半年，而人犯仍不解到，高等厅传唤人证，调查证据，存在种种困难。司法部于1924年7月4日指令吉林高等厅，同意在依兰设立吉林高分厅及附设地方庭。[①] 1924年，北京政府实际管辖的附设地方庭数目增至12所，北京政府名义上管辖的附设地方庭数目增至13所。

吉林省东南部的延吉等8县除了距省城较远，交通不便外，还与日韩涉外诉讼尤多。1925年7月延吉地方厅改组为第二高等分厅，以延吉道所属8县为其管辖区域。分厅内附设地方庭。另外，原隶于延吉地方厅的珲春地方分厅、六道沟地方分庭，均改隶于第二高等分厅，定名为珲春地方庭、六道沟地方庭。[②] 1925年，附设地方庭新增3所，北京政府实际管辖的附设地方庭数目达15所，北京政府名义上管辖的附设地方庭数目达16所。

1924年12月，黑龙江高等分厅已经成立。[③] 但直到1926年，才见黑龙江第一分厅附设地方庭收受诉讼案件等情况。[④] 1926年，北京政府实际管辖的附设地方庭数目变为16所，北京政府名义上管辖的附设地方庭数目为17所。

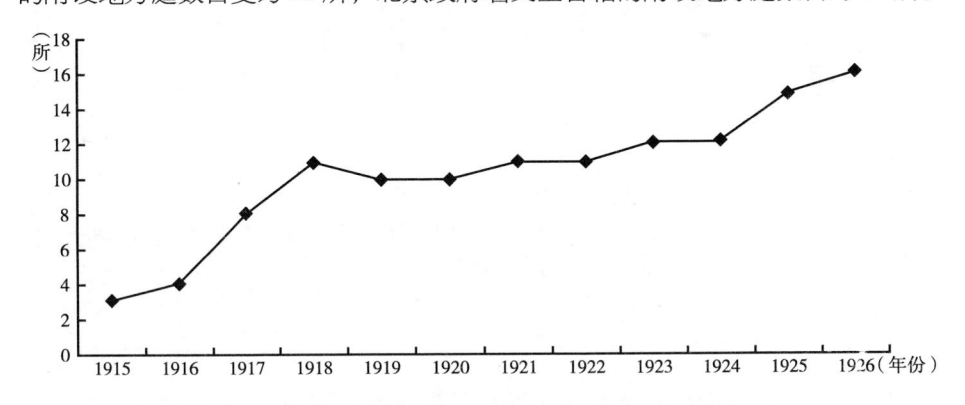

图7-3　1915~1926年省级司法机关附设地方庭数目

资料来源：根据表7-2"省级司法机关附设地方庭（名义）"栏相关数据制作。

[①] 参见《吉林第一高等分厅暨附设地方庭章程》，《司法公报》第203期，1925年3月，第3~6页。
[②] 参见《关于筹设厅庭及县司法公署事项》，《司法部十四年份办事情形报告》，第3页。
[③] 参见《各检察厅所收结刑事案件表》，《司法部十三年份办事情形报告》，第44~52页。
[④] 参见《各审判厅处十五年份收结民刑案件表》，第101页。

二 审检所、司法公署与县知事
兼理司法衙门的规模

北洋时期基层司法机关除了新式审判机关，还有审检所、司法公署与县知事兼理司法衙门等。

1. 审检所的规模

1912 年中央司法会议结束不久，即开始推行审检所制度。审检所的数目学者很少提及。1915 年出版的《司法部三年份办事情形报告》所列《各省审检所情形一览表》和 1917 年统计局所编《行政统计汇报·司法类》都指出 1914 年审检所被裁撤时达到了 922 所。① 后来，王宠惠在一次演讲中也指出，截至 1914 年初，全国设立审检所的县有 900 余处。② 可见，全国有一半的县都建有审检所。

22 省中有 17 个省设有审检所，设有审检所的省占全部省份的 77%。③ 在 12 个省中 80% 以上的县设有审检所；还有 5 个省中 90% 以上的县设有审检所。因此，设审检所的省份很多，而且各省一旦设审检所，则该省内多数县都设（详见表 7-1）。

另外，护国战争前后，浙江省在各县设置了审检所。1917 年 4 月 8 日，司法部指令裁撤浙江省审检所，所有司法事务责成县知事暂行兼理。④ 不过对浙江设置的审检所数目尚不知晓。

---

① 参见《各省审检所情形一览表》，《司法部三年份办事情形报告》，第 22~23 页。《京外裁并高等以下各司法机关一览表》，《行政统计汇报·司法类》，第 28~30 页。
② 参见王宠惠《二十五年来中国之司法》，《中华法学杂志》第 1 卷第 1 号，1936 年。
③ 福建、湖南、甘肃、贵州、新疆等省没有设审检厅或司法部统计时已经停设。福建、湖南两省审检所成立日期及所数均未报司法部。福建省高等两厅 1913 年 11 月电称，审检所暂停改设帮审员。湖南省高等两厅 1913 年 12 月 31 日电称，审检所因财政困难未尽成立。甘肃、贵州电称审检所均未成立。陕西省的审检所设立后旋即撤销。
④ 参见《裁撤浙省审检所仍暂由知事兼理司法令》，《司法公报》第 76 期，1917 年 5 月，第 1 页。

表 7-1　1913~1914 年各省审检所一览

省份	县数	审检所数目	审检所占县数比例(%)	成立报司法部日期	裁撤日期
直隶	131	114	87	1913 年 11 月 12 日	1914 年 4 月
奉天	53	46	87	1913 年 7 月	1914 年 3 月
吉林	37	31	84	1913 年 11 月 9 日	1914 年 4 月
黑龙江	26	11	42	1913 年 11 月 9 日	1914 年 4 月
山东	107	94	88	1913 年 11 月 8 日	
河南	108	30	28	1913 年 11 月 13 日	
山西	117	110	94	1913 年 9 月 6 日	
江苏	60	48	80	1913 年 11 月 8 日	1914 年 4 月
安徽	60	56	93	1913 年 11 月 8 日	1914 年 4 月
江西	81	73	90		
浙江	75	64	85		
湖北	69	58	84	1913 年 9 月	1914 年 4 月
陕西	91	13	14		
四川	171	9	5	1913 年 11 月 8 日	
广东	94	88	94	1913 年 11 月 8 日	1914 年 4 月
广西	78	75	96	1913 年 7 月 1 日	1914 年 3 月
云南	96	2	2	1913 年 11 月	1914 年 4 月

资料来源：《各省审检所情形一览表》，《司法部三年份办事情形报告》，第 22~23 页。各省的县数根据 1913 年 9 月 4~30 日《政府公报》的有关资料统计。

2. 司法公署的规模

1917 年，中国政府即提出在未设法院各县设立司法公署，但直到华盛顿会议后各国委员将来华考察司法，以撤废领事裁判权，设立司法公署才重新被提上议事日程。1922 年 2 月 17 日，司法部要求就紧要处所先行举办县司法公署。

1922 年设置的司法公署包括甘肃的隆德、定西、临潭、靖远、静宁、岷县、张掖等 7 处，察哈尔的张北、多伦、丰镇等 3 处，绥远的归绥 1 处，全国共设 11 处。①

---

① 参见《关于收回青岛法院暨筹设厅庭与县司法公署事项》，《司法部十一年份办事情形报告》，第 25~26 页。

1923 年，在已有 11 所的基础上新设立司法公署 18 所，即京兆的涿县、武清、顺义等 3 处，① 奉天的开原、海城、新民、西丰、东丰、抚顺、西安、昌图、通化、盖平、凤城、法库等 12 处，吉林的宁安 1 处，甘肃的泾川 1 处，绥远的包头设治局 1 处。② 1923 年共有司法公署 29 所。

1924 年，各省区新成立的县司法公署有奉天本溪 1 处，吉林的榆树、扶余、双城、农安、阿城、宾县、伊通等 7 处，甘肃的酒泉、中卫、庆阳、海原、固原等 5 处，察哈尔的集宁、兴和等 2 处，共计 15 处。③ 不过，该年又有奉天的抚顺和东丰两所司法公署改为地方分庭。1924 年终共有司法公署 42 所。

1925 年，各县设立的司法公署有 9 处，包括奉天的怀德、梨树、宽甸、绥中、岫岩 5 处，甘肃的道河、陇西、武威、平番 4 处。④ 京兆地区的涿县、武清、顺义三县，奉天的昌图和盖平县都将司法公署改组为地方分庭。1925 年终司法公署为 46 所。

1926 年 5 月，奉天的通化司法公署改设为地方厅，⑤ 则该年司法公署减少 1 所，由 46 所变为 45 所。调查法权委员会的调查数目为 46 所，比实际数多 1 所。⑥

3. 县知事兼理司法事务衙门

1914 年初，中国开始推行县知事兼理司法。随着初级审判厅和审检所的裁并，除了设有地方厅及分厅，地方分庭，司法公署和省级司法机关附设

---

① 黄宗智认为 1919 年顺义县建立了一个过渡性的司法办公处，民初叫承审处，1913 年后易名为司法公署。这是不准确的。顺义县司法公署建立的时间为 1923 年，而非 1913 年，1913 年后易名为司法公署当为笔误；1914 年至司法公署建立之前顺义县实行县知事兼理司法制度，其承审官出现的时间不是 1919 年，其实 1916 年承审官已经参与审判案件了。设立承审官的法律依据也不是 1917 年北京政府的命令。1917 年司法部曾要求建立司法公署，但很快通知缓办，1922 年才开始设置司法公署。参见黄宗智《法典、习俗与司法实践：清代与民国的比较》，第 39～40 页。
② 参见《关于筹设厅庭及县司法公署事项》，《司法部十二年份办事情形报告》，第 1 页。
③ 参见《关于厘定权限及筹设厅庭与县司法公署事项》，《司法部十三年份办事情形报告》，第 1 页。
④ 参见《关于筹设厅庭及县司法公署事项》，《司法部十四年份办事情形报告》，第 3 页。
⑤ 参见《各审判厅处十五年份收结民刑案件表》，第 95～113 页。
⑥ 参见《法权会议报告书》，《国闻周报》第 4 卷附录，第 94～95 页。

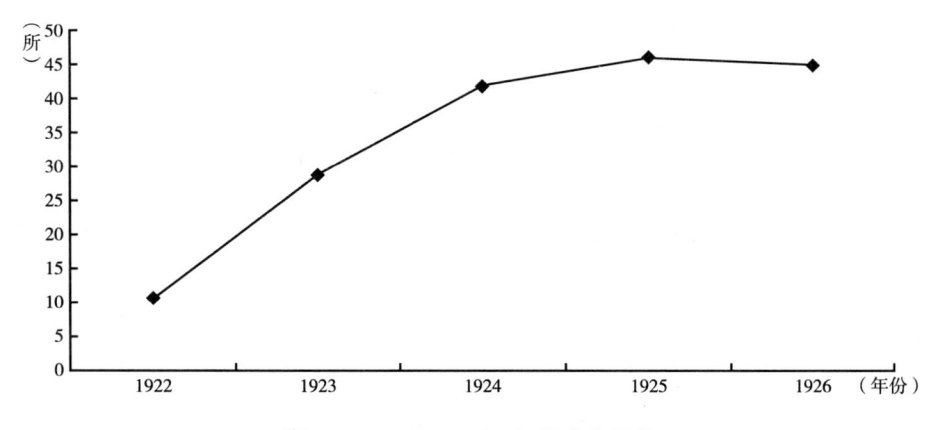

第七章 基层司法机关的规模与分布

图 7-4 1922~1926 年司法公署数

资料来源：根据表 7-2 "司法公署" 栏相关数据制作。

地方庭等司法机关外的各县基本都属于县知事兼理司法。设承审员助理县知事审理案件是该制度的核心。它规定，一个县承审员最多不得超过三人，如事简可不设，于是有多少县设了承审员，多少县没有设承审员又成了不得不回答的问题。

不少民国时期的县志都记载该县设有承审员。从省的范围而言，直隶、山西、浙江和江苏等省设承审员的总体情况也是可以知晓的。

1923 年时，直隶省 119 县除天津、保定、万全三县已设地方厅外，其余兼理司法各县均设有承审员一员，有的诉讼较繁之县设有两员。[①]

1920 年前后数年里，山西省在 105 县共设有承审员 105 人，大约每县有 1 名承审员。[②]

1918~1921 年浙江省未设地方审判厅的县有 71 个，承审员总员额都在 72 名以上，浙江省很可能在绝大多数县都设有承审员。1922~1924 年的数据显示，浙江省未设地方厅及分庭的县都设有承审员。1922 年 71 个县里有 17 个设承审员 2~3 名。1922 年绍兴等 7 县改设地方分庭，浙江省县知事兼

[①] 参见法权讨论委员会编《考查司法记》，第 43~44 页。
[②] 参见山西省长公署统计处编印《全省职官表二》，《山西省第一次政治统计·总务之部》，1922 年 6 月，第 9 页；《全省职官表二》，《山西省第二次政治统计·总务之部》，1924 年 5 月，第 9 页。

理司法的县剩下64个。1923~1924年64个县里有10个县设承审员2~3名。① 浙江多数县都设1名承审员，约1/6的县设有2~3名承审员。

江苏省各县历年受理民刑诉讼案件年在900起以上者设承审员两员；不满900起，但在300起以上者，设承审员一员，不满300起者即责成县知事自行兼理，不设承审员。1920年代初已有7县设置两位承审员，有30县设置一名。②

除此之外，还可以对全国的承审员设置状况进行估计。

《司法公报》上载有承审员任免奖惩的人数，由承审员的任免人数大致可以推知设承审员的地方有多少。由于财政困难等因素裁并法院和审检所而推行县知事兼理司法，设承审员也不得不考虑经费问题。如果设承审员，通常一个县设一员。故承审员数与设承审员的县数大体相当。不过，承审员的任期有长有短，难以判断一年里一个县到底要任免多少次承审员，一个承审员在一年之内要被任免几次，以下分析暂且假定承审员一年被任免一次，今后有更可靠的资料再予以修正。

如果免职的承审员多于任命的，则意味着裁撤了一些地方的承审员；如果免职的承审员少于任命的，则任免之差为新设承审员数目。《司法公报》记载了1915~1925年承审员任免人数。③ 数据显示，1915~1925年，都是任命的承审员多于免职的，因此，整体趋势是增设承审员而不是裁撤承审员。

1915~1925年，各年增设承审员数目分别为245名、240名、134名、

---

① 参见《十一年度人员任免表》，《浙江司法年鉴》（民国十一年度），第28~29页；《十二年度浙省司法人员任免表》，《浙江司法年鉴》（民国十二年度），第117页；《十三年度浙省司法人员任免表（第二）》，《浙江司法年鉴》（民国十三年度），第4~6页。
② 参见《法权讨论委员会书》，第45~47页。
③ 参见《各省区承审员任免奖惩员数表》，《司法部四年度办事情形报告》，第27~29页；《司法部五年度办事情形报告》，第17~19页；《司法部六年度办事情形报告》，第19~21页；《司法部七年度办事情形报告》，第21~23页；《司法部八年度办事情形报告》，第19~21页；《司法部九年份办事情形报告》，第20~22页；《司法部十年份办事情形报告》，第18~20页；《司法部十一年份办事情形报告》，第18~20页；《司法部十二年份办事情形报告》，第19~20页；《司法部十三年份办事情形报告》，第20~21页；《司法部十四年份办事情形报告》，第22~23页。

104名、27名、18名、115名、65名、19名、34名、119名，各年增设累计数分别为245名、485名、619名、723名、750名、768名、883名、948名、967名、1001名、1120名。上年承审员总数加上本年新增加的数目，则为本年总数。1914年已经开始设承审员，如果加上1914年旧有的，1915年的承审员数将超过245名。依此类推，其他各年实际存在的承审员数目当超过该年增设累计数，1925年的承审员数将超过1120名。

考虑到全国设置法院已经有数十处，这些地方不用设承审员；另外各年总有数省区未向司法部呈报任免承审员数据。全国1800多县减去这些已设法院之处和未呈报任免承审员数据的数百县，各县的承审员数与总县数的比例还将提高。尽管各年承审员数目是估计的，但它至少可以说明设承审员的县已经非常之多。

无论一些省设置承审员的实况，还是对全国承审员数的估计都表明，未设法院各县比较普遍地设置了承审员。

三 基层司法机关的分布

无论是北洋时期基层司法机关的种类，还是空间分布；无论它们的裁撤与兴建，还是数量上的增加与缩减，呈现的都不是一幅整齐划一的历史画卷。基层司法机关分布的乱象环生也许正是北洋乱世中的平常景象。不过，透过乱象仍可观察到司法机关的分布在类别、空间和时间上存在的特征。

首先，新式审判机关规模非常小，绝大多数县由县知事兼理司法。除1912~1914年、1925~1926年这四五年设新式审判机关的县超过一百处以外，其余年份的数目都在100处以下。设有新式审判机关的地方占全国县数的比例以1912年最高，达到了11%，其余年份都在7%以下；除了1912~1914年，以及1926年其比例在5%以上，其余的多数年份里都不超过5%。清末建立第一所专门的新式审判机关之后20年里，设有新式审判机关的地方在多数时间里不足100处，占全国县数的比例不超过5%，其规模实在非常之小。黄宗智认为1926年前全国约1/4的县建立了西式的法院

北洋时期的基层司法

系统。① 本书研究表明，北洋时期的绝大多数时间内，黄宗智估计设有西式法院县数是实际数目的四五倍。

县知事兼理司法的县占全国总县数的比例，1914年至1926的16年里，有5年为92%~94%，有8年为96%~98%，所有年份都在92%以上，多数年份在96%以上。

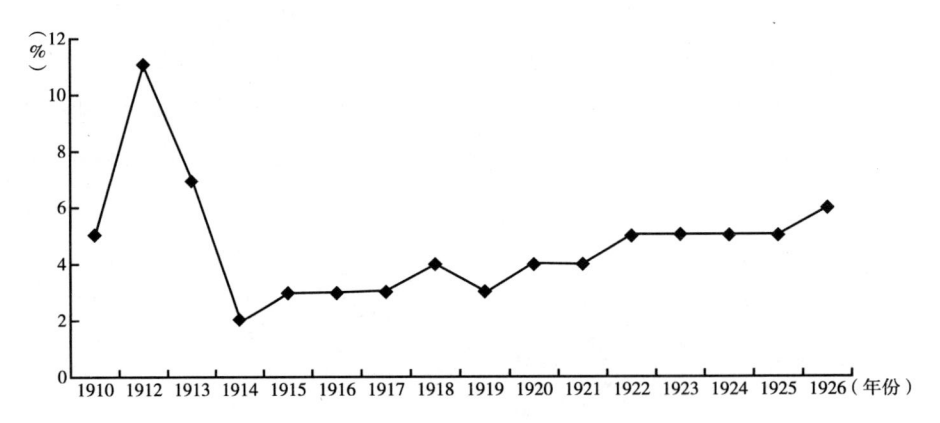

图7-5　1910~1926年设新式法院处所比例

资料来源：根据表7-2"新式法院数及比例"栏相关数据制作。

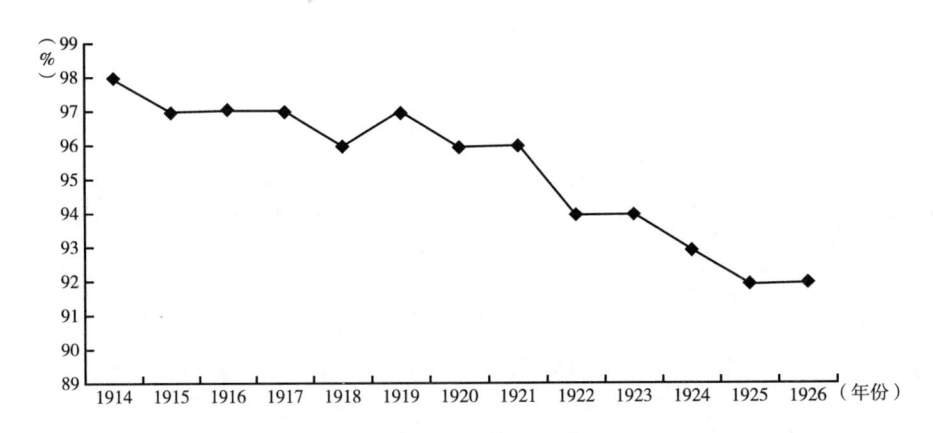

图7-6　1914~1926年县知事兼理司法县数比例

资料来源：根据表7-2"知事兼理司法"栏相关数据制作。

---

① 参见黄宗智《法典、习俗与司法实践：清代与民国的比较》，第2页。

审检所总数目虽不少,但昙花一现;县司法公署是1922年才开始出现,其数目也不多,且集中在京师、奉天、吉林、甘肃、察哈尔、绥远等少数几个省区(详见表7-2)。这不足以改变北洋时期司法机关的整体格局。

表7-2　1910~1926年全国基层司法机关数目

单位:所

项目 年份	初级审判厅	地方审判厅及分厅 实控	地方审判厅及分厅 名义	地方分庭	省级司法机关附设地方庭 实控	省级司法机关附设地方庭 名义	新式法院数及比例 名义	新式法院数及比例 比例	审检所	司法公署	知事兼理司法 县数	知事兼理司法 比例	总县数
1910	93	62	62				93	5%					1809
1912	200	125	125				200	11%					1809
1913	134	103	103				134	7%	922				1803
1914	(135)	(117)38	38	7			45	2%			1769	98%	1814
1915		37	37	6	3	3	46	3%			1772	97%	1818
1916		43	43	5	4	4	52	3%			1772	97%	1824
1917		49	49	5	8	8	62	3%			1774	97%	1836
1918		48	51	5	11	11	67	4%			1776	96%	1843
1919		43	51	5	10	10	66	3%			1880	97%	1946
1920		47	54	5	10	10	69	4%			1780	96%	1849
1921		44	54	11	11	12	77	4%			1775	96%	1852
1922		49	61	18	11	12	91	5%		11	1751	94%	1854
1923		50	62	15	12	12	90	5%		29	1735	94%	1855
1924		49	62	17	12	13	92	5%		42	1723	93%	1858
1925		50	63	21	15	16	100	5%		46	1715	92%	1862
1926		52	65	21	16	17	103	6%		45	1715	92%	1864

说明:司法机关的数量与设置该机关的县数之间存在紧密的对应关系。某县如果设有初级审判厅,其数目通常为1所,只有极少数地方在1所以上,初级厅的总数目虽略大于设初级厅的县数,但初级厅的数目与设审判厅的县数仍十分接近。另外,设地方厅之处通常设有初级审判厅,设初级审判厅之处未必设地方审判厅,设初级审判厅的县基本上包括了设地厅厅的县。因此,1914年之前,大致可以用初级审判厅的数量代表设新式审判机关的县数。初级审判厅裁撤后,地方厅、地方分庭和省级司法机关附设地方庭通常都设在不同地方,其总和即可作为设新式审判机关的县数。

括号中数目为1914年审判厅大裁撤时的数目。合计时以各年年终数和名义上的数目为准。以全国总县数减去已设新式法院、司法公署等司法机关为兼理司法之县数。傅林祥、郑宝恒著《中国行政区划通史》(中华民国卷)统计1912年的县数为1450个,可能仅包括县数,而不包括府厅州。本表1912年参照清末总县数,为府厅州县数。

资料来源:司法机关数目根据本章第一和第二部分相关数据进行统计;总县数参见周振鹤主编,傅林祥、郑宝恒著《中国行政区划通史》(中华民国卷),复旦大学出版社,2007,第76~78页;《清史稿·职官三》卷116,中华书局,1977,第3357~3358页;刘子扬:《清代地方官制考》,第102页。

北洋时期的基层司法

北洋时期，全国基本处于县知事兼理司法的汪洋大海之中，新式法院不过漂浮其上的几叶小舟。

其次，新式审判机关主要设于省会、商埠及繁盛地方，地理分布以中国东部、中南部为多。

清末设立的初级、地方级审判厅集中在省城及商埠等处。辛亥革命之后江苏、湖北等省建立的审判厅几乎遍布全省，在空间上大大拓展。经过改组，特别是1914年的审判厅大裁并，正如1915年司法部所指出的那样："今者设厅区域仅以省会或商埠及繁盛地方为限"。[①] 1920年之后，司法部设厅次序基本以通商口岸为先，商务繁盛、人烟稠密之处次之。[②] 清末至北洋时期，新式审判机关不是普设，而是设于省会、商埠及繁盛地方。

各省的商埠及繁盛地方数目不同，故新式审判机关数目在各省之间很不平衡。

清末设新式审判机关较多的省份有吉林（地方、初级厅合计23所），奉天（16所），广东（13所），直隶（11所）和江苏（11所）等，其余省份都在8所以下。

辛亥革命使上述格局发生了变化，除了江苏（107所）与湖北（79所）异军突起外，设厅较多的省还有浙江（22所），四川（19所），广东（14所），奉天（13所），吉林（13所）。与清末相比，江苏、湖北、浙江和四川已经位居前列，而奉天、吉林和直隶的排名已经下降。

1914年裁厅时，设厅较多的省为湖南（34所），江苏（24所），湖北（22所），江西（22所），浙江（22所），四川（20所），广东（15所），奉天（13所），吉林（12所）。湖南和江西等省设厅较多，排名上升较快，其他省相对比较稳定。

1914年审判厅大裁并之后，奉天、吉林和浙江等省设厅略多，其他省多数时间里，基层审判厅都最多不过两三所（详见表7-3）。

---

① 《司法部呈奉谕议裁冗员谨将本部历年员额俸给列表呈核并缕陈所属额缺前后设置情形文并批令》，《政府公报》第1053号，1915年4月14日，第118页。

② 参见《添设厅监分年筹备事宜》，《司法公报》第109期，1919年9月，第22~23页。

表 7-3　1910~1926 年各省区基层新式审判机关数目

单位：所

省区＼年份	1910	1912	1914	1915	1916	1917	1918	1919	1920	1921	1922	1923	1924	1925	1926
京师	6	5	5	3	3	3	3	3	3	3	3	3	1	1	4
直隶	11	8	8	3	3	3	3	3	4	4	4	4	4	4	4
奉天	16	13	13	4	7	10	10	10	10	10	10	11	12	14	16
吉林	23	13	12	5	5	5	6	6	6	6	6	6	7	9	9
黑龙江	2	2	2	1	1	1	1	1	2	2	2	2	2	2	3
山东	5	5	8	2	2	2	2	2	2	2	3	4	4	4	4
河南	2	4	2	1	1	1	3	2	2	2	2	2	2	2	2
山西	2	3	10	1	1	3	3	3	3	3	3	3	3	3	3
江苏	11	107	24	3	2	2	3	3	3	3	5	5	5	5	5
安徽	4	4	10	2	2	2	2	2	2	2	2	2	2	2	2
江西	5	8	22	3	3	3	3	3	3	3	3	3	3	3	3
福建	7	7	5	2	2	3	3	3	3	3	3	3	3	6	7
浙江	8	22	22	2	4	4	4	4	4	4	11	11	11	11	11
湖北	8	79	22	4	4	4	4	4	4	4	4	4	4	4	4
湖南	3	2	34	2	2	3	3	3							
陕西	3	3	3	1	1	1	2	2	2	2	2	3	2	2	2
甘肃	3		2	1	1	1	1	1	1	3	3	4	4	4	4
新疆	8														
四川	5	19	20	2	2	2	2					2			
广东	13	14	15	2	2	2									
广西	5	4	7	1	1	1	1	1	1			3	2	2	2
云南	2	2	4	1	1	1			1	1	1				
贵州	3		2	1	1	3	3								
察哈尔					1	1	1	1	1	1	1	1	1	1	1
绥远						1	1	1	1	1	1	1	1	1	1
东省特别区									1	7	7	7	4	4	4

说明：1911 年和 1913 年缺乏完整数据，故不单列。1914 年的地方分庭由初级厅改组，为避免重复计算，已去掉分庭数，包括现存与已裁地方、初级厅。

资料来源：司法机关数目根据本章第一和第二部分相关数据进行统计。

新式审判机关多集中在中国东部和中南部省份，如东北的奉天和吉林，东南的浙江和江苏，南部的广东，中部的湖南和湖北。东部、中南部的商埠、繁盛地方多于西部，新式审判机关的格局与经济格局存在某些重合。东

北洋时期的基层司法

北的奉天和吉林华洋杂居之地，诉讼日繁，设审判厅较多。辛亥革命等因素对南方湖北和江苏等省的审判厅设置有较大影响。

第三，司法机关的数目在时间坐标上呈现出曲折起伏的状态。

基层司法机关的增减在时间上存在几个关节点，分别是清末、1912年、1913年、1914年、1916年和1922年。

清末预备立宪后期为筹设审判厅的第一个小高潮：各省共建立地方审判厅及分厅62所，初级审判厅93所。

民国元年为北洋时期筹设审判厅的顶峰：1912年秋间，地方审判厅和初级审判厅较之清末各增加了一倍，尤以江苏和湖北两省最为突出。江苏和湖北等省的审判厅经1913年的整顿改组而发生了较大改观，全国审判厅总数有所下降，但降幅不大，而且在1914年初还有所回升。审检所在这期间一度异军突起，全国半数县都曾设置审检所。

1914年审判厅大裁并使新式审判机关建设备受摧残，而陷于低谷。首先，初级审判厅和审检所荡然无存，其次地方厅的数目急剧下降至38所。

1916年，地方审判厅建设开始以极其缓慢的速度发展。此后经过十来年的努力，地方厅数目才恢复到65所，与清末差不多。这期间，地方分庭增至21所，高等分厅及审判处等省级司法机关附设地方庭增至17所。

1922年在司法公署、新式审判机关的设置上都有较大进展。1916年司法部已经提出筹设县司法公署，1922年才付诸实践，1926年已达到45所。1922年，地方厅从1921年的54所增至61所，地方分庭从1921年的11所增至18所。1922年一年之内上述两种审判机关增加了14所，而从1916~1920年的4年时间里上述新式审判机关一共才增设11所。县知事兼理司法开始于1914年。县知事兼理司法的县占全国总县数的比例，1915年至1921年在97%和96%之间徘徊，1922年下降到94%，之后继续下降，到1926年时为92%。

1920年代前后新式审判机关的增加和县知事兼理司法县数的减少都与收回治外法权运动有一定关系，尤其是华盛顿会议通过《关于在中国之领事裁判权议决案》后，受各国委员将来华考察司法的推动，无论是新式审判机关，还是县司法公署，其增设速度明显加快。

第七章 基层司法机关的规模与分布

小 结

　　北洋时期基层司法机关规模与分布的图像展示了司法建设推进的状况，而后者正是讨论中国司法独立、司法专业化等问题的前提和基础。

　　经济、人才等基本因素左右着基层司法机关建设的总体格局，它导致新式审判机关规模小，绝大多数县由县知事兼理司法；新式审判机关主要设于省会、商埠及繁盛地方，地理分布以中国东部、中南部为多等。立宪与革命等政治活动以及收回治外法权运动等往往在各个关节点上起到独特的作用：清末预备立宪推动筹设审判厅出现第一个小高潮；1912年民国初建促使湖北、江苏审判厅数目激增；1920年代借收回法权运动而使新式审判机关建设有所加速。

　　研究国民党司法党化，陕甘宁边区大众化司法以及中华人民共和国司法制度的一些论著中往往隐含了一个逻辑，即强调清末司法改革以来中国走上了司法专业化的道路；国民党司法党化，陕甘宁边区大众化司法及中华人民共和国为建立新司法制度而打破旧法统，是偏离，甚至摒弃了司法专业化的路线。这个逻辑遭遇司法实践时是否成立呢？

　　司法专业化最基本的条件要建立专门化的审判机关。本书研究表明，直至北洋时期结束，中国绝大多数的版图内，都没有建立专门的审判机关，只在省会、商埠及繁盛地方设立了少量的新式审判机关，因此，北洋时期已经达到司法专业化条件的区域十分狭小。在绝大部分地区，国民党司法党化并非从已经充分实行司法专业化的基础上而发生转向；国民党政权从专业化走向司法党化最多不过限于上述省会、商埠及繁盛地方。未设法院之县可能有专业的审判人员参与处理诉讼事务，但他们与法院中的法官、检察官在法政专业知识上的要求不可同日而语，其专业化程度亦不可高估，故少数法院与多数未设法院之县如何应对司法党化仍需要进一步探讨。

　　基层司法机关分布的空间特征也提醒我们，或许要重新考虑陕甘宁边区大众化司法及打破旧法统，建立中华人民共和国司法制度是否在司法专业化

— 183 —

的基础而发生的转向。由于西部、北部等处的革命根据地多不属于省会、商埠及繁盛地方，如果北洋时期司法机关分布状况在之后没有发生根本改变，则西北部所设新式审判机关的数量将极其有限。① 陕甘宁边区多数地方实行大众化司法之前没有建立起专业化很强的法院，大众化司法很可能不是从裁撤旧有法院而来，而是在县司法处或"县知事兼理司法"制度的基础上发生的转变。为建立中华人民共和国司法制度而打破了旧法统，旧法统实际也要注意区分比较专业化的法院系统与县司法处这类不那么专业化的司法机关，如果把打破县司法处这类司法制度也统统认为是偏离司法专业化的轨道，那是对历史的复杂性缺乏足够的认识。讨论近代中国的司法专业化须以司法机关的规模与分布为前提，观察近代中国的司法独立等问题同样需要根据司法机关的规模与分布划定言说的界限。

---

① 抗战前后各地建立的新式审判机关仍不多，其占全国县数的比例为20%左右：1937年7月之前，全国已成立地方法院302所，县司法处711所；1942年10月，地方法院增至390处，县司法处增至864处。参见魏光奇《官治与自治——20世纪上半期的中国县制》，第179页。截至1939年底，全国已有325县成立地方法院，另有854县设有过渡性的司法处。参见杨天宏《民国时期司法职员的薪俸问题》。

第八章
基层司法机关的人员与经费

北洋时期,基层司法制度种类繁多。各类基层司法制度推行的一个主要结果体现在基层司法机关的人员与经费上。不同的司法制度下司法人员都有哪些职掌,他们通常有多少人?新式法政人才是否已经改变司法人员的知识结构?司法经费的分配情况如何?各司法人员的薪俸数额有多少?北洋时期,基层司法制度几经变迁,有的县从审检所变为县知事兼理司法,有的县从县知事兼理司法改成司法公署,有的县把司法公署改组为地方分庭。时人常以司法经费和司法人才作为不同司法制度之间发生转换的动因,那么不同司法制度下司法经费和司法人才到底有什么变化?其变化在多大程度上左右了司法制度的变迁?

有学者依据法律条文对相关司法人员进行了或多或少的描述,但其实际状况仍缺乏探讨,尤其对未设法院各县司法经费的结构尚缺乏系统、深入的探讨。① 如果对各县司法经费的结构是怎样的等基础性问题都不清楚,讨论职员薪俸的高低与司法独立、司法官品行操守的关系似乎缺失一些必要的前提。在此即以基层档案、地方志等主要资料分析北

---

① 韩秀桃:《司法独立与近代中国》;李启成:《晚清各级审判厅研究》;李超:《清末民初的审判独立研究》;俞江:《近代中国的法律与学术》,北京大学出版社,2008,第257~279页;张仁善:《论司法官的生活待遇与品行操守——以南京国民政府时期为例》,《南京大学法律评论》2002年春季号;张仁善:《略论南京国民政府时期司法经费的筹划管理对司法改革的影响》,《法学评论》2003年第5期;吴燕:《理想与现实:南京国民政府地方司法建设中的经费问题》,《近代史研究》2008年第4期;毕连芳:《北洋政府时期法官群体的物质待遇分析》;杨天宏:《民国时期司法职员的薪俸问题》。

洋时期各县司法人员和司法经费的变与不变，进而讨论其与司法制度变迁的关系。

一　司法人员的职掌、人数及来源

1. 司法人员的职掌

由于学界对审判厅及其法官已有较多关注，本书重点讨论审检所、县知事兼理司法行政公署，司法公署和地方分庭的司法职能以及司法人员的职掌。①

第一，审检所中司法人员的职掌。

宽甸、镇东等县审检所中县知事兼检察官，办理检察事宜；监督帮审员掌司法行政事务，监督各员并审理民刑诉讼，帮审员审理民刑诉讼事务；书记员掌审理文牍并会计、庶务；雇员掌缮写事务；检验吏检验死伤并踏勘命盗案件；承发吏掌传唤民事诉讼人及民事案之执行；司法巡警传唤刑事诉讼人；庭丁分值法庭一切杂务；杂役分值所内一切杂务。②

第二，县知事兼理司法制度下司法人员的职掌。

锦西、兴城、北镇、安图和镇东等县由县知事兼理司法。县知事监督司法行政事务，掌检举、缉捕、勘验、递解、刑事执行等事；承审员办理司法事务并审理民刑诉讼；书记员掌管诉讼记录、文牍、统计、会计、管理卷宗等事；雇员专供缮写，有的县则办理统计、记录；检验吏检验尸伤；承发吏办理执行、传达等；司法警察专司刑事诉讼的逮捕。③

---

① 司法辅助人员广义上也包括监狱与看守所的人员，有的县还包括登记部门人员。限于篇幅，本书仅分析直接参与审判过程的司法辅助人员。
② 参见民国（1915 年）《宽甸县志略·司法表》，第 1 页；民国（1927 年）《镇东县志》卷 3《司法》，第 26~27 页。
③ 参见民国（1929 年）《锦西县志》卷 4《司法》，第 1~8 页；民国（1927 年）《兴城县志》卷 6《司法》，第 1~7 页；民国（1933 年）《北镇县志》卷 4《政治·司法》，第 4~6 页；民国（1929 年）《安图县志》卷 3《政治志·现任职员兼理司法一览表》，第 11 页；民国（1927 年）《镇东县志》卷 3《司法》，第 26~27 页。

第八章 基层司法机关的人员与经费

第三，司法公署中司法人员的职掌。

通化、岫岩、绥中、辽中、农安等县的司法公署由县知事兼任监督检察官（检察长），掌检举、缉捕、勘验、递解、刑事执行等事，检察员承检察长命令佐理检察事务；监督审判官审理民刑诉讼，监督司法行政事务，审判官审理民刑诉讼；书记官掌文牍、会计及法庭笔录、管理卷宗等事；雇员专供缮写文件；检验吏检验尸伤；司法警察拘传刑事案件；承发吏传达事件；庭丁专供值庭；夫役专供服役。[1]

第四，地方分庭中司法人员的职掌。

锦县地方审判厅义县分庭监督推事总理全庭一切行政事务，推事审判民刑案件；书记官掌会计、文牍、记录、统计事务；录事专掌缮写及收发文件；锦县地方检察厅义县分庭监督检察官总理全庭一切行政及案件事宜，检察官侦查及勘验案件；书记官办理会计、总务、统计、记录事宜；雇员办理缮写及收发文件事宜；检验吏相验案件；警长、法警受理法警室一切事务及拘传人犯并送达文件等事。[2]

上述各县情况表明，清末开始的司法改革使审判职能发生了改变，传统旧制下由知县审理案件，而北洋时期无论是审检所，还是县知事兼理司法，无论是司法公署，还是地方分庭，其审判过程中都存在审判与检察两种职能。审理案件的官员相应发生了变化，由知县一人执行审理案件职能而变为由审判官和检察官等分别执行审判与检察职能。北洋时期基层司法制度名目繁多，主要的变化就是围绕审判官和检察官而变。执行审判职能的有审判厅、地方分庭中的推事，审检所中的帮审员，县知事兼理司法下的县知事和承审员（承审官），司法公署中的审判官等。推事、帮审员、承审员、承审官、审判官以及县知事等审判人员都行使程度不同的审判权，其中县知事仅在县知事兼理司法制度下还保留着审判权，在审检所、司法公署与地方分庭

---

[1] 参见民国（1927年）《通化县志》卷3《政事·官署志》，第1~12页；民国（1928年）《岫岩县志》卷2《政治志·司法》，第75~76页；民国（1929年）《绥中县志》卷6《司法组织及成立》，第28~29页；民国（1930年）《辽中县志》3编卷15《司法志》，第9~10页；民国（1927年）《农安县志》卷3《司法》，第65~68页。

[2] 参见民国（1930年）《义县志》上卷，《图谱·附锦县地方审判厅义县分庭之组织》，《图谱·附锦县地方检察厅义县分庭之组织》，第12页。

中审判权不再由县知事行使,而由推事、帮审员、审判官这样一些专门的审判人员行使,因此县知事在越来越多的司法制度中失去了审判权,专门的审判人员在越来越多的司法制度中拥有了审判权。

执行检察职能的有地方检察厅、地方分庭中的检察官,某些司法公署的检察员,审检所、县知事兼理司法和司法公署制度下的县知事。县知事在审检所、县知事兼理司法和司法公署制度中都拥有检察权,仅在地方检察厅、地方分庭等机关中才设有专门的检察官,因此县知事行使检察权广泛地存在于各类司法制度中,由专门检察官行使检察权的司法制度并不多。

自1914年开始实行县知事兼理司法以后的十多年间,全国90%以上的县都由县知事兼理司法,因此,整个北洋时期,在全国绝大多数县中县知事仍同时拥有审判权和检察权,这些县中承审员分享了部分审判权。

传统旧制下各地除了知县审理案件外,还由刑名幕友、家丁长随、六房书吏、班役等协助知县办理诉讼;清末开始司法改革之后各地审判厅、审检所、县知事兼理司法、司法公署、地方分庭等制度下承担司法事务的人员除了推事、检察官、县知事、帮审员、承审员、承审官、审判官等审判官和检察官外,还有书记官、书记员、雇员、录事、检验吏、承发吏、写状生、司法警察等司法辅助人员。

前述各种司法制度下都有诉讼记录、文牍、总务、统计、会计、管理卷宗等事宜,且均由书记员或书记官掌理;都有缮写文件等事务,且均由雇员办理;都有检验死伤等事宜,且均由检验吏办理;都有传唤民事诉讼人及民事案件之执行、刑事诉讼之逮捕、拘传以及送达文件等事务,且均由承发吏与司法警察办理;另有值庭和杂务等,则由庭丁、夫役等办理。各种司法制度下司法职能的分类大体一样,同类职能由相似的司法辅助人员办理,因此,司法制度的名称在改变,但司法辅助人员的职掌却并没有发生太大变化。

2. 司法人员的人数

法律对审判人员的数目做出了规定:各县审检所置帮审员1~3名;县知事兼理司法各县承审员最多不得逾3人,如地方事简可不设;司法公署设审判官1~2名;各县地方分庭置推事1~2名,配置检察官1~2名。

第八章　基层司法机关的人员与经费

各种司法制度下审判人员的人数基本一致，唯有地方分庭配置检察官，其他司法制度下都是县知事兼检察官。另外司法公署的审判官受荐任职待遇，地方分庭的法官都是荐任以上待遇，而帮审员和承审员则没有相关规定。

实践中，审检所和县知事兼理司法各县通常设帮审员或承审员1名，少数县设2名以上。不少司法公署通常设2名审判官和1名检察员，如集宁县、辽中县、绥中县、新民县、宾县、怀德县、岫岩县、通化县、梨树县的司法公署，设监督审判官1员，审判官1员，检察员1员。① 顺义县司法公署曾有2名审判官，后来仅设1名；② 甘肃临泽县司法公署则只设1名审判官。③ 东北的地方分庭如东丰、西丰、义县等通常设监督推事1人，推事1人或2人；监督检察官1人，检察官1人或2人。④ 1921年，广东开平、儋县、赤溪、清远、大浦、连山等县所设地方分庭，置推事、检察官各1员。⑤ 顺义县地方分庭初设推事两员，后改为1员，设检察官1员。由于一个司法机关最多才2名法官，相差不过1员，故不同地方分庭所设推事、检察官人数差别不大。

实践中各县审检所、县知事兼理司法、司法公署和地方分庭等制度中的

---

① 参见民国（1924年）《集宁县志》卷1《司法》，第22页；民国（1930年）《辽中县志》3编卷15《司法志》，第9~10页；民国（1929年）《绥中县志》卷6《司法组织及成立》，第28~29页；民国（1926年）《新民县志》卷3《建置·司法公署》，第6~8页；民国（油印本）《宾县县志·司法略》，第176~178页；民国（1929年）《怀德县志》卷6《司法》，第63~66页；民国（1928年）《岫岩县志》卷2《政治志·司法》，第75~76页；民国（1927年）《通化县志》卷3《政事·官署志》，第1~12页；民国（1934年）《梨树县志》丙编政治卷1《行政·司法公署》，第15~17页。
② 参见顺义县档案2-1-243。
③ 参见民国（1943年）《临泽县志》卷6《民政志·司法处》，第49~50页。
④ 参见民国（1931年）《东丰县志》卷2《政治志·司法》，第1~7页；民国（1938年）《西丰县志》卷13《司法》，第25~27页；民国（1930年）《义县志》上卷，《图谱·附锦县地方审判厅义县分庭之组织》，第11~13页。
⑤ 参见民国（1933年）《开平县志》卷24《职官表·法官》，第13~15页；民国（1936年）《儋县志》卷6《经政志十八·法院之设立及其沿革》，第32页；民国（1920年）《赤溪县志》卷5《职官表·文职》，第5~10页；民国（1937年）《清远县志》卷9《职官表五·民国秩官》，第56~57页；民国（1943年）《大埔县志》卷6《经政志·司法官》，第1~3页；民国（1928年）《连山县志》卷6《司法·司法沿革》，第1~2页。

审判人员的员额基本上符合法律规定，不过有的司法公署设有检察员，这是《县司法公署组织章程》所没有规定的。

相关司法制度的法令对书记官、书记员、雇员、录事、检验吏、承发吏、司法警察等司法辅助人员的员额规定如下：审检所得用书记员1～3名，酌用雇员；县知事兼理司法各县可设书记员1～3名，录事2～5名，承发吏4～6名，检验吏1～2名，司法警察以县知事公署巡警兼充；司法公署置书记监1名，书记官2～4名，承发吏4～6名，检验吏1～2名，置司法警察若干人；地方分庭设书记官2人以上，得用雇员，承发吏4名，检验吏1～2名，司法警察若干人。各司法制度对承发吏与检验吏的数额规定基本相同，检验吏都是1～2名，承发吏为4～6名；书记人数略有不同，少至一二名，多则可达5名，其中司法公署比县知事兼理司法各县约多2名；法律规定需设司法警察，但或由县知事公署巡警兼充，或仅规定置若干人而无具体数额；另外审检所与地方分庭有雇员，县知事兼理司法各县则有录事，不过其人数也没有具体规定。

从法律规定看，各司法制度下司法辅助人员的数额并没有什么太大差别。各县具体设置司法辅助人员的情况又如何呢？

首先，审检所司法辅助人员的人数。各审检所通常设书记一二人，与法律规定基本相符。法律没有规定承发吏、检验吏的人数，实际上各县所设此类司法辅助人员也有一两人。大约当时法警尚未完全从县署其他警察中独立，少有文献记载其数量。另外各县还有庭丁2～4名；雇员或录事一二人。[1]

其次，县知事兼理司法各县司法辅助人员的人数。

庄河、锦西、辉南、连山、元氏、梨树、怀德、望奎、川沙、泗阳、桦川、安图等县书记员为1～2名，也有些县的书记员较多，如庄河县有6名，文安甚至达到了10名。检验吏基本为1名。连山、元氏、怀德、兴县、望奎、平潭、川沙、泗阳、桦川、锦西、安图等县承发吏为1～4名，有的县

---

[1] 参见民国（钞本）《嫩江县志》第3章"政治"，第37～40页；民国（1929年）《威县志》卷8《政事志下》，第38～40页；民国（1931年）《太谷县志》卷7《营建·公署》，第6～7页；民国（1927年）《镇东县志》卷3《司法·审检表》，第26～27页。

如翼城的承发吏多达 24 人。法警多为 10 人左右，但庄河等县较多，多达 35 名。庭丁多为 2 名左右。不少县有雇员、录事，其人数从 1 人到 5 人不等。①

第三，司法公署司法辅助人员的人数。

顺义、通化、新民、宁安、集宁、梨树、岫岩、绥中、怀德、临江、临泽、辽中、农安等县司法公署的书记监和书记员总数通常为 2~4 名；宾县略多为 6 名。检验吏基本为 1 名。顺义、通化、新民、宾县、宁安、梨树、岫岩、临江、临泽、辽中、农安等县承发吏为 1~4 名；翼城等县的承发吏多达 24 人。法警少则 4 人，多则 16 人。庭丁一般为 1~3 名。多数县都有雇员、录事 3~5 名。各县还有夫役等 2~4 名。②

第四，地方分庭司法辅助人员的人数。

连山、开平、清远、顺义等县地方分庭，设书记官 1~4 名；东丰、义县、西丰等县分庭设有审判与检察两部，两部书记之和通常有 4~8 名。检验吏基本为 1 名。连山、开平、顺义、西丰等县承发吏为 1~4 名。开平、东丰、顺义、义县等有法警 3~9 名。各县庭丁约 2~3 名。广东连山和开平等县的雇员或录事仅一二名，而东北的东丰、义县和西丰等县审判与检察两

---

① 参见民国（1921 年）《庄河县志》卷 3《职官·县公署》，第 1~3 页；民国（1929 年）《锦西县志》卷 4《司法》，第 1~8 页；民国（钞本，无卷次）《汤原县志略·司法行政》，第 34~35 页；民国（1931 年）《青县志》卷 6《经制志二·现行经费表》，第 32~34 页；民国（1922 年）《文安县志》卷 12《治法志·司法》，第 38 页；民国（1927 年）《合河政纪》卷 2《司法篇》，第 35~36 页；民国（1923 年）《平潭县志》卷 19《刑法志》，第 1 页；民国（1929 年）《安图县志》卷 3《政治志·现任职员兼理司法一览表》，第 11 页；民国（1927 年）《辉南县志》卷 2《政治·司法》，第 40 页；民国（1934 年）《阜宁县新志》卷 6《司法志》，第 1~5 页；民国（1933 年）《高邑县志》卷 3《行政》，第 7 页。

② 参见民国（1924 年）《集宁县志》卷 1《司法》，第 22 页；民国（1927 年）《通化县志》卷 3《政事·官署志》，第 1~12 页；民国（1926 年）《新民县志》卷 3《建置·司法公署》，第 6~8 页；民国（1930 年）《辽中县志》3 编卷 15《司法志》，第 9~10 页；民国（1929 年）《绥中县志》卷 6《司法组织及成立》，第 28~29 页；顺义档案 2-1-243；民国（1943 年）《临泽县志》卷 6《民政志·司法处》，第 49~50 页；民国（油印本）《宾县县志·司法略》，第 176~178 页；民国（1929 年）《怀德县志》卷 6《司法》，第 63~66 页；民国（1935 年）《临江县志》卷 4《政治志》，第 37~39 页；民国（1924 年）《宁安县志》卷 3《度支》，第 7~8 页；民国（1927 年）《农安县志》卷 6《度支》，第 33~45 页；民国（1928 年）《岫岩县志》卷 2《政治志·司法》，第 75~76 页。

部雇员或录事之和通常有 8~12 名。①

审检所、县知事兼理司法、司法公署、地方分庭等制度中上述各县所设司法辅助人员与法律规定基本相符。除了东北的东丰、义县、西丰等县分庭书记较多之外,其他各县所设书记通常不超过 4 名,相当多的县仅有一二名。检验吏一般为 1 名,承发吏多不超过 4 名,庭丁 2 名左右。法律没规定法警、雇员或录事的员额,实践中这几类司法辅助人员的数额在不同的县存在一定差别。文献显示,不少县的法警有数人或十几人。雇员或录事有的县没有,有的县有数人。

由于各县地域大小、人口多少、经济繁盛程度、文献记载的详略等往往不同,因此某些司法人员数量上的差别很难归结为司法制度不同所造成的。不过,有少数文献记载了某些县存在过的不同司法制度下司法人员的状况,这为比较不同司法制度对司法人员人数的影响提供了基础。

首先,审检所与县知事兼理司法制度下的司法人员人数比较。

怀德、泗阳、梨树、连山等县的承审员比帮审员少 1 名。泗阳、梨树、连山等县的书记人数一样多,怀德和庄河县县知事兼理司法时期的书记比审检所制度下还多。检验吏、承发吏、雇员、录事的人数各县在审检所制度与县知事兼理司法制度时期相差无几。考虑到审检所设帮审员两员以上的县并不多,而县知事兼理司法的县也有设两名承审员的,可以说县知事兼理司法制度下的司法人员往往并不比审检所中的少。

其次,审检所与司法公署中司法人员人数的比较。

农安、怀德、临江和梨树等县审检所的帮审员与司法公署中的审判官员额相同。司法公署除了由县知事兼任检察官外,还另设有检察员一名,而审检所则仅由县知事兼检察官。农安县审检所的书记多于司法公署的,怀德和临江都是审检所的书记少于司法公署的。农安和怀德县司法公署的雇员或录事比审检所多 5 名。审检所的检验吏和承发吏略少于司法公署。上述四县司法公署比审检所多检察员 1 名,多雇员或录事 5 名,其他司法人员比较接近。

---

① 参见民国 (1938 年)《西丰县志》卷 13《司法》,第 25~27 页;民国 (1931 年)《东丰县志》卷 2《政治志·司法》,第 1~7 页;民国 (1928 年)《连山县志》卷 6《司法·司法沿革》,第 1~2 页;民国 (1930 年)《义县志》上卷,《附锦县地方审判厅义县分庭之组织》,第 11~13 页。

第三，县知事兼理司法与司法公署制度下司法人员人数的比较。

怀德和梨树县都是司法公署的审判官比县知事兼理司法时期的承审员多 1 名。两县司法公署还有 1 名检察员，而县知事兼理司法时期则无。怀德县司法公署的书记比县知事兼理司法时期多 1 名。与县知事兼理司法时期相比，怀德县司法公署多 5 名雇员，少 4 名承审员。从怀德和梨树两县来看，司法公署的司法人员如审判官、检察员和书记等都略多于县知事兼理司法时期。

3. 司法人员的来源

审检所中的帮审员、县知事兼理司法制度下的承审员（承审官）、司法公署中的审判官和检察官、地方分庭中的推事和检察官等是新式的专业审判人员，司法辅助人员的名目也不同于传统旧制，这些新式的专业审判人员和司法辅助人员是否具备法政知识？

各县审判人员的主要工作是利用其法律知识审理案件。北洋时期，审判人员可以通过在法政学校学习，或在其他学校的法政专业学习获取法律知识。帮审员、承审员、承审官、审判官的考试及任用资格都强调修法律之学，当然，司法工作经验也占据重要作用，而且不同司法制度下对审判人员法政教育程度的要求有高有低。[①] 帮审员缘起于往各县派法政毕业生处理诉讼事务，对推事、检察官法律知识的要求自不待言，对司法公署审判官法律知识的要求也高于县知事兼理司法制度下的承审员，以下即以承审员为例对

[①] 《各县地方帮审员考试暂行章程》第 5 条规定了参加帮审员考试人员的资格：一、在法政学堂或法政讲习所一年以上领有修业文凭者；二、曾充推事检察官未满一年者；三、曾充暂时行使司法权各官；四、历办司法行政事务或行政事务满一年以上有成绩者。第 6 条规定了不经考试而得为帮审员的资格：一、在法政法律学堂一年半以上领有毕业文凭者；二、曾经司法考取帮审员者。

《县司法公署审判官考试任用章程》第 6 条规定了参加审判官考试人员的资格：一、在外国公私立大学或专门学校修法律之学三年以上得有凭证者；二、在国立大学及教育部认可之公私立法政专门学校修法律之学三年以上得有凭证者；三、曾充帮审员或承审员一年以上经正式委任者；四、曾任各法院书记官长、民刑事记录、书记官满一年以上曾经司法部任命者；五、曾于前清充各官署刑幕五年以上，品学夙著，经原官或现任本省荐任以上官证明者。第 15 条规定，有下列资格之一而愿充审判官者得以凭证呈请任用：一、在司法部司法讲习所毕业者；二、在外国公私立大学或专门学校及国立大学及教育部认可之公私立法政专门学校修法律之学三年以上毕业得有凭证者，曾任推事、检察官一年以上者；三、本省候补县知事曾在教育部认可之公私立法政学校修法律之学三年以上毕业得以有凭证者。

审判人员的法律教育背景予以考察。

1914年的《县知事兼理司法事务暂行条例》规定承审员由下列人员充当：在高等审判厅所管区域内之候补或学习司法官；在民政长所管辖区域内之候补县知事；曾充推事或检察官半年以上者；经承审员考试合格者。1921年7月19日，对该条款进行了修正，规定承审员的资格如下：在高等审判厅所管区域内之候补或学习司法官；经高等文官或县知事考试及格在各省区所管辖区域内之候补而在国内外法律法政学校一年半以上毕业得有文凭者；曾充推事或检察官半年以上者；经承审员考试合格者或在举行承审员考试省份具有承审员考试免试资格者；曾充帮审员或承审员经呈报司法部核准有案者。

上述司法官、推事、检察官、承审官考试合格者多要求具备专业法律教育背景。1914年规定候补县知事可以充当承审员，1921年修正了此款，加上了"国内外法律法政学校一年半以上毕业得有文凭者"这样的限制条件。因此，法律对承审员的资格有较为严格的专业法律教育限制。

1923年法权讨论委员会调查显示，山西各县承审员由山西大学法科暨法政专门学校毕业者居多。山东各县承审员经考试及格或具有免试资格者以及曾充帮审员、承审员报部核准有案者为最多。① 除此之外，地方志等资料中关于各县审判人员的记载较多。

奉天兴城县，② 直隶青县、③ 威县、④ 平谷县、⑤ 山东省商河县，⑥ 河南

---

① 参见法权讨论委员会编《考查司法记》，第45、44页。
② 1924~1925年间的承审员，曹鸿钧，京师中国大学专门法律本科毕业；李洪文，京师中国大学专门法律本科毕业。参见民国（1927年）《兴城县志》卷6《司法》，第1~7页。
③ 1918年开始，承审员中李凤藻，共和法政毕业；李希章，北洋法政毕业；余诚勋，考取法官；陈洪范，北洋法政毕业；李习诚，廪贡；孙毓坊，北京法政毕业。参见民国（1931年）《青县志》卷5《经制志一·职官表一》，第34~36页。
④ 1917~1926年间的承审官，赵鸿荃，北洋法政毕业；顾荣棠，保定法律毕业；范宝麟，保定法律别科毕业；周保䄉，日本法政大学毕业；哈文琛，法政毕业；赵鸿勋，法政别科毕业。参见民国（1929年）《威县志》卷8《政事志下》，第38~40页。
⑤ 吴辅周，清两江法政学堂毕业；尹秉权，国立北京法政大学校法律专门毕业，历署奉天安东地方审判厅书记官。参见民国（1934年）《平谷县志》卷2上《经政志·职官》，第54~55页。
⑥ 1912~1928年间的承审员除了蒋宗坊没有毕业学校方面信息外，其余如鲁圣泉、王维言、陈黼、王文琦、屠文颐、陈春元、陈启格、赵彦基、蔡鸿恩、陈恭寅、詹培元都是法政学校毕业。参见民国（1936年）《商河县志》卷5《职官志》，第40~42页。

第八章 基层司法机关的人员与经费

通许县、[①] 孟县、[②] 江苏高邮、[③] 阜宁县、[④] 安徽宿松县、[⑤] 福建政和县[⑥]等县的承审员，有的教育背景不明，在明确记载有教育背景的审判人员中，则多注明法政学校或法政专业毕业。

正因为帮审员、承审员（承审官）、审判官对法政教育背景的要求有共通之处，不同司法制度下的审判人员有时也能发生转换。审检所中的帮审员主要存在于1913年前后，承审员（承审官）1914年开始出现，审判官1922年开始添设。曾充帮审员并呈报司法部核准有案者在县知事兼理司法制度下可以直接充当承审员；曾充帮审员或承审员一年以上经正式委任者就可以参加司法公署审判官的考试。这意味着帮审员可以转变为承审员和审判官，承审员也可以转变成审判官。基层司法制度变来变去，司法人员名称也随之而变，不过实践中执行审判职能的人却可以不换。如吴光1913年5月任直隶威县的帮审员，1914年4月审检所裁撤改为承审员；[⑦] 茹祖皋1914年1月代理宝山县审检所帮审员，4月审检所裁撤后改任县公

[①] 1917～1927年间的承审员，董良，江西豫章法律专门学校毕业；孙某，湖北法政专门学校毕业；孔某，河南法政专门别科毕业。参见民国（1934年）《通许县新志》卷5《官师志》，第29页。

[②] 1914～1925年间的承审员岳世彦，北洋法律别科学校毕业；鲁丕焕，湖北中华大学法律专科毕业；程泽英，湖北中华大学法律别科毕业；毕保东，北洋法政毕业；孙荫寿，河南法政毕业。参见民国（1932年）《孟县志》卷5《职官·承审员》，第57～58页。

[③] 1914年开始，承审员中吴观乐，浙江法政学校毕业，学习推事；胡浚，安徽法政学校毕业；沈廷琦，两江官立法政学堂毕业；钱寿颐，私立浙江法政学校毕业；赵炳枢，北京法政专门学校毕业；龚鐮，苏州法政学堂毕业，曾充兴化初级厅检察官；吴光，举人，前代理直隶河间等县知县；汪崇先，金陵法政专门学校毕业。参见民国（1922年）《三续高邮州志》卷8《秩官》，第97～100页。

[④] 1918年开始，承审员中程学修，曾任检察官；赵亚卿，直隶法政学校毕业；俞磊，浙江法政学校毕业；吴与志，江苏法政学校法律科毕业；刘振瀛，江苏公立法政学校毕业；黄永明，江苏法政大学毕业；吕心泰，江苏公立法政专门学校法律科毕业；周培玑，安徽公立法政专门法律科毕业；吕允中，江苏法政专门学校毕业。参见民国（1934年）《阜宁县新志》卷6《司法志》，第1～5页。

[⑤] 1913年上任的承审员邓济光没有详细资料。1915年2月1日上任的王廷枢在安徽法政学堂简易科及审判研究所毕业。1919年4月2日上任的李长涟在日本法政大学毕业。参见民国（1921年）《宿松县志》卷13《职官表·地方行政官表》，第29～30页。

[⑥] 1917～1927年间的帮审员和承审员叶开第、李宝麟、陈韶镛、林湛霖、陈钟英、朱寿年等均法政毕业。参见民国（1919年）《政和县志》卷12《职官志》，第32页。

[⑦] 参见民国（1929年）《威县志》卷8《政事志下》，第38～40页。

署承审员;① 徐仁镕1912年任江苏兴化审判厅厅长,1913年审判厅改称审检所,委徐仁镕为审判官;张揆肃1912年任江苏兴化检察厅的检察官,1913年任审检所的帮审员,1914年审检所裁撤,由县知事兼理司法,张揆肃被委任为承审员;② 1922年,贵瑛由德惠县承审员转调到宁安县,1923年成立司法公署时,代理独任审判官职务。③

虽然帮审员、承审员、承审官、审判官拥有的法律知识也许仍比较欠缺,但毕竟也具备了一定法律知识,这对那些不是特别复杂案件的审理通常也够用。如果在乡村、在县城有很多案件需要特别复杂、高深的法律知识,又另当别论。

科举出身或非科举出身的知县在处理诉讼之前,通常没有专门学习法律知识,协助知县处理诉讼事务的刑名幕友有的通过私人传授的途径学习了法律知识,北洋时期不少学法政出身的人去当各县审判人员,使审判官员获得法律知识的途径发生改变,其法律知识结构也得以改变。

北洋时期有些审判人员已经具备一定新式法律知识,司法辅助人员的来源又如何呢?

司法辅助人员通常未能列入地方志等文献的职官表中,故各位具体人员的专业知识与技能难以查知。不过从一些记载大体能勾勒出其整体形象。

北洋时期的司法辅助人员主要有三种状况。

第一,有些县没有用旧胥吏差役。如福建平潭县,1913年改设县治后从新改组,并非沿用胥吏差役。④ 平潭县的情况可能比较特殊,文献中类似记载极少。

第二,传统三班役隶旧制在民国时期长期存在。安徽宁国县1912年废幕宾书吏制,但三班役隶制未废。1929年县长沈气含莅任才将"有卯与无卯之役约300名一律廓清之,另由地方公同推认为纯良者任用数十名公务

---

① 参见民国(1921年)《宝山续县志》卷12《职官志》,第1~5页。
② 参见民国(1944年)《续修兴化县志》卷11《职官志·职官表六》,第16~18页。
③ 参见民国(1924年)《宁安县志》卷2《司法》,第1~4页。
④ 参见民国(1923年)《平潭县志》卷19《刑法志》,第8~10页。

吏，按月给饷。"① 山东寿光县差役旧为七班，1918年奉文裁革改编政警，久未实行。直到1930年12月才改组编为政务警察队，设队长一名，分三组每组警目一人，政警十人。② 宁国与寿光县的班役制一直到1930年前后才进行改革，文献中相似记载也不多。

第三，新制下的"换汤不换药"。

民国建立后，出现了各种名目的司法辅助人员。不少县的司法辅助人员都是"换汤不换药"，人员并没发生大的改变。

京兆地区顺义县的司法辅助人员便存在改名不换人的情况。如荣讓清朝即为差役，1922年的案卷上他已经改称为法警；③ 王永成1912年为刑房差役，④ 1922年的案卷上他已经改称法警；⑤ 吴绍福1913年是差役，⑥ 1916年的案卷上他已经改称为法警。⑦

直隶青县公署里各科书记若干人，多以旧吏充当，四班取消改组为承发吏及司法巡警。⑧ 直隶省盐山县原有房书百余人，班役二百人。民国初年县制改革，以二三十人兼其职，"不得已改组其名而旧贯其实者十居八九"。书记以旧日六科房书改充，公役以旧日民壮皂快改充。⑨

山东馆陶县的司法科设有录事长、录事，各科录事皆就旧时各房书吏择其心地明白，勤慎办公，并无不良嗜好者考选录用；公役暂仍其旧，就中择其办事较力，粗识文字者提充为司法巡警。⑩ 山东济阳县1913年改稿案为收发，房书改名录事，经承改名录事长，班役改为司法警察，"名虽变更，实则仍旧"。⑪

---

① 民国（1936年）《宁国县志》卷4《政治志上·县政沿革》，第1~2页。
② 参见民国（1936年）《寿光县志》卷6《官制》，第5~9页。
③ 顺义县档案2-1-184。
④ 顺义县档案2-1-3。
⑤ 顺义县档案2-1-212。
⑥ 顺义县档案2-1-3。
⑦ 顺义县档案2-1-80。
⑧ 参见民国（1931年）《青县志》卷7《经制志三·时政篇》，第1~2页。
⑨ 民国（1916年）《盐山新志》卷10《法制略·新政》，第9~13页。
⑩ 参见民国（1936年）《馆陶县志》卷2《政治志·制度》，第30~46页。
⑪ 民国（1934年）《济阳县志》卷13《新政志·行政·县政府》，第9页。

民国初年，河南省迭令县署分科办公，裁房吏、用书记，裁班役、招政警。正阳县仍就各班房原人改换名称，并未实行更动。1928 年国民政府成立，改县署称县政府，始取消各科房形式，不过仍用旧房吏充书记，入科办事，遇缺则间招新人。政警则旧班旧人未变。直到 1931 年，始将旧式的管店班役完全撤销，代以政警队长。旧管钱粮的房吏，1936 年仍充征收处书记。[1] 河南阳武县民初革差役雇政警，然"警队虽设，仍多旧役补充"。1925 年县长赵承钦始将班役悉数裁撤，另行招募性格忠厚，粗识文字者四十名，编为司法警察。[2]

安徽宿松县的司法科书记、司法警察、承发吏都以原有的刑书、差役改充。该县县志认为这是"换汤不换药"。[3]

上述各县主要反映了县知事兼理司法时期司法辅助人员的"换汤不换药"，审检所和审判厅中也存在类似的情形。

福建龙岩县和霞浦县于 1913 年成立审检所，其书记、雇员、承发吏、司法警察、庭丁、守卫均以县署员役兼充。[4] 直隶昌黎县原有七班，1913 年审检所成立时改七班为司法巡警，共设司法巡警 20 名。[5]

江苏宝山县，"民国革政，本邑厉行司法独立之制"，于是组织地方审判、检察两厅，就原有差吏并添募丁壮能识字者改编司法警察 10 名，归检察厅主管。1913 年两厅被裁，由县知事兼理司法，司法警察遂改隶县公署主管。[6] 地域上京兆、直隶、山东、河南、安徽、福建和江苏等省，司法制度方面审检所、县知事兼理司法的县公署和审判厅中都有一些县的司法辅助人员"换汤不换药"。选择书吏和司法警察等司法辅助人员的条件为性格忠厚，心地明白，勤慎办公，无不良嗜好，粗识文字，办事较力等。这些条件专业

---

[1] 参见民国（1936 年）《正阳县志》卷 2《政治志》，第 2 页。
[2] 参见民国（1936 年）《阳武县志》卷 2《司法志·政务警察队》，第 74~75 页。
[3] 参见民国（1921 年）《宿松县志》卷 29《司法志·司法制度》，第 33 页。
[4] 参见民国（1920 年）《龙岩县志》卷 19《刑法志》，第 1~2 页；民国（1929 年）《霞浦县志》卷 20《司法》，第 1 页。
[5] 参见民国（1933 年）《昌黎县志》卷 4《行政志·司法巡警》，第 48~49 页。
[6] 民国（1921 年）《宝山续县志》卷 10《警务志》，第 6 页。

性并不强，门槛相对较低，为原有刑书、差役继续在原有岗位工作创造了机会，以致一些县出现司法辅助人员"换汤不换药"的局面，甚至传统三班役隶旧制长期存在。

二 司法经费的分配

北洋时期，国家预算的地方司法经费主要是指各省审判厅和监所的经费，县知事兼理司法所需经费并没包括于上述经费内，而是包含在行政经费里。起初，行政经费里也没有司法经费之类的名目，到1921年，有的地方行政经费才划分为内务、司法经费，并重新厘定司法、监所经费预算。其中司法经费内仅有承审官、书记、录事、承发吏、检验吏、法警、丁役等薪工及办公费的预算；监所则有管狱员、看守生、丁役等薪工及囚粮、囚衣、杂费等支出。[①] 无论国家预算如何，各县都要支出司法经费，那么，实践中司法经费的分配情况如何呢？

第一，职员的薪俸、工食与办公费的比例。

直隶威县审检所月需司法经费共339元，其中薪资为289元，杂费50元。薪资占总支出的85%，杂费占15%。

直隶房山县和湖南省慈利县在县知事兼理司法时期各类司法经费分配比例比较接近。房山县1925年月支司法经费270元，其中俸薪为230元，办公费40元。[②] 俸薪占司法经费总数的85%，办公费占15%。湖南省慈利县的司法经费月支174元，薪资为142元，勘验费和办公费为32元。薪资占总支出的82%，勘验费和办公费占18%。

吉林宁安县司法公署的月支司法经费为439元，其中俸薪工资为334元，办公费76元，杂费29元。[③] 俸薪占司法经费总数的76%，办公费和杂费占24%。

---

① 参见顺义县档案2-1-351。
② 参见民国（1928年）《房山县志》卷4《政治志·经费》，第6~9页。
③ 参见民国（1924年）《宁安县志》卷3《度支》，第5~8页。

京兆顺义县地方分庭每月支出 656 元，其中俸薪 424 元，工食 142 元，办公费 90 元。俸薪占司法经费总数的 86%，办公费占 14%。

审检所、县知事兼理司法、司法公署和地方分庭等几种基层司法制度下，职员的薪俸、工食与办公费占司法经费的比例都比较接近，分别约 80% 和 20% 左右。职员的薪俸、工食是司法经费的主要支出部分，办公费所占比例较小。

第二，司法人员的薪俸与工食之别。

清末司法改革之后，之前办理诉讼的知县、幕友、家丁长随、六房书吏、班役等角色改换了新名称，承担司法事务的人员为推事、书记、检察官、承审员、录事、检验吏、承发吏、写状生、司法警察等。正如 1924 年京师高等审判检察厅给顺义等县的布告所指出"近年以来本厅令行已设之县司法公署及县知事将房差一概革除，改用书记员、录事、承发吏、检验吏、司法警察人等，每人给有薪资"。① 这些新式司法人员有了合法的薪俸收入，但他们的薪俸名称、数目、来源往往不一样。

清代知县等官有俸，而门子、皂隶、马快、民壮等有工食银，官俸与工食通常都进行明确的区分。北洋时期有的县司法人员的经费并无名称上的差别，不少县则进行了区分。

昌图县审检所的帮审员、书记长、书记支给月薪；司法警、检验吏、看守支给工食；候补司法警酌予公费。② 安徽蒙城县的帮审员支给俸薪，承发吏、检验吏、法警、官医、号房、执刑、拘留所和监狱看役支给工食。③

连山县在 1914 年实行县知事兼理司法，但承审员由知事兼任不另开支；书记、录事、承发吏支给薪银；检验吏支给薪水；庭丁支给工食。④ 望奎县承审员、书记员、管狱员支给俸给；雇员、检验吏、看守长支给薪水；承发吏、庭丁、杂役支给工资；看守兵工食。⑤ 文安县的承审员、管狱员支给薪

---

① 顺义县档案 2-1-242。
② 参见民国（1933 年）《昌黎县志》卷 4《行政志·司法·经费》，第 63 页。
③ 参见民国（1915 年）《重修蒙城县志书》卷 4《食货志》，第 21~22 页。
④ 参见民国（1928 年）《连山县志》卷 9《财政·岁出三》，第 26~28 页。
⑤ 参见民国（1919 年）《望奎县志·政治志·望奎县司法经费支出预算表》，第 31~33 页。

俸；检验吏、书记、司法巡警、监狱及看守所看守人支给工食。[1] 江苏泗阳县的承审员、管狱员支给俸给；看守所书记支给薪水、所丁支给工资。[2] 房山县承审员支给俸薪；书记、录事支给薪水；承发吏、检验、司法警、公役支给工食。[3] 1925年，桦川县司法人员的经费名目为：承审员、管狱员、录事、检验夫的薪俸；庭丁的工食。[4] 安徽太和县的承审员、管狱员支给薪水；承发、检验各吏，法警、官医、公役等支给工食。[5]

吉林农安县司法公署的俸给分为薪水和工资两类：审判官、检察官、书记官、雇员、检验吏支给薪水；承发吏、法警、庭丁、工役支给工资。[6] 吉林宁安县司法公署的独任审判官、书记监、书记官、检验吏、承发吏、雇员支给俸薪；法警、庭丁、公役发给工资。[7]

顺义县地方分庭职员的经费分为俸薪和工食两项，俸薪项下又分为俸给和薪水。支给俸给的是推事、检察官、书记官；支给薪水的是雇员；支给承发吏、检验吏、司法警察、庭丁的是工食。[8]

支给司法人员的经费在名称上主要有俸薪和工食两类。支给俸薪的包括审检所的帮审员、书记；县知事兼理司法制度下的承审员和管狱员；司法公署中的审判官、检察官、书记官；地方分庭推事、检察官、书记官等。支给工食的是法警、庭丁、公役等。录事、承发吏、检验吏等有的县支给俸薪，另一些县又支给工食。

支给司法人员的经费在名称上予以区分，其实蕴含了对其身份和地位加以区分的意图。支给薪俸的司法人员与清代旧制领取官俸的官相对应，而支给工食的司法人员则与清代旧制领取工食的吏役相对应。支给薪俸的司法人员相对比较固定，他们在北洋时期基本完成了身份转换，这也突破了知县独

---

[1] 参见民国（1922年）《文安县志》卷12《治法志·司法》，第38页。
[2] 参见民国（1926年）《泗阳县志》卷17《田赋下》，第22~25页。
[3] 参见民国（1928年）《房山县志》卷4《政治志·经费》，第6~9页。
[4] 参见民国（1928年）《桦川县志》卷5《财政·国家岁出》，第32~38页。
[5] 参见民国（1925年）《太和县志》卷4《食货·田赋》，第15页。
[6] 参见民国（1927年）《农安县志》卷6《度支》，第33~45页。
[7] 参见民国（1924年）《宁安县志》卷3《度支》，第5~8页。
[8] 顺义县档案2-1-351。

理诉讼的结构。录事、承发吏、检验吏等已经处于变动之中，不过尚未明确定位，有的县其地位上升即支给薪俸，有的县其地位没有上升则支给工食。

北洋时期所发生的上述变动在国民政府时期仍持续可见。青县、① 南皮县、② 元氏县、③ 开平县、④ 冠县、⑤ 馆陶县⑥的司法经费结构显示，国民政府时期县知事兼理司法、地方分庭和县法院等几种基层司法制度下，司法人员领取经费所反映的深层结构与北洋时期十分相似。

第三，司法人员与县内其他职员薪俸数量的比较。

司法人员领取的经费数量不仅需要从其绝对数量上加以衡量，而且更应将其与该县其他职员加以比较从而确定其在整体结构中位置。

职员经费在名称上有俸薪和工食之类的划分，其数量与名称也存在一定相关度。职员领取的俸薪在数量上较多，而工食则较少。在此即将一县之内领取俸薪和工食人员分别进行比较。⑦

民初，司法人员类别相对简单，有的县署内设司法科与其他各科，各科科员的月薪出现差别。

---

① 1929 年前后青县的承审官、管狱员支给俸给；书记、录事支给薪水；检验吏、看守及所丁、管狱员工役支给工食；承发吏单列。参见民国（1931 年）《青县志》卷 6，"经制志二·现行经费表"，第 32～34 页。

② 南皮县的承审官、管狱员支给俸给；书记支给薪水；承发吏、检验吏、看守支给工食。参见民国（1932 年）《南皮县志》卷 5《政治志·组织附经费》，第 8～10 页。

③ 元氏县司法职员领取的经费分为俸给、薪水和工食三种：承审员和管狱员领取官吏俸给；书记员、管狱员录事支给薪水；检验吏、看守及所丁、公役、承发吏支给工食。参见民国（1931 年）《元氏县志·行政·行政机关之组织》，第 1～2 页。

④ 开平县分庭推事、检察官、书记官支给俸给；录事、承发吏支给薪津；法警、庭丁什役支给工食。参见民国（1933 年）《开平县志》卷 14《经政略·经费》，第 8～11 页。

⑤ 冠县 1928 年成立法院，1932 年 12 月取消，1933 年改回承审制。法院中职员经费分俸薪与工饷两类。俸薪下又分两类：审判官、检察官支给俸给；书记、录事、承发吏、检验吏支给薪水；工饷下分为法警的薪饷和公丁的工资。承审处职员经费分两类：承审员的俸给；书记、录事、承发吏、检验吏的薪水。参见民国（1934 年）《冠县志》卷 3《食货志·田赋》，第 33～38 页。

⑥ 1928 年山东馆陶县法院成立。1930 年，法院职员的薪俸名称如下：审判官、检察官、书记员支给月俸；录事、承发吏、检验吏支给薪水；候补书记员支给津贴；司法警察支给警饷；公丁支给工资。参见民国（1936 年）《馆陶县志》卷 3《法治志·司法》，第 22～26 页。

⑦ 文中职员支给经费的数量指每名职员的经费，且均以月为单位。科长与科员并存，则将科长与帮审员、承审员列为同一组，科员与书记等列为同一组进行比较；如果只有科员，则将科员与帮审员、承审员列为同一组。

第八章 基层司法机关的人员与经费

民国初年山东各州县分科治事体制中列有司法经费一项。山东省于1912年9月颁布了《山东州县暂行分科治事章程》，与之相配套还颁布了《规定山东各州县等级表》和《山东各州县俸给及行政经费每月支出表》。当时山东全省分为22个一等州县，52个二等州县，32个三等州县。

山东省一等州县长官支300元；司法科一等科员支50元，总务科一等科员支30元，民政科、财政科科员支30元；司法科二等科员支30元，总务科二等科员月薪20元。[①]

二等县如馆陶县知事支250元；总务科、民政科、财政科科员支30元；司法科一等科员支50元，二等科员支30元。[②] 三等县各科科员薪金同二等县。

由此看来，山东各县司法科科员月薪要高于总务等科科员月薪。

民国元年，赤溪县已设专审员。知事支250元，专审员支80元，总务课课员支70元，民政课、教育课、实业课、财政课课员支55元；文牍员、监狱员支40元。[③] 赤溪县专审员的薪水低于知事，但高于其他职员。

1913至1914年初，各县司法人员有审检所中的帮审员、书记、录事、承发吏、检验吏、法警、丁役等。

直隶威县、[④] 江苏沛县、[⑤] 安徽蒙城县、[⑥] 安徽省宿松县、[⑦] 昌黎县、[⑧]

[①] 参见民国（1921年）《续修巨野县志》卷2《食货·山东各州县俸给及行政经费每月支出表》，第6~7页。

[②] 参见民国（1936年）《馆陶县志》卷2《政治志·制度》，第30~46页。

[③] 参见民国（1920年）《赤溪县志》卷4《经政志·禄饷》，第49~50页。

[④] 直隶威县县知事支250元；审检所帮审员70元；管狱员与科长各支40元。审检所书记长25元；县署科员各支30元、25元、20元不等。县署与审检所书记各支10元。审检所检验吏、司法巡警、女监看守各支6元；县署公役各支5元。参见民国（1929年）《威县志》卷7《政事志中·财政》，第37~38页。

[⑤] 江苏沛县在1913年前后县知事支300元，县署科员、审检所审判员和典狱官均支60元。参见民国（1920年）《沛县志》民国新志卷一《俸饷》，第17页。

[⑥] 安徽蒙城县正文牍薪水支60元，副文牍支40元；帮审员支50元；典狱员支26元；会计员支20元，收发员和核对兼监印员支16元；检验吏支5元。参见民国（1915年）《重修蒙城县志书》卷4，《食货志》，第21~22页。

[⑦] 安徽省宿松县1913年知事支200元，科长支45元，帮审支50元，管狱支30元。科员支25元，技士支30元，雇员支12元；书记支36元。参见民国（1921年）《宿松县志》卷13《职官表》，第25~27页。

[⑧] 昌黎县审检所帮审员支80元，所内书记长支30元，书记支10元，司法警、检验吏支6元。参见民国（1933年）《昌黎县志》卷4《行政志·司法·经费》，第63页。

山西和顺县①等都曾设有审检所。其中知事的薪俸通常达到 200～300 元，帮审员支 50～80 元，科长支 20～60 元，典狱官、管狱员支 25～60 元。知事的薪俸远远高于帮审员，帮审员的薪俸则等于或高于其他科长以及管狱员的薪俸。书记支 10～36 元，检验吏等支 5 元左右。书记薪俸低于帮审员，但高于其他职员。法警、庭丁、看守、狱丁所支最少，约 5 元。检验吏、狱丁等所支绝对数本身就非常少，因此，检验吏等所支虽高于狱丁等，但相差的数目并不多。

安徽宿松县、② 直隶盐山县、③ 贵州桐梓县、④ 福建龙岩县、⑤ 黑龙江望奎县、⑥ 湖南省慈利县、⑦ 直隶沙河县、⑧ 直隶房山县、⑨ 吉林

---

① 山西和顺县知事支 160 元，科长支 20 元，帮审员支 50 元，管狱员支 25 元。一等书记支 20 元，二等书记支 12 元，雇员各支 8 元，承发吏支 6 元，检验吏支 6 元，传达吏各支 6 元，庭丁各支 5 元，看守各支 6 元，狱丁各支 4 元。参见民国（1935 年）《重修和顺县志》卷 5《赋役·国家岁出》，第 35～39 页。

② 1914 年，安徽宿松县县知事支 200 元，承审支 40 元，典狱支 30 元。参见民国（1921 年）《宿松县志》卷 13《职官表》，第 25～27 页。

③ 直隶盐山县知事支 250 元；承审员支 70 元；科长支 60 元或 50 元；狱员 30 元；县署科员各支 30 元、25 元、20 元。参见民国（1916 年）《盐山新志》卷 10《法制略·新政》，第 6～13 页。

④ 1916 年，贵州桐梓县知事支 132 元，科长支 50 元，承审员支 50 元。参见民国（1929 年）《桐梓县志》卷 16《食货志·经费》，第 24～25 页。

⑤ 福建龙岩县 1917 年的经常费中，知事月支 260 元，科长月支 45 元，承审员月支 41 元 3 角，溪口县佐月支 50 元，科员月各支 20 元，雇员月各支 9 元，正役月支 6 元，杂役月支 5 元。参见民国（1920 年）《龙岩县志》卷 11《度支志》，第 3～4 页。

⑥ 黑龙江望奎县知事支 260 元，承审员支 50 元，科员、技士各支 50 元。司法书记员支 30 元，检验吏支 20 元，看守长支 20 元；行政和司法方面一等雇员各支 20 元，二等雇员各支 16 元，行政方面三等雇员各支 12 元，承发吏各支 10 元，庭丁各支 8 元，杂役各支 6 元，看守兵各支 7 元。参见民国（1919 年）《望奎县志·政治志·望奎县司法经费支出预算表》，第 31～33 页。

⑦ 湖南省慈利县知事支 210 元，承审员支 60 元，书记员支 20 元，收费书记官支 32 元，检验吏支 10，录事支 10 元。参见民国（1923 年）《慈利县志》卷 8《财政·国家财政收支表》，第 3～4 页。

⑧ 1924 年，直隶沙河县县知事俸薪额定月 200 元，实按八成支付，月领 160 元。承审员俸薪额定月 60 元，实按九成支付月领 54 元。管狱员俸薪额定月 40 元，实按九成支付，月领 36 元。参见民国（1940）《沙河县志》卷 3《经政志上·职官表》，第 23～24 页。

⑨ 直隶房山县署各职员支经费以 1925 年为例予以说明。知事支 200 元；承审员支 80 元；民政科长支 80 元，总务科长支 40 元；管狱员支 35 元。司法方面书记各支 17 元，录事各支 10 元，承发吏各支 8 元，检验吏各支 7 元；行政方面书记各支 10 元，一等雇员各支 10 元，二等雇员各支 8 元；监狱书记、医士月各支 10 元。司法警、公役、看守各支 6 元。参见民国（1928 年）《房山县志》卷 4《政治志·经费》，第 6～9 页。

第八章 基层司法机关的人员与经费

桦川县、[1] 江苏泗阳县[2]在县知事兼理司法时期职员所支经费数额可以分为3个层次，首先是县知事、承审员、科长与管狱员；其次，书记官与科员；再次，承发吏、检验吏、法警、丁役等。

通常县知事支200～300元；承审员支40～80元；科长支40～80元，管狱员支30～40元。毫无疑义，县知事是各县支给俸薪最多的。承审员、科长通常高于或等于管狱员的俸薪。承审员高于或等于科长薪俸的有直隶盐山县、贵州桐梓县、黑龙江望奎县、直隶房山县、吉林桦川县、江苏泗阳县；承审员低于科长薪俸的有福建龙岩县。

其他司法职员如书记支17～32元，承发吏支8～10元，检验吏支10～20元，法警、丁役等支6元左右。司法与行政两方面的吏、警等职员领取的经费相差不大，都在10元上下。

吉林宁安县、[3] 农安县、[4] 扶余县[5]司法公署与县署职员的收入状况

---

[1] 1925年前后吉林桦川县，知事支248元，承审员支70元，科长支50元，管狱员支40元。行政方面科员支40元，收发、会计各支36元，统计支30元，雇员长支24元，一等雇员支18元，二等雇员各支16元，三等雇员各支15元；司法方面录事支17元，检验夫支20元，庭丁各支10元；看守兵各支7元；游巡队长支20元，马兵各支7元5角，步兵各支6元。参见民国（1928年）《桦川县志》卷5《财政·国家岁出》，第32～38页。

[2] 江苏泗阳县知事俸给支260元，承审员支80元，科员各支50元，管狱员支40元。雇员各支10元，号房传达、杂役支6元。参见民国（1926年）《泗阳县志》卷17《田赋下》，第22～25页。

[3] 吉林宁安县知县支300元，司法公署独任审判官支100元。司法公署书记监支70元；县署科员支50元，文牍员、会计员支40元，司法公署书记官与县署统计员、收发员支30元。县署稽查员、一等雇员和司法公署检验吏支20元；司法公署雇员各支12元，承发吏各支10元；县署二等雇员各支15元。司法公署法警、庭丁、公役各支8元；县署夫役各支4元、5元或6元不等。参见民国（1924年）《宁安县志》卷3《度支》，第5～8页。

[4] 吉林农安县公署知事支300元，县署科长与司法公署审判官都支100元，检察员80元。县署会计与司法公署书记监都支50元。县署的文牍、统计、收发、庶务各支32元，司法公署书记官各支30元。司法公署检验吏支20元。县署三等雇员各支12元，看守长和司法公署承发吏各支10元。司法公署法警、庭丁、工役各支8元；看守兵、看守妇各支7元；县署夫役各支6元。参见民国（1927年）《农安县志》卷6《度支》，第33～45页。

[5] 吉林扶余县县知事支300元；司法公署监督审判官100元，审判官80元；县署科长80元。司法公署书记监50元，书记官30元、25元不等；县署主任、收发40元。司法公署检验吏20元，雇员支12元，承发吏支10元；县署统计调查员18元，雇员长支15元，雇员支10元；监狱主任看守14元。县署夫役各支8元；司法公署法警、庭丁、公役各支8元；看守各支6～7元。参见民国（油印本）《扶余县志》第20章"现状及将来"，第236～238页。

如下。

司法公署中知事支 300 元，审判官支 80～100 元，科长支 80～100 元。审判官的收入等于或多于县署的科长等。司法公署中的书记监、书记支 25～70 元；检验吏支 20 元，承发吏支 10 元，法警、庭丁、公役 8 元。与书记监、书记收入相当的是县署的科员、文牍员、会计员、统计员、收发员、庶务员等。与司法公署检验吏收入相当的是县署的稽查员、一等雇员、雇员长。与司法公署承发吏收入相当的是县署二、三等雇员，与司法公署法警、庭丁、公役收入相当的是县署的夫役。

顺义县地方分庭推事、检察官支 120 元，书记官支 35～50 元，雇员支 16 元，承发吏、检验吏支 10 元，司法警察支 8 元，庭丁支 7 元。①

1928 年之后，司法机关与县署职员的收入状况又是怎样的呢？

山西翼城县、② 河北高邑县、③ 河北青县、④ 河北无极县、⑤ 河北南皮县、⑥

---

① 参见顺义县档案 2-1-351。
② 山西翼城县知事支 240 元，承政员 50 元，承审员 50 元。参见民国（1929 年）《翼城县志》卷 9《田赋·关于县衙一部分支出经费统计表》，第 40～41 页。
③ 河北高邑县在 1929 年前后县长支 200 元，县署科长支 80 元或 60 元；承审官支 60 元；管狱员支 40 元；公安局、财政局、建设局局长支 40 元，教育局局长支 35 元。县署科员支 40 元或 30 元；书记支 24 元；县署事务员支 16 元或 14 元，雇员支 12 元；司法方面录事支 10 元，承发吏支 9 元，检验吏支 12 元。参见民国（1933 年）《高邑县志》卷 3《行政》，第 7～9 页。
④ 河北青县县长支 180 元，科长支 60～80 元，承审官支 60 元，管狱员支 40 元。科员支 30～40 元，书记支 24 元。县署行政方面事务员及雇员支 16 元、14 元、12 元；司法方面录事支 10 元，检验吏支 12 元。政务警察支 8～12 元，承发吏支 8 元，管狱员工役、看守及所丁支 8～10 元。参见民国（1931 年）《青县志》卷 6《经制志二·现行经费表》，第 32～34 页。
⑤ 1932 年时河北无极县县长支 160 元，科长支 50～75 元，承审官支 34 元，管狱员 36 元。科员支 24～32 元；司法书记支 21 元 6 角，检验吏支 12 元，承发吏支 8 元；管狱员录事支 9 元。政务警察支 8～12 元，看守所丁支 8～10 元，公役支 8 元。参见民国（1936 年）《无极县志》卷 3《财赋志·田赋》，第 6～7 页。
⑥ 河北南皮县县长支 160 元，承审官支 60 元，公安局长支 40 元，财政局、教育局、建设局局长各支 35 元。参见民国（1932 年）《南皮县志》卷 5《政治志·组织附经费》，第 8～10 页。

第八章 基层司法机关的人员与经费

山东冠县、① 山东齐东县、② 河南阌乡县、③ 河北完县、④ 山西浮山县、⑤ 广西贵县、⑥ 贵州麻江县⑦，县长支 110～250 元；承审员、审判官支 34～100 元；科长支 40～80 元。承审员高于或等于科长薪俸的有冠县、齐东县、阌乡县、完县、浮山县、贵县；承审员低于科长薪俸的有高邑县、青县、无极县、麻江县。高邑和南皮等县承审官的薪俸还高于公安局、财政局、教育局、建设局局长。司法方面书记监、书记支 21～40 元，检验吏支 12 元，承发吏支 8～12 元。与书记监、书记收入相当的是县署的科员、事务员等，不少科员的薪俸高于书记。承发吏与检验吏收入比较接近，与之收入相当的是县署的事务员、雇员、科员、录事等。

国民政府时期，在县里县长薪俸最高，科长、承审官次之，接下来为科员与司法书记、检验吏和承发吏等，这种薪俸格局大体上与北洋时期相似。另外，承审官的薪俸高于公安局、财政局、教育局、建设局局长进一步说

---

① 山东冠县县长支 250 元；法院审判官 110 元，检察官支 100 元；承审处承审员支 100 元；县署秘书和科长 80 元；监所管狱员支 45 元；警长支 30 元。法院书记支 30～35 元，候补书记支 20 元；承审处书记支 40 元；县署科员支 40 元或 30 元。县署录事支 18 元；法院和承审处录事支 16 元，承发吏、检验吏支 12 元。参见民国（1934 年）《冠县志》卷 3《食货志·田赋》，第 33～38 页。

② 山东齐东县县长支 200 元，承审员支 100 元，秘书兼第一科长支 80 元，第二科长支 80 元；警长支 30 元。司法书记员、收费书记员各月支 40 元，科员支 30 元。行政录事支 18 元，司法录事支 16 元，承发员、执达员、检验员支 12 元。参见民国（1935 年）《齐东县志》卷 4《政治志·经费》，第 27～36 页。

③ 河南阌乡县长支 250 元，承审员支 60 元，科长支 50 元，管狱员 22 元，看守所长支 20 元。一等科员支 34 元，二等科员支 30 元。参见民国（1932 年）《新修阌乡志》卷 6《民政·县政府》，第 1～3 页。

④ 河北完县县长支 200 元，秘书 80 元，科长支 60 元；承审支 60 元，管狱支 40 元；科员支 40 元、30 元。参见民国（1934 年）《完县新志》卷 4《行政第二下》，第 17～18 页。

⑤ 山西浮山县县长支 220 元；第一科长支 50 元，第二科长支 40 元；承审支 50 元。参见民国（1935 年）《浮山县志》卷 15《财政·县政府支出经费统计表》，第 25～26 页。

⑥ 广西贵县县长支 110 元，秘书支 70 元，科长支 65 元，承审员 70 元。一等科员各 50 元，二等科员支 45 元，一等办事员各 35 元，二等办事员各 30 元。参见民国（1935 年）《贵县志》卷 3《县政》，第 143～145 页。

⑦ 贵州《麻江县志》记载 1938 年前后，一等县县长支 203 元，秘书支 76 元，审判官支 56 元。二等县县长支 190 元，秘书兼科长支 71 元，审判官支 49 元。三等县县长支 179 元，秘书兼科长支 67 元，审判官支 42 元。参见民国（1938 年）《麻江县志》卷 11《食货志·经费》，第 1～4 页。

明，承审员的薪俸在县内各职员中相当高，仅次于县长。

从以上各县司法人员的俸给来看，承审员俸给每月一般在 50~70 元之间，一些分庭的推事、检察官更高一些，月薪达到 120 元。其他司法人员的月俸给则多在 10 元左右，而且各地相差并不大。承审员俸给明显高于其他司法人员。1914 年《京话日报》在评论一起崇文门外上二条胡同一个办小学的教师因房涉讼的事件时指出，一个私塾师，每月所进的学费，顶多不过 10 元上下。① 民国初年，京师的基层巡警，每月只有 6 元收入。② 县司法辅助人员的月薪多在 4~10 元，一般而言，生活还能过得去。至于承审员在各地已经是高工资了。

威县囚粮每名月给 2 元 1 角，这应该是当时维持生存的最低费用了。那些月薪 5 元上下的司法人员，虽然月薪为囚犯的两倍多，其月薪绝对数还是比较低的。

县里多数司法人员的薪俸，其绝对数并不高，但也不是太低。与县其他行政人员的横向比较显示，承审员的薪俸仅低于县知事，而高于其他人员。

第四，不同地域的承审员薪俸数。

不少省根据县的等级支给承审员相应的薪俸。

安徽省承审员的俸给随各县缺等级为差别，全省 60 县分甲、乙、丙、丁、戊五等，如甲级县缺，承审员月定 60 元；乙级县缺，月给 50 元；丙级县缺，月给 40 元；丁戊级县缺诉讼事件多由县知事兼理，承审员俸给未定。如县知事请委承审员，其俸给则由该县司法收入项下从最低级开支。③

江苏省承审员的俸给，按照 1921 年度县司法经费预算案月支 80 元。承审员的设置以各县司法经费的等级为标准，全省兼理司法的 57 县，仅武进等 11 县及崇明、外沙司法办公所各设承审员一员，其余县份如请委承审员，须由县知事自筹经费，故俸给数无定额。1922 年度各县司法经费预算书以诉讼繁简为承审员设置与否及其员额多寡之标准。诉讼繁多之县设两位承审员，其中主任承审员月支 80 元，普通承审员月支 60 元。设承审员一员，月

---

① 《京话日报》1914 年 1 月 19 日，第 3 版。
② 京师警察厅编《京师警察厅法律汇纂》（总务类），撷华印书局，1915，第 203~204 页。
③ 参见法权讨论委员会编《考查司法记》，第 47 页。

支 80 元。年诉讼案件不满 300 起的县责成县知事自行兼理，不设承审员。已设置两承审员者 7 县，设置一员者 30 县。①

山西省承审员的俸给依该省县知事公署月支薪费支配表分为三等，一等 60 元，二等 50 元，三等 40 元。②

直隶省的承审员俸给分为两等，如涞县、濮阳、定县、邢台四个特等县的承审员月各支 60 元，其余不分县缺繁简，概支 50 元，也有的县增至 80 元或 100 元。③

山东省各县帮审员俸给原定 50 元，或因县缺大小及彼此感情关系有增至六七十元或八十元不等。④

江西省的司法经费已设承审员的一等县每月各 160 元，二等县每月各 120 元，未设承审员之三等县每月各 80 元。⑤ 由于司法经费包括司法人员的俸给薪饷、勘验、递解及司法上一应款项，故承审员的俸给少于司法经费的数额。

少数省由县知事酌量支给承审员薪俸。如河南省各县承审员的俸给大约月支五六十元或七八十元不等。⑥ 浙江省承审员的俸给向未定有等级，均由县知事酌量支给 40 元至 80 元不等。⑦

总的来看，各县承审员薪俸的数量可能各不相同，但通常在 40 元至 80 元之间。地域差别并不大。

第五，不同司法制度下的司法经费总额。

北洋时期审判厅改为审检所，司法经费会减少；审检所改为县知事兼理司法，司法经费会进一步减少。

江苏省川沙县司法制度变化了数次。在民国初年设有审判厅。审检两厅自 1912 年 10 月 21 日成立，至 1913 年 3 月 30 日改组审检所止，计实支经

---

① 参见法权讨论委员会编《考查司法记》，第 45~47 页。
② 参见法权讨论委员会编《考查司法记》，第 45 页。
③ 参见法权讨论委员会编《考查司法记》，第 43~44 页。
④ 参见法权讨论委员会编《考查司法记》，第 44 页。
⑤ 参见法权讨论委员会编《考查司法记》，第 244 页。
⑥ 参见法权讨论委员会编《考查司法记》，第 44 页。
⑦ 参见法权讨论委员会编《考查司法记》，第 47~48 页。

常费7502元，临时费739元，平均月支约1600元。1913年3月24日，江苏司法筹备处令川沙地方审检两厅，改组为审检所，以县知事兼理检察事宜，设帮审员长一员，帮审员一员，月支银554元。11月9日，奉省令裁去帮审员缺，由县知事兼理。裁撤川沙审检所后司法经费一律停止。1923年7月，省定司法经费分4等，川沙列入丁等，月支经费200元。1926年7月，省方以川沙民刑诉讼月在300起以上，升入丙等，其经费例得设承审一员，经县知事严森呈准，但仍由县知事兼理，至1931年3月始行添设，经费每月292元渐增至380元。①

泗阳县1912年设立法院，地方审判厅全年额支经费9960元，地方检察厅全年额支经费11928元。1913年4月裁审检两厅，设审检所，11月废帮审员长及帮审员，改置审判官，全年额支4668元。1914年5月裁审检所，司法职务完全归知事兼理，全年额支经费3660元。1923年定泗阳司法经费全年额支3504元。②

审判厅改为审检所，川沙县每月司法经费减少1000元左右；泗阳县减少600元。审检所改县知事兼理司法，川沙县每月司法经费减少200～300元；泗阳县减少80元左右。

有的县法院改县长兼理司法，司法经费会减少。

1928年冠县成立法院，附设于县政府。1929年7月奉令改组正式法院，由县政府移出租借文庙前民宅，取消县长兼检察制，检察官由高等法院检察处直接委任，每月经费洋540元。1933年1月奉令取消法院，恢复承审制，由县长兼理司法，承审员专理词讼，每月经费洋267元。③

寿光县法院1929年每月司法经费600元，后来法院取消归并县政府，每月司法经费减为267元。④ 县法院改县长兼理司法，每月司法经费减少200～300元。

有的县司法公署改司法处，司法经费不变。甘肃临泽县于1926年7月

---

① 参见民国（1936年）《川沙县志》卷20《司法志》，第1～3页。
② 参见民国（1926年）《泗阳县志》卷14《司法》，第15～16页。
③ 参见民国（1934年）《冠县志》卷3《食货志·田赋》，第33～38页。
④ 参见民国（1936年）《寿光县志》卷6《官制》，第5～9页。

12 日成立司法公署，经费每年 1680 元。至 1930 年奉令扩充经费，每年 2400 元。1936 年 3 月奉令改司法公署为司法处，人员、经费仍照旧。[①]

有的县帮审员与司法承审员时代经费差别不大。古田县民元设帮审员一员，经费月定 60 元。1928 年改设司法承审员一员，经费月定 70 元。[②]

不同司法制度下，司法经费总数通常会发生变化。司法人员的配备、数目、薪俸标准的变化，司法机关运作成本的变化，以及物价的变动都会推动司法经费总量的变化。

审判厅改为审检所或县知事兼理司法，司法经费减少较多。审检所或县法院配备的司法人员原本官等、官俸不高，人员又比较少，改为县知事兼理司法后司法经费减少幅度并不大。

小　结

清末开始的司法改革使审判职能发生了改变。传统旧制下由知县审理案件，而北洋时期存在审判与检察两种职能，通常由两类司法官分别执行这两种职能。就制度而言，县知事在越来越多的司法制度中失去了审判权，专门的审判人员在越来越多的司法制度中拥有了审判权；县知事行使检察权广泛地存在于各类司法制度中。就时间和地域而言，在全国绝大多数县中县知事仍同时拥有审判权和检察权，这些县中承审员分享了部分审判权。司法制度的名称在改变，但司法辅助人员的职掌却并没有发生太大变化。

北洋时期审判人员多由具备新式法律知识的法政毕业生充当。他们凭借自己的专业知识助理县知事审理案件，甚至独立审判案件，并对审理的案件负一定责任。另外他们还和县知事一道监督书记员、录事、承发吏及检验吏。此时，一些新因素开始注入旧有的框架，并改变着旧有的司法格局。审检所、县知事兼理司法、司法公署、地方分庭等制度已经不同于传统司法旧

---

① 参见民国（1943 年）《临泽县志》卷 6《民政志·司法处》，第 49～50 页。
② 参见民国（1942 年）《古田县志》卷 12《度支志·司法经费》，第 13～16 页。

制，它们正一点点地为新的司法制度奠定基础。不过，各类审判人员的专业知识和专业水平尚有不同层次之分，不可等同视之。另外，承发吏、送达吏、法警等司法辅助人员常由六房书吏、班役等改换名目而来，存在"换汤不换药"的局面，甚至传统三班役隶旧制长期存在。

司法人员的薪俸一定程度体现了他们在县署的地位。各县审判人员的薪俸是司法辅助人员的数倍，甚至超出县署其他部门的长官。他们通常不如县知事强势，但一县之中，他们往往在县知事一人之下，而在众人之上。各县录事、司法警察等司法辅助人员的薪俸相差并不大，月薪多在4~10元，其绝对数并不高，但也能维持生计。

各县无论是哪种司法制度，办理司法时一些人员都是必备的，如审判人员、录事、检验吏、承发吏、写状生、司法警察等。重点从司法人员数量上论证司法制度变迁的动力是有失偏颇的。1914年各省都督、民政长通电要求废除地方各级审判厅便以财政困难为由。县知事兼理司法时期的司法人员数额往往并不比审检所少，司法经费支出相差不多，因此，为节省司法经费而裁撤审检所、改为县知事兼理司法，其理由并不充分。司法公署的司法人员如审判官、检察员和书记等都略多于县知事兼理司法时期，所需司法经费也将增加，因经费困难而缓设司法公署的理由还勉强可以成立。

第九章
政治分立与司法统一

　　既有的近代法制史论著多聚焦于司法独立而忽略司法统一,其实,司法统一与司法独立相辅相成,在近代法制建设中都具有举足轻重的地位。北洋时期共召开两次全国性的司法会议,均有谋求司法统一之宗旨。中央司法会议"所斤斤致意者尤在司法之独立与统一两端,凡通过之议案十之七八均与此两者息息相关"。① 1912 年,司法总长许世英在中央司法会议上指出:"法制紊淆,京省自为风气,命令干涉,奉行无所遵从,实为司法上一大阻力。"② 的确,司法领域如果不能上下统一,各项司法制度的推行势必受阻。如果案件终审不能出各省范围,中央不能督饬各地司法,诉讼的公平与公正也将大受影响。因此,司法统一对北洋时期司法建设乃至整个近代法制的变迁都至关重要。值得追问的是,在北洋时期,中央推行的法制建设能否向各派势力范围渗透?各势力范围内部的纠纷上达中央寻求解决的渠道是否畅通?

　　袁世凯病逝后,中国进入一个分裂、纷争与混战的时代。北洋军阀分裂,皖、直、奉三大派系互相争夺中央政权;中央与地方分裂,地方军阀坐大,各行其是;南北分立,革命党人发起反军阀斗争,西南地方实力派往往自立行动。③ 然而,乱世中各领域、各省区是否都成为一盘散沙,以至各自

---

① 《会员呈报文》,《中央司法会议报告录》,司法部 1913 年印行,第 1~2 页。
② 《许总长中央司法会议开会演说词》,《中央司法会议报告录》,第 1 页。
③ 参见汪朝光《民国的初建》,张海鹏主编《中国近代通史》第 6 卷,江苏人民出版社,2007,第 152 页。

为政？是否存在中央与地方大体能保持统一的部门或领域？司法领域既与政治关系密切，又追求相对独立于行政，在北洋时期政治分立的局面下，其走向又如何？

朱勇曾探讨南北分立与司法统一问题，其基本看法是，袁世凯病逝后，在法律适用与审级管辖方面，司法统一仍在一定程度上得到保持。他对该问题的开创性研究颇具启示意义。如关于审级管辖，他以1917年湖南、四川的两个案件为例，指出："北洋政府时期，司法体制上的四级三审制基本得以遵行，而大理院作为全国最高审判机关，基本起到终审法院的作用。"①问题是，1917年后的十年间，湖南、四川等省是否发生新的变化？南方阵营的广东等省与湖南、四川是否形成密不可分的整体而共进退？它们是否承认北京的大理院为全国最高审判机关？如果不是，其审级管辖情形如何？②进而，除南方分立之外，北方的政治分立对北方诸省的司法统一有多大影响？审级管辖之外，司法部对各省司法人员的任免奖惩、对各省诉讼的督饬等司法行政的诸多面相又是怎样的？俞江对司法储才馆进行研究时也注意到了司法统一的问题，惜未展开。③胡震和欧阳湘虽不专门研究南北分立与司法统一问题，但分析了南方政权设置各级法院，特别是设立大理院的情况。④至于南方司法分裂的范围到底有多广，实际影响力有多大，则需要进一步探讨。

司法统一包括法律适用、审级管辖与司法行政等内容，其中审级管辖与司法行政比较明显地体现了中央与地方之间的统属关系，与政治关系密切。下文将以《政府公报》所载1916~1928年间大理院审判的数万个案件，《司法公报》所载1916~1925年间各省司法人员的任免奖惩及

---

① 朱勇主编《中国法制通史》第9卷《清末·中华民国》，法律出版社，1999，第532~536页。
② 广东、广西、云南、贵州、四川、湖南6省在地理意义上并不尽属西南或南方，但在北洋时期，这6省在政治意义上通常被视为西南地方集团，以及南北之争中的南方。根据约定俗成的看法，本书将上述广东等省称为南方6省，此外的其他省区称直隶等省区。
③ 俞江：《近代中国的法律与学术》，北京大学出版社，2008，第280~297页。
④ 胡震：《南北分裂时期之广州大理院（1919~1925）》，《中外法学》2006年第3期；欧阳湘：《近代中国法院普设研究——以广东为个案的历史考察》。

第九章 政治分立与司法统一

收结民刑案件等资料,以及1914～1923年度"民事统计年报"与"刑事统计年报"所载各项统计资料为基础,从审级管辖与司法行政等领域考察政治分立格局下司法系统的维持与断裂,并进一步讨论政治与司法的关系。①

一 司法部对各省司法人员的任免奖惩

司法人员的任免奖惩是司法行政的重要内容之一。② 从中央政府能否对各地司法人员进行任免奖惩可以看出中央权力向下延伸的程度。司法部任免奖惩的对象包括各级法院的法官、书记官和未设法院各县的县知事和承审员。由于这4类司法人员在司法体系中所处的地位不同,司法部对他们的任免奖惩权限又略有差异。

司法部对各级法院法官和书记官有任免奖惩之权。③ 1916～1925年《司法公报》中列有"京外各法院法官任免奖惩员数表",反映了各省荐署、荐补法官受司法部任免奖惩的状况;而"京外各法院书记官任免奖惩员数表"所列荐任书记官长、书记官以曾经呈荐者为限,委任书记官长、书记官以曾

---

① 1916年之前政治基本统一,司法系统至少在形式也是统一的,故本书仅考察1916年之后政治分立时期的司法系统。
② 经费为司法行政的另一重要内容,但本书不打算讨论司法经费与司法统一的关系问题。比较全面反映司法经费预算与实支数目的资料是《司法公报》所载"各省审检厅及新监所(某)年度概(预)算经费表"。如果地方与中央政治上处于分立状态,中央可以照常做出预算,各地则未必听命于中央,并根据该预算拨司法经费。因此,该表每年的司法经费预算中都列有广东等省司法经费若干,也不一定表明该地与中央的司法关系没有断裂。尤其是财政部呈定的各地司法经费预算在1919年后多年不变,不能反映实际司法经费需求的变化,更难以从预算的司法经费数观察到司法系统是否断裂。司法部所核准各年之间的司法经费数目多处于变化之中,这表明司法部根据实际情况对各省司法经费做出了调整。一些省份数年间司法费都没有变化,可见司法部对政治上分立省份仍难以核实司法费的实支数目。从该表所载司法费的预算与实支数很难做出各省与司法部之间是否维持着上下级关系的判断。
③ 法官虽由法官惩戒委员会惩戒,但需司法总长呈请,并由司法部执行。

— 215 —

经司法部委任者为限。①

县知事为行政官，司法部不对其进行任免；但因他们兼理司法，可以对其进行奖惩。奖励主要分两种情况：一是司法部会同内务部呈请奖励；二是各省高等厅呈准省长记功，呈司法部备案并经司法部核给奖章。惩戒也分两种情况：一是由文官惩奖委员会做出决定，交司法部执行；二是由各省高等厅呈请扣俸或记过，报司法部备案。1916～1925年《司法公报》所载"各省区兼理司法县知事奖惩员数表"，反映了司法部参与奖惩兼理司法县知事的相关状况。②

承审员由县知事呈请高等审判厅厅长审定任用，高等审判厅厅长委任承审员后向司法部、民政长报告。1916～1925年《司法公报》中有"各省区承审员任免奖惩员数表"，反映了在司法部备案的承审员的任免奖惩情况。③

由于政治分立，司法部对各省法官、书记官、县知事和承审员行使任免奖惩权往往受到抵制。各年、各省份抵制司法部对司法人员任免奖惩的情况，可参见"1916～1925年司法部任免奖惩法官的省区表"（表9-1）。书记官、县知事和承审员的任免奖惩情况也可制作类似表格，限于篇幅，兹不一一列出。

---

① 参见《京外各法院书记官任免奖惩员数表》，《司法公报》第78期（《司法部五年度办事情形报告》），第12～17页；第96期（《司法部六年度办事情形报告》），第13～19页；第108期（《司法部七年度办事情形报告》），第15～21页；第128期（《司法部八年度办事情形报告》），第13～19页；第161期（《司法部九年份办事情形报告》），第13～20页；第181期（《司法部十年份办事情形报告》），第11～18页；第195期（《司法部十一年份办事情形报告》），第10～18页；第212期（《司法部十二年份办事情形报告》），第11～19页；第214期（《司法部十三年份办事情形报告》），第12～20页；第247期（《司法部十四年份办事情形报告》），第14～22页。

② 参见《各省区兼理司法县知事奖惩员数表》，《司法公报》第78期，第17～18页；第96期，第19～20页；第108期，第21～22页；第128期，第19～20页；第161期，第20～21页；第181期，第18～19页；第195期，第18～19页；第212期，第19～20页；第214期，第20页；第247期，第22～23页。

③ 参见《各省区承审员任免奖惩员数表》，《司法公报》第78期，第18～19页；第96期，第20～21页；第108期，第22～23页；第128期，第20～21页；第161期，第21～22页；第181期，第19～20页；第195期，第19～20页；第212期，第20～21页；第214期，第21页；第247期，第23页。

表 9-1　1916~1925 年司法部任免奖惩法官的省区

年份 省区	1916	1917	1918	1919	1920	1921	1922	1923	1924	1925
京师	√	√	√	√	√	√	√	√	√	√
直隶	√	√	√	√	√	√	√	√	√	√
奉天	√	√	√	√	√	√	√	√	√	√
吉林	√	√	√	√	√	√	√	√	√	√
黑龙江	√	√	√	√	√	√	√	√	√	√
山东	√	√	√	√	√	√	√	√	√	√
山西	√	√	√	√	√	√	√	√	√	√
陕西	√	√	√	√	√	√	√	√	√	√
河南	√	√	√	√	√	√	√	√	√	√
江苏	√	√	√	√	√	√	√	√	√	√
安徽	√	√	√	√	√	√	√	√	√	√
浙江	√	√	√	√	√	√	√	√	√	√
江西	√	√	√	√	√	√	√	√	√	√
湖北	√	√	√	√	√	√	√	√	√	√
湖南	√	√	√	√	√	√				
四川	√					√				
广东	√	√	√							
广西	√									
云南	√									
贵州	√	√								
福建	√			√	√	√	√	√	√	√
甘肃	√						√	√	√	√
绥远		√	√					√		√
察哈尔		√								
热河			√	√	√		√			√
东省						√	√			√
新疆										

说明：若某年司法部任免奖惩了该省法官，在相应位置标出"√"；如果没有任免奖惩，则相应位置为空白。东省铁路界内为诉讼上便利起见定为东省特别区域，严格意义上并不是一个独立行政单位，当时的司法统计经常把它与其他省区并列，本书也将其作为一个独立的司法单位予以考察。

资料来源：《京外各法院法官任免奖惩员数表》，《司法公报》第 78 期，第 7~12 页；第 96 期，第 7~13 页；第 108 期，第 9~15 页；第 128 期，第 7~13 页；第 161 期，第 7~13 页；第 181 期，第 4~11 页；第 195 期，第 3~10 页；第 212 期，第 3~11 页；第 214 期，第 4~12 页；第 247 期，第 6~14 页。

在 1916～1925 年的 10 年间，司法部几乎每年都对京兆、直隶、吉林、奉天、黑龙江、山东、山西、河南、江西、湖北、福建、浙江、江苏、安徽、陕西、甘肃 16 省区的法官、书记官、兼理司法县知事与承审员等司法人员进行任免奖惩，基本没有中断，维持着司法系统的统一。

司法部也对绥远、察哈尔、热河等特别区审判处的司法人员进行任免奖惩。这表明，北京政府的司法行政权延伸到了这些特别区域。但司法部并非每年都任免奖惩这些地区的司法人员，主要原因可能是这些地方司法机关较少，司法人员相应也少。

司法部对东省特别区域司法人员的任免奖惩基本是连续的。东省特别区域管辖区域为铁路沿线，因此，受任免奖惩的只有该区域的法官和书记官，而无兼理司法县知事与承审员。

从法官、书记官、承审员的任免奖惩情况来看，新疆与司法部在司法行政方面的关系似乎已经断裂。但是，司法部对新疆兼理司法的县知事有所奖惩，这说明新疆在司法行政上并没有完全脱离司法部。

1916 开始，司法部陆续中断对南方 6 省法官、书记官、兼理司法县知事与承审员中某一类或几类司法人员的任免奖惩。司法部中断对法官的任免奖惩，云南始于 1917 年，广东、广西、云南、贵州、四川 5 省始于 1919 年，湖南始于 1921 年。司法部中断对书记官的任免奖惩，云南、贵州始于 1917 年，广东始于 1918 年，广西、四川始于 1919 年，湖南始于 1921 年。司法部中断对兼理司法县知事的奖惩，广东、广西、贵州、四川等省始于 1917 年，云南始于 1918 年，湖南始于 1922 年。司法部中断对各省承审员的任免奖惩，云南、广东、广西、贵州始于 1916 年，四川始于 1919 年，湖南主要在 1921 年以后。司法部中断对南方 6 省某一类司法人员的任免奖惩之后，只在极少数年份得以恢复，可以说二者之间的司法行政关系出现断裂。

南北分立初期，司法部对南方 6 省司法人员的任免奖惩大体尚能维持。若以四类司法人员的任免奖惩全部中断方算作中断人事关系，则 1916 年的护国战争以及 1917 年开始的护法运动并没有导致司法部对这 6 省司法人员任免奖惩的中断。真正的转折发生在 1919 年，司法部开始中断广东、广西、云南、贵州、四川等 5 省各类司法人员的任免奖惩；从 1922 年开始，对湖南亦如此。各省中断的时间长短又略有不同。在中断法官的任免奖惩方面，云南为 8 年，广东、广西、贵州为 7 年，四川为 6 年，湖南为 5 年。在中断书记官的任免奖惩方面，云南为 9 年，广东、贵州为 8 年，四川、广西为 7 年，湖南为 5 年。在中断兼理司法县知事的奖惩方面，广东、贵州为 9 年，四川、广西、云南为 8 年，湖南为 4 年。在中断承审员的任免奖惩方面，云南、广东、广西为 10 年，贵州为 9 年，四川为 7 年，湖南为 6 年。

在与司法部中断任免奖惩关系的省份中，云南、广东、贵州、广西等省中断的范围广、时间长，四川次之，湖南最少。从中断任免奖惩的司法人员类别来看，通常先中断的是对承审员的任免奖惩，兼理司法县知事次之，书记官又次之，最后是法官。中断的总年份也是依此顺序由多到少排列，这反映司法部与地方中断人事任免奖惩关系，是从未设法院各县（承审员、县知事）到法院（书记官、法官）的顺序层层推进。①

二 司法部对各省诉讼的督饬

中央与地方司法机关间的统属关系不仅体现在人事任免奖惩上，还反映在对司法业务的督饬稽核方面。人事任免更多地反映了政令自上而下的贯彻过程，督饬稽核则更多地反映了下情由下而上的传递过程。司法部要求各省区向其上报各项收结案件数据，各省区如上报，则表明其至少在形式上承认司法部为上级机关，并接受其督饬稽核，这时司法行政还保持统一；如较长时期不上报，则表明该省区极有可能与司法部脱离了隶属关系，不接受其督饬稽核，司法行政便不再统一。

1914～1925 年的"司法部办事情形报告"中"各审判厅处收结民刑案

---

① 10 年间中断任免奖惩承审员、县知事、书记官、法官的总年份，云南共 35 年。35 除以 40 则为平均中断率 88%。广东共中断 34 年，平均中断率 85%。贵州共中断 33 年，平均中断率 83%。广西共中断 32 年，平均中断率 80%。四川共中断 28 年，平均中断率 70%。湖南共中断 20 年，平均中断率 50%。10 年间 6 省共中断任免奖惩承审员 52 年，省均约 87%；共中断奖惩兼理司法县知事 46 年，省均约 77%；共中断任免奖惩书记官 44 年，省均约 73%；共中断任免奖惩法官 40 年，省均约 67%。

件表"①，以及 1914～1923 年的"民事统计年报"与"刑事统计年报"的各项统计报表都是根据各地上报诉讼案件数目等编制，大致能反映司法部与各省在司法业务方面的督饬稽核关系。笔者根据该表资料制作了"1916～1925 年向司法部呈报收结案件数据的省区"表（详见表 9－2）。

表 9－2 1916～1925 年向司法部呈报收结案件数据的省区

省区\年份	1916	1917	1918	1919	1920	1921	1922	1923	1924	1925
京师	√	√	√	√	√	√	√	√	√	√
直隶	√	√	√	√	√	√	√	√	√	√
奉天	√	√	√	√	√	√	√	√	√	√
吉林	√	√	√	√	√	√	√	√	√	√
黑龙江	√	√	√	√	√	√	√	√	√	√
山东	√	√	√	√	√	√	√	√	√	√
山西	√	√	√	√	√	√	√	√	√	√
陕西	√	√	√	√	√	√	√	√	√	√
河南	√	√	√	√	√	√	√	√	√	√
江苏	√	√	√	√	√	√	√	√	√	√
安徽	√	√	√	√	√	√	√	√	√	√
浙江	√	√	√	√	√	√	√	√	√	√
江西	√	√	√	√	√	√	√	√	√	√
湖北	√	√	√	√	√	√		√	√	√
湖南	√	√	√	√	√			√	√	√
四川	√	√	√						√	√
广东	√	√								
广西		√	√	√					√	√
云南	√	√			√	√	√			
贵州	√	√	√							
福建	√	√	√	√	√	√	√	√	√	√
甘肃	√							√		√

① 不同年份该表名称略有出入，除了"各审判厅处收结民刑事案件表"之外，有时又称为"各审判厅处收结民刑事案件比较表"等，本书统称"各审判厅处收结民刑事案件表"。

第九章　政治分立与司法统一

续表

年份省区	1916	1917	1918	1919	1920	1921	1922	1923	1924	1925
绥远	√	√	√	√	√	√	√	√	√	√
察哈尔	√	√	√	√	√	√	√	√	√	√
热河	√	√	√	√	√	√	√	√	√	√
东省					√	√	√	√	√	√
新疆										

说明：制作方法同表9-1，只要有数月上报，则算作该年有上报。1914～1925年度"司法部办事情形报告"和1914～1923年度"民、刑事统计年报"等资料都记载了各省上报到司法部的诉讼案件统计资料，两类资料虽同为司法部所编，但记载偶有出入。本表综合两类资料编制而成。"司法部办事情形报告"的"各审判厅处收结民刑事案件表"比较集中地反映了诉讼案件统计数据，故注明表名及页码；而"民、刑事统计年报"的诸多表格都记载了诉讼案件统计数据，为省文不一一注明页码。

资料来源：(1)《各审判厅处收结民刑事案件表》，《司法公报》第78期，第36～43页；第96期，第34～43页；第108期，第33～41页；第128期，第33～40页；第161期，第33～40页；第181期，第33～40页；第195期，第33～41页；第212期，第35～44页；第214期，第35～44页；第247期，第39～48页。(2)司法部总务厅第五科编《中华民国三年第一次民事统计年报》，1917年4月；《中华民国四年第二次民事统计年报》，1918年8月；《中华民国五年第三次民事统计年报》，1919年12月；《中华民国六年第四次民事统计年报》，1921年12月；《中华民国七年第五次民事统计年报》，1921年12月；《中华民国八年第六次民事统计年报》，1922年12月；《中华民国九年第七次民事统计年报》，1923年12月；《中华民国十年第八次民事统计年报》，1923年12月；《中华民国十一年第九次民事统计年报》，1924年12月；《中华民国十二年第十次民事统计年报》，1924年12月。同年度"刑事统计年报"与"民事统计年报"出版时间亦同。

1916～1925年，京兆、直隶、吉林、奉天、黑龙江、山东、山西、河南、江西、湖北、福建、浙江、江苏、安徽、陕西、甘肃等16省，以及绥远、察哈尔、热河等特别区每年都将收结案件数据上报司法部。1920年底，东省特别区域设立司法机关后，也开始向司法部上报收结案件数据，此后一直没有间断。司法部尚能通过收结案件数据的呈报而实现对该省区诉讼的督饬稽核，表明司法行政方面尚能统一。

新疆的情况较特殊。袁世凯在位时，新疆便没有向司法部上报收结案件数据；袁世凯去世之后，状况依旧。在形式上，新疆并未与中央政府分裂，因此，它没有向司法部上报收结案件数据，不是政治分立下的司法系统断裂。在政治统一的情况下司法不统一，新疆是个比较特殊的例子。

南北分立期间，南方6省均有数年不向北京政府上报收结案件数据。

1916~1917年，广东、云南、广西等省有若干月份没有将收结案件等数据上报司法部。从1918年开始，广东、云南等省整年都不向司法部上报收结案件等数据。1919年，四川、贵州等省不将收结案件数据报送司法部。1920年，湖南有若干月份不将收结案件数据报送司法部，1921年开始整年不上报。1921~1922年，广西没有向司法部呈报收结案件数据。

1916~1925年，各省中断向司法部上报收结案件数据的年份，广东达8年，贵州为7年，云南和湖南为5年，四川为4年，广西为2年。与此同时，有不少年份南方6省也向司法部上报收结案件数据。1916年和1917年南方6省都向司法部上报过收结案件数据，之后每年上报省份通常有两个左右。

有学者指出，1917年护法运动后，南方各省收结案件数据不再上报司法部，法律与司法方面也形成了南北分裂与对峙的局面。① 本书研究表明，1917年护法运动后，南方各省并非同时中断向司法部上报收结案件数据，有的省仍然上报，因此这一结论其实是不准确的。

司法人员的任免奖惩和收结案件数据的上报为司法行政的两个重要方面。从北京政府对各地司法人员进行任免奖惩和各省上报收结案件数据的情况，大致可以看出全国在司法行政方面是断裂还是统一。北方的直隶等省区与司法部保持比较密切的关系，上下级司法关系没有中断；南方6省则在某些年份不同程度地中断了与司法部的司法行政关系。②

南方6省与司法部在处理这两个方面关系时，整体上步调比较一致。司法部保持对司法人员任免奖惩的年份，同时也是南方6省上报收结案件数据的年份，反之亦然。不过也有少数时候，司法部中断了对南方6省司法人员的任免奖惩，但后者并没有中断上报收结案件数据。③ 反过来，有时司法部尚未中断对司法人员的任免奖惩，但南方6省却中断了收结案件数据的上报。④

---

① 欧阳湘：《近代中国法院普设研究——以广东为个案的历史考察》，第160页。
② 司法部与南方6省中断司法行政关系的年数如下：广东、贵州7年，湖南4年，四川、云南3年，广西1年。
③ 此类情况广西有5年，四川、云南各有3年。
④ 此类情况广东、广西、湖南、四川、云南各有1年。

第九章 政治分立与司法统一

由此可见，政治上的纷争、分立乃至战争并不必然导致司法行政上的分立。虽然北方省区各派势力明争暗斗不已，甚至有直皖战争、两次直奉战争这样的大战，但司法行政关系一直没有遭到破坏。即便是南方6省，在政治上时常与北京政府分立，但也不乏在司法行政方面继续与北京政府保持统一的情况。1916~1918年，南方6省与司法部基本保持着司法行政的统一；之后一些省份在某些年份仍与司法部保持着司法行政方面的统一。

三 大理院对各省案件的审理

审级管辖是审判制度的最重要组成部分。大理院作为全国最高审判机关，是否审理各省上诉案件，这是北洋时期司法是否统一的重要标志。大理院审判各地上诉案件的情况，则反映各地与北京政府在审判系统上是断裂还是统一。

大理院是清末司法改革中建立的最高审判机关。1912年5~8月，大理院进行改组，至8月底基本完成。9月3日，大理院通告其刑庭、民庭公开审判的日期。刑庭自9月17日、民庭自9月14日起公开审判；刑庭逢星期二、星期五，民庭逢星期三、星期六为公开审判日期；所有日期审判案件均提前在该院门首公布，并刊登于《政府公报》。[①] 之后，大理院的刑、民庭数均有增加，开庭日期也略有调整，提前通告变成事后布告。但大理院审判案件的基本信息都比较完整地刊登在《政府公报》上。因此，通过考察《政府公报》所载大理院审判的案件，可以分析政治分立下司法系统是得以维持还是断裂。[②]

需要说明的是，大理院受理的案件，除已审判的，尚有未进入审判程序的。因此，用已审案件来判断各省上诉渠道是否畅通时应注意：若是上诉案件本来较少的省区，某年没有大理院对该省区上诉案件的审判，极有可能是该省没有案件上诉至大理院；但若是上诉案件原本较多的省区，大理院突然

[①] 《大理院刑庭民庭公开审判各日期通告》，《政府公报》第129号，1912年9月6日。
[②] 南方政权也设有大理院，如无特别说明，本书所指大理院均为北京政府的大理院。

在某年没有对该省区上诉案件的审判，已受理而不审判的可能性极小，则很有可能是这些省区不再将案件上诉到大理院，上诉渠道很有可能发生了断裂。

《政府公报》上的大理院通告或布告包含所审判案件的省区来源信息，笔者据此制作"1916～1927年大理院审判各省区上诉案件情形"表（表9-3）。

表9-3　1916～1927年大理院审判各省区上诉案件情形

省区＼年份	1916	1917	1918	1919	1920	1921	1922	1923	1924	1925	1926	1927
京师	√	√	√	√	√	√	√	√	√	√	√	√
直隶	√	√	√	√	√	√	√	√	√	√	√	√
奉天	√	√	√	√	√	√	√	√	√	√	√	√
吉林	√	√	√	√	√	√	√	√	√	√	√	
黑龙江	√	√	√	√	√	√	√	√	√	√	√	
山东	√	√	√	√	√	√	√	√	√	√	√	√
山西	√	√	√	√	√	√	√	√	√	√	√	√
陕西	√	√	√	√	√	√	√	√	√	√	√	√
河南	√	√	√	√	√	√	√	√	√	√	√	√
江苏	√	√	√	√	√	√	√	√	√	√	√	√
安徽	√	√	√	√	√	√	√	√	√	√	√	√
浙江	√	√	√	√	√	√	√	√	√	√	√	√
江西	√	√	√	√	√	√	√	√	√	√	√	√
湖北	√	√	√	√	√	√	√	√	√	√	√	√
湖南	√	√	√	√	√	√				√		
四川	√	√	√	√	√	√						
广东	√	√	√							√		
广西	√	√	√		√		√	√	√	√	√	√
云南	√	√	√									
贵州	√	√	√									√
福建	√	√	√	√	√	√	√	√	√	√	√	√
甘肃		√	√				√	√	√	√	√	√
绥远			√	√	√	√	√	√	√	√	√	√
察哈尔			√	√	√	√	√	√	√	√	√	√
热河		√		√	√	√	√	√	√	√	√	√
东省							√	√	√	√	√	√
新疆	√	√		√		√						

说明：某年大理院有审判某省上诉案件的情形，便在表格相应位置标注"√"；无审判上诉案件情形，则相应位置为空白。1928年处于北伐结束时期，司法状况比较混乱，且大理院只有半年的数据，故暂不予讨论。

资料来源：《政府公报》1916～1927年。

第九章　政治分立与司法统一

大理院对来自直隶等北方16省，热河等3个特别区，南方的四川、广西，以及东省特别区域的上诉案件进行了审理。这些地方与大理院的审级管辖关系基本得以维持。北伐时期大理院仍审判来自北伐军占领省区的上诉案件。1926年7月北伐军占领长沙，10月攻下武昌，11月占领南昌，12月进入福州，1927年2月攻占杭州，3月占领上海、南京。1926年与1927年，被北伐军占领的湖南、湖北、江西、浙江、江苏等省的案件仍上诉于大理院。1927年6月18日，张作霖在北京称大元帅，此后，大理院审判南方省份的案件才大幅度减少。

1916～1927年的12年间，有5年大理院审判了来自新疆的上诉案件，其总数也屈指可数。这大约与新疆本身上诉案件较少有关。

真正与大理院中断审级管辖关系的有广东、云南、贵州、湖南4省。大理院从1919年便开始中断审判来自云南、广东（1925年和1926年除外）的上诉案件。不过，1920年、1921年，大理院又重新开始审理来自云南的上诉案件。1922年也是一个具有转折性的年份，广东、云南、贵州与湖南4省同时中断与大理院的审级管辖关系，而且这种局面持续到1924年。1925～1926年，大理院恢复审理来自湖南与广州的上诉案件，只有云南、贵州两省仍未恢复。1927年大理院只未审理来自广东与云南两省的上诉案件。

广东等省自设最高审判机关是影响其与北京政府中断审级管辖关系的最重要因素。1918年2月18日，军政府内政部上呈大元帅，建议军政府设立大理院。3月5日，大元帅孙文将该呈咨交非常国会讨论。4月17日，国会非常会议对孙文设大理院的咨文进行讨论后认为：目前没有正式国会，不便讨论大理院的组织和选举院长，待将来国会正式开会后再议；至于目前应设终审机关，可由军政府按照法院编制法办理。不久军政府进行了改组。1918年11月，政务会议议决筹设大理院。1919年3月5日，军政府的大理院在广州成立。①广州大理院成立之后，要求广东、广西、陕西、云南、福建、湖南、贵州、四川8省将依法上告大理院案件汇送核办。广东、云南高等审

---

① 广东大理院成立经过参见胡震《南北分裂时期之广州大理院（1919～1925）》。

判厅审理的案件从1919年开始不向北京的大理院上诉,大约缘于此。不过,广州大理院成立后,其管辖范围和实际的影响力还比较有限,虽然其名义上管辖广东等8省,其实有6省仍然以北京的大理院为最高审判机关。[1] 广州大理院的案件受理及审理情况很不理想,受理案件不多,而且许多人对其审判也并不信任。[2] 南方6省没有形成一个独立、稳定、强力的司法系统,与北京政府的司法关系也不能保持一致。

除广州的大理院,南方政权还在云南与贵州等省设有大理分院。1918年,云南设大理分院、总检察分厅;1921年遵广州司法部令取消,案卷移交广州;后再度筹设,直到1927年改为最高法院云南分院。贵州于1920年设大理分院,直到1926年4月周西成主黔后裁撤。[3] 云南、贵州设大理分院不久,便不见北京的大理院审判来自这两个省的上诉案件,显然是因其已有自己的最高审判机关,无须上诉到北京。

湖南的联省自治运动尤其是省宪对最高审判机关的规定,对其与北京政府的司法关系有重大影响。1920年直系军队撤退之前,曾控制湖南数年,故无论是在司法行政还是审级管辖方面,湖南都与司法部、大理院保持统一。1920年5月20日吴佩孚的直军在湘南撤防北上之后,湘军谭延闿、赵恒惕不到半个月便将张敬尧赶出了长沙。旋即,湖南宣告省自治,进而掀起联省自治的高潮。1921年4月完成省宪草案,1922年1月1日公布实施省宪。[4]

《湖南省宪法》第八章规定,该省设立高等审判厅,为一省最高审判机关,负责本省民事、刑事、行政及其他一切诉讼的最终审判。[5] 既然省高等审判厅为最高审判机关,自然不必再向大理院上诉,由此不难理解为何在湖

---

[1] 欧阳湘指出,云南、贵州设立大理院分院,广州大理院终审案件除来自广东、广西外,主要是四川、湖南两省。本书研究表明,广西、四川一直未中断将上告案件呈送大理院进行审判;湖南、云南、贵州在1919年广州大理院成立后数年内,将上告案件呈送北京大理院进行审判。上述情况存在两种可能性:一是广西、四川、湖南等省既向广州大理院上诉,又向北京大理院上诉;二是四川、广西等省仅向北京大理院上诉。
[2] 参见胡震《南北分裂时期之广州大理院(1919~1925)》;欧阳湘:《近代中国法院普设研究——以广东为个案的历史考察》。
[3] 欧阳湘:《近代中国法院普设研究——以广东为个案的历史考察》。
[4] 参见胡春惠《民初的地方主义与联省自治》,中国社会科学出版社,2001,第158~219页。
[5] 胡春惠:《民初的地方主义与联省自治》,第200页。

南自治运动期间，该省没有在北京大理院审判的上诉案件。其实，司法行政关系的断裂也是如此。司法部中断对湖南省法官、书记官、承审员、兼理司法县知事的任免奖惩，大体也发生在1921～1925年，正是湖南自治运动期间，二者的关联不言而喻。

1925年湖南与北京政府恢复审级管辖关系，这也与湖南修改省宪有密切关系。湖南省宪原本存在若干不能令人满意之处，因此，1923年全省县议会联合会便有过修正省宪案的表决。1923年8月，谭延闿奉孙中山之命，倡言修宪。由于护宪战争，吴佩孚的直系军队得以进入湖南。迫于吴的压力，1924年湖南开始省宪的修改。10月23日，湖南宪法会议完成修改司法制度办法的讨论，11月20日宣告完成省宪修改工作。在司法方面的修改为：（1）改行四级三审制；（2）国政府未成立前法官由省长任免；（3）依法应送大理院、总检察厅经审案件，得送国政府的大理院、总检察厅审理。将原省宪第八章"省设高等审判厅，为一省之最高审判机关，对于本省之民事、刑事、行政及其他一切诉讼之判决，为最终之判决"中的"最高审判"及"最终之判决"等字样，予以删除，而自行降为"第二审"或"第三审"，以符合修订后省宪第100条"依法终审重大案件，得送国政府之大理院、总检察厅审理"之规定。① 这样，北京的大理院重新成为上诉机构，为湖南与北京政府恢复审级管辖关系打开了大门。从此，大理院重新开始审判来自湖南的上诉案件。由于省宪修改后仍规定，国政府未成立前法官由省长任免，故1925年后湖南与司法部的司法行政关系未能修复。

1920年代的联省自治运动波及全国十余省，云南、贵州、广东等省均参与其中。1920年代初，南方的云贵等省中断与大理院审级管辖关系，联省自治运动所起作用虽不如在湖南那样具有决定性，但仍不失为其重要背景。

四 司法系统的维持与断裂

在袁世凯统治时期，政治虽时有分立，但司法系统至少在形式上仍保持

---

① 胡春惠：《民初的地方主义与联省自治》，第213～215页。

统一。袁世凯病逝后,这种统一开始遭到破坏。各省区与北京政府维持或中断司法行政与审级管辖两方面关系的情形见表9-4。

表9-4 1916~1925年司法系统之维持与断裂状况

省区\年份	1916	1917	1918	1919	1920	1921	1922	1923	1924	1925
京师	√	√	√	√	√	√	√	√	√	√
直隶	√	√	√	√	√	√	√	√	√	√
奉天	√	√	√	√	√	√	√	√	√	√
吉林	√	√	√	√	√	√	√	√	√	√
黑龙江	√	√	√	√	√	√	√	√	√	√
山东	√	√	√	√	√	√	√	√	√	√
山西	√	√	√	√	√	√	√	√	√	√
陕西	√	√	√	√	√	√	√	√	√	√
河南	√	√	√	√	√	√	√	√	√	√
江苏	√	√	√	√	√	√	√	√	√	√
安徽	√	√	√	√	√	√	√	√	√	√
浙江	√	√	√	√	√	√	√	√	√	√
江西	√	√	√	√	√	√	√	√	√	√
湖北	√	√	√	√	√	√	√	√	√	√
湖南	√	√	√	√	√	√	√			√
四川	√	√	√		√	√		√		√
广东	√	√	√							√
广西	√	√	√	√			√	√		
云南	√	√	√	√		√	√			
贵州	√	√	√	√	√	√	√			
福建	√	√	√	√	√	√		√	√	√
甘肃	√	√	√	√	√	√	√	√	√	√
绥远	√	√	√	√	√	√	√	√	√	√
察哈尔	√	√	√	√	√	√	√	√	√	√
热河	√	√	√	√	√	√	√	√	√	√
东省					√	√		√		√
新疆	√	√	√	√		√	√	√		
中断省数	0	0	0	2	2	1	3	4	5	3
总省数	26	26	26	26	27	27	27	27	27	27
中断比例	0	0	0	8%	7%	4%	11%	15%	19%	11%

说明:本表根据本章第一至第三部分相关资料制作。法官、书记官、县知事、承审员的任免奖惩,收结案件数据的上报,大理院审判各省案件这几类资料中,只要其中任何一项表明某省与司法部保持司法关系,就在相应位置填写"√";如果没有,则相应位置为空白。

第九章 政治分立与司法统一

从表 9-4 可知，1916~1918 年，全国司法系统尚能大体保持统一。至 1919 年，才发生一些省份全面中断与北京政府司法关系的情形。

北洋乱世中，并非各领域、各省区都成为一盘散沙。在司法领域，北京政府与多数省份尚能大体保持统一。除了云南、贵州、广东、广西、四川、湖南和新疆之外的 20 个省区（包括东省特别区域），一直与北京政府保持较为稳定的司法关系。这 20 个省区在全国 27 个省区中所占比例为 74%。这些省区虽时常发生军阀混战，但却未中断与北京政府的司法关系，说明政治分立对司法统一的影响有限。

不仅如此，虽然广东、新疆等 7 省有若干年在司法行政或审级管辖上与北京政府中断司法关系，不过，在同一年中与北京政府中断司法关系的省区最多为 5 省（1924 年），只占 19%。这也意味着，每年至少有 81% 的省区与北京政府保持司法统一。除 1924 年外，1923 年有 4 个省区中断与北京政府的司法关系，其余年份的数目则在 3 个以下。

政治分立所造成的司法系统断裂，主要集中在南方。不过，何为"南方"却是个需要认真辨析的问题。南北分立的"南方"并非一成不变的，而是不断分化组合。1916~1925 年的 10 年间，南方 6 省与北京政府中断司法关系的年份，从 3 年到 6 年不等。广东中断 6 年（1919~1924 年），云南中断 4 年（1919 年、1923~1925 年），贵州中断 4 年（1922~1925 年），湖南中断 3 年（1922~1924 年）。若进一步观察司法人员的任免奖惩、收结案件数据的上报以及大理院审判各地上诉案件等具体情形，南方各省不同步的情况更多。如广东、云南、贵州、湖南、新疆等省在某些年份与北京政府既中断司法行政关系，也中断审级管辖关系；广西、四川两省在某些年份中断与北京政府的司法行政关系，但维持审级管辖关系。这种不同步反映出，南方 6 省在与北京政府的司法关系方面，行动往往不一致。

南方各省与北京政府的司法关系，不仅不同省份受政治分立的影响有所不同，而且在司法关系的不同方面，即司法行政或审级管辖，受政治分立的影响也有所不同。

各省与北京政府中断司法行政关系的年份，通常早于中断审级管辖关系的年份；而中断审级管辖关系的年份，往往少于中断司法行政的年份。① 比如，1916 年，北京政府中断对广东承审员的任免奖惩；1917 年，中断对广东兼理司法县知事的奖惩；1918 年，中断对广东书记官任免奖惩，广东不再向北京政府上报收结案件数据；到 1919 年，司法部才中断对广东法官的任免奖惩，同时，大理院中断审判来自广东的上诉案件。贵州、湖南等省与广东的情形类似。各省与司法部中断司法行政关系后，可能仍维持审级管辖关系；但在中断审级管辖关系时，通常已经中断司法行政关系，意味着所有司法关系的中断。

总之，司法系统的断裂过程往往存在不同步的现象：就全国而言，北方未断，南方中断；在南方各省中，又不一定同步中断与北京政府的司法关系；即使就同一省而言，其与北京政府的司法行政与审级管辖关系也不一定同时终止。那么，如何解释这种现象？

首先，政治分立的性质对南北司法系统产生决定性的影响。北方各大派系争夺中央权力过程中，失败者在政治上失势后，在名义上依然承认北京的中央政权，并未另立中央。地方军阀虽各行其是，但还没有明目张胆地脱离中央政权，因此中央政权保持对其司法人员的任免奖惩，各省仍向司法部上报收结诉讼案件等统计数据，大理院也仍然审判来自各省的上诉案件。故在皖、直、奉三大派系互相争夺中央政权以及北方各地方军阀坐大的过程中，司法系统所受的冲击并不大，北方各省区仍维持与北京政府在司法方面的统一。但是，南方政治分立的性质不同于北方的政治分立。南方否认北京政府的合法性，并于 1917 年 9 月 10 日产生大元帅制军政府。1918 年 5 月 20 日，改组成立总裁制军政府。1921 年 5 月，孙中山在广州出任大总统，建立正式政府。1923 年，孙中山重回广东建立大元帅大本营。南方在建立最高政权后，与北京政府中断司法关系并建立自己的司法系统就顺理成章了。至于湖南，其政治分立的性质不仅仅在于其归属于南方阵营，还在于其处于联省自治运动的最前沿，打着联省自治的旗号将司法权收归自身。

---

① 1922 年云南的情况是个例外，该省向司法部上报了收结案件数据，但大理院没有审判来自云南的上诉案件。

其次，南方各省之间的政治关系影响着其在司法领域的抉择。自护法战争后，南方各省不时"团结"在南方政权的领导下，南方政权之间也矛盾重重。袁世凯去世后，唐继尧长期控制云南，视四川、贵州为附庸。陆荣廷于广西之外兼有广东。总裁制军政府中，岑春煊负责一般政务，陆荣廷为实际决策者。1920年发生驱桂战争，10月底桂系军阀退出广州，结束对广东4年多的统治。1922年，孙陈战争爆发，南方政府无形取消。南方政权对各省控制力较弱，内部又纷争不断，致使各省与北京政府的司法关系时断时续，往往不能同步行动。

第三，审级管辖与司法行政之间的性质差异，是造成一省之内司法关系中断过程不同步的重要因素。司法行政主要涉及政府，与民众的直接关系不大，而且专业化程度不深，中断关系相对容易。审级管辖更多涉及广大民众自身权利，而且相对司法行政更为专业化，政治分立对其虽有影响，但有时不足以使其中断。南方6省与北京政府中断审级管辖关系的时间，往往迟于中断司法行政关系，四川、广西等省甚至一直与北京政府保持审级管辖方面的统一。促使审级管辖关系中断的最主要因素，是南方建立最高审判机关，如广州大理院，云南、贵州大理分院，或者如湖南以该省高等审判厅为最高审判机关。

小　结

清末以来，中央集权与地方分权之争持续不断。北洋时期政治分立与司法统一的并存，正是在这一历史脉络里展开的。政治分立对司法统一造成了一定程度的破坏，导致司法权的地方化。在南北分立的政治格局下，南方6省与北京政府之间的司法关系发生了不同程度的断裂，往往首先是司法行政关系的断裂，接着是审级管辖关系的断裂。由于政治分立的复杂性以及司法领域本身的专业化倾向等因素，中央司法权至少在形式上实现了全国绝大多数省区的统一，成功地抵制了司法权的地方化。审判的专业化致使其与政治保持一定距离，多少影响了审级管辖断裂的进程。因此，政治分立并不必然

北洋时期的基层司法

导致司法系统的断裂,尤其是审级管辖关系的断裂。①

虽然北洋时期特有的政治分立不复存在,然而地方分权会以别的形式存在。地方分权是司法权地方化的源泉,而司法权的地方化与司法权的统一之间存在的矛盾,至今尚未完全解决。没有司法权的统一,司法独立之路仍十分漫长。适当解决中央集权与地方分权的矛盾并加强司法的专业化,或许不失为克服司法权地方化,进而实现司法统一、司法独立的有效途径。

---

① 北洋时期,中国之所以仍是中国,大约需要司法系统这样的纽带来维系。类似司法领域的现象是否存在其他领域,尚待进一步考察。

第十章
司法经费的筹措

近代法制建设中诸多问题似乎都源于司法经费的缺乏：清末筹建各级审判厅，1912~1913年许世英的司法计划，1917年筹设司法公署与地方分庭计划，1919年"添设厅监分年筹备"计划都因司法经费的缺乏而举步维艰，甚至夭折；1914年基层审判厅大裁并，推行县知事兼理司法制度都以司法经费缺乏为由。然而，无论采用哪种司法制度都需要司法经费，那么，如何筹措司法经费呢？

关于司法经费问题，1937年阮毅成指出："一般人每只注意其数额，以为所占太少，与其他国家支出相比，百分比过低，深为扼腕；或又只注意其在各省各县未能十足发放，致使司法人员不独不能赡养家庭，维持生活，抑且时有断炊枵腹之虞，又不禁深为叹息，认为司法官清苦不可为。其实，现在的司法经费问题，并不只是在数额与拖欠，而是在与行政的关系过分密切，换言之，即系未能于行政方面获得独立的保障。"[①] 今天，距阮毅成发表此番言论已经过去了七八十年，学界关于近代法制建设中司法经费的研究，大体上仍不离其数额与拖欠。[②] 至于司法经费从哪里来，用在何处，其中许多环节尚不得而知。对筹措司法经费方式带来的后果也缺乏深入反思。不仅如此，

---

① 阮毅成：《行政与司法的关系》，《中华法学杂志》新编第1卷第4号，1937年2月，第16~19页。
② 参见韩秀桃《司法独立与近代中国》；李启成：《晚清各级审判厅研究》；李超：《清末民初的审判独立研究》；俞江：《近代中国的法律与学术》，第257~279页；张仁善：《略论南京国民政府时期司法经费的筹划管理对司法改革的影响》；吴燕：《理想与现实：南京国民政府地方司法建设中的经费问题》；毕连芳：《北洋政府时期法官群体的物质待遇分析》；杨天宏：《民国时期司法职员的薪俸问题》。

既有研究主要针对专门审判机关，且多集中在清末和南京国民政府时期。北洋时期各县司法经费的来龙去脉尤为值得关注。在此即对基层司法经费的来源与支取予以分析，并进一步探讨司法经费筹措方式所带来的后果。

一　地方行政机关筹措司法经费

清朝旧制，州县处理讼事所需经费多无专门名目，且由国家支付的数额甚少。清末司法改革试图另建专门的司法系统，新建司法机关的开办费、日常运作经费如何筹措便呈现在时人面前，司法经费作为独立的经费门类也随之出现。

清末设立京师审判厅的时候，经费短缺的问题已经暴露出来。[①] 1909 年清政府开始筹办各省省城及商埠等处各级审判厅时需款甚巨，司法经费短缺问题进一步凸显。

法部于宣统元年七月十日（1909 年 8 月 22 日）提出"度支部统一财政未实行以前，筹措之权应归督抚督同藩司或度支司任之"。[②] 宣统皇帝同意了法部的意见。法部和度支部都难以筹措一大笔款项来办省城及商埠等处各级审判厅，筹款的任务落在了督抚们的头上。接下来由于预备立宪期限改变，省城及商埠等处各级审判厅还没完全成立，清政府又提出在 1912 年直省府厅州县城治各级审判厅应一律成立。于是一笔更为庞大的款项需要督抚们在极短的时间内筹措。

清末，各地司法经费的来源五花八门。江苏苏州、东北的呼兰等地为了省钱利用闲废衙署作办公场所。[③] 两江总督和江苏巡抚提出裁并同城州县以筹措设审判厅之款。[④] 江西巡抚提出开办各级审判厅及常年经费等公

[①] 参见李启成《晚清各级审判厅研究》，第 185~188 页。
[②] 《法部筹办外省省城商埠各级审判厅补订章程办法折并单》，《大清法规大全·法律部》卷 7，第 12~14 页。
[③] 参见《江苏巡抚程奏筹办省城各级审判厅开庭日期折》，《吉林司法官报》第 1 期，1911 年，"章奏"，第 12~13 页；民国（1915 年）《呼兰府志》卷 2《政治略·司法》，第 25~26 页。
[④] 参见《两江总督张江苏巡抚程奏裁并同城州县筹设审判厅折》，《吉林司法官报》第 2 期，1911 年，第 9 页。

债各案奉准后再行办理。①吉林农安、长岭、德惠的司法经费援照长春的先例以征收地租加以补充。② 从"呼兰审判各厅经费岁入表"可以看到，呼兰审判各厅的经费来源更是多达 11 种。③ 裁并旧衙门的经费就是临时性的，因为该衙门裁并之后就不能一直仍拨经费。讼费、罚款、营业税、车捐等其实也很不稳定，没有定额。如果指定款项能顺利收取，司法费就相对有保障。如果指定款项不能顺利收取，则司法人员不得不为司法经费短缺而与主管拨款的行政机关交涉，导致司法机关对行政机关的依赖。

清政府也尝试通过国家财政预算拨款解决司法经费。1908 年的《逐年筹备事宜清单》规定于 1913 年试办全国预算，1916 年确定全国预算决算。1911 年修改筹备事宜清单，规定于 1912 年确定预算决算。清政府试办宣统三年预算时，司法经费预算中得库平银 6728816 两，约合银元 1000 万元，为国家岁出的 3.2%。④ 不过预算还没实施，清朝便被推翻了。

民国建立后，继续办理预算。各省司法经费预算、实支情况如下表：

1914 年裁撤了初级审判厅和部分地方审判厅，司法经费预算较之 1913 年有所减少。1914~1919 年财政部或国务院核定的司法费总数在缓慢增长，由 6219566 元逐渐增加到 8512785 元，1919 年之后一直未变。财政部或国务院核定的司法费占司法部核准或实支的比例，1916~1925 年间有 3 年为 83% 至 85%，剩下的 7 年为 74% 至 79%。各省审判厅和监所至少有 70% 以上的司法经费需要通过财政拨款。中央财政往往自顾不暇，怎能照数拨付各省审判厅和监所的司法经费，更何况数目更为巨大的各县司法经费！

---

① 参见《江西巡抚冯奏开办各级审判厅及常年经费俟公债各案奉准后再行办理》，《吉林司法官报》第 9 期，1911 年，"章奏"，第 8 页。
② 参见《提法司详公署为农安审判经费拟照长春办法征收蒙租文》，《吉林司法官报》第 1 期，1911 年，"公牍"，第 6 页；《提法司详覆德惠县知县管令尚勋禀请设立地方审判分厅截拨本年新增大租以充经费文》，《吉林司法官报》第 5 期，1911 年，"公牍"，第 6~7 页；《度支部会奏吉抚奏农安等县审判经费无出，援案请按额征收地租折》，《吉林司法官报》第 9 期，1911 年，"章奏"，第 5~6 页。
③ 参见民国（1915 年）《呼兰府志》卷 2《政治略·司法》，第 25~26 页。
④ 参见《关于司法经费之核定及概算各事项》，《司法公报》第 34 期，1915 年，第 125~126 页。

北洋时期的基层司法

表 10-1　1913~1925 年各省审判厅处及监所等经费

单位：元，%

项目 年份	司法部核准或实支	财政部核定或国务院议决	不敷数	其他款内补拨	司法收入项下留用	留用法收占实支比例	留用法收占不敷数比例
1914	6877723	6219566					
1915	4044186	3067930					
1916	8175101	6385868	1789233	349729	1439504	17.6	80.5
1917	9813930	8158622	1655308	132904	1522404	15.5	92
1918	9735461	8199508	1913141	189004	1724137	17.7	90.1
1919	9963099	8512785	1797838	25364	1772474	17.8	98.6
1920	11178107	8512785	3012846	766590	2246255	20.1	74.6
1921	10735593	8512785	2570332	626363	1943969	18.1	75.6
1922	10735593	8512785	2570332	626363	1943969	18.1	75.6
1923	11484614	8512785	3319353	112068	3207285	27.9	96.6
1924	11499482	8512785	3334221	119936	3214285	28	96.4
1925	11499482	8512785	3334221	119936	3214285	28	96.4

说明：本表所列司法经费的预算和实支数目等项仅指各省审判厅和监所的经费，当时绝大多数未设法院各县的司法经费并没包括在内。"法收"为"司法收入"的简称。

资料来源：《关于司法经费之核定及概算各事项》，《司法公报》第 34 期，第 215~226 页（该页码印刷有误，为便于查对，未改页码，而仍按原文印刷页码）；第 61 期，第 301~309 页（此为 1915 年下半年统计数据）；第 78 期，第 229~234 页；第 98 期，第 249~257 页；第 110 期，第 217~225 页；第 134 期，第 209~216 页；第 163 期，第 215~222 页；第 182 期，第 425~430 页；第 196 期，第 341~346 页；第 213 期，第 193~197 页。

　　清末督抚督同藩司或度支司筹措司法经费，民国建立后，司法部也把筹措司法经费的任务交到都督、民政长手里。正如 1912 年中央司法会议上，司法部监狱司司长田荆华一针见血地指出，"司法独立之进行则费钱不办，势甚瞭然，如其中央不能进行，则不得不求之于地方"。[①] 司法部于 1913 年 1 月 8 日咨请各都督、民政长指定的款，设法维持司法机关的运转。[②] 同时，司法部商请财政部通电各省暂按旧章，在盐课项下，或关税项下照数拨发。财政部覆称，现在关税全抵洋款，而盐务准备抵押借款，所以很难照旧拨发。财政部还指出，

[①]《中央司法会议报告录》，"议事录"，第 51~54 页。
[②] 参见《咨各省指定的款以为司法经费文》，《司法公报》第 1 年第 5 期，1913 年 2 月，第 42 页。

第十章 司法经费的筹措

司法经费属于国家经费范围以内,应当于国税项下开支,现在各省虽经设立国税厅筹备处,尚在筹备划分时代,一切征收机关仍暂归财政司办理,则现在司法经费自应由各省都督、民政长通盘筹划,照旧支付。不得已司法部于1913年3月17日责成各省司法筹备处长与省财政司暨国税厅洽商办理司法经费。①

各地司法机关与行政机关洽商司法经费,其结果并不如意。如福建高等审检两长电称,厅员薪俸积欠至三四个月,各厅纷纷索欠。司法部于1913年10月28日致电福州民政长咨请解决审判厅积欠薪俸,"顷据闽省财政艰窘,本所深悉,惟负薪关系办公,似应兼顾,若厅员以裁并而索欠,尤难靳置。政体所在,当荷苤筹,敬祈体察情形饬司设法筹拨。再,裁并以后,厅费已属无多,务希勉予维持,指定的款,按月拨付,以免竭蹶而利进行"。② 杭州高等审判厅厅长磋商厅费,困难重重,甚至电请辞职。司法部与省长磋商,省长电称:"迭经会议,勉减二成,两厅如能照议,自当力任维持,否则无米之炊,非所能为。"1913年10月31日,司法部电复杭州高等厅长劝其顾全政费缩减大局,不允辞职:"现在财政窘迫,凡百政费均从减缩,所陈亦系实情,仰该厅长顾全大局,勉为其难,毋萌退志,所请辞职之处,万难照准"。③

虽然司法部、各省司法机关与行政机关就司法经费频频交涉,但成效不大。司法部向国务院求助,称:"各省文电告急,日有数起。将欲应之,中央无款拨济;将欲听之,机关即日告停。本部焦思万分,乃以实权托诸外省,通令各该厅长就近与国税厅及民政长熟商。数月以来,仅浙江、江西、山西三省协定办法。其余诸省或因预算之未定任意扣减,或因饷粮之重要置为后图,或补苴目前,日后仍无的款,或故存歧视,部函置若罔闻。各厅长呼号奔走,既智力之俱穷,而本部笔秃唇焦,亦心神之交瘁。"④

---

① 参见《令各省司法筹备处长司法经费应责成改处与各改省财政司暨国税厅洽商办理文》,《司法公报》第1年第7期,1913年4月,第33~34页。
② 《致福州民政长高等审检两厅积欠薪俸希拨款维持电》,《司法公报》第2年第3期,1913年12月,第48页。
③ 《复杭州高等厅长勉为其难所请辞职碍难照准电》,《司法公报》第2年第3期,1913年12月,第49页。
④ 《致国务院请电各省国税厅尽先筹拨司法经费函》,《司法公报》第2年第5期,1914年2月,第60~63页。

在1912年中央司法会议上周祚章所提《司法经费急宜独立案》便指出，由于国家税与地方税尚未划分，省财政与中央财政尚未统一，全国岁出与岁入之差额过于悬绝，司法经费难以独立。① 司法经费不能独立，地方司法机关常常不能不仰行政机关之鼻息。对此，时署京师高等检察厅检察长的匡一认为："现时各省审检之设立，大概由司法司呈请都督而行，其办理此事者往往不能违反上级官之意思，盖当办理此事时率由都督对于司法司表示意思始能开办，以故司法司对于其上级官不能违反其意思，如其违反之，则办事者且不能支取薪金。"②

由地方行政机关筹措司法经费直至北洋末期仍未改变。1926年《法权会议报告书》称："据本委员会旅行团之报告，各省司法经费，几全借司法机关收入及司法机关由省政府所领之款项，故中央政府对于司法机关经费渐已无权支配矣。此种经费无着之状况，于司法界人员恐难免不良之影响，而有才能者将不愿服务于司法界也。"③

司法部难以从中央财政取得足够的司法经费，而地方财政与中央财政尚未统一，随着财权的下移，地方行政机关对司法经费筹措具有决定性的影响力。从各地方司法机关"呼号奔走，既智力之俱穷"以及司法部"笔秃唇焦，亦心神之交瘁"的境况中，司法机关对行政机关的依赖可见一斑。离了行政机关，司法机关难以生存。司法经费使司法与行政非但不能分离，而且越来越紧密地捆绑了在一起。

二 以司法收入补助司法经费制度的出台

各地新式法院的司法经费大部分由地方行政机关筹措，其余部分从何而来？未设法院各县的司法经费没有列入中央预算，又将取之于何处？

1914～1925年间，中央预算中每年的司法经费都存在不敷。尤其是司

---

① 参见《中央司法会议报告录》，"议案录"，第40～41页。
② 《中央司法会议报告录》，"议事录"，第51～54页。
③ 《法权会议报告书》，第173～174页。

第十章　司法经费的筹措

法部核定或者实支的司法经费增长要比财政部核定的司法经费增长更多一些，导致不敷数逐渐增多。1914 年司法经费不敷数目为几十万元，到了 1923 年就达到了 3319353 元。司法部弥补司法经费不敷的办法一是向行政部门申请补拨，二是动用司法收入。司法收入项下留用款在 1914 年为 80 万元左右，到 1923 年便增加到 3214285 元，增加了两三倍。司法收入项下留用款占实支数的比例，1916～1925 年间有 7 年约为 15%～20%，另有 3 年甚者达到了 28%，司法收入是司法经费的重要来源。司法收入项下留用款与司法经费不敷数之间的比例更高，有 6 年在 90% 以上，另有 4 年约 75%～87%（详见表 10-1）。司法经费不敷基本上靠司法收入来解决。逐年增多的司法经费主要是用于新建审判厅或监狱。由于财政部核定的司法经费数目多年变化不大，可以说，新建审判厅或监狱主要依靠司法收入才得以进行。

不仅如此，从 1914 年开始，中央预算中并没有列入未设法院各县的司法经费，知事兼理司法所需经费由各省自筹，司法收入往往在补助各县司法经费中扮演着极其重要的角色。

那么，司法收入是如何变成司法经费的呢？

1. 清末司法收入国有化

按照清代旧制，州县官俸银、养廉和定额内差役的工食银由州县存留支出，而除此之外，幕友薪水、家丁及长随工食、六房书吏和额外班役的工食津贴以及衙署的办公费用，全无合法来源。[①] 这些经费除了通过地丁、耗羡的浮收及瞒报、杂税瞒报、差徭等途径攫取外，就是在办理诉讼过程中私收各种陋规加以补充。陋规虽已成为办理诉讼人员的"制度性"收入，但毕竟没有明确的法律依据。清末司法改革之前，涉讼也需花费，不过多数费用没有成为国家正式财政收入的组成部分。司法收入的国有化始于清末司法改革。

清末，法部已经认识到，中国旧制于一切诉讼费用，尚无明文规定，而吏役暗中索取费用往往肆意诛求，以致人民每遇诉讼，动至荡家破产。[②]

---

① 参见魏光奇《官治与自治——20 世纪上半期的中国县制》，第 33 页。
② 《法部奏酌拟民事刑事讼费暂行章程折》，《吉林司法官报》第 2 期，1911 年，"章奏"，第 8～9 页。

诸克聪指出："丁也、书也、役也，以讼费无明文规定，大抵暗中索取，肆意诛求，正案已销，牵连未已。"① 讼费制度的弊端成为对其进行改革的动因。

诸克聪从学理上指出了征收讼费的两点原因。一是防止一般人民的轻讼，"盖人不能无群，有群斯有争，有争斯有讼，若不有以限制之，恐狡黠者逞诬陷之能，谨愿者受无穷之累，变诈百出，防不胜防，本依法定审判，以平争，转以诉讼便宜而多事，则不能不有一定之讼费也"。二是收取部分审判费用有利于保护非讼者的权利。"盖国家为个人事务执行判断，一切费用，使概由国库支出，则诉讼者与非诉讼者同一负担，殊非情理之平。然此种费用悉以责诸诉讼者全偿之，则又有所不可。何则？审判制度原为社会共同生存之利益计，个人以特别之故而烦国家之特别劳费，只须代偿若干以为补助，不必征收国家所费金额之全部，则其不能不有一定之讼费也。"②

清末改革讼费制度其实还有一个很重要原因是为了筹款。光绪三十一年六月初七日（1905年7月9日），刑部奏议请将州县自理刑名案内笞杖改为罚金一项酌提解部："办公固以筹款为先，而筹款尤以经久为要。现在户部库帑支绌……不得不于无可筹措之中预谋一经久之计。查新章笞杖改为罚金，此项新案罚金似可借资挹注，以济臣部要需。不特于国计民生无妨碍，抑且以公家之款办公家之事，于言固顺，于理亦安。"③ 刑部把笞杖改为罚金就是为了筹款的动机表露无遗。方案获得批准后，罚金开始成为国家的司法收入。

并不是所有的人都赞同通过把笞杖改为罚金来筹款。江西举人廖尔焱就通过都察院代奏指出地方罚款存在诸多浮滥："国家定例，于犯罪之最轻者，恒科以相当之罚金，所以养国民之廉耻，而鼓其自新之机，非以是为筹款之别法也……州县以为有罚金明条也，不问案情之何如，犯罪之何等，一口角之微疵，一行动之细故，今日催堂，明日索金。"

---

① 诸克聪：《讼费考》，《吉林司法官报》第4期，1911年，"杂志"，第1页。
② 诸克聪：《讼费考》，《吉林司法官报》第4期，"杂志"，第1页。
③ 《刑部奏议请将州县自理刑名案内笞杖改为罚金一项酌提解部折》，《大清法规大全·法律部》卷3，第25~26页。

第十章 司法经费的筹措

宣统元年十二月二十三日（1909年2月2日）法部针对廖尔焱的意见做出了回应。首先，法部认为变法的原意在于，"恐笞杖以废，小民或轻于尝试，故必罚金以示警，而又虑无力完纳者之因而增累也，故折作工以济其穷"，故"立法之意本属无可訾议"。其次，法部指出，"此项情弊由来已久，并不自近年始。"第三，法部认为，"笞杖改罚，为数无多，彼贪官污吏动辄盈千累百以罚之者，并不屑借此有限之科条以为依据也。"最后，法部提出两条措施："今欲涮除此弊非专守罚章限制，恐州县仍蹈故常，非责成该管上司切实考查，亦恐奉行不力。"① 法部在制定有关讼费的法律时也一再对收取讼费加以解释，如发行诉讼状纸是为澄清讼源、改良审判起见；② 民事诉讼大都保护人民私益，其诉讼所生费用各国率由当事人负担，推原其故在于防止人民健讼之风，省国库收支之周折。③ 法部这些解释承认收取讼费除了防健讼外，还有筹款的目的。

在诉讼中应征收各种讼费首先被写入了光绪三十二年（1906）制定的《天津府属审判章程》。光绪三十三年十月二十六日（1907年12月1日）《法部等会奏京师各级审判由部试办诉讼状纸折并单》中回顾了天津府试办审判厅时的讼费情况，认为一切状纸由厅发卖，并遵章贴用印纸，行之数月间翕然从风，费省而事便。④ 光绪三十三年十月二十九日（1907年12月4日）《法部奏酌拟各级审判厅试办章程折并清单》中特意提及讼费一节是比照天津审判现行之例而更从轻。该章程的第6节即为"讼费"，从第84条至96条概括了征收诉讼费用的有关规定。⑤ 天津、京师开办审判厅后，为了适应筹办各省省城商埠审判厅的新形势，法部于宣统二年十二月二十四日（1911年1月24日）又制定了《民事刑事讼费暂行章程》。它修正了《各

---

① 《法部奏申明罚金定章并酌拟详密办法折》，《大清法规大全·法律部》卷3，第27~28页。
② 《法部奏筹订状纸通行格式章程折并章程》，《大清法规大全·法律部·诉讼》卷6，第1~3页。
③ 《民事讼费暂行章程》，《吉林司法官报》第2期，1911年，"法制"第5~6页。
④ 《法部等会奏京师各级审判由部试办诉讼状纸折并单》，《大清法规大全·法律部·审判》卷7，第3~4页。
⑤ 《法部奏酌拟各级审判厅试办章程折并清单》，《大清法规大全·法律部·审判》卷7，第4~10页。

级审判厅试办章程》中有关讼费的规定，制定了《民事讼费暂行章程三十一条》和《刑事讼费暂行章程十条》。①

清末司法改革中，除了天津正式把司法收入作为政府的合法收入外，其他开办审判厅的地方也开始收取讼费。1909 年前后奉天高等审判所和承德地方审判所受理案件时，便清楚地记载了收取司法收入的情形，审判厅令服输者缴纳讼费，诉讼当事人还需给证人到庭费。比如奉天高等审判所张宽臣涉讼一案的判决书上明确写道，讼费 3 两，诉讼人到庭 5 次，应偿洋 1 元 5 角，由张宽臣赴地方审判所缴纳。承德地方审判所在马鸿兵与张禹一案的判决书上也明文判定，讼费洋 20 元，证人三名到庭两次应征银 3 两，由两造分缴分别归公给领。②类似的记载存在于很多判决书中。

在全国筹办审判厅的浪潮中，需款益众，司法经费的支绌凸显。迫于司法经费的压力，1911 年法部要求各省将司法收入各费切实整顿，以资补助。当时司法收入分为罚金、讼费与状纸费。法部认为，以上三种司法收入所取虽微，而积之则巨，要求提法司详拟稽核整顿之法，行令各属，切实遵行。不仅如此，它还要求提法司通筹有无其他可以增筹款项之处。③

清末开创了司法收入这一增加司法经费的新途径，进入民国后，司法收入在司法经费中占据了越来越重要的地位。

2. 北洋时期司法收入作为特别会计

民国建立后，司法部十分重视司法收入问题。1913 年 5 月 3 日，司法部指出："各司法收入如罚金，诉讼费，状纸费，没收赃款、赃物，作业余利及其他收入等项，为数至巨，若不详细造报，实属无从稽核"，④因此要求各地上报司法收入。司法部很快还制定了《各省司法收入解部条例》，司法部要求各地将司法收入汇解司法部解交国库，以补中央行政经费

---

① 《法部奏酌拟民事刑事讼费暂行章程折》，《吉林司法官报》第 2 期，1911 年，"章奏"第 8～9 页。
② 参见《奉天高等审判所、承德地方审判所民事案件》，北京大学图书馆藏，抄本。
③ 参见《法部通行各省将司法收入各费切实整顿文》，《吉林司法官报》第 7 期，1911 年，"公牍"，第 1 页。
④ 《令各省司法筹备处长、高等审检厅长将收入各项按季造册呈部以便汇送财政部统计文》，《司法公报》第 1 年第 9 期，1913 年 6 月，第 30～31 页。

第十章 司法经费的筹措

之不足。① 鉴于国家预算中的司法经费完全不敷分配等因素，司法部又决定改变司法收入的管理和用途。

财政部呈准的1914年度司法经费预算中，各省仅准开支高等审检厅经费暨新旧监狱及司法警察经费，其余概行删除。即便是各省应留的审判厅及新旧监狱、司法警察等项经费，照核定之数，无论如何分配，终属不敷，而且未设法院各县的司法经费尚无着落。司法部不能不筹划补救之法。司法部所管司法收入向来为各省审判厅恃为唯一挹注，司法部的补救之法也只能在司法收入上做文章。由于之前虽有司法收入的规定，但执行很不理想，各省呈报数目汇解现款者寥寥无几。因此，司法部竭力整顿司法收入，以弥补司法经费之不足。司法收入属于国家，理应交国库管理。鉴于司法经费严重不足，而从国库和地方行政机关申请拨发司法经费又非常困难，司法部提出司法收入暂作特别会计，不列入普通预算。

司法部提出的方案是，罚金、赃款，分别核计，由审判厅科罚、没收者归各省高等厅汇解司法部，由各县知事科罚、没收者准其截留自用，由省长分配作为县署司法经费，以补助其所不足；状纸由司法部制造发售，其售得之款，以5成解司法部，5成截留自用；诉讼费发售章程另订。②

司法收入作为特别会计，并以之弥补司法经费的不足，使司法收入与司法经费在制度上发生了直接的关联。1914年5月25日大总统批准整顿司法收入暂作特别会计。虽然司法部承诺将司法收入整顿就绪再行编入普通预算办理，实际上"整顿就绪"最后变成了遥遥无期，临时性的措施却成了长期奉行的制度，对此后10多年里司法收入和司法经费的管理和使用产生了深远影响。

司法收入暂作特别会计后，各审判厅的司法经费就由预算拨款和司法收入两部分组成，未设审判厅各县原本就没有专门的司法经费预算，其司法经费来源仅仅是司法收入吗？

---

① 参见《各省司法收入解部条例》，《司法公报》第2年第8期，1914年5月，"法规"，第3~4页。
② 参见《呈大总统整顿司法收入暂作特别会计，俟办理就绪再编入普通预算文并批》，《司法公报》第2年第9期，1914年6月，"公牍"，第4~6页。

1914年5月22日，司法部致电湖南都督汤芗铭称："知事兼理司法所需经费应由该省自筹，如有不敷，俟本部整顿司法收入办法订定后，准留罚金、赃款暨五成状纸费自用。"① 1914年6月6日，就河南的承审员薪俸问题同财政部进行磋商时，司法部指出，苏浙等省司法经费岁额仅定35万元，以之分配各厅监尚虑不足，更无余款可以补助各知事；大总统核定各省行政经费时对各县经费多未核减，就是考虑到兼理司法，特为宽定。司法部仍主张，"知事兼理司法所需经费挹注当自不难，如再有不敷可由司法部指定司法收入项下酌量贴补"。②

财政部提出罚金、赃款及5成状纸费应仍报由巡按使统筹兼顾，随时均拨，作为该省留用之款，未便由各县各自留用，以杜流弊。6月12日，司法部同意了财政部所提建议，将留用各款报由巡按使统筹兼顾，随时均拨，以杜流弊，但要求知事仍需另册报由高等厅汇送司法部稽核。③

县司法经费的主要来源有二：一是县行政经费中包含的司法经费；二是司法收入留用补贴部分。县行政经费中包含的司法经费自然依赖于县衙门的拨付。而司法收入留用部分也由巡按使统筹兼顾，随时均拨，连司法收入要补充到司法经费中去也不得不依赖于行政部门。因司法经费而使地方司法人员受制于行政机关的情形在此可见一斑。

司法收入作为特别会计虽获得允许，但它只是为动用司法收入来补助司法经费的不足提供了可能。如何更多、更好地获得司法收入成为了解决司法经费的另一个关键点。为此，就有了1914年9月间《整理司法收入规则》和《县知事征收司法各费稽核规则》的公布施行。各县征收的司法收入中，县留用费为5成状纸费、罚金、没收款项及没收物品卖得金；解部费为5成状纸费、诉讼费。县留用各款听候高等厅会商巡按使通筹酌配，各知事

---

① 《致长沙汤都督知事兼理司法经费应由该各省自筹电》，《司法公报》第2年第9期，1914年6月，"公牍"，第37页。

② 参见《咨覆财政部各县司法经费不敷应由本部指拨文》，《司法公报》第2年第10期，1914年7月，"公牍"，第6~7页。

③ 参见《咨覆财政部司法收入不准各省截留拨用文》，《司法公报》第2年第10期，1914年7月，"公牍"，第7~8页。

不得自收自用。① 这些规则的颁布使整顿司法收入暂作特别会计进一步规范化。

1920年办理预算时，有的省已将司法收入列入普通预算，从前所借为挹注者顿归无着，致各厅监所预算不敷之款必须另为设法。1920年开始实施"添设厅监分年筹备计划"，司法收入列入普通预算，造成购地、鸠工应需款项全无所出。如果将建筑各费据实编列普通预算，其时各省财政厅库藏支绌，经常款项的支付常常延期，再增此项临时大宗开支，其困难情形可以想见。于是司法部与财政部会商后决定，仍将司法收入全数划出作为特别会计，司法收入尽数提解司法部存储，专充新设厅监所建筑工程之用，由部通筹酌配。②

司法收入专充新设厅监所建筑工程之用引起各省区的反对。司法部不得不酌予变通，以维现状。规定在新预算未公布以前，先准予留用执行、抄录、送达等费弥补，如再不敷，即在加征状、讼两费项下动用，但须将拨补各数撙节支配，不得逾越应留用及加征各费范围。③

发行诉讼状纸、收取诉讼费等原本为澄清讼源、防人民健讼之风，改良审判，保护人民私益。但北洋时期在司法经费极其困难的情况下，征收司法收入成为筹集司法经费的重要工具。很明显，征收司法收入的目标发生了偏移，偏向了以司法收入补助司法经费这一目标。

三　各县司法经费的来源与支取

国家政策层面确立了由地方行政机关筹措司法经费，并以司法收入补助司法经费，各县实际状况如何呢？

---

① 参见《县知事征收司法各费稽核规则》，《司法公报》第3年第1期，1914年10月，"法令"，第28~30页。
② 参见《筹备建筑厅监仍请将司法收入作为特别会计呈并指令》，《司法公报》第122期，1920年6月，第61~62页。
③ 参见《在新预算未公布前准将留用及加征状讼两费拨用令》，《司法公报》第124期，1920年8月，第62页。

1. 司法经费的来源

各省司法经费除各审检厅及新监有明确预算外，其他各县的司法经费大抵与各项行政经费混同计算，没有明确的划分。1923 年，法权讨论委员会在司法考察报告中指出，以 1919 年度预算而言，除西南各省因政治分立导致岁出岁入未经列入预算外，其有预算之省，如京兆、直、鲁、晋、豫、湘、鄂、赣、皖、苏、浙、闽、陕、甘、新疆、奉天、吉林、黑龙江、热河、察哈尔、绥远 21 省区关于各县司法经费与其他行政经费略为划分，列入预算的只有直、奉、皖、赣、浙、热河、察哈尔 7 省区，其余各省区虽或间有列入县承审员及旧监经费，然大都未将县司法经费与其他行政经费划分列入预算。[1]

即便是各省审判厅和监所的司法经费有预算，也往往不敷，需要司法收入补助，那么，大量未设法院各县并没有相关司法经费的预算，其司法经费来源于何处？少数省后来虽划分了各县司法经费，其数额是否足够，不够该如何处理？

各县司法经费一般由两个部分组成，一为行政经费中包含的司法经费，一为司法收入。那么两部分经费在总经费中的结构是怎样的？

首先，有的省规定司法经费从行政经费和地方收入项下支出。

江西省临江县 1913 年奉司法部训令创办审检所，所内月支公费及薪俸共 218 元，在田赋项下支领。[2] 黑龙江青冈县经费分为国家支出、地方支出两项。县公署行政费、审检所司法费、监狱费属国家支出。国家支出概自省库领发。[3] 黑龙江嫩江审检所的书记员由县雇员费内拨给月薪，雇员、检验吏、承发吏由县原支承发吏工食改给。[4] 大赍县署中帮审员薪俸等经费按月呈请民政长核发。[5]

---

[1] 参见法权讨论委员会编《考查司法记》，第 585 ~ 587 页。
[2] 参见民国（1917 年）《临江县志》卷 15《营建》，第 18 页。
[3] 参见民国（钞本）《青冈县志》第 6 章 "财政·各项经费出入"，第 27 页。
[4] 参见民国（钞本）《嫩江县志》第 3 章 "政治"，第 37 ~ 40 页。
[5] 参见民国（1913 年）《大赍县志》第 6 章第 5 节 "财政·各项经费出入"，第 88 ~ 89 页。

第十章 司法经费的筹措

直隶文安县司法经费全年 3840 元，除管狱员应支经费外，承审员薪俸、检验吏及书记、司法巡警的工食都在行政经费项下开支。① 民国建立后，福建省龙岩县出入悉归国库，县所支出经常费包括承审员薪俸，按月造送支付预算书及领款凭单向国库支取。② 江苏高邮的正税以 8 成解省，2 成留支本邑行政、征收、巡警等费，司法经费仍于解省 8 成中提拨。③ 贵州桐梓县承审员薪水等县署公经费指定由契、屠两税项下支给，1926 年由征收局照拨。④

甘肃临泽县司法公署于 1926 年 7 月 12 日成立，司法经费每年由粮石项下附加征收。1930 年奉令扩充经费，改由地亩项下征收，由县政府代为征收拨交。⑤

其次，有一些省规定县司法经费由财政厅拨发一部分，由司法收入补助一部分，甚至由县知事自筹司法经费。

河南省确山县司法人员的薪俸为行政经费与司法收入各 5 成。1913 年 2 月知事郭名世改差役为司法巡警，经费在国家税项下准支 5 成，其余 5 成由司法收入项下弥补。1921 年 9 月知事吴仁麟呈准审判厅委任承审员专理词讼案件，其薪俸由国家税项下准支 5 成，其余 5 成惟恃罚款以为补助。⑥

山西省兴县司法人员中的承审员、录事、检验吏的薪俸由行政经费开支；承发吏和司法警察的薪俸由司法收入支出；写状生的薪俸从写状费支出。⑦ 翼城县署行政经费，包括承审员、书记员、检验吏等薪俸，由地丁正赋内留支；司法经费中录事、承发吏、警察、临时费各款由司法罚款项下报支；写状处经费由抄录费项下开支。⑧

庆城县审检所的司法经费包括帮审员、书记、雇员、检验、承发吏、庭丁、杂役的薪工和办公费，除书记与雇员的薪水由县署津贴外，其余在本省

---

① 参见民国（1922 年）《文安县志》卷 12《治法志·司法》，第 38 页。
② 参见民国（1920 年）《龙岩县志》卷 11《度支志》，第 3~4 页。
③ 参见民国（1922 年）《三续高邮州志》卷 8《民赋》，第 19 页。
④ 参见民国（1929 年）《桐梓县志》卷 9《食货志·经费》，第 24~25 页。
⑤ 参见民国（1943 年）《临泽县志》卷 6《民政志·司法处》，第 49~50 页。
⑥ 参见民国（1931 年）《确山县志》卷 8《时政·司法要略》，第 25 页。
⑦ 参见民国（1927 年）《合河政纪》卷 2《司法篇》，第 35~36 页。
⑧ 参见民国（1929 年）《翼城县志》卷 9《田赋·关于县衙一部分支出经费统计表》，第 40~41 页。

高等检察厅具领。①

桓仁县县署经费向例由省库支领，不由国税项下截留。②讼费全年所收均归司法经费，如不敷用时由高等审判厅请领，有余仍解送厅。③

1924年前后，浙江省各县年司法经费共192912元，统由财政厅拨发。各县依照定额开支，如有超出均自行赔补。如各县原有司法经费内不敷支配，有的县由县知事自行酌加津贴。④

安徽省各县司法经费由行政费划分四成及各县全年收入罚没两款组成。⑤承审员的俸给随各县缺等级分甲、乙、丙、丁、戊五等，其丁、戊级县缺诉讼事件多由县知事兼理，承审员俸给未定，如县知事请委承审员，其俸给则由该县司法收入项下从最低级开支。⑥

江苏全省兼理司法的57县，仅武进等11县及崇明、外沙司法办公所各设承审员一员，其余县份如请委承审员，须由县知事自筹经费。⑦

再次，有一些县的司法经费主要从司法收入下开支。

湖北各县司法经费均在司法收入项下开支。⑧

江西省兼理司法者共77县，全年司法经费共约105600元，财政厅拨发38396元，其余呈准由各县留用罚金没收及状费内开支。⑨司法收入占司法经费的比例在60%以上。

东北等地的司法经费常在司法收入项下支给。

绥化县裁审检所后由知县事兼理司法，设主任承审各员，其薪水由司法收入项下支给。⑩宁安县司法经费按月报请高等厅由县署法收项下抵扣。⑪

---

① 参见民国（钞本，无年份）《庆城县志》第2编《建置志·司法行政》，第26~28页。
② 参见民国（1930年）《桓仁县志》卷7《财赋志·县署经费》，第154页。
③ 参见民国（1930年）《桓仁县志》卷7《财赋志·讼费》，第152~153页。
④ 参见法权讨论委员会编《考查司法记》，第47~48、201~202页。
⑤ 参见法权讨论委员会编《考查司法记》，第240页。
⑥ 参见法权讨论委员会编《考查司法记》，第47页。
⑦ 参见法权讨论委员会编《考查司法记》，第45~47页。
⑧ 参见法权讨论委员会编《考查司法记》，第261~262页。
⑨ 参见法权讨论委员会编《考查司法记》，第244页。
⑩ 参见民国（1920年）《绥化县志》卷3《司法略》，第12~15页。
⑪ 参见民国（1924年）《宁安县志》卷3《度支》，第5~8页。

第十章　司法经费的筹措

呼兰县 1913 年于县署设审检所，不久裁撤，又于县署设司法科，准请委承审员一员或二员，以资佐理，其经费由司法收入项下支用。① 汤原县所有司法各事由县知事兼理，所有经费由截留 5 成罚款内提支，不足由县知事自行弥补。② 京县讼费等全年所收均归司法经费，如不敷用从高等审判厅请领，有盈余时仍亦解厅。③

不少县的司法收入较多，除了抵扣司法经费，盈余部分还报解高等厅。

兴城县 1924 年民事收入大洋 3210 元，除划抵司法经费外共余洋 1678 元，尽数报解高等审判厅。④ 辽阳县审判厅 1925 年收款奉大洋 20259 元，用款 15060 元。⑤ 新民县常年进款约计收入 1 万元，常年经费预算支洋 6360 余元。⑥ 岫岩县 1927 年度民事收入大洋 56739 元，除划抵司法经费外尽数报解高等审判厅，刑事收入大洋 21549 元，除划抵监狱经费外尽数报解高等检察厅。⑦ 锦西县 1928 年度的办公常年司法经费大洋 19885 元，民事收入大洋 59622 元，除划抵司法经费外尽数报解高等审判厅，刑事收入大洋 6660 元，除划抵看守经费外尽数报解高等检察厅。⑧

第四，有的县司法经费不同时段内或由行政费拨支，或司法收入项下开支，或由行政费与司法收入项下开支。

江苏泗阳县 1912 年设地方审判厅，全年额支经费由正税拨支。1913 年 4 月裁审检两厅设审检所，11 月废帮审员长及帮审员，改置审判官，全年额支经费，由正税拨支，倘有不敷由状费、罚金等项扣抵。1914 年 5 月裁审检所，全年额支经费洋纯以司法收入抵支，不准动用正税。1920 年核减行政经费 1 成补助司法。⑨

也有的县司法经费先在司法收入项下开支，后将其列入国家行政经费。

---

① 参见民国（1930 年）《呼兰县志》，《司法志》，第 21～26 页。
② 参见民国（钞本，无卷次）《汤原县志略·司法行政》，第 34～35 页。
③ 参见民国（1925 年）《兴京县志》卷 7《财赋志》，第 15～16 页。
④ 参见民国（1927 年）《兴城县志》卷 6《司法》，第 1～7 页。
⑤ 参见民国（1928 年）《辽阳县志》卷 17《行政司法志·司法》，第 4～5 页。
⑥ 参见民国（1926 年）《新民县志》卷 3《建置·司法公署》，第 6～8 页。
⑦ 参见民国（1928 年）《岫岩县志》卷 2《政治志·司法》，第 75～76 页。
⑧ 参见民国（1929 年）《锦西县志》卷 4《司法》，第 1～8 页。
⑨ 参见民国（1926 年）《泗阳县志》卷 14《司法》，第 15～16 页。

讷河县民国初年，改帮审员曰承审员，其薪水由司法收入提成项下开支。1929 年改组，始将承审员薪水列入国家行政经费领算。①

直隶省兼理司法各县司法经费向由各该县于征收赃罚各款内拨支，但大都入不敷出。自 1919 年春间省署规定各县政法各费 7 月起统由国库支给，其各县罚金等司法收入也全部解缴财政厅存储。预算规定承审员的俸给太低，不足以资养廉，遂增至 80 元或 100 元。该项俸给大都由各县实报实销，但以不超出省署规定的范围为限。②

广东赤溪县民初设专审员，其薪水赴司法处请领。③ 1921 年 10 月，设立赤溪审检分庭，每月应需实发经费 350 元，按月向财政厅请领，不敷之款在各县司法收入项下拨补。④ 广东大埔县 1921 年 7 月 28 日成立地方分庭。额定月支司法经费 523 元，由县库拨支 350 元，余 173 元在司法收入项下动支。1926 年月支经费 530 元，概由县库拨支。旋因县库粮税入不敷支，至 1927 年夏县长刘织超呈准按月由潮梅财政处照拨，后财政处裁撤，改由汕头分金库分领。⑤

北洋时期司法经费的种种来源在国民政府时期仍在延续。

不少县司法经费以行政费或司法费的名目向财政厅请领。直隶高邑县司法经费每月 320 元，向财政厅请领。⑥ 直隶景县自知事、科长以及书记、警吏等的薪工概由行政、司法经费分别开销。⑦ 齐河县司法科一等科员兼承审每月薪水等费均由财政厅请领。⑧ 山东博山县 1933 年裁法院改设承审员，附县政府内。县政府经费由省款开支，每月造具请款凭单请领，按月造报计算核销。⑨

一些县司法经费由行政费、司法费和司法收入共同组成。河南阌乡县的

---

① 参见民国（油印本）《讷河县志》卷 4 《吏治志·司法》，第 81～95 页。
② 参见法权讨论委员会编《考查司法记》，第 43～44 页。
③ 参见民国（1920 年）《赤溪县志》卷 4 《经政志·禄饷》，第 49～50 页。
④ 参见民国（1920 年）《赤溪县志》卷 5 《职官表·文职》，第 8～10 页。
⑤ 参见民国（1943 年）《大埔县志》卷 6 《经政志》，第 1～3 页。
⑥ 参见民国（1933 年）《高邑县志》卷 3 《行政》，第 7～9 页。
⑦ 参见民国（1932 年）《景县志》卷 3 《政治志上·行政》，第 1～12 页。
⑧ 参见民国（1933 年）《齐河县志》卷 13 《赋役》，第 32～36 页。
⑨ 参见民国（1937 年）《续修博山县志》卷 3 《建置志·县政府组织》，第 5～8 页。

司法费照章由正款支 5 成，由罚款或地方款弥补 5 成，弥补之数按月由财政局实支实报。① 完县司法经费由县于月初造具预算书，呈由财政厅核发支付命令，再行动款领解。司法经费内管狱员每月应补俸给 4 元，书记员每月应补薪水 2 元 4 角，录事每月应补薪水 1 元，按月由留县 3 成罚没金项下拨补。②

各县司法经费或由行政费拨支，或司法收入项下开支，或由行政费与司法收入项下开支。由于行政费往往不敷，故司法收入在各县司法经费中起着举足轻重的作用。

2. 司法经费的支取

司法经费或向国库支取，或在各县司法收入项下拨补，那么支取或拨补的程序是怎样的呢？下面以顺义分庭为例加以说明。

顺义县顺义分庭的司法经费每月为 656 元，由两部分组成，即行政公署拨助 456 元，该庭司法收入项下拨补 200 元。

通常，每个月先由顺义分庭备具"印领"向京师高等审判厅、检察厅呈送请领司法经费支付通知书。京师高等审判厅、检察厅收到呈件后，即发给两份支付通知书。行政公署拨付的凭财政厅支付通知书由顺义县分庭向县署领取，司法收入拨补的凭京师高等审判厅、检察厅的支付通知书在司法收入项下支取。如 1925 年 12 月份顺义分庭领取司法经费要经过四步。

第一步，顺义分庭备具"印领"，向京师高等审判厅、检察厅呈送请领司法经费支付通知书。

第二步，京师高等审判厅、检察厅发出指令："准将十四年十二月份司法经费财政厅支付通知书计洋四百五十六元，本厅支付通知书计洋二百元，令发该庭。……印领存。"③

第三步，顺义分庭一般会给办事人员做出如下批示："财厅通知书应备文转送县署取款后交会记科存。"接下来分庭将致函县公署："本庭十二月

---

① 参见民国（1932 年）《新修阌乡志》卷 6《民政·县政府》，第 1~3 页。
② 参见民国（1934 年）《完县新志》卷 4《行政第二下》，第 17~18 页。
③ 顺义县档案 2-1-351。

份司法经费财政厅支付业经奉到京师高等审判第四三八号令发到庭,相应检送贵县,即希查照定章、迅将此项银款如数拨发。……计呈送十四年十二月份财政厅第四○号支付通知书一纸。"①

第四步,县署按照财政厅的支付通知书把钱拨给分庭。

广东赤溪县领取司法经费的程序与顺义县大体相似。由广东高等审判厅按月向财政厅请领,财政厅照填支付通知单,咨送高审厅具领转发。不敷之款由高等审判厅在各县司法收入项下拨补。②

顺义分庭的领款过程有时很顺利,有时则充满了曲折。

1926年因军事影响法收不旺,县署应拨经费积欠4个月。顺义分庭因开支无着,将具体情形面陈京师高等审检厅并请设法维持。之后他们又向京师高等审检厅借经费。京师高等审判厅、检察厅为此而咨京兆尹暨京兆财政厅。得到答复称,已经饬令该县知事尽先拨给。③ 京师高等审判厅还继续为顺义分庭的经费而努力。这时顺义处于镇威军的控制下,京师高等审判厅又函商镇威军。④ 镇威军的常荫槐处长8月14日给予答复。8月16日京师高等审判厅书记室即将镇威军常处长来函转给顺义分庭,函称:

> 查是承询顺义县地方分庭经费一节,查前据该县呈请到处,业经核定,准予照拨。惟因军团部需款孔亟,该县收入未畅,未便一次全发,应将六月以后仍照原案由钱粮项下拨发。其三四五三个月经费俟征收畅旺再行补发。指令该县遵照办理在案。

镇威军仅同意6月以后仍照原案由钱粮项下拨发。顺义分庭的经费问题并未得到很好解决,县署仍在拖欠应拨司法经费。无奈,顺义分庭再次求助京师高等审检厅,呈明经费困难情形:"职庭由县署划拨经费自三月起至十月止计八阅月,仅由刘知事拨发一月……此数月中所有职庭急切开支除留用

---

① 顺义县档案2-1-351。
② 参见民国(1920年)《赤溪县志》卷5《职官表·文职》,第8~10页。
③ 顺义县档案2-1-351。
④ 时东北军奉军控制顺义县,镇威军为奉军之一。

少许司法收入外，均由赊借而来。近因各种欠款屡至，偿还日期不能依约履行，以致借无可借，赊无可赊……庭员薪水本属微薄，兹因积欠太多，更属困苦万状，即日用伙食亦且难于维持。所有职庭经费困难情形理合呈明钧座，只请俯允设法饬县从速照案拨发，以资应用"。京师高等审判厅继续函商镇威军。1926 年 11 月 17 日京师高等审判厅、检察厅指令 7187 号将函商结果告知顺义分庭："所请业经本厅函商镇威第三四方面军团司令部政务处饬县划拨去后，兹准复函称，径复者顷准贵厅函开，顺义县地方分庭经费自本年六月以后县署仅拨到一月有余，请令县按月如数拨交……地方分庭六、七两月份经费共洋九百一十二元，业经本部指令准支在案。准函前因，除转知该县速予拨交外，相应函复即希转知该分庭赴县具领可也，等因到厅，合行转令该庭仰即遵照办理可也。"①

顺义县的情况表明，在司法经费为定额的情况下，由于种种原因从县署拨发的那部分司法经费仍不能得到很好保障。不仅如此，高等审检厅尚无法有效地直接指令县署照章拨发司法经费，还需要与县署的直接上级行政机关协商。从某种意义上，不仅县司法机关因为司法经费要频频与县行政公署交涉，就是高等审判厅因为县司法经费问题亦不得不仰行政机关之鼻息。

北洋政府被国民政府取代后，上述司法机关因司法经费而受制于行政机关的情形依然存在。1937 年，阮毅成指出，"因各地司法经费，须由省或县行政机关发给，故关于发给的方法，数额的多寡，时间的迟早，能否与其他行政经费获得同等的比例，司法方面完全须仰行政方面的鼻息，而在平时，尤不得不与主管财务行政的地方机关，周旋联络……行政兼理司法之名虽除，而行政高于司法之实，反因而确立。"②

县财政收入的多寡与稳定性，行政机关的长官与司法人员的关系都影响到司法人员的薪俸的领取。因此，即使规定了司法人员的薪俸标准，但其领取到的实际数目仍不稳定，司法人员的经济保障往往是脆弱的。

---

① 顺义县档案 2 - 1 - 351。
② 阮毅成：《行政与司法的关系》。

四 各县的司法收入

司法收入是一些县司法经费的重要来源，那么，各县征收司法收入状况如何？

1. 司法收入的结构

自清末司法改革，在刑事上有罚金之规定，在民事上有讼费之规定，始有司法收入可言。此项收入在各承审机关向资以为挹注，而并无成数可稽，且无稽核之法。随着1914年司法收入作为特别会计，以及《整理司法收入规则》和《县知事征收司法各费稽核规则》的公布施行，到1915年间司法收入的征收开始进入正轨。

首先，各县司法收入的结构。

从地方志等资料的记载可以观察到各县司法收入的结构与数量。

据直隶盐山县志记载，盐山县司法费中状纸费的收入上解7成，所剩无几。司法巨款只能依赖罚金。盐山罚金每年多则万元以上，少则也不下数千。[①] 直隶威县1920年的司法收入中状纸价为约100元，状纸加捐约178元，罚金为1400元。[②] 一年的司法总收入约1678元，罚金占83%。

京兆顺义县司法公署1924年前后司法收入每年总数约3380元，罚金约1600元，约占47%；其次为状纸费和审判费，审判费约占22%。[③]

山西省兴县的状纸费、讼费全数解厅，赃罚则留6成作为兼理司法费用。其司法收入以赃罚为主，赃罚约占90%左右；讼费、状纸等收入非常少。[④]

上述兴县、威县、顺义县等地方的司法收入都以罚金为主，盐山县的罚金数额尤其巨大。

---

① 参见民国（1916年）《盐山新志》卷10《法制略·新政》，第9~13页。
② 参见民国（1929年）《威县志》卷7《政事志中·财政》，第24~26页。
③ 顺义县档案2-1-247。
④ 参见民国（1927年）《合河政纪》卷2《司法篇·司法收入》，第35~36页。

第十章 司法经费的筹措

东北一些县的司法收入不仅数额大，而且登记费在其中占有较大比例。

北镇县 1925 年司法收入达到大洋 18644 元，司法经费为 4360 元，司法收入远远超过了司法经费。其中登记费为 13442 元，占 72%；诉讼费为 3200 元，占 17%；状纸费为 1200 元，占 6%；罚金为 600 元，占 3%。[①] 登记费为大宗，罚金所占比例并不大。

辽阳审判厅 1925 年度共收款奉大洋 20259 元，用款 15060 元。检察厅收款奉大洋 30757 元，用款 14251 元。司法收入超过用款。辽阳的司法收入中登记费逐渐占据重要地位。辽阳的登记所附入地方审判厅，1915 年奉令试办登记，1919 年实行。1926 年度收登记费现大洋 9700 多元。

其次，各省司法收入的结构。

从 1922～1923 年法权讨论委员会的调查可以分析各省审判厅与县司法收入的结构。

法权讨论委员会调查了直隶、山东、山西、河南、安徽、湖北、湖南、江西、江苏、浙江等 10 省的司法收入状况。状纸费、审判费与罚金占司法收入的比例在直隶、河南、山西、安徽等省达 80% 以上，浙江略低，也占 60% 左右。该比例在各县多为 90% 以上，浙江也占 72%，说明状纸费、审判费与罚金占了各县司法收入的绝大多数。

各县司法收入中罚金所占比例分别为 80%（直隶与山西）、55%（河南）、6%（安徽）、43%（浙江）。除安徽外，其他省罚金占司法收入的比例较高，尤其是直隶与山西，其中各县罚金比例高于各审判厅。

各县司法收入中审判费所占比例分别为 8%（山西）、14%（河南）、29%（安徽）、23%（浙江），直隶没有审判费，这表明各县审判费所占司法收入比例较低。所有的省份各县审判费比例都低于各审判厅。

各县司法收入中状纸费所占比例分别为 19%（直隶）、31%（河南）、9%（山西）、57%（安徽）、6%（浙江）。除安徽外，其他省状纸费占司法收入的比例并不高。

县留用费为 5 成状纸费和罚金等，解部费为 5 成状纸费与诉讼费等。解

[①] 参见民国（1933 年）《北镇县志》卷 4《政治·司法》，第 4~6 页。

部费占司法收入的比例分别为10%（直隶）、29%（河南）、12%（山西）、58%（安徽）、26%（浙江）。除安徽外，其他省解部费占司法收入的比例都没有超过30%，直隶与山西甚至仅有10%左右。

各县解部费所占比例低，而且各县罚金比例高于各审判厅，各县审判费比例低于各审判厅，说明各县很可能更重视征收司法收入中的留用部分。

再次，全国司法收入的结构。

从司法部各年办事情形报告可以考察全国司法收入的结构。

北洋时期，司法收入的征收"颇形畅旺"，时有加增。因各省所设法院无几，司法收入的数目以各县征收者为一大宗。①

司法收入以诉讼印纸费、状纸费为大宗；其次为赃罚；执行、拍卖、抄录、送达、律师登录费岁入无几。② 办理登记是东北等地司法收入的另一个重要来源。

诉讼印纸和登记在司法收入中逐渐占据越来越高的比例，以下对此予以简要介绍。

1918年奉天省开始试办登记，他省尚未推行。1923年，登记又推行于他省及京师各处。办理登记较有成效的只奉天、吉林等省，京师各处登记收入也渐见起色，他省虽经试办，成效不如奉吉两省。③ 1924年司法收入以讼费、状纸费及罚金为大宗，其次为登记费。④ 登记费逐渐在司法收入中占据不可忽视的位置。

征收讼费贴用印纸是防止经收隐匿之弊的一个重要手段，因此推行司法

---

① 《关于整理司法收入及核准各省留用事项》，《司法公报》第61期（《司法部四年度办事情形报告》），第311~312页。

② 参见《关于整理司法收入及核准各省区留用事项》，《司法公报》第110期（《司法部七年度办事情形报告》），第227页；第134期（《司法部八年度办事情形报告》），第217页；第163期（《司法部九年份办事情形报告》），第223页；第182期（《司法部十年份办事情形报告》），第431页；第196期（《司法部十一年份办事情形报告》），第347页；第213期（《司法部十二年份办事情形报告》），第199页；第215期（《司法部十三年份办事情形报告》），第213页；第248期（《司法部十四年份办事情形报告》），第169页。

③ 参见《关于整理司法收入及核准各省区留用事项》，《司法公报》第248期（《司法部十四年份办事情形报告》），第169页。

④ 参见《关于整理司法收入及核准各省区留用事项》，《司法公报》第248期（《司法部十四年份办事情形报告》），第169页。

印纸有利于保证司法收入的征收。1914 年 6 月经司法部会同财政部呈准征收讼费贴用印纸。1915 年 1 月先就京师试办，施行数月效果不错。于是司法部拟订章程，并要求各省审判厅照办。1915 年已有 13 省领取印纸定期试办。① 1916 年有河南、江西、浙江、湖南、广西等省陆续实行。就发售总量而言，1916 年较之 1915 年增加 74% 强。到 1918 年，诉讼印纸自推广各省除有特殊情形或兵匪区域外，厅县均已施行。1921 年支出印纸枚数值银比 1920 年约多 1/3，而西南各省尚不在内。② 1922 年曾取消花纹印纸及状纸办法，改用书状及司法印纸，由邮局经售。嗣后以拨款困难，诸多窒碍，于试办期满后停办，仍由各厅自行经征。③

各县的司法收入往往以罚金为主，东北等地一些县的登记费也占较大比例。直隶等省中罚金占司法收入的比例较高，各县罚金比例高于各审判厅，各县审判费比例低于各审判厅。全国司法收入以诉讼印纸费、状纸费为大宗；其次为赃罚；再次为登记。从全国、直隶等省和一些具体的县所观察到的司法收入结构都有一个共同特征，那就是罚金比例较高。

2. 司法收入的留解

司法收入是司法经费的重要来源。司法收入决定着司法经费的多寡。为了取得足够的司法经费，往往需要增加司法收入。从一个县的角度看，增加司法收入最主要的就是增加留用的司法收入。各县征收的司法收入中，没收款项及没收物品卖得金等数量极少，以罚金和 5 成状纸费为主。

罚金伸缩余地较大，数额也大，还可以留用，因此各县常以此为财源。直隶盐山县就是通过征收罚金解决司法经费的不足。该县司法员役月额支 249 元，而制定补助费则为月支 400 元。补助费的来源以状纸、罚金为主。讼费尽解法厅，不归县署；状纸费 7 成解厅，3 成留县；司法巨款只能依赖罚金。罚金无定额，弥补司法经费外，有余则例应上解。如果司法收入不够司法经费之用，司法经费也不应由县署公经费内酌为拨补。于是，"此

---

① 参见《关于推行诉讼印纸事项》，《司法公报》第 61 期，第 331 页。
② 参见《关于推行诉讼印纸事项》，《司法公报》第 182 期，第 447 页。
③ 参见《关于整理司法收入及核准各省区留用事项》，《司法公报》第 196 期（《司法部十一年份办事情形报告》），第 347 页。

例行而各县之厉罚充额，有赢无绌又势所必至也"，"各县厉行重罚，烟赌诸犯，尤鲜幸免"。①

山西兴县在石荣瞳任知事时期的状纸费、讼费全数解厅，赃罚则留6成作为兼理司法费用。该县"讼事日繁，开支日巨，且支出有定而收入靡常，以致月有不敷，亏累日甚。"石荣瞳认为，"若因弥补之故而滥肆苛罚，实非谨守法律者所敢为。"为此，他"身受此困难，陷于窘境"。②

面对司法经费不足，石荣瞳没有选择滥罚，因而"陷于窘境"，有的县知事却借厉罚而满足自己的贪渎。安徽县知事办公费不足，以司法收入留用，其中"苛滥取盈，民不堪命，最甚者莫如罚款一事"。如霍邱县知事毕树棠自1917年9月到任至1920年2月撤任，其滥罚之款有三四万元之多。安徽省长声称，各知事以毕树棠为贪渎之最，而其他有毕树棠之行为者也不乏其人。③

司法收入的结构显示，各县司法收入中罚金占较高比例，这意味着通过盐山县这样"厉行重罚"增加司法收入，进而解决司法经费不足成为不少县的选择。而石荣瞳与毕树棠也许代表了不滥罚和滥罚的两极。

为了增加留用的司法收入，除了"厉行重罚"，征收状纸费时各县普遍加价留用。

安徽省宿松县在清代诉讼状纸不分民事刑事，由官代书给戳挂号，每次收钱400文或800文不等，间有用白禀者。宣统元年奏准推广诉讼状纸章程，仅行于审判厅，而不及各县。1912年安徽司法司长李国棅颁发省制状纸。④ 状纸费各县截留2成，8成上解到司法司。宿松县于1913年4月4日起遵用省颁状纸，1915年1月1日改用司法部所颁状纸。状纸费5成留县，2成留厅，3成解部，加征1倍全数留县补助司法经费。

1920年6月司法部改订诉讼状纸规则，安徽高等检察厅呈司法部核准

---

① 民国（1916年）《盐山新志》卷10《法制略·新政》，第6~13页。
② 民国（1927年）《合河政纪》卷2《司法篇·司法收入》，第35~36页。
③ 《高等厅所拟整顿各县司法收入及扩充监所办法应备咨》，《司法公报》第117期，1920年3月，第87~90页。
④ 辛亥革命后，各地司法行政部门的名称并不统一，如安徽省级司法机关便称为司法司。

各种状纸于定价外增收 5 成，由县增收者，以一半留用补助县司法经费。1921 年 1 月，宿松县按照高等检察厅的规定于各种状纸于定价外增收 5 成，留用一半。①

1915～1924 年司法部办事情形报告都记载，因各省经费不敷，为维持现状，各省多有请加状讼各费及将应解司法部款申请截留，结果司法部往往略事通融，酌予照准。② 因此，与安徽宿松县一样，征收状纸费时各县普遍加价留用。

小　结

北洋时期，中央财政无力负担各地司法经费，由地方行政机关负责筹措款项，同时以司法收入补助司法经费。正是通过上述措施一定程度上解决了司法经费的缺乏问题，使司法活动得以展开。司法部对司法收入尤其看重，在其各年办事情形报告中论及司法收入时称，"历年预算上之溢额，莫不借此以为弥补"，"近年各省司法事务之得以积极进行者，实赖此司法收入之补助也"。③

由地方行政机关筹措司法经费，以司法收入补充司法经费，进而维持司法运作，是国家财政困难情形下的无奈选择，虽有积极作用，但也带来一系列不良后果。

第一，中央司法建设计划往往落空。各地行政机关筹措司法经费也十分困难，于是为了化解筹措司法经费的压力而拖延筹设审判厅，甚至裁撤审判

---

① 参见民国（1921 年）《宿松县志》卷 29，《司法志·司法制度》，第 3～4 页。
② 参见《关于整理司法收入及核准各省区留用事项》，《司法公报》第 61 期（《司法部四年度办事情形报告》）；第 110 期（《司法部七年度办事情形报告》）；第 134 期（《司法部八年度办事情形报告》）；第 163 期（《司法部九年份办事情形报告》）；第 182 期（《司法部十年份办事情形报告》）；第 196 期（《司法部十一年份办事情形报告》）；第 213 期（《司法部十二年份办事情形报告》）；第 215 期（《司法部十三年份办事情形报告》）。
③ 《关于整理司法收入及核准各省留用事项》，《司法公报》第 98 期（《司法部六年度办事情形报告》），第 259 页；《关于司法经费之核定及概算事项》，《司法公报》第 110 期，第 217 页。

厅，推行县知事兼理司法等。如民初河南民政长电称该省财力奇绌，请予裁撤外府审检厅。① 1914年各地方大员联名电请停办地方、初级审检两厅及各县审检所帮审员，所有司法事件，胥归各县知事管理，以节经费。1922年，司法部再次试图推动筹设司法公署。各地回复称，因经费未磋商妥当而不能办理。

第二，司法权的地方化。对司法部、各地司法机关而言，各地行政机关握有司法经费拨付权。为了获得司法经费的拨款，司法部、各地司法机关与行政机关频频交涉，往往使地方司法受制于地方行政，造成司法权的地方化，进而妨碍全国范围内司法统一的实现。

第三，重罚和状费加价盛行。除了司法经费的数额与拖欠，以及阮毅成所强调司法经费不能从行政方面获得独立的保障外，北洋时期的司法经费问题还与司法收入息息相关。不仅地方司法经费仰仗司法收入，司法部也指望地方司法收入上解而得以补充中央司法经费的不足。于是，司法中征收各项费用的初衷发生改变，筹集司法经费成了征收司法收入的主要目标。司法机关和司法人员为了自己的生计和部门利益，各地便有可能出现加价收取状费、征收罚金扩大化等现象。其结果却是增加了诉讼成本，造成司法机关和司法人员借司法而牟利的恶劣形象，进一步伤及司法制度的根基。

司法活动面临停滞还是发展的抉择，时人选择由地方行政机关筹措司法经费，以司法收入补充司法经费。这样的选择使司法活动确实得到延续、发展，当司法部每年都在其办事情形报告中满怀欣喜与自豪地对自己的"正确"选择津津乐道之时，是否应该反思其选择背后的陷阱呢？

---

① 参见《令河南民政长地初各厅暨各县帮审员暂缓裁撤文》（1914年3月17日），《司法公报》第2年第8期，1914年5月，"公牍"，第3页。

# 第十一章
司法人才的供需

长期就职于司法界的罗文幹在1922年撰文指出了普设法院的困境："夫以现时国家财政困难，人才缺乏，欲行普设，谈何容易。观于民国二年许总长任内，议分期筹设既未成事。至民国八年朱总长任内，又议分九年筹设，卒亦毫无影响，职此故也。"① 罗文幹认为民国建立后十来年，人才缺乏实为法院普设的两大阻碍因素之一。不仅罗文幹，整个北洋时期，县司法制度变革的讨论往往以人才缺乏为立论依据。

成为司法人才最起码的条件是具有一定法律知识，北洋时期，主要通过法政学校或法政专业获得法律知识。法政毕业生数与推行各式司法制度所需司法人员数之间是否存在严重供不应求？二者到底在何时存在巨大差额，在何时才能大致平衡？学界对上述看似耳熟能详的问题尚缺乏实证研究。在此，主要围绕清末北洋时期的几个司法计划和筹设司法机关方案所需司法人员数来考察法政毕业生人数是否敷用，并据此讨论这些司法计划和筹设司法机关方案可行性，司法人才缺乏阻碍了法院普设的判断是否成立。

一 普设法院所需司法人员数目

法院数目与法院编制很大程度上决定着司法人员的数目。法院数目与法

---

① 该文写于1922年。参见罗文幹《法院编制改良刍议》，《法学丛刊》第1卷第3号，1930年5月，第1~32页。

院编制又受制于不同的法院设置方案。清末至北洋时期,设想和制定了数种不同的法院设置方案。为了实施法院设置方案,宣统三年二月二十六日(1911年3月26日),法部奏定《直省提法司署及审判厅划一经费简章(附表9种)》,对不同类型的审判厅人员、经费做出了具体的规定。

《法部奏定直省提法司署及审判厅划一经费简章》规定,高等审判、检察厅的推事、检察官人数为10员,书记官13员,吏警等23人。①按22行省算,则当时全国高等审检厅需要推事、检察官共220员,书记官286员,二者合计506人,吏警等506人。

《简章》规定,府、直隶州、直隶厅的地方审判、检察厅置厅长1员、检察长1员、庭长1员、推事4员、检察官2员,则推事、检察官等法官,每厅共9员;典簿、主簿、录事、书记生等书记官12员。②清末全国的府、直隶州、直隶厅共325个,故应设325处地方审检厅,需要推事、检察官共2925员,书记官3900员,二者合计6825员。每个地方厅设吏警等人员38员,则全国共需吏警等12350员。单独设地方厅之处,通常须设初级审判厅。《简章》没有对府、直隶州、直隶厅的初级审判厅编制予以规定,仅有省城、商埠及繁盛各厅州县初级审判、检察厅的编制,即推事2员、检察官1员、录事3员、吏警等人员共11员。③按此编制,则府、直隶州、直隶厅的初级审检厅需要推事、检察官共975员,录事975员,吏警等人员则为3575员。以上初级与地方审检厅共需要推事、检察官共3900员,录事等4875员,吏警等人员则为15925员。

《简章》把府厅州县的地方分厅与初级厅放在一起计算人员与经费,规定,府、州、厅、县地方分厅和初级厅中分厅监督推事1员、监督检察官1员、庭长1员、推事3员、检察官1员、初级厅推事1员、初级厅检察官1员,则每厅共需推事、检察官等法官9员,典簿、主簿、录事、书记生等书

---

① 参见《直省高等审判、检察厅经费表第二》,《法部奏定直省提法司署及审判厅划一经费简章(附表9种)》。
② 参见《府直隶州厅地方审判、检察厅经费表第六》,《法部奏定直省提法司署及审判厅划一经费简章(附表9种)》。
③ 参见《省城、商埠及繁盛各厅州县初级审判、检察厅经费表第七》,《法部奏定直省提法司署及审判厅划一经费简章(附表9种)》。

第十一章　司法人才的供需

记官 10 员。① 清末共有 1484 个厅州县，全国至少应设地方审判分厅及初级厅 1484 所，需要推事、检察官共 13356 员，书记官 14840 员，二者合计 28196 员。每个地方厅及初级厅设吏警等人员共 32 员，则全国需吏警等 47488 员。

325 所地方审判厅及初级厅，1484 所地方审判分厅及初级厅与 22 所高等审判厅共需推事、检察官 17476 员，书记官 20001 员，二者合计 37477 员，另需吏警 63919 员。

另外，京师还设有高等、地方厅各一所，初级审判厅若干，各类司法人员有百余人。

许世英在 1912 年 9 月下旬提出了司法计划的主要设想，明确规定不办乡镇初级审判厅，而于每一县设一地方法院，初级法院合设于其内。按照他的计划，全国应设法院等 2000 多所，所需法官超过 40000 人。② 许世英司法计划中的地方厅与初级厅合设与清末府厅州县的地方分厅与初级厅合设比较接近，其人员编制可能参考了清末《法部奏定直省提法司署及审判厅划一经费简章》。按照"府厅州县的地方分厅、初级厅经费合表第八"，每厅需推事、检察官等法官共 9 员，书记官 10 员。许世英的司法计划要设 2000 个法院，所需法官为 18000 人，书记官为 20000 人，二者合计 38000 人。该司法计划预计 5 年完成，每年筹设法院 1/5，即意味着每年需法官七八千人。

1914 年，司法总长梁启超去职时曾上《司法计划书十端》的条陈。梁启超在条陈中指出，中国要按照当时的法院编制法，实行四级三审制，则"略计法官人才须在万五千人以上，司法经费须在四五千万元以上"。③ 梁启超估算的法官数与许世英的估算相去甚远。如果按照清末"府厅州县的地方分厅、初级厅经费合表第八"，每厅需推事、检察官等法官共 9 员，1914 年全国 1814 县，每县设 1 所地方厅与初级厅，需法官 16326 人。由此看来，梁启

---

① 参见《府厅州县地方分厅、初级厅经费合表第八》，《法部奏定直省提法司署及审判厅划一经费简章（附表 9 种）》。
② 参见《许总长司法计划书》，《司法公报》第 1 年第 3 期，1912 年 12 月，第 1~16 页。
③ 《梁前司法总长呈大总统司法计划书十端留备采择文》，《司法公报》第 2 年第 8 期，1914 年 5 月，"杂录"，第 1~4 页。

超估计的法官数目没有包括书记官，而许世英所说法官包括了书记官在内。

1919年制定的添设厅监计划规定，第一期自1920年度起至1924年度止，在各省旧道治设40所高等分厅，在旧府治设189所地方审判厅。地方审判厅与检察厅设厅长兼庭长1人，推事3人，候补或学习推事1人，检察长1人，检察官1人，候补或学习检察官1人，共8人；合设书记官长1人，书记官5人，候补或学习书记官2人，共8人；雇员12人，承发吏3人，检验吏1人，法警与庭丁等23人，共39人。筹设189所地方厅需要推事与检察官共1512人，书记官共1512人，吏警共7371人。

高等审判分厅与检察分厅设监督推事兼庭长1人，推事3人，监督检察官1人，检察官1人，共6人；合设书记官长1人，书记官5人，候补或学习书记官2人，共8人；雇员12人，承发吏3人，法警与庭丁等21人，共36人。筹设40所高等分厅需要推事与检察官共240人；书记官共320人；吏警共1440人。40所高等分厅和189所地方审判厅需推事与检察官共1752人，书记官共1832人，吏警共8811人。

1922年，罗文幹在《法院编制改良刍议》一文中写道："吾国一千七百余县，纵实际上欲得普设之益，最少每县设地方审判厅、检察厅各一所，另设简易庭两所。以现行法院编制核算，每一县地方厅推事、检察官人数，约共十人以上。全国一千七百余县，则需一万七千余人。简易庭两所，最少法官五六人，则全国应需八千余人。"① 罗文幹估计当时普设法院需法官25000人左右。

不同的设厅方案得出不同的法官数目，最少如梁启超估计的15000以上，多可达到许世英所言逾4万。

二　法政毕业生数目

清末法制改革，强调司法人员应具备一定的法政知识。司法人员要专业

---

① 罗文幹：《法院编制改良刍议》。

化，应从学法政专业的留学生、国内大学法政专业毕业生、法政学堂毕业生以及审判研究所、法官养成所的毕业生等法政人中选拔。当时的法学教育能否为司法改革提供足够的法政人才呢？

1. 清末法政毕业生数

清末高等教育机关主要有大学堂、高等学堂和专门学堂等几类。大学堂主要有北洋大学、京师大学堂和山西大学堂等。大学堂下设政法等分科大学，相当于现在大学法律本科。高等学堂和法政（律）学堂设有相当于现在的大学法律专科，时设正科、别科等。

大学堂的法政分科大学与高等学堂三年制正科的法政科，其法政专业毕业生并不多。1910~1911 年间，北洋大学仅有法律科毕业生 9 名。山西大学堂法律科在 1911 年只有 16 名毕业生。京师大学堂法政科大学 1909 年 3 月才开学，其法律学门第一届学生共 12 名，学习期限为 4 年，直至清朝灭亡他们还不到毕业年份。该校在民国成立以前仅预科毕业一班，计 125 人；到 1915 年，法科（法律、政治、经济）有学生 299 人，毕业学生 25 人。①

大量的法政学生由法政学堂培养。1905 年、1906 年，学部两次要求，凡没有设立法政学堂的省份，应即设立；已经设立的，应酌量扩充。正是由于学部等机构的推动，从 1905 年之后掀起设立法政学堂的高潮。1908 年宪政编查馆所奏定的《切实考验外官章程》更是要求各省法政学堂统限于 3 个月内一律开办。特别是 1909 年学部奏准法政学堂也可私立后，有更多的法政学堂相继设立。

光绪三十二年十二月二十六日（1907 年 2 月 8 日）奏定的京师《法政学堂章程》规定，该学堂预科与正科学习年限共为五年，前两年习预科，后三年习正科，预科毕业后再行分门毕业，以造就完全法政通才为宗旨。该学堂还另设别科，三年毕业。别科是为造就从政之才，以应要需起见。该学堂附设讲习一科，以备吏部新分及裁缺人员入学肄业。政法理财各门，只需讲授大要，故年限从短，一年半毕业。学部奏准，北洋及各省法政学堂，均

---

① 参见教育部编《教育部行政纪要》，丙编"专门教育"，第 2~4 页。

应与京师法政学堂划一，① 因此，其他法政学堂的学制多与京师法政学堂相仿，不过也有半年、两年的。总的来看，这些法政学堂的学制为半年、一年半、二年、三年、五年不等，半年和五年的是少数。

从1907年开始，各法政学堂陆续有学生开始毕业。② 清末在1907年、1908年、1909年进行了三次全国性教育统计，其中包括法政学堂学生及毕业生数目。学部总务司根据统计资料编写了《第一次教育统计图表》（1907年）、《第二次教育统计图表》（1908年）和《第三次教育统计图表》（1909年）。这三次教育统计中的一些数据被收入朱有瓛主编的《中国近代学制史料》和潘懋元、刘海峰编的《中国近代教育史资料汇编·高等教育》。汤能松所著《探索的轨迹：中国法律教育发展史略》又引用了《中国近代学制史料》等资料。现在研究清末法学教育等方面的论著则多引用《探索的轨迹：中国法律教育发展史略》等资料。

引用上述教育统计资料时需要注意几个问题。首先，各省统计与京师是分开的。一些研究者常用各省统计数据指代全国。《第一次中国教育年鉴》是较早把京师与各省统计数据放在一个表格中进行描述的资料，③《探索的轨迹：中国法律教育发展史略》也注意到了这个问题，如汤能松根据《第三次教育统计图表》指出，1909年全国共有法政学堂47所，学生12282人。④ 该书认为1909年的法政学堂为47所，而不是46所，实际上已经把京师

---

① 参见潘懋元、刘海峰编《中国近代教育史资料汇编·高等教育》，上海教育出版社，1993，第165~166页。

② 湖南省先在仕学馆附设法政速成科，后来专选职官另设法政学堂，考选官、绅两班。由于法政学堂并无职官投考，于是选本籍绅士于1906年开学。至1907年下学期，两堂员生肄业期满，考试毕业。山西法政学堂设有官绅简易科。1908年，一学期已满，山西巡抚宝棻按照所授功课，分门考试，合旁听生共毕业144人。1909年1月6日，山西巡抚宝棻奏称，续招绅班，并由考验处咨送该省官员一班，改为讲习科一年半毕业，长期班仿照京师法政学堂别科办理。福建省法政学堂由校士、课吏两馆裁并改设，于1907年开学。该学堂从开办至1909年7月14日，讲习科官、绅两班毕业者已有170人。1911年12月，江西官立法政学堂甲班学员别科修业之期届满，举行考试，以成绩毕业者共77人。参见潘懋元、刘海峰编《中国近代教育史资料汇编·高等教育》，第165~173页。

③ 《光绪三十三年，三十四年及宣统元年专门学堂学生统计表》，《第一次中国教育年鉴》，丙编"学校教育概况"，开明书局，1934，第143~144页。

④ 汤能松：《探索的轨迹：中国法律教育发展史略》，法律出版社，1995，第135页。

第十一章 司法人才的供需

法政学堂与各省法政学堂加在一起了。其次，各年统计数据不统一。如《第二次教育统计图表》和《第三次教育统计图表》关于1905～1908年学生数有不一致之处。第三，同一年统计图表中各处数据不一致。如一些分表数据之和与总数不符等。第四，存在漏报。第一种情况是引用者疏忽造成的，后三种情况是当时统计、造报者对统计标准等的理解、执行各异而造成的。学部编制图表的标准是，"凡一省之表有甲表之数与乙表之数互有出入，未能决其孰是者，本编两存，惟于该表后附笔注明"；"各省学堂处数学生人数各表往往有学堂而无学生，有学生而无学堂，二者必有一误，本编亦不臆为订正，惟于该表后附笔注明。"[①] 对于这类有出入的数据当时主管统计、编制图表的学部也往往不能断定孰是孰非，后来的研究者要订正更是难上加难。

不过上述有出入的数据有的是可以合理解释的。《第二次教育统计图表》与《第三次教育统计图表》都有"各省各项学生人数历年比较表"，两表1905～1908年的数据是重合的，但有一些数据不一致。其主要原因是对统计标准的理解与执行各异。容易出现歧义的一个统计标准是毕业与在堂，旧有与新添。《第二次教育统计图表》是按照毕业与在堂分类。《第三次教育统计图表》有的省按照毕业与在堂分类，另外一些省则按照新旧分类。旧有的学生在该年可能毕业也可能不毕业，因此旧有不等于毕业，毕业生通常包含在旧有学生之中。江苏、云南、福建等可能存在上述情况。第二个容易出现歧义的统计标准是总数与分项。有的省毕业数加上在堂数等于学生总数，有的省仅仅其中的在堂数即为学生数；按照前一种方式统计的省份居多。第三个容易出现歧义的统计标准是法政学堂的定义。如山西有一所法政讲习所，学生为104人。该校学生数算入《第二次教育统计图表》，而《第三次教育统计图表》则没有列入。有的省份漏报了若干年数据。《第二次教育统计图表》有奉天、广西等省的学生数据，《第三次教育统计图表》漏记了该数据某些部分。制作《第二次教育统计图表》时，甘肃可能未报法政学生数，在《第三次教育统计图表》中则补充了一些之前的数据。另外如四川等省在《第二次教育统计图表》与《第三次教育统计图表》中的相关

---

① 学部总务司编《第一次教育统计图表》，1907，"例言"。

数据中存在比较小的误差。即使有的数据不能做出解释，也并不影响总体判断。因此，这些数据是可以用来作为判断清末法政学生数目和毕业生数目的重要参考，但使用时我们应该清楚其出入所在。

《第三次教育统计图表》中的"各省各项学生人数历年比较表"统计了1907～1909年各年的毕业生人数，共有法科毕业生2763人。① 由于第二次和第三次教育统计时，广东未造报"学生人数历年比较表"，所以上述数据不包括广东在内。《第二次教育统计图表》中1908年奉天法政学堂毕业了157名学员，而《第三次教育统计图表》却没有反映上述毕业生的存在，根据东三省总督徐世昌的奏折可知《第二次教育统计图表》所载是正确的。② 1908～1909年，京师法律学堂和法政学堂毕业学生有214人；1910～1911年两学堂又毕业了534人。③ 1910年前全国法政学堂的毕业生应在2977人以上（详见表11-1）。

表11-1　1907～1909年法政学堂毕业人数

单位：人

年份 人数	1907	1908	1909	
各省毕业人数	508	1352	903	合计2977人
京师毕业人数		49	165	
总　计	508	1401	1068	

资料来源：根据学部总务司编《第一次教育统计图表》、《第二次教育统计图表》与《第三次教育统计图表》等资料编制。

---

① 学部总务司编《第三次教育统计图表》，1909，"各省"，第14页。

② 奉天省的法政学堂由仕学馆暨旗员仕学馆归并设立，该馆自1905年、1906年间先后开办。1908年6月，法政学堂中甲、乙两班学员两年期满毕业，除因事辍学者不计外，毕业学员计157名。经分科会考，并参考月考、期考分数，总计平均取得最优等20名，优等100名，中等36名，下等修业员1名。参见潘懋元、刘海峰编《中国近代教育史资料汇编·高等教育》，第164～165页。

③ 京师法律学堂与法政学堂从1908年开始有学员毕业。辛亥革命前，法律学堂速成班毕业49名，法律甲、乙班毕业467名。法政学堂讲习科毕业61名，一、二级别科171名。几类毕业生相加共748名，这还不包括财政类学生。1912年5月，教育部合并法政、法律、财政三科，改名北京法政专门学校。1912年5月法政学堂一级正科法律班毕业26名，一级正科政治班毕业59名。1913年法政学堂三级别科毕业79名。1913年6月法政学堂二级正科法律班毕业65名，二级正科政治班毕业35名。1913年12月，法政学堂四级别科毕业106名。1914年6月，法政学堂三级正科毕业69名。参见朱有瓛主编《中国近代学制史料》第三辑（上），华东师范大学出版社，1990，第617～618页。

第十一章 司法人才的供需

　　1910年和1911年全国法科毕业生的统计数据尚没有找到，不过可以根据各年在校生的数据做一个大致的估算。法政学生数目三次教育统计图表主要出现在"各省专门学堂学生统计表"、"各省各项学生人数历年比较表"、"某省专门学堂学生统计表"、"某省学生人数历年比较表"等处。以《第三次教育统计图表》为例予以说明。

　　"各省专门学堂学生统计表"以省为基本单位，列有当年各省"法科"学生的数目。该表中各省法政学堂的学生总数目，1907年为5480人，1908年为9260人，1909年为11688人。这是多数学者经常引用的一组数据。"某省专门学堂学生统计表"列有一省之内各"法科"学生的数目，各项学生合计数目即为该省总数目。

　　"各省各项学生人数历年比较表"列有1905~1909年各省"法科"学生的毕业和在堂总数目。该表中，毕业学生数目1907年为508人，1908年为1352人，1909年为903人；在堂学生数目1905年为222人，1906年为982人，1907年为3863人，1908年为8025人，1909年为11366人。"某省学生人数历年比较表"列有从1905~1909年该省"法科"学生的毕业和在堂总数目，有几个省为旧有和新添学生总数目（《第二次教育统计图表》为毕业和在堂总数目）。

　　上述四表数据虽存在不少混乱之处，总的来看，各表中毕业生数目大体一致，1905年和1906年的在堂学生数目（不包括毕业学生）也比较确定。难以确定的是1907~1909年的在堂学生数目。"各省专门学堂学生统计表"仅有学生总数，"某省学生人数历年比较表"与"各省各项学生人数历年比较表"比较接近，后者对毕业与在堂区分较为清楚、准确，所以该表数据可以作为基础数据。考虑到第二次和第三次教育统计时，广东未造报"学生人数历年比较表"，所以"各省各项学生人数历年比较表"很可能不包括广东在内，而"各省专门学堂学生统计表"中却有广东的法科学生数。广东的法科学生数，1907年为804人，1908年为767人，1909年为857人。这些学生应该加入到"各省各项学生人数历年比较表"相应年份。广东法政学堂在1906年前后开办，由于这些学生没有区分毕业与在堂，暂且算作在堂。另外还需加入京师的数据，京师的在堂学生是总数减去该年毕业数。

综合考虑上述因素后,对 1905～1909 年法政学堂在堂学生数可以做出大致的推断(详见表 11-2)。

表 11-2 1905～1909 年法政学堂在堂学生人数

单位:人

年份 人数	1905	1906	1907	1908	1909
各省在堂学生数	222	982	3863	8025	11366
京师在堂学生数			286	447	429
广东省学生数			804	767	857
合 计	222	982	4953	9239	12652

资料来源:根据学部总务司编《第一次教育统计图表》、《第二次教育统计图表》与《第三次教育统计图表》等资料编制。

全国法政学堂学生数目,1907 年为 4953 人,1908 年为 9239 人,1909 年为 12652 人。1907 年学生毕业和在堂总数减去 1906 年的在堂学生,应该为 1907 年的新生,1907 年新生约 4479 人。同理,1908 年新生约 5687 人,1909 年新生约 4481 人。由于法政学堂学制多在三年以下,所以到 1910 年时,1907 年的入校新生 4479 人多数已经毕业;到 1911 年时,1908 年的入校新生 5687 人多数已经毕业。1910～1911 年大约有 10166 人毕业。加上 1907～1909 年的法政毕业生 2977 人,则 1907～1911 年共有法政毕业生 13143 人。①

除了国内的法政毕业生,还有不少留学生学习法政专业。

程燎原收集的资料显示,清末留学欧美学习法政留学生有 60 多人。②

留学日本的中国留学生远远多于留学欧美的,留日中国学生中学政法的占据了较大比例。1900 年,留日学法政科学生不过百人。1902 年,留学日

---

① 这种估算由于资料的限制,尚没有把退学等不能完成学业的人数,以及在堂学生中的两年以下学制的情况计算进去,只能算是个粗略的估计。两年以下学制的学生一方面意味着 1909 年的新生有可能在 1911 年毕业,它将导致毕业总人数超过 13143 人;另一方面 1907～1909 年的新生有一部分可能在 1907～1909 年毕业,他们又存在被重复计算一次的可能,毕业总人数可能不足 13143 人。另外不能完成学业的人数有可能导致毕业总人数减少。这种增减又一定程度修正了估算的误差。
② 参见程燎原《清末法政人的世界》,法律出版社,2003,第 27～36 页。

本的学生共 608 人，学法政及其相关专业者占了一半。1903 年从京师大学堂选派 31 人留学日本，其中至少 15 人学法政。1905 年留日学法政科的学生为 406 人。1906 年留学日本的中国学生总数达一万二三千人。1906 年 6 月 19 日至 9 月 17 日，赴日留学生 6880 人，其中学法政科的超过 2000 人。由此看来，清末留学日本学法政的学生超过 3000 人。这些留日本学生主要在日本法政大学尤其是法政速成科学习。黄福庆在《清末留日学生》中统计，至 1908 年 4 月，在法政大学毕业的中国留学生共计 1145 人。另外也有不少中国留学生在早稻田大学法政科等处学习。①

1905 年，清政府对留学生举行了毕业考试，对于及第者，同时授予科名与官职。之后，对及第者仅授予科名。法政科留学毕业生考试及第情况如下：1905 年 7 人及第，1906 年 14 人及第，1907 年 12 人及第，1908 年 67 人及第，1909 年 171 人及第，1910 年 285 人及第，1911 年 307 人及第。② 以上 7 次考试共有 863 人及第，其中 1905~1910 年共 556 人及第。

1908 年，清政府开始对法政科留学毕业生进行廷试，并授予官职。凡外国高等以上各学堂之毕业生，经学部考试合格者赏给进士、举人出身后，于次年在保和殿举行廷试一次。凡考得一等、二等和三等者，为廷试及第者。对这些及第者，结合其学部考试成绩，授予相应的官职。1908~1911 年清政府共举办 4 届留学毕业生廷试，法政科及第者 485 名。③

清末，大学堂政法分科大学毕业学生约 25 名，国内法政学堂毕业的学生约 13143 人，留学生回国考试及第的 863 人，二者合计 14031 人。

除了大学堂法政科大学、法政学堂、出洋留学法政等法政教育形式，还有警察（巡警）学堂、自治研究社、课吏馆、法政讲习所、律学馆、学治馆法政班、司法研究所、审判研究所、法官养成所等也培养了部分法政人才。后者多未被纳入法科教育统计，其数目亦不详。

---

① 参见程燎原《清末法政人的世界》，第 61 页。
② 学部总务司编《第二次教育统计图表》，"学部"，第 11 页；《第三次教育统计图表》，"学部"，第 13 页；程燎原：《清末法政人的世界》，第 132~139 页。
③ 程燎原：《清末法政人的世界》，第 142 页。

2. 北洋时期法政毕业生数目

清学部办理了3次全国教育统计,民国成立后继续办理。教育部于1914年8月拟具了教育统计的规则及表式,并进行了教育统计。以1912年8月至1913年7月为第1次,1913年8月至1914年7月为第2次,两次图表同时绘制,1915年12月制成。① 第3次统计图表于1917年4月制成,至1918年7月编制第4次统计。② 南京国民政府成立后,编写的《第一次中国教育年鉴》也涉及北洋时期历年法政学生数目等。依据上述资料制作表11-3。

表11-3　1912~1916年法科学生及毕业生人数

单位:人

年份	法政专门学校				大学校		
	在校学生数	毕业人数	辍学人数	死亡人数	本科学生数	毕业人数	辍学人数
1912	30808	5090	2365		81	25	20
1913	27848	5326	3319	83	1059	24	172
1914	23007	6630	3553		358		61
1915	15405	6695	1560		419	12	48
1916	8803	3634	1086		638	210	98
合计		27375	11883	83		271	399

资料来源:根据教育部编《教育部行政纪要》《教育部公布第三四次全国学务及五六次部分学务统计总表》和《第一次中国教育年鉴》(1934年)等资料编制。由于政治分立等因素,一些省可能在某些年份没向教育部上报有关数据,实际的毕业生人数应该略多于表中数据。

1912~1916年法政专门学校的毕业生为27375人,大学校的本科毕业生为271人,两项相加为27646人。

尚未发现有关1917~1927年法政毕业生人数的统计资料。1912年10月29日教育部公布的《法政专门学校规程》规定,法政专门学校的修业年限,本科3年,预科1年,③ 合计为4年。1913年的新生,1917年应该毕

---

① 教育部编《教育部行政纪要》,甲编"总务",第16页。
② 《教育部公布第三四次全国学务及五六次部分学务统计总表(1917年4月~1918年7月)》,《民国档案史料汇编》第三辑(教育),第915页。
③ 朱有瓛主编《中国近代学制史料》第三辑(上),第611~613页。

业。1914年的新生1918年应该毕业。1912~1913年规定大学修学年限预科与本科合起来为6年或7年，1917年改订为本科4年、预科2年，合起来共6年。1912年的新生，到1918年前后应该毕业。1917~1918年法政专门学校与大学校本科的毕业生合计有数千人毕业。这批毕业生加上1912~1916年法政专门学校与大学校本科的毕业生27646人，1912~1918年，国内毕业的法政专业学生数达到3万人左右。如果再加上清末法政毕业生1万多人，到1918年法政毕业生将超过4万人。

巴黎和会期间，中国政府制定的添设厅监计划第二期自1925年度起至1940年度止，故需考察1928年后法政毕业生数。1948年教育年鉴编纂委员会编纂出版了《第二次中国教育年鉴》，据该年鉴统计，1928~1947年每年的法科毕业生都有一千多至数千人，20年间共毕业了5万余人。其中1928~1940年毕业了2.7万余人。

表11-4　1928~1947年法科学生及毕业生人数

单位：人

年份	1928	1929	1930	1931	1932	1933	1934	1935
在校学生数	9466	11434	15898	16487	14523	12913	11029	8794
毕业人数	1420	1681	1898	2560	2713	3175	3478	2596
年份	1936	1937	1938	1939	1940	1941	1942	1943
在校学生数	8253	7125	7024	8777	11172	12085	12598	15377
毕业人数	2667	1059	1182	1312	1685	1831	1913	2511
年份	1944	1945	1946	1947	合计50782人			
在校学生数	15990	17774	28276	37780				
毕业人数	2579	3403	4769	6350				

资料来源：教育年鉴编纂委员会编《第二次中国教育年鉴》，商务印书馆，1948，"第五编高等教育"，第37~40页。

三　所需司法人员与法政毕业生的供需矛盾

清末和北洋时期，国内外法政毕业生共有数万人，其是否能满足筹设法院所需司法人才？

法政毕业生并非专门为审判事务而培养，他们的职业取向也非仅仅是成为法官、检察官、律师等"法律人"。清末进入宪政编查馆、内阁法制院、宪政筹备处、修订法律馆、行政部门、司法行政部门、地方自治机关成为法律起草人、官吏、议员的大有人在，还有不少人充当了法政科教员和法政学堂的管理者。据《清末法政人的世界》一书所载资料可知，进入上述机关的法政毕业生少则七八百人。除去这七八百人，剩下的法政毕业生是否足以满足筹建审判机关所需呢？

按照9年预备立宪的计划，各省省城及商埠等处各级审判厅在1910年一律成立。据"清法部奏颁直省省城、商埠各级厅厅数员额表"载，当时所设初级审判、检察厅中多数为推事和检察官各1员，另有录事3人。① 当时已设的88所初级审判厅中，有推事114员，录事176员，初级检察官88员，录事88员。推事与检察官合计202员，录事合计264员。各省地方审判厅共56厅，推事378员，检察官122员，典簿、主簿、录事等671员。清末高等审判厅的推事、检察官共236员，书记官264员。② 初级、地方、高等审判厅中推事、检察官共938员，书记官1199人，合计共2137人。从数量上看，到1910年海内外法政毕业生人数有七八千人，还是多于推事、检察官、书记官员额的。从法官考试的结果看，宣统二年的法官考试录取不过800余人，实际上是不敷筹设省城及商埠等处各级审判厅所需。这也说明，当时审判厅中有一部分法官不是经由法官考试录取而任用的。

无论是9年预备立宪的计划还是"修正宪政逐年筹备事宜清单"，1911年都得筹建府厅州县城治各级审判厅。325所地方审判厅及初级厅，1484所地方审判分厅及初级厅与22所高等审判厅共需推事、检察官、书记官约37477员。即使所有的毕业生都进入审判机关，即使他们都不经过法官考试就可以当法官，其总数也不到15000人，比所需推事、检察官少，更不要说担任书记官了。人才缺乏的压力巨大。即使能够建立起各级审判厅，其中的

---

① 汪庆祺编、李启成点校《各省审判厅判牍》，北京大学出版社，2007，第442~448页。
② 《直省高等审判检察厅员额表》，《吉林司法官报》第2期，1911年，"附刊"。

第十一章 司法人才的供需

司法人员绝大多数不会全是法政毕业生。

许世英的司法计划预计在 1918 年完成，需要法官 4 万多人。当时的法政毕业生在数量上与许世英司法计划所需法官数量大体相当。很显然，法政毕业生不会全部选择到法院工作，司法部门也不会接纳所有法政毕业生，法政毕业生数量仍不能满足筹设法院所需。即便许世英的司法计划不流产，司法人才不足仍是执行该计划的一个重要障碍。

1920~1924 年，司法部执行添设厅监第一期计划，在各省旧道治设高等分厅和在旧府治设地方审判厅需要推事与检察官共 1752 人，书记官共 1832 人。经过清末民初十几年的积累，此时法政教育培养的毕业生已经超过了 4 万人。司法人才的压力已经不如之前那么大了，实施第二期计划的时候司法人才方面的压力当更小。从司法人才数量看，它不应该成为拖延、搁置添设厅监计划的原因。

各县所设法院非常少，法政毕业生进入法院的渠道并不畅通。各县的司法终归需要专门人员来办理。法政毕业生在数量上能否满足各县的需要呢？

1913 年，《各县帮审员办事暂行章程》规定，各县因诉讼事务的繁简，置帮审员 1~3 人，书记员 1~3 人。1913 年，全国有 1803 县，每县设一个审检所，全国需要的帮审员为 1803~5409 人，也需与帮审员数目相同的书记员。设立审检所时，很多县都设帮审员 1 名。1912~1913 年毕业的法政专业学生达 10465 人，加上清末毕业的就更多了。从数目上看，法政毕业生要多于所需帮审员数目。之后还有法政专业的学生源源不断地毕业。因人才不足而裁撤审检所的说法是站不住脚的。

1914 年，《县知事兼理司法事务暂行条例》规定，各县设承审员，但最多不得逾 3 人。所需承审员的数目与审检所制度下帮审员的数目相近。1917 年，县司法公署制度下设专门的审判官与县知事共同负责司法事务，司法人员配备与审检所和县知事兼理司法制度下相当。法政毕业生的人数可以满足县知事兼理司法事务制度下设承审员的需要，也非困扰县司法公署制度推行的主要因素。

当然司法人才并不仅仅是个数量的问题，还牵涉到司法人才的素质，即有多少人可以被选拔充当司法人员。法政毕业生的择业去向难以精确地分析，对司法部门接纳法政毕业生却是可以进一步考察。

北洋时期，共进行了 6 次司法官甄拔考试。1914 年录取 171 人，1916 年录取 38 人，1918 年录取 143 人，1919 年录取 189 人，1921 年录取 113 人，1926 年录取 135 人，① 共录取 789 人。为什么十几年内才录取区区数百人充当法官呢？难道是司法部门没有吸引力，法政毕业生等不愿意做法官？1922 年，罗文幹撰文指出："近年司法官考试，平均每千人只考取一二百人。司法讲习所，自民国三年开办，为养成司法官而设，然七年于兹，由毕业选充法官者，不过四五百人。以是推之，则司法人才，何时而后方能敷用？"② 从报考人数与录取比例看，报考者还是大有人在的。

不是每个法政专业毕业的人都适合当法官，但从法政毕业生中选拔的法官大体还是比其他人多掌握一些法政方面的专门知识。调节法官考试的标准，选拔数量相当的法官还是存在可能性的。而且，即使降低录取标准，更多地录取报考者，他们进入司法机关后通过职业培训，也可以提高素质。之所以录取人数这么少，在 1914 年初的第一次法官甄试录取时便已经端倪初现。一位司法界人士针对这次司法试考取人之少发表谈话称，梁启超的司法计划拟将各省审检两厅分别归并停办，司法机关既少，司法人员当然无须过多。司法甄拔委员会见风使帆，录取司法人员便持极端的严格主义。③ 这次司法官甄拔考试，于"千百人中录取百七十一人"。④ 1914 年裁并地方、初级审判厅之后，初级审判厅不再继续筹办，地方审判厅恢复重建和新建的也不多，审判厅少，所需法官自然不多，需求少决定了录取人数不能多，提高录取难度势所必然。录取人数少，录取比例低，进而也会影响到报考者的积极性。

对筹设法院而言，民初的法政人才是不足的。随着普设法院计划受阻，

---

① 汤能松：《探索的轨迹：中国法律教育发展史略》，第 221 页。
② 罗文幹：《法院编制改良刍议》。
③ 《法官甄试后之司法思潮》，《申报》1914 年 3 月 12 日，第 6 版。
④ 《关于法官任免奖惩事项》，《司法公报》第 34 期，1915 年，第 3 页。

司法官甄拔考试录取人数又少，以致大量法政毕业生的出路也成了一个社会问题。

小　结

　　清末开始司法改革，建立新式审判机关，之后20来年的时间里，新式司法人才在数量上的缺乏主要是清末民初。1908年筹备立宪决定在全国筹设新式审判机关，1908年前法政学生毕业者甚少，难以满足设厅需要。到1910年筹设省城与商埠审判厅时，法政毕业生在数量上已经积累了不少，超过了所需推事、检察官的数量，但法官考试录取的数量仍很少。无论是9年预备立宪的计划，还是修正后的筹备立宪计划，1911年都应筹建府厅州县城治各级审判厅，此时法政毕业生连数量都是严重不足的，无论如何都不够满足筹设审判厅所需。仅就司法人才而言，如果不对筹建府厅州县城治各级审判厅计划做出修改而强行推行该计划，结果只能由大量的非法政人才担任法官，新式法院的外壳下充斥的却是法律知识缺乏的法律人，改革的目的实现了吗？不过，随着辛亥革命的爆发，预备立宪中断，筹建府厅州县城治各级审判厅计划失败的命运被掩盖。同样被掩盖的还有新政的其他诸多举措。迄今，人们仍很少去反思这些被掩盖的历史。

　　许世英的司法计划从1914年开始筹设法院，该年要设全国法院的1/5，需法官约七八千人，1912～1914年法政毕业生即有1.7万余人，清末还有不少法政毕业生，法政毕业生多于所需法官数。到1918年完成法院筹设，需要法官4万多人。当时的法政毕业生在数量上与许世英司法计划所需法官数量大体相当。诚然，许世英推行司法计划仍会遇到司法人才缺乏的问题，但因司法人才不足而完全搁置许世英司法计划，其理由并不充分。

　　1919年，司法部与财政部提出"添设厅监分年筹备"的司法改革计划时，法政毕业生在数量上已经多于筹设法院所需法官数。因法政毕业生自身的素质以及择业去向多样化，司法人才缺乏问题还是存在，但已经不是阻碍实施该计划的最主要因素。

　　审检所、县知事兼理司法、司法公署制度下，法政毕业生数量大体都能满足司法人员的需要。在此种制度下，还声称存在司法人才缺乏，要检讨的就不是法政毕业生数目够不够多的问题了，而是为什么不愿意、为什么不能够选拔法政毕业成为司法人员的问题。

第三编　诉讼之量化分析

　　司法制度运作的目的在于处理诉讼，为适应诉讼状况，司法制度往往会做出调整，所以诉讼状况也对司法制度的变迁产生种种影响。那么，北洋时期有哪些诉讼类别？诉讼的规模有多大？其结案率、结案方式是怎样的？上诉的规模与结果又如何？本编通过对诉讼的量化分析，评估司法制度运作的结果，从诉讼需求层面讨论制度变迁的动因。

第十二章
基层诉讼的规模、效率及结案方式

北洋时期基层诉讼的规模与效率正是理解当时司法建设状况及司法改革动因的关键所在。如果诉讼的规模大，而县知事职责日益增多，处理诉讼的效率低下，无力审结大规模的诉讼，便需要筹设法院，从而近代法制改革具备了内在动力；如果县知事处理诉讼的效率与诉讼的规模相适应，则筹设法院不是刚性需求，遇有经费、人才等困难，就有可能停止普设法院，甚至裁并法院，近代法制改革的推动力很可能不足。

中外学者过去多认为"无讼"是中国社会的传统，随着学者不断发掘、利用诸如四川巴县等地基层诉讼档案进行学术研究，中国传统社会诉讼不多的陈说似乎被"颠覆"，夫马进、黄宗智等学者重新审视了中国诉讼状况，甚至转而还把中国社会与"健讼"联系在一起了。中国传统社会的诉讼状况是否已经清晰，近代中国开始法制改革之后的诉讼状况到底如何？北洋时期基层诉讼规模显示的是"无讼"、"健讼"，抑或其他特征？面对如许规模的案件，司法机关的结案率又如何？

学界基于中国社会诉讼的特征提出了众多的论题，大部分论题把"无讼"或是"健讼"作为其论证的前提和起点，不过多不检视该前提是否已经足够准确而无需论证。断定中国社会为"无讼"抑或"健讼"最基本的证据是诉讼案件数量的多寡。由于资料残缺等因素，弄清楚中国古代社会诉讼案件数量绝非易事，根据只言片语断定诉讼案件数量多寡并推论中国社会为"无讼"抑或"健讼"，这很可能得出轻率的结论。更有甚者以此为基础进一步探究中国"无讼"抑或"健讼"的根源，阐述其影响等，这往往在无的放矢。只有少数学者从检讨诉讼规模出发分析相关论题。

20世纪90年代,夫马进利用官箴书等资料说明中国社会存在"健讼"之风,讼师就是在这样的社会中成长起来的。① 在2011年出版的《中国诉讼社会史研究》中,他通过巴县档案分析了诉讼案件数量,并以此作为诉讼社会存在的有力证据。近20年来,夫马进不断发掘新资料,对中国社会的诉讼规模做出了有益的探索。黄宗智除了参考夫马进提到的某些资料外,还利用宝坻县1833~1881年的《词讼案件簿》和1927年顺义县的《民事案件月报表》,推进了对县衙门诉讼规模的估计。他也认为清代一定程度上具有健讼性,并进而指出,官方法律在绝大多数人的一生中扮演着十分重要的角色,本分的农民并不害怕依靠衙门解决纠纷,保护自身权利。② 俞江对清末奉天等地受理案件进行了简单估计,也增进了对州县诉讼规模的理解。③

夫马进等学者重点研究了清代基层诉讼的规模,学界对民国,尤其是对北洋时期基层诉讼规模的研究还相当薄弱,仅有付海晏等学者对1929~1949年鄂东民事诉讼概况进行了分析,④ 该领域至今仍有巨大的研究空间。

学界对清代及陕甘宁边区时期基层诉讼中的审断问题已经展开了研究,取得不少成果。滋贺秀三与黄宗智围绕中国传统司法的性质展开了针锋相对的争论,他们争论的焦点之一为中国基层司法是否依律判案,里赞等也对晚清州县诉讼中的审断进行了研究。⑤ 胡永恒则对陕甘宁边区司法是否依律办案进行了研究。⑥ 对北洋时期基层司法的个案研究尚未见

---

① 参见夫马进《明清时代的讼师与诉讼制度》,滋贺秀三等著,王亚新、梁治平编《明清时期的民事审判与民间契约》,第391~395页。
② 参见黄宗智《清代的法律、社会与文化:民法的表达与实践》,第162~172页。
③ 参见俞江《近代中国的法律与学术》,第263~264页。
④ 付海晏:《变动社会中的法律秩序——1929~1949年鄂东民事诉讼案例研究》。
⑤ 对上述交锋的介绍甚多,最近对州县审断问题研究状况较为详细的评述参见里赞《晚清州县诉讼中的审断问题:侧重四川南部县的实践》。滋贺秀三等人的观点可参见滋贺秀三等著,王亚新、梁治平编《明清时期的民事审判与民间契约》。黄宗智的研究成果参见黄宗智《清代的法律、社会与文化:民法的表达与实践》。
⑥ 胡永恒:《陕甘宁边区民事审判中对六法全书的援用——基于边区高等法院档案的考察》,《近代史研究》2012年第1期,第63~78页。

第十二章　基层诉讼的规模、效率及结案方式

及有分量的成果。已有评论文章从不同角度对黄宗智与滋贺秀三等人所用材料、所持立场与观点进行了解说，但对其立论基础仍缺乏应有的深入反思。

要准确研究诉讼的规模与效率，必须知道一个时段里完整的受理案件数、已结案件数等。北洋时期顺义县的相关档案、山西和浙江等省的司法统计和全国性的"民、刑统计年报"为比较准确地研究基层诉讼的规模与效率提供了资料基础。本章即利用上述资料分析北洋时期基层诉讼的规模与效率，以及结案方式，并以此为基础探讨中国近代基层诉讼的状况及法制转型的动因。

一　清代基层诉讼规模的推算与评估

北洋时期基层诉讼规模本身就能反映当时的诉讼状况，不过将其放入长时段进行考察，以清代的诉讼规模作为参照，更能凸显其特征。清代诉讼规模到底达到了什么程度呢？

夫马进和黄宗智等学者根据清代的张我观、蓝鼎元、汪辉祖、梁章钜、阮本焱、钱祥保、樊增祥等当事人对清代州县收受词状等情况进行的记述，以及对巴县等处档案中诉讼案件的记录，推算了清代州县诉讼的规模。①

夫马进对中国社会诉讼规模的研究就资料而言可以分为两个阶段。20世纪90年代的文章中，他主要根据官箴书和地方官的私人记载推算了一些地方的诉讼规模。他根据康熙末曾任浙江省会稽县知县的张我观所提供材料推算：每天收受100多份呈词（夫马进把一百数十余纸理解为150份），假定三八放告，八月一日到次年三月末的8个月为告期，每次收受150份，一

---

① 夫马进的估计参见滋贺秀三等著，王亚新、梁治平编《明清时期的民事审判与民间契约》，第391~395页。黄宗智的估计参见《清代的法律、社会与文化：民法的表达与实践》，第162~172页。为了便于核实他们的估计，以下讨论注明其所引材料。

个月收900份，8个月共收7200份。① 夫马进又根据乾隆五十二年任湖南省宁远县知县的汪辉祖所提供资料进行了估算：每天收受200份词状，三八收受，则一年间约收9600多份；② 每天应准新案总不过10件，则48天告期，至少涉及原告和被告各480人，共960人；③ 宁远县约23366户，每年约有千人参与诉讼。他认为这只是实际数目的一部分，实际上远比这一数字多得多。

在2011年出版的《中国诉讼社会史研究》中，夫马进对同治时期巴县档案进行了卓有成效的考证。他指出，巴县平均每年新提起的诉讼案件数为1000~1400件；每年大约每40户或60户中有一户提起新的诉讼。

黄宗智认为蓝鼎元的记载与实情相去甚远：一天收1500件词状，每三日一放告，一个月放告当有9次，则每月收词状13500件，一年108000件；④ 即使新官司与所收词状的比率为一比二十多，每年也有5400个案子，这仍嫌夸张。

相较之下，黄宗智认为汪辉祖所提供的一些资料较为可信。他还利用清代后期的梁章钜、⑤ 阮本焱、⑥ 钱祥保等人提供的资料推算了诉讼规模。光绪年间在河南当县令的钱祥保在夏天到任，半年一共讯结130起自理词讼，其中一半是前任积案。全年8个月告期，后半年有5个月，黄宗智把130件

---

① "本县于每日收受词状一百数十纸，即焚膏批阅，其间或有片纸率书，字迹潦草，或叙述情节语句支离，或有田地婚姻一无凭据，或有原被证佐并不列名，或架重大之情而诳听，或摭琐屑之事而渎呈，或一事而进数十之续词，或一词而赘无干之节略，或翻旧案而捏造新题，或代旁人而称为切己，大都影响不少虚词，究之实迹，真情十无一二。"参见张我观《覆瓮集》刑名卷1，"颁设状式等事"（康熙五十九年三月份），第3页。另，一纸通常指的一份状纸。

② "三八收辞，日不下二百余纸。"参见汪辉祖《病榻梦痕录》卷下，第9页。

③ "邑虽健讼，初到时词多，然应准新词每日总不过十纸，余皆悉词催词而已。"参见汪辉祖《学治说赘》，第3页。

④ "每三日一放告，收词状一二千楮，即当极少之日，亦一千二三百楮以上。"参见蓝鼎元《五营兵食》，《鹿洲公案》卷上，雍正己酉年，第10页。

⑤ "讼牒虽多，每日所进，能过百纸乎？百纸中其待理者能过十事乎？每日记十事，未为难也。次日再受百纸，大半覆词，其应记者又减十而五矣。"（清）梁章钜：《退庵随笔》卷5《官常二》，第5页。

⑥ "词讼甚繁，除拦舆报词不计外，三八期呈，每期约六七十纸，京控上控之多，甲于淮属。"阮本焱《覆两江曾宫保爵帅查询地方事宜禀》，《求牧刍言》卷3，第9页。

第十二章　基层诉讼的规模、效率及结案方式

当作全年总数的 5/8，从而推算出一年大约有 200 个案子。① 由此，每年新受理的民事案件在 200～500 件的范围，而词状总数可能 10 倍于此。黄宗智统计了《樊山政书》中陕西各县衙门每月审结细事案件数目，平均每月为 5 件。他又根据樊增祥所称"讼案按月册报者不过十之三四"，而推算大多数县实际处理案件应为每月 15 件或每年 180 件。

黄宗智所引用的宝坻《词讼案件簿》显示，平均每年处理的民事诉讼不足 9 件，所有案件之和也不足 39 件。他再次引用樊增祥的看法"讼案按月册报者不过十之三四"，估计宝坻县处理的民事案件实际数，应是上报数的 3～4 倍，即一年 50 件左右。

黄宗智的结论是，清代后半期，县衙门每年处理 50～500 个民事案子，很多县可能每年在 100～200 件，平均每年有 150 件左右。

关于清代诉讼规模，黄宗智等人的推算也存在不少值得商榷之处。

首先，民事案件数与案件总数混淆不清。清末司法改革之前的诉讼是不分民刑的，除非知道具体案情，否则很难把清代诉讼与民事或刑事案件对应。黄宗智所引张我观、蓝鼎元、汪辉祖、梁章钜、阮本焱、钱祥保等人记述的诉讼资料就难以区分出民刑，《樊山政书》中陕西各县衙门每月审结细事案件也不能全部归入今天意义上的民事案件。我以为，黄宗智引用的案件数据全部归入民事案件是不准确的，不少案件包括了今天意义上的民事和刑事，把它们当作县衙门处理案件的总数更合理。

其次，黄宗智的一些具体计算方式也值得商榷。比如，他分析汪辉祖、钱祥保等人提供的资料后指出，每年新受理的民事案件在 200～500 件的范围。这个 200 件很可能从是钱祥保的记述而来，500 件则可能从汪

---

① "卑县民情刁诈，词讼繁多，平时告期呈称每次不下一百三四十张，而上控之案亦复络绎不绝……卑职于去夏到任后每遇三八放告，当堂收呈，亲核准驳，立予批示。控涉虚诬者，严究主唆，扣留撤讯；讼棍则照例拟办；书差则尽法惩创……半载以来，业将前任积案次第清结过半，近届程期，新旧呈状，每次不过四五十张，较之往昔竟已大减。所有讯结上控自理各案除上控情节较重者已专案另禀请销，自理已按月归入八项月报报过者不计外，其余未禀未报之案截止年底计共讯结一百三十起，其中半属前任旧案。"钱祥保《讯结上控自理各案除专案禀报不计外，现又拟结一百三十起，摘叙节略汇请核示禀》，《谤书》卷 4，第 14 页。

— 285 —

辉祖的记述而来。钱祥保处理的案件一半是前任积案，另一半为下半年自己新收。如果讯结新收约65件占全年总数的5/8，则全年讯结新受理的案子就少了一半，变成了100件左右，而不是200件。黄宗智在此没有区分清楚，到底是估算新收案件数还是县衙门处理的总案件数，抑或讯结案件数。由钱祥保的记述简单地理解为年新收案件200件则是不准确的。

再如黄宗智根据樊增祥所称"讼案按月册报者不过十之三四"推测了陕西和宝坻县处理的民事案件实际数。估算陕西情况时"十之三四"理解为35%，所报数的3倍即应达到实际数；估算宝坻县案件时对"十之三四"理解略有不同，他认为宝坻实际数应是上报数的3~4倍。即便按照4倍算，平均每年8.7件的4倍也是35件左右，而不是50件左右。按照3倍算，才26件左右。黄宗智所称县衙门每年处理50~500个民事案子，这50个民事案件大约是根据他对宝坻县实际处理民事案件的估计。问题还不仅仅在于计算标准不统一，一个按3倍算，一个按4倍算；还在于对"讼案按月册报者不过十之三四"的理解可能有误。黄宗智理解为一些州县从所有讼案中选取了其中的"十之三四"上报；樊增祥的原意可能是指按时上报的州县不过"十之三四"。樊增祥批示原文为："通计各属，讼案按月册报者不过十之三四，其余非害灾即脱滑。昔人谓丈夫见客大踏步就出去，女子便有许多做作。凡不造月报册者是自谓不成丈夫也。"① 很明显，这里主要讨论各州县是否"造"月报册，是否"按月"上报，而不是讲月报册中案件数目多报少报方面的事。

那么，该如何看待清代的诉讼规模呢？

有一些关于诉讼案件数的记载可能夸大其词。如蓝鼎元所记每日收词状一两千份是天文数字，难以从中估计一个可信的新收案件数目；关于乾隆年间湖南各州县每次收呈词超过千份，也同样难以令人置信。

也有一些记载比较模糊。状纸数通常并不等同于案件数，一个案件对应10份状纸，还是20份状纸，抑或其他数目的状纸，各个时期各个地方可能

---

① 樊增祥：《樊山政书》卷13之《批城固县易令词讼册》，《官箴书集成》第10册，黄山书社，1997，第277页。

第十二章　基层诉讼的规模、效率及结案方式

都不太一样。根据状纸数推算案件数是不得已的办法，只能了解其大概情形。在告期，张我观每天收受 100 多份呈词；阮本焱每期收六七十份状纸；钱祥保每次所收从上任初期一百三四十张降到后来的四五十张；梁章钜甚至怀疑一天能收呈词 100 份。汪辉祖每天收 200 份词状，高于张我观、阮本焱、钱祥保和梁章钜等人提供的数据。汪辉祖每日所准新词不过 10 件，数目仍然不少，但一年准理新案四五百件毕竟也是可能的。

《樊山政书》中月报册所反映的是陕西各县每月案件数，黄宗智估计每月为 5 件。樊增祥指出，"各属月报册大抵三两案居多，本司是过来人，岂不知某州某县每月当有若干案，其少报者盖亦有故……其向不造月报册及隔数月始报两三案者，本司必有以报之"。① 樊增祥作为过来人对少报情形是心知肚明的。不过到底少报了多少，我们却不得而知。

关于一个县年收新案件数，目前为止仅有夫马进根据巴县档案和黄宗智根据宝坻县档案中《词讼案件簿》研究得出的数据比较准确。

总之，对清代各州县诉讼规模的研究基本处于推测、估算状况。如果将上述数据进行排列，则可以看到：宝坻县平均每年受理各类案件总数约 39 件，平均每月 3 件左右，这其实与《樊山政书》所记载的情况非常接近，宝坻《词讼案件簿》与《樊山政书》所反映的案件数都相当低；在河南做县令时钱祥保在 5 个月的告期共讯结自己新收的案件 65 件，则一年 8 个月告期内讯结新案 100 件左右，讯结案件通常少于所收新案，故该县年新收案件数可能还多于 100 件；汪辉祖任宁远县令时一年所准新案约 480 件；巴县平均每年新提起的诉讼案件数为 1000~1400 件。

各县每年所收新案从几十件至一千多件不等，把几个跨越时空的州县诉讼规模排列在一起很难确定多数州县一年新收案件是不足百件，还是有一百多件；是五百来件，还是一千多件？若从巴县诉讼案件数看，中国社会似乎比较"健讼"；若从宝坻《词讼案件簿》与《樊山政书》所反映的案件数看，当时根本不存在什么"健讼"；若从湖南诉讼情形看，中国既不是"无

---

① 樊增祥：《樊山政书》卷 12 之《批石泉县词讼册》，《官箴书集成》第 10 册，第 259~260 页。

讼"的社会，离"健讼"也有一定差距。到底哪种诉讼规模最能反映中国多数县的主体特征，我们仍不得而知。

巴县和宝坻县等在 19 世纪后期的诉讼规模已经能较为准确地知晓，但全国多数州县诉讼规模至今仍难以清晰再现。要比较清晰准确地勾勒出历史上基层诉讼的规模，恐怕还是需要从重建史实入手。

二　北洋时期基层诉讼的规模

北洋时期留存的诉讼统计资料较之清代大为丰富。司法部的民事、刑事统计年报记载了 1914~1923 年全国地方厅新收第一审案件数据，而北洋时期顺义县、山西和浙江等省的诉讼统计资料还记载了未设法院各县所收案件的情况，这为我们清晰再现当时诉讼规模提供了条件。司法机关处理案件包括旧受与新收两部分，在此通过新收案件探讨该地新发生案件的规模。

第一，顺义县的诉讼规模。

通常以年或月来统计所收案件的数目。1923 年 3 月至 1928 年顺义县新收案件有三年在 136~157 件之间，有两年分别为 212 件、244 件，另有一年为 318 件。在这 70 个月里，顺义县司法机关新收的诉讼案件有 1222 件，其中刑事 443 件，民事 779 件；平均每年约 209 件，平均每月新收诉讼案件约 17 件，其中包括刑事约 6 件，民事约 11 件。

顺义县档案中有 1925~1927 年间比较详细的"诉讼月报表"，它显示，36 个月里月收新案 10 件以下的有 14 个月，10~20 件的有 16 个月，即有 30 个月新收案件都在 20 件以下（含 20 件），也就是说绝大多数月份新收案件在 20 件以下。

每年或者每月新收案件数目本身就反映了该县的诉讼规模，如果将新收案件数目与该县户口、人口相比较则能更准确地描述出其诉讼规模。

1916 年，京兆筹备自治，顺义县添城治为一区，合旧有 10 路，共为 11 区。1928 年，重划新区，有 1 城、4 镇、8 区、276 村。据 1931 年调查，顺

第十二章 基层诉讼的规模、效率及结案方式

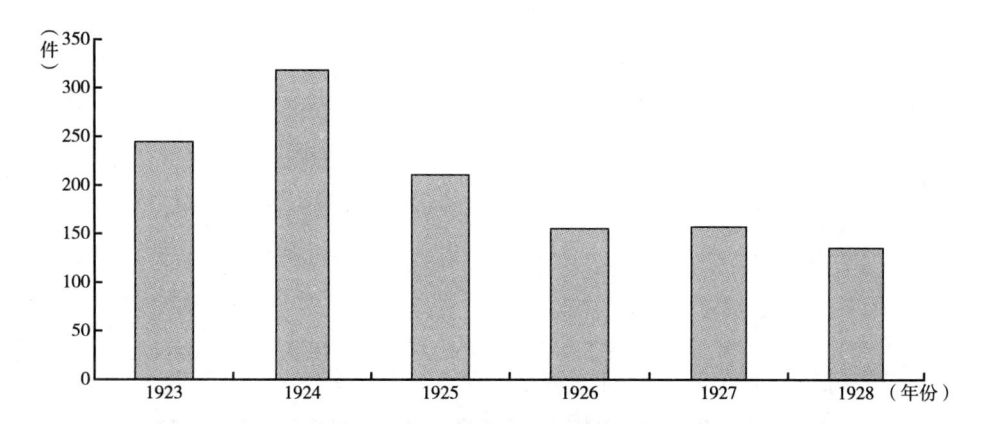

图 12 - 1　1923~1927 年顺义县年新收民刑事诉讼案件数

数据来源：根据表 12 - 1 "新收" 栏相关数据制作。

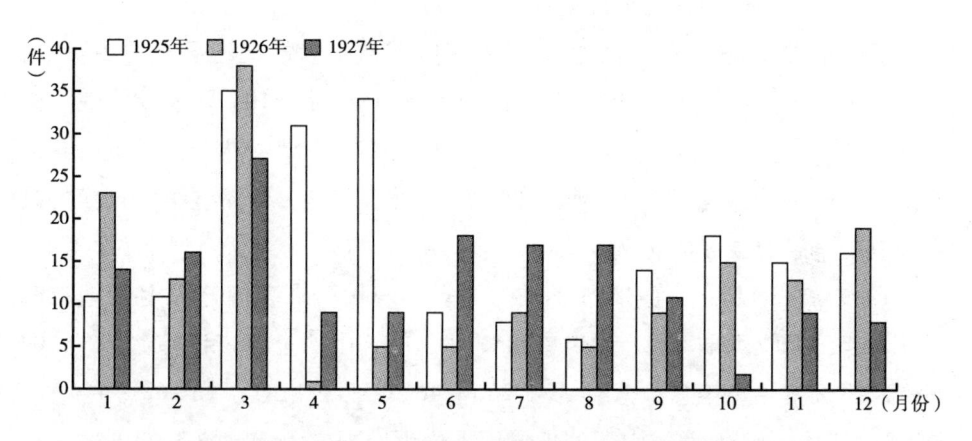

图 12 - 2　1925~1927 年顺义县月新收民刑事诉讼案件数

数据来源：根据表 12 - 2 "新收" 栏相关数据制作。

义县共 31170 户，165521 人。① 顺义每月平均新收案件 17 件，则约 16 村、1834 户、9737 人中每月会有 1 个案件。平均每年约 209 件，则每万户每年发生的案件约 67 件，平均每 149 户每年发生 1 件案件（顺义县诉讼规模的数据详见表 12 - 1、表 12 - 2、表 12 - 3）。

---

① （民国）《顺义县志》，北京图书馆出版社，1998，第 107 页。这段时间顺义县人口没有发生剧烈变化，故此数据可以作为估计前几年诉讼规模的参考。

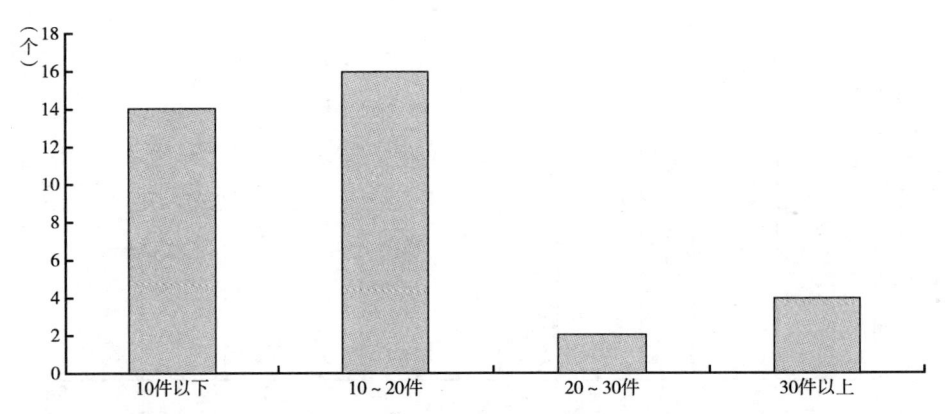

图 12－3　1925～1927 年顺义县新收民刑事诉讼案件之月数分布

数据来源：根据表 12－3"月新收"栏相关数据制作。

第二，山西省各地的诉讼规模。

《山西省政治统计·司法之部》中 1918 年统计表缺乏各县第一审资料，比较完整的各县第一审诉讼统计始于 1919 年。山西有 104 县未设法院，由于涉及的县较多，不便对各县情况一一加以说明，在此从两个方面分析其诉讼规模。一是计算各年厅县新收案件的平均值，二是分析不同诉讼规模的县数及其占全省总县数的比例。

1919～1926 年，太原地方厅及山西省第一和第二高等分厅附设地方庭的每厅年均所收民刑案件在 914～1851 件之间；山西全省未设审判厅的 104 县所收民刑案件各年总数分别为 27266～46139 件，每县年均 262～444 件，8 年总平均数约 386 件。山西的地方厅平均诉讼规模为各县的 3～4 倍。

1920～1926 年，民刑事案件总数与该年户口数相比可知，每万户发生案件数 166～204 件，7 年年平均数约 176 件。

顺义县每万户每年发生的案件约 67 件，其诉讼规模远在山西省各县的平均水平之下。①

---

① 夫马进估计同治年间巴县约 126600 户，年均新案约 1000～1400 件，假定每一案件有原告与被告各一户，则每年大约 40 户或 60 户中发生一起讼案。本书以为难以分清讼案究竟发生在各户之间，还是户内，故根据夫马进提供的数据笼统以户数除以案件数，为每 90～127 户发生一起讼案；以案件数除以户数，再乘以 10000，为每万户发生案件 79～111 起。夫马进：《中国诉讼社会史概论》，《中国古代法律文献研究》第 6 辑，第 50～53 页。

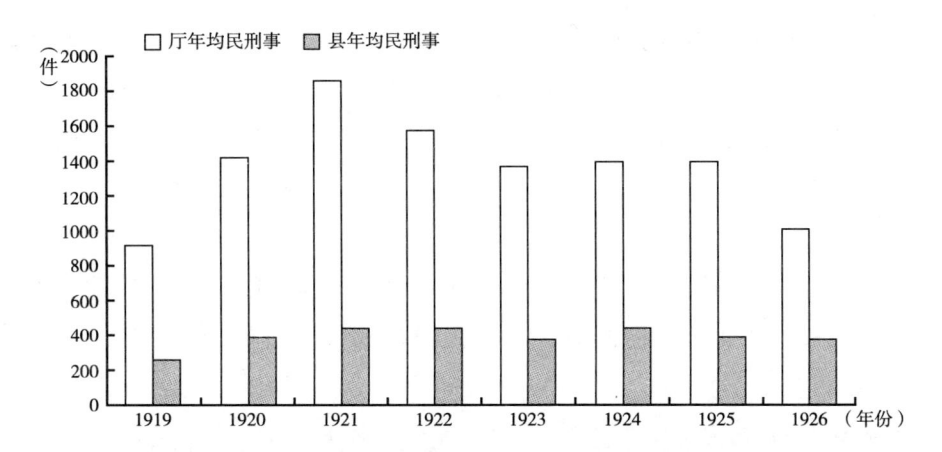

第十二章 基层诉讼的规模、效率及结案方式

图 12-4　1919~1926 年山西省各厅县新收民刑第一审案件数

数据来源：根据表 12-4 "厅年均民刑事"和表 12-5 "县年均民刑事"栏相关数据制作。

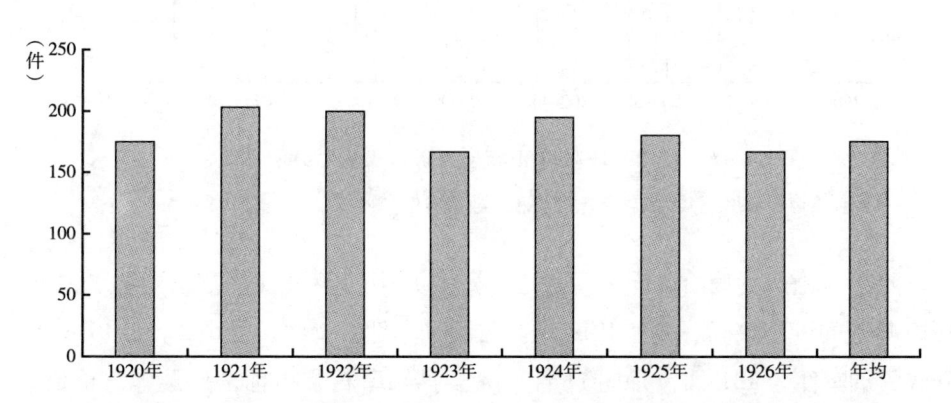

图 12-5　1920~1926 年山西省各县每万户年均新收民刑第一审案件数

数据来源：根据表 12-5 "每万户年均案件数"栏相关数据制作。

1919~1926 年，山西省各诉讼规模的县分布如下。

其中，新收案件 100~200 件、200~300 件和 500~1000 件的县较多。新收 200~300 件的县，各年为 18~32 个，约占全省 104 县的 17%~31%；年均约占 23%。新收 100~200 件的县，各年为 9~39 个，约占 9%~38%；年均约占 21%。新收 500~1000 件的县，各年为 12~34 个，约占 12%~33%；年均约占 23%。新收 300~400 件的县次之，各年为 12~27 个，约占

12%~26%；年均约占18%。新收400~500件的县又次之，各年为4~14个，约占4%~13%；年均约占10%。各年新收100件以下和1000件以上的县最少。新收100件以下的县，各年为1~5个，约占1%~5%；年均约占2%。新收1000件以上的县，各年最多有6个，所占比例在6%以下，年均约占2%。

山西省大部分县新收案件为100~400件。这样的县各年为53~83个，约占51%~80%；年均约占62%（详见表12-4、表12-5、表12-6）。

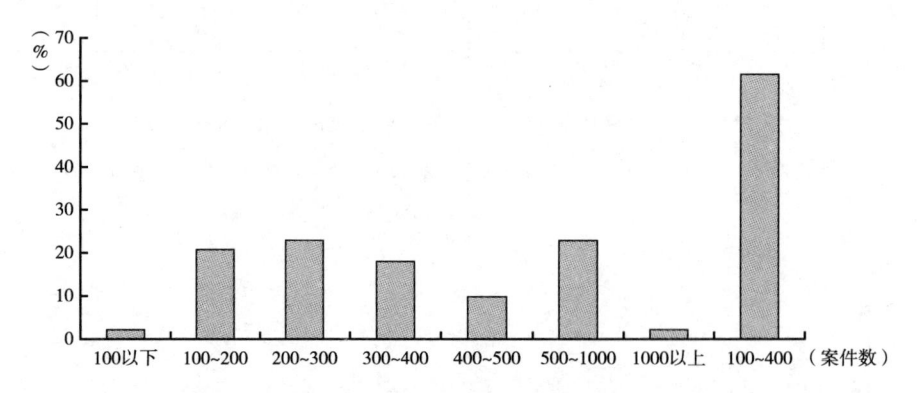

图12-6　1919~1926年山西省各诉讼规模之县所占比例

数据来源：根据表12-6"综计"栏相关数据制作。

除了《山西省政治统计·司法之部》外，山西省兴县地方志记载了该县1919年前的诉讼数据。兴县1917年新收民刑案件112件，月均9件；1918年新收民刑案件为131件，月均11件。兴县县知事石荣瞕称，兴县地方偏僻，民情朴素，不喜争讼，之前几有讼庭草绿，囹圄空虚之慨；近则生活程度渐高，交易事务繁赜，讼事日增。[①]由此可知，1917年前兴县月新收案件数可能尚不足11件（详见表12-7）。兴县当时有20470户，89672人，[②]每万户每年发生的案件60件左右。顺义县与兴县的诉讼规模比较接近。

第三，浙江省各地的诉讼规模。

1922~1924年，浙江全省共有杭州等11处设有地方厅或地方分庭。各

---

① 参见民国（1927年）《合河政纪》卷2《司法篇》，第36~39页。
② 参见民国（1927年）《合河政纪》卷1《内务篇·户口》，第14页。

第十二章　基层诉讼的规模、效率及结案方式

地方厅每年所收案件多在 500 件以上。三年中，分别有 73%、82%、91% 的地方厅收案在 500 件以上。每地方厅年均新收案件为 1040 件、908 件、753 件，各年平均约 900 件。三年中浙江省未设法院 64 县所收民刑案件总数分别为 32716 件、30686 件和 29798 件，每县年均约 511 件、480 件和 466 件，各年平均约 486 件。地方厅的平均诉讼规模为未设法院各县的两倍左右。

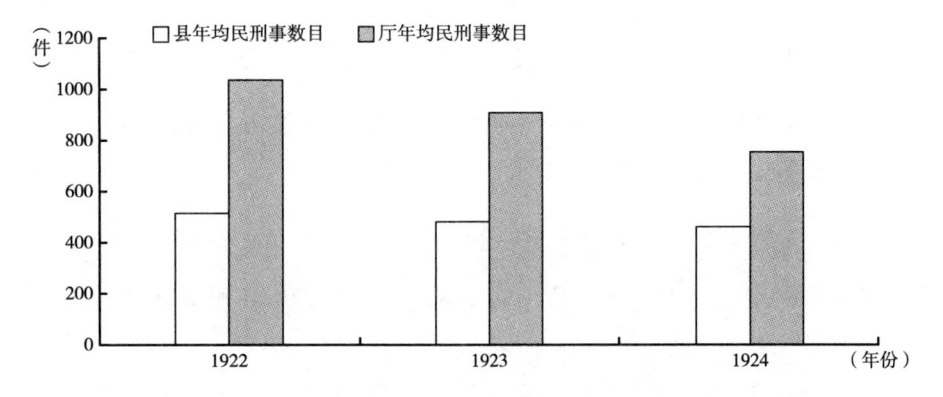

图 12－7　1922～1924 年浙江省地方厅与各县新收民刑第一审案件数

数据来源：根据表 12－8 "厅均" 栏和表 12－10 "县均民刑事" 栏相关数据制作。

未设审判厅各县每年新收案件数多为 200～400 件。这样诉讼规模的县，约占全省总县数的 45%～48%。年收 500～1000 件的县也为数不少，有 16～19 个，约占 25%～30%。再次为年收 100～200 件和 400～500 件的县。年收 100～200 件的有 5～6 个，约占 8%～9%；年收 400～500 件的有 4～7 个，约占 6%～11%。年收 100 件以下和 1000 件以上的县最少。三年都只有一个县年收 100 件以下，所占比例约 2%；年收 1000 件以上的县一年通常有四五个，约占 6%～8%（详见表 12－8、表 12－9、表 12－10、表 12－11）。

第四，全国地方厅的诉讼规模。

1914～1923 年司法部的 "民、刑统计年报" 记载了全国绝大多数地方厅第一审案件受理情况。

北洋时期各年都在新建与裁撤一些地方厅，而且由于南北政治分立等因

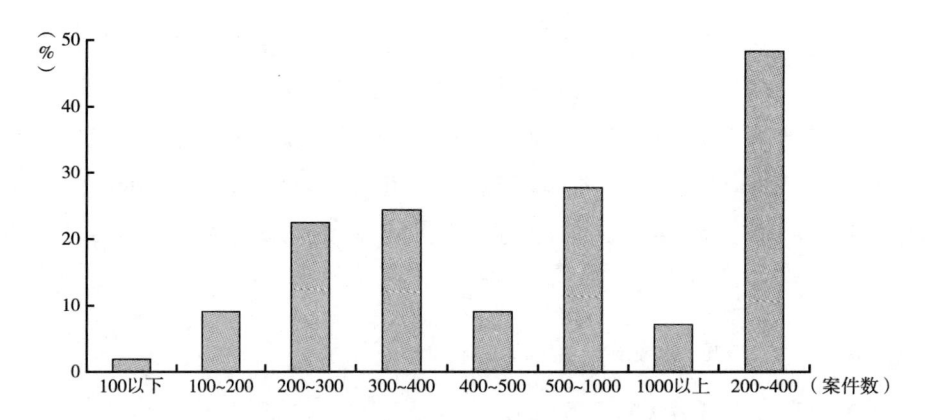

图 12-8　1922~1924 年浙江省各诉讼规模之县所占比例

数据来源：根据表 12-11 "综计" 栏相关数据制作。

素也导致各年往往有不同的地方厅在向司法部上报诉讼统计数据，因此用统计表中年收新案的总数目来分析诉讼规模的变化时存在不准确之处，而用厅年收新案的平均数目则较为准确。新收第一审案件总数除以相应的地方厅数即得到该年地方厅新收案件的平均数。各年各地方厅新收民事案件平均536~629 件；新收刑事案件平均 464~789 件；新收民刑案件总数平均1000~1400 件，其中有五年都是 1100 多件，这十年总年平均数约 1153 件。

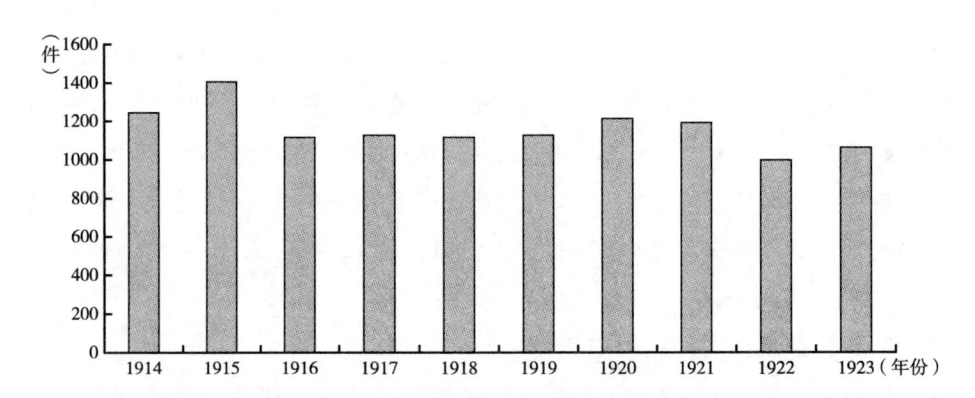

图 12-9　1914~1923 年全国地方厅年均新收民刑第一审案件数

数据来源：根据表 12-12 "厅年均民刑" 栏相关数据制作。

第十二章 基层诉讼的规模、效率及结案方式

为了较为准确地掌握各地方厅新收第一审民刑案件数目,需要进一步考察各诉讼规模的地方厅分布情况。绥远等特别区的案件数极少是显而易见的,不需论证,故在此仅考察各省地方厅的情况,统计的范围不包括绥远、热河、察哈尔和东省等特别区域。当时民刑统计是分别统计的,少数年份有几个司法机关的民刑数据并不完全匹配,有的仅有民事统计,有的仅有刑事统计,为了便于分析而将这几个地方厅的数据也剔除掉。它们是1914年的蒙自地方厅和上海地方分庭,1916年的广州地方厅,1917年和1918年的长沙地方厅,1922年的陕西和甘肃第一、第三高等分厅附设地方庭,1923年的湖北第一高等分厅。除了绥远、热河、察哈尔和东省等特别区域和1914年的蒙自等少数地方厅外,统计涉及1914~1923年间的地方厅494年次。

年收200~1000件的地方厅较多。共有地方厅261次,约占53%。其中200~300件、300~400件、400~500件、500~600件、600~700件、700~800件、800~900件、900~1000件的地方厅各有二三十次,各约占5%~8%。年收1000~1500件的地方厅次之,有101次,约占20%。年收1500~2000件和2000件以上的地方厅又次之。1500~2000件的地方厅有61次,约占12%。2000件以上的地方厅有71次,约占14%。年收200件以下的地方厅最少,10年内共涉及地方厅13次,平均一年约有一个这样的地方厅(详见表12-12、表12-13)。

综合比较上述顺义县、山西、浙江和全国地方厅的诉讼规模可知,各地各类司法机关诉讼规模存在多样性。

首先,每年各省审判厅通常比未设法院各县新收第一审案件数要多。前已论及山西与浙江全省的地方厅平均诉讼规模都大于该省各县,以全国地方厅平均诉讼规模与山西、浙江各县平均诉讼规模相比较也是如此。1922年和1923年,山西、浙江省的各县与全国地方厅都有诉讼统计数据。1922年,山西省各县平均新收民刑案件约437件,浙江省各县约511件,各地方厅年均约1000件;1923年,山西省各县平均新收民刑案件约373件,浙江省各县约480件,各地方厅年均约1058件。全国地方厅的诉讼规模约为山西和浙江省各县的两三倍。

其次,全国地方厅与未设法院各县两套司法系统内部诉讼规模不同。全

北洋时期的基层司法

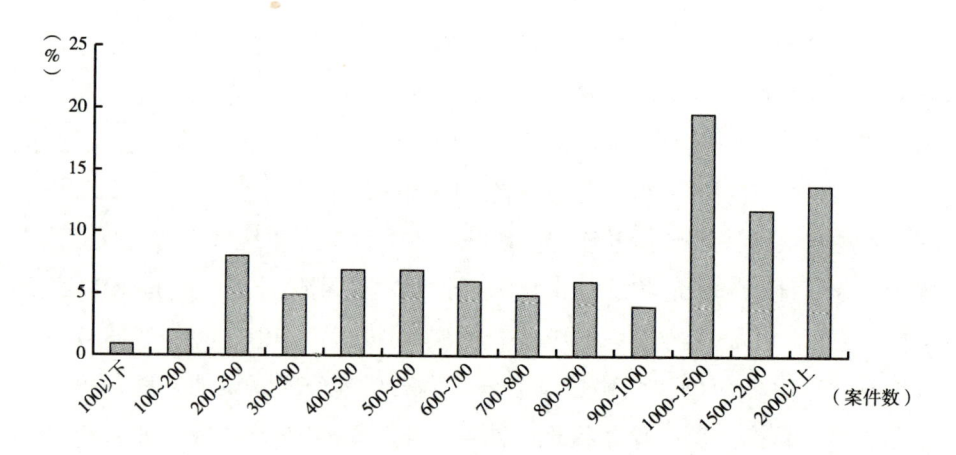

图 12-10 1914~1923 年全国各诉讼规模之地方厅所占比例

数据来源：根据表 12-13 "比例" 栏相关数据制作。

国不同地方厅的诉讼规模存在不同的层次；山西、浙江等未设法院的各县，其诉讼规模也各不相同。无论是山西和浙江省的各县，还是全国地方厅，每年所收案件数目从几十件到上千件不等的司法机关都存在。

再次，就各县诉讼规模而言，山西与浙江也有地域差别。1922~1924年，浙江和山西都有诉讼统计数据，比较两组数据可以发现浙江与山西两省各县新收案件数目的差别。1922 年和 1923 年各县年均收案数是浙江高于山西。1924 年亦然，山西省各县平均新收民刑案件约 430 件，浙江省各县约 466 件。

不同诉讼规模之县的分布也可发现浙江与山西的差别。由于山西各县 1922 年的收案数分布与其他年有较大的差别，[①] 在此仅比较 1923 年和 1924 年浙江与山西的情况。浙江与山西都有 60% 以上的县年收新案 100~500 件。年收案 100~200 件和 200~300 件的县数占全省比例都是山西高于浙江；而 300~400 件和 400~500 件的县数占全省的比例则是浙江高于山西。浙江省各县新案件数总体上是高于山西各县。

在看到诉讼规模多样性的同时，还需注意诉讼规模的主要特征。

---

① 与其他年相比较，该年新收案件 100~200 件和 200~300 件的县较少，而 300~400 件和 400~500 件的县较多。

第十二章　基层诉讼的规模、效率及结案方式

山西、浙江等省多数县每年新收第一审民刑案件在 100~400 件之间。山西省 104 县中年新收第一审民刑案件 100~300 件的县居多，各县年均新收案件数约三四百件。浙江 64 县中年新收第一审民刑案件 200~400 件的县较多，各县年均新收案件数约四五百件。与山西、浙江省各县相比，顺义县的收案数属于中等偏下。全国各地方厅平均每年新收第一审民刑案件约 1100 多件。

顺义县这样的一个县，年均收案 200 件左右，平均约两天才收到一件新案，它"好讼"、"健讼"吗？即便是案件较多的浙江各县，多数县年收新案也在 400 件以下，每天新收一件左右，也称不上"健讼"。北洋时期建有地方厅的地方多为省会、繁盛商埠以及旧府治所在地，这些繁盛之地人多事繁，容易发生纠纷。按理这些地方案件是比较多的，然而 10 年中每年新收第一审民刑案件 1000 件以下的地方厅有 261 次，约占 53%；1000 件以上的地方厅有 233 次，约占 47%。仍有一半多的地方厅年新收第一审民刑案件在 1000 件以下，每天不足 3 件，这些地方似乎也不属于"健讼"。

诸如顺义这样的县，每年收案 200 来件，称不上"无讼"的社会。何况山西和浙江还有不少县所收案件比顺义多，更不用说设有审判厅的地方了。

从山西和浙江两省来看，年收案在几十件和几千件的县所占比例通常不到 10%，"好讼"与"无讼"不过是人们描述中国社会诉讼状况的两个极端罢了。学者有意无意都在以那些仅仅居于少数地位的极端"好讼"与"无讼"之县代表中国社会，而忘却、忽略了主体部分。中国社会既不是"好讼"的，也不是"无讼"的。多数地方处于"好讼"与"无讼"这两个极端中间。

讼案的多少固然会受到司法制度的影响，但主要受各地的社会经济状况、诉讼习惯的影响。社会经济、诉讼习惯的变化相对缓慢，在此所描述的诉讼状况距清朝最近不过数年，多数地方尤其是各县的社会经济、诉讼习惯的变化不至过大，在某种程度上可以作为清代基层诉讼规模的参考。

从巴县的诉讼规模看，清末与北洋时期的确变化不大。巴县地方厅 1914 年新收民刑案件数为 1454 件，1916 年为 1579 件，1917 年为 1584 件，

1915 年为 2960 件。夫马进指出，同治年间巴县平均每年新提起的诉讼案件数为 1000~1400 件。巴县在 1914 年、1916 年和 1917 年这三年的新收案件数与同治年间十分接近，唯有 1915 年比同治年间多一倍。①

1930 年代，湖北各县月收案件从几件至 100 多件不等，多数县在 50 件以下。② 这与北洋时期浙江等省的诉讼规模差不多，看来北洋时期与国民政府时期的诉讼规模大约也没有发生较大变化。

三　北洋时期基层诉讼中的结案率

新收案件数目反映了一定时间段内诉讼的规模，面对如许案件，县司法机关处理情况如何呢？他们的办事能力和效率如何？每年、每月到底能结案多少？是否有积案？结案率是多少？

第一，顺义县的结案数与结案率。

年受理案件数反映了县司法机关一年里要处理案件的总规模。1923~1928 年，顺义县最多的一年受理了 359 件；有两年受理数分别为 232 件和 257 件；另有三年分别为 154 件、181 件和 187 件。1925~1927 年的诉讼月报表显示，36 个月中有 26 个月受理新旧案件为三十几件或四十几件。受理案件数为三四十件的月份达 72%，这是多数月份县司法机关要处理案件的规模。

---

① 夫马进根据田边章秀提供的资料，选择 1915 年巴县地方厅新收民刑案件数与同治年间进行比较，认为巴县从同治到民国初年的 40 年间，诉讼案件数增加了 2.5 倍，并以此为基础讨论了案件激增的原因。参见夫马进《中国诉讼社会史概论》，《中国古代法律文献研究》第 6 辑，第 72~73 页。夫马进仅采信 1915 年的数据，而不采信 1914 年、1916 年和 1917 年的数据，如果采信这三年的数据，得出的结论可能是同治到民国初年的 40 年间巴县的诉讼案件数没有激增。1914~1923 年"民、刑统计年报"的数据显示 1915 年全国地方审判厅平均新收民刑案件比较异常，在各年中都是最多的，每厅平均高出其他年数百件（详见表 12-12）。至于为何如此异常，也许与 1914 年至 1915 年裁并审检厅、重新划分各司法机关管辖范围有关。因此本书以为采信 1915 年数据似不妥。
② 湖北省政府民政厅编《湖北县政概况》（1934 年），台北，文海出版社，1990，第 14~1620 页。付海晏列举了鄂东部分县的诉讼规模。参见氏著《变动社会中的法律秩序——1929~1949 年鄂东民事诉讼案例研究》，第 64~65 页。

第十二章 基层诉讼的规模、效率及结案方式

1923~1928年，共结案1217件，包括刑事438件，民事779件。有三年结案数为132件、150件和168件，有两年为206件和219件，还有一年结案342件，年均约203件。年结案率有四年在83%~89%之间，另两年在90%~95%之间。刑事案件结案率高于民事，刑事年结案率为95%~100%的有三年，另有三年为85%~87%；民事方面没有一年高于刑事，而且除了一年为95%外，其余五年都是82%~87%。

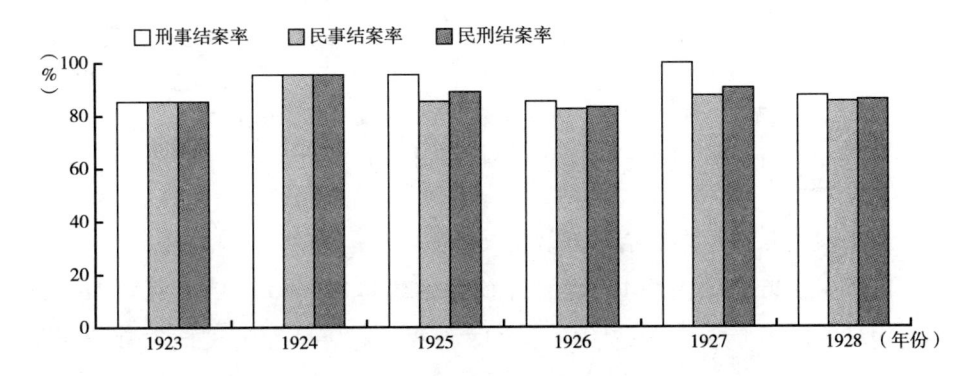

图12-11 1923~1928年顺义县民刑案件年结案率

数据来源：根据表12-1"结案率"栏相关数据制作。

月均结案数方面，有四年在11~17件之间，有两年分别为22件和29件，各年月均结案约17件。1925~1927年的"诉讼月报表"显示，月结案十几件的月份有21个，占36个月的58%，这与各年月均结案约17件十分吻合。结案几件的月份有9个，占25%。月结案在20件以下的共占83%。

由1925~1927年的"诉讼月报表"可以观察到各月结案率。这36个月中结案率为30%~40%的月份最多，有14个月；20%~30%的次之，有10个月；40%~50%的再次之，有6个月。其他如月结案率在20%以下和50%以上的都比较少。总之，结案率20%~40%的月份是主体，共24个，占全部月份的67%（详见表12-1、表12-2、表12-3）。

顺义县一年受理案件为100多件至300多件不等，年均结案200件左右，年结案率在83%以上。多数月份受理案件数约三四十件，一个月能结案约十几件，未结案件约二三十件，月结案率多为20%~40%。

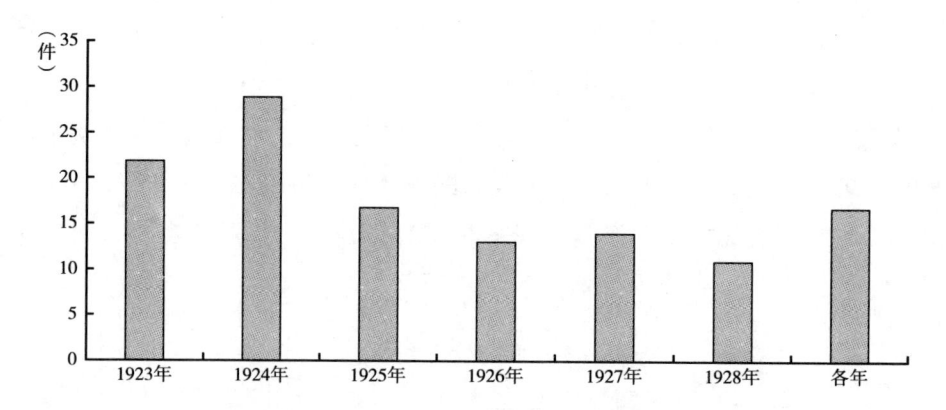

图 12-12 1923~1928 年顺义县民刑案件月均结案数

数据来源：根据表 12-3 "民刑月均" 栏相关数据制作。

第二，山西省厅县的结案数及结案率。

1920~1926 年，山西 104 县的年均结案数为 369~442 件，月均 31~37 件。1921~1926 年，山西省太原地方厅和两所高等分厅附设地方庭的年均结案数为 1040~1841 件，月均 87~153 件。

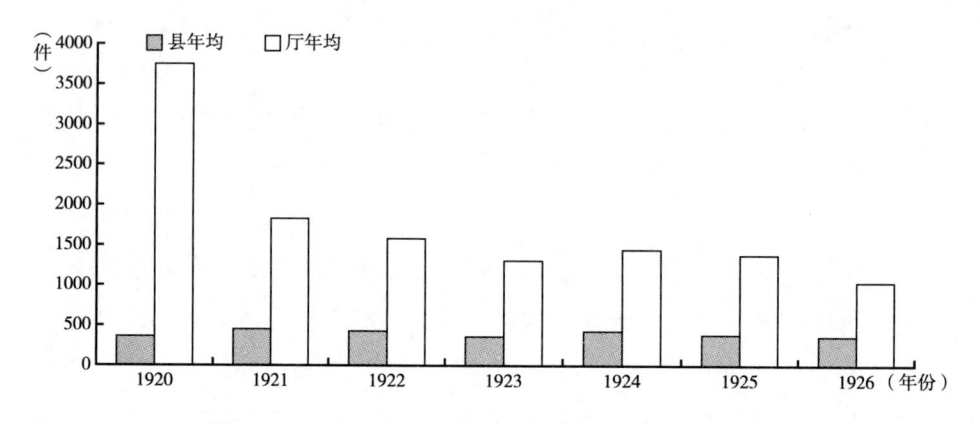

图 12-13 1920~1926 年山西省地方厅与各县年结案数

数据来源：根据表 12-14 "年均" 栏相关数据制作。

山西民事与刑事案件的结案率比较接近。1920~1926 年，山西省厅县的民事案件年总结案率分别在 97%~98%，刑事案件年总结案率在 97%~99%。1920~1926 年，绝大多数的县年结案率都在 95% 以上。104 县中至

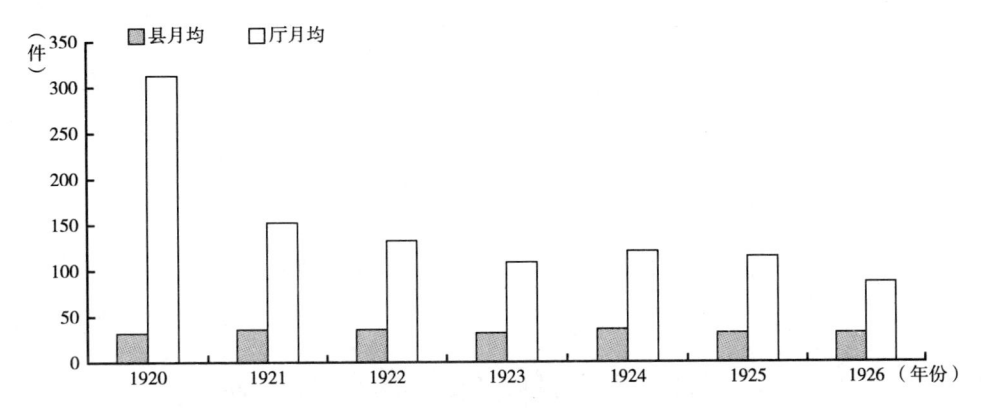

第十二章 基层诉讼的规模、效率及结案方式

图 12-14 1920~1926 年山西省地方厅与各县月结案数

数据来源：根据表 12-14 "月均"栏相关数据制作。

少有 80 个县的结案率在 95% 以上，而且多数时间达到 90 多县，这样的县占全部县数的 86% 左右。有 100 个左右的县结案率在 90% 以上。年结案率在 90% 以下的县非常少，最多的年份不过 9 个县而已，多数时间是在 5 个以下，其所占比例都在 9% 以下（详见表 12-14、表 12-15）。

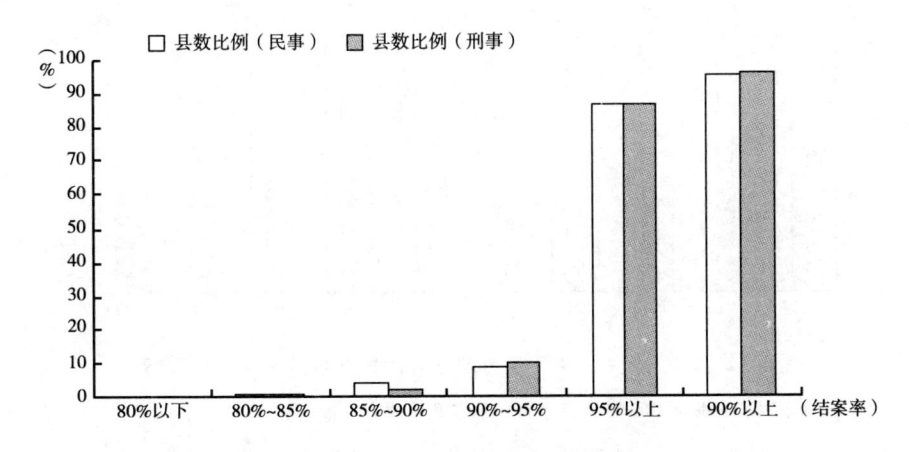

图 12-15 1920~1926 年山西省各年结案率之县分布

数据来源：根据表 12-15 "综计"栏相关数据制作。

第三，全国地方厅的结案数及结案率。

全国各地方厅民刑案件月均结案数有三年在 100 件以上，分别为 100

北洋时期的基层司法

件、105 件和 121 件；有五年为 91~99 件；有两年在 90 件以下，分别为 81 件、87 件。

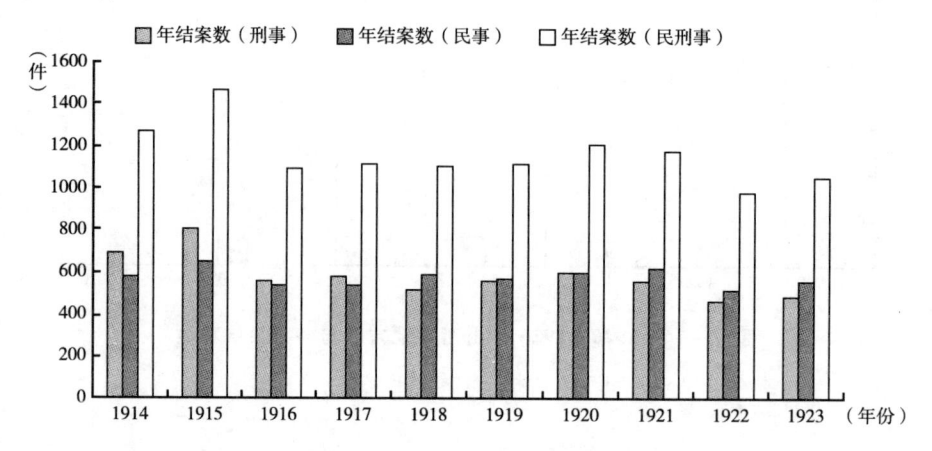

图 12-16　1914~1923 年全国地方厅民刑事案件第一审年结案数

数据来源：根据表 12-16"年结案数"栏相关数据制作。

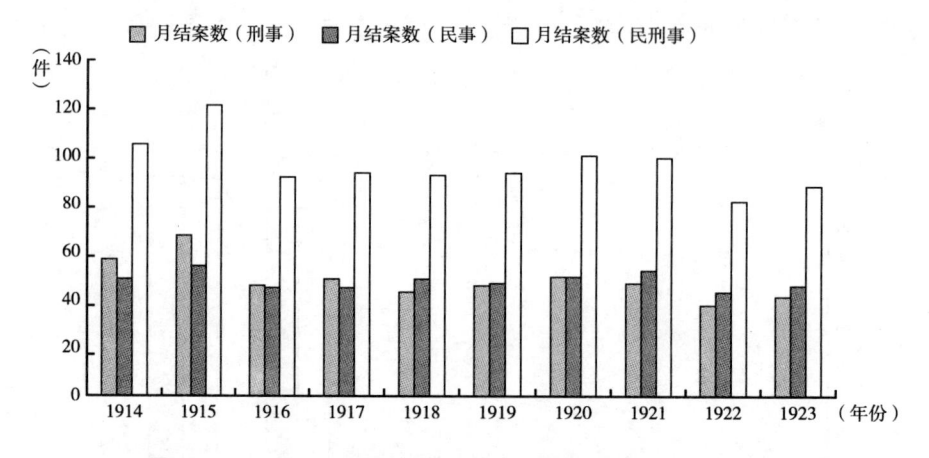

图 12-17　1914~1923 年全国地方厅民刑事第一审月结案数

数据来源：根据表 12-16"民刑月年结案数"栏相关数据制作。

全国地方厅民事案件的总结案率在 1914~1923 年，除了 1914 年外，其他各年都在 90% 以上。80% 以上的地方厅结案率在 90% 以上。十年中全国地方厅共有 539 次向司法部上报了结案统计。结案率为 90%~95% 涉及地方厅 138 次，占全部地方厅的 26%；结案率 95% 以上的有 294 次，约占

55%。二者合计为 432 次，约占 80%。20% 的地方厅结案率在 90% 以下。结案率为 80%～85% 的有 19 次，将近 4%；结案率为 85%～90% 的有 53 次，将近 10%；结案率在 80% 以下的地方厅有 35 次，约占 6%。只有少数地方厅的结案率低于 80%。

全国地方厅刑事案件的结案率比民事案件更高，各年的总结案率都在 96% 以上。93% 的地方厅结案率在 90% 以上。1914～1923 年，全国地方厅共有 550 次向司法部上报了结案统计。结案率为 90%～95% 的有 56 次，约 10%；95% 以上的有 455 次，约占 83%。二者合计为 511 次，约占 93%。全国仅有 7% 的地方厅结案率在 90% 以下。其中结案率在 80% 以下的地方厅有 15 次，约占 3%；80%～85% 的有 7 次，约占 1%；85%～90% 的有 17 次，约占 3%（详见表 12-16、表 12-17）。

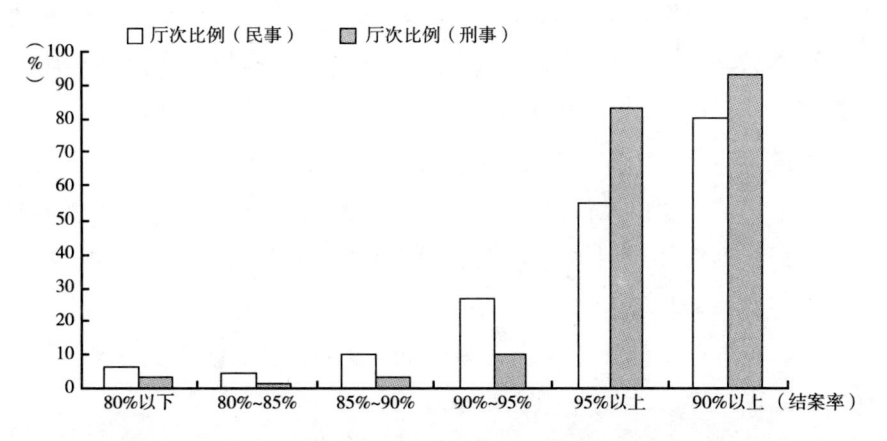

图 12-18　1914～1923 年全国民刑事第一审各结案率之地方厅分布

数据来源：根据表 12-17 "厅次比例" 栏相关数据制作。

无论是山西各县，还是全国地方厅，绝大多数司法机关的刑事案件结案率都比较高。相对而言，全国地方厅的民事案件结案率显得比较低，还有近 20% 的地方厅民事案件结案率在 90% 以下。

山西省各县和全国地方厅刑事案件的年结案率非常接近。1920 年和 1921 年全国地方厅的结案率高于山西各县 2 个百分点，1922 年和 1923 年二者持平。不过，山西有较大比例的司法机关结案率较高，全国地方厅则略少。山西省 86% 的县、全国 83% 的地方厅结案率达到 95% 以上；山西省 96% 的县、全国 93% 的地方厅结案率在 90% 以上。

山西省各县民事案件结案率高于全国地方厅。1920~1923 年全国地方厅的结案率低于山西各县 3~7 个百分点。而且，山西有较大比例的司法机关结案率较高，全国地方厅则较少。山西省 86% 的县、全国 55% 的地方厅结案率达到 95% 以上；山西省 95% 的县、全国 80% 的地方厅结案率在 90% 以上。二者的差别还是相当明显。

为何兼理司法各县民事案件结案率高于地方厅？

县知事审理简易案件以堂谕代判决为其原因之一。1914 年上半年，开始实行县知事兼理司法。各县积案未理，多托词于制作判词之烦累。迭经广东等省巡按使咨请司法部酌予通融，以堂谕代判决。1914 年 11 月，大总统批准了司法部的方案，将县知事受理案件中民事属于初级管辖，刑事毋庸覆判者划为简易案件，县知事以堂谕代判决。对于堂谕如当事人不声明上诉时，准其得径送执行。① 毋庸覆判的案件，应以法定主刑四等有期徒刑以下或罚金不满 500 元者为限。其范围较为狭窄，司法部担心不足以达到清理积案之目的，又扩大了以堂谕代判决的范围，1914 年 12 月通饬县知事审理法定三等有期徒刑案件也以堂谕代判决。② 兼理司法各县审理案件程序简单，使其结案率有可能高于地方厅。

另外，地方厅多处繁盛之地，案件较为复杂，不易结案，也可能是导致其结案率略低于未设法院各县的原因。

四 北洋时期基层诉讼中的结案方式

北洋时期多数司法机关结案率都比较高，其结案方式是怎样的呢？清代

---

① 《呈县知事审理简易案件拟请准以堂谕代判决文并批令》，《司法公报》第 3 年第 3 期，1914 年 12 月，"总务"，第 2~3 页。
② 《县知事审理法定三等有期徒刑案件亦得以堂谕代判决通饬》，《司法公报》第 51 期，1916 年 1 月，第 13 页。

第十二章 基层诉讼的规模、效率及结案方式

的结案方式为滋贺秀三、黄宗智等研究者所关注,[①] 北洋时期结案方式虽少有研究者提及,不过当时的法律人对此已经十分关注了。北洋时期无论是司法部,还是各省县的司法统计多列有专门的表格对结案方式予以统计。刑事案件基本以判决为主。如山西第一审刑事案件已结未结表中没有列出和解一项,只有有罪、无罪、公诉驳回等项。有罪的案件数占已结案件的百分之八九十,可知其基本以判决为结案方式。全国地方厅也是有罪案件占据绝大多数(详见表12-20和表12-25)。故在此仅考察顺义县、山西各县与全国地方厅民事案件的结案方式。

首先,顺义县的结案方式。

在顺义县,判决与和解是主要的结案方式,判决比例高于和解。

1923~1928年,顺义县已结民事第一审案件共690件。结案方式中判决为339件,和解为222件,撤回为98件,"其他"为18件,驳斥为13件,分别占结案总数的约49%、32%、14%、3%和2%。判决与和解结案案件在所有已结案件中约占81%。6年内,都是判决结案案件不少于和解结案案件。有的年度判决结案案件与和解结案案件数相差不多,如1923年判决结案案件约占44%,和解结案案件约占42%;1924年判决结案案件约占48%,和解结案案件约占48%。也有的年份判决高出和解甚多,如1925~1927年,判决结案案件比例比和解结案案件比例高出35个百分点左右(详见表12-18)。

第二,山西省各县的结案方式。

1919~1926年间,山西全省厅县总的结案方式以判决与和解为主,判

[①] 县司法机关受理案件后是进行判决还是调处已经成为了清代州县司法制度研究中争论的一个焦点。滋贺秀三、黄宗智、邓建鹏、张小蓓、张伟仁等学者都对此发表过看法。多数参与论争的学者无法举出确切数据,黄宗智利用档案等资料使争论逐渐建立在数量分析的基础上。黄宗智以巴县、宝坻和淡新档案说明州县官极少从事调解。他的一个核心论据是在211件经过庭审的案子中,有170件(占77%)是经由知县依据大清律例,对当事人中的一方或另一方做出了明确的胜负判决。他所统计这些案件并非上述地方某个时间段内案件的全部,用残缺的案件进行分析有可能是"盲人摸象"。除此之外,黄宗智在此仅仅证明了庭审中的依律判决比例较高,然而判决在知县处理的所有案件占比重有多少呢?170件判决案件在他所列举的628件诉讼中所占比例为27%。这个比例其实并不能很好证明州县官处理案件是追求判决而极少从事调解。

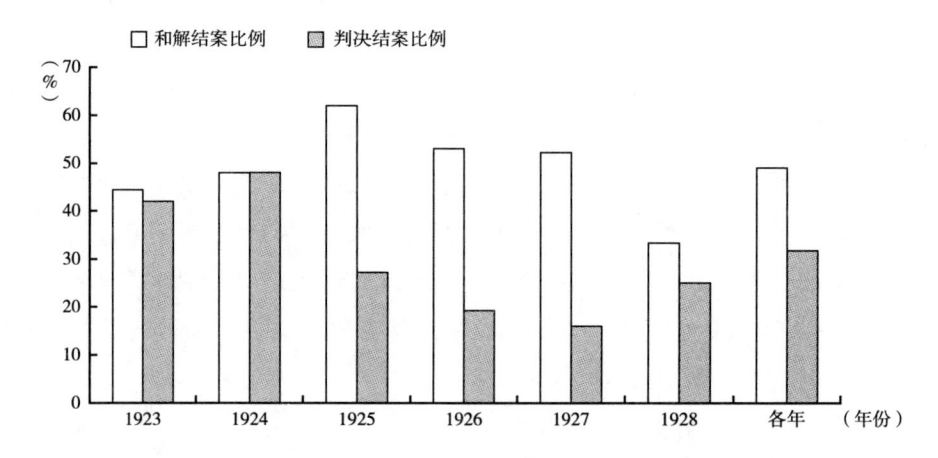

图 12-19　1923~1928 年顺义县民事案件第一审主要结案方式

数据来源：根据表 12-18 "比例" 栏相关数据制作。

决结案案件比例高于和解结案案件。民事案件有判决、撤回、和解等项，判决与和解是最主要的结案方式，以这两种方式结案案件占已结案件的 95% 左右。1919~1926 年，山西省各地方厅与县只有 1925 年判决结案案件的比例为 69%，其余 7 年，判决比例都在 71%~74% 之间；和解结案案件的比例为 23%~26%。8 年间，判决与和解结案案件所占比例都起伏不大。

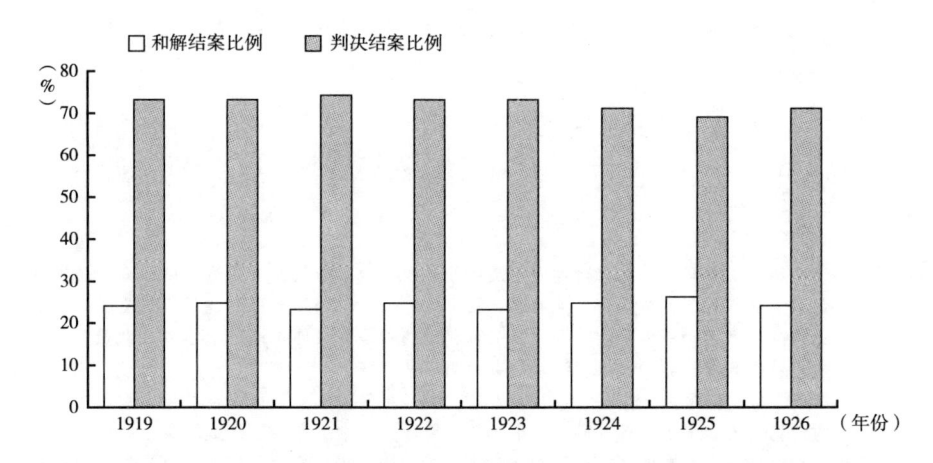

图 12-20　1919~1926 年山西省厅县民事案件第一审主要结案方式

数据来源：根据表 12-19 "判决比例与和解比例" 栏相关数据制作。

第十二章　基层诉讼的规模、效率及结案方式

虽然全省总的判决与和解结案案件比例各年都比较稳定，但同一时期各县之间判决结案案件比例与和解结案案件比例仍存在差别。

1919~1926年间，各年通常有3~18个县的判决结案案件比例在50%以下（只有1920年为3个县，1919年为7个县，其他年份为11~18个），这类县占全省104县的3%~17%。判决结案案件比例在50%以下的县最多的一年为1924年，有18县，占全省104县的17%，即最少有83%的县判决结案案件所占比例在50%以上，大多数县诉讼中判决是最主要的结案方式。

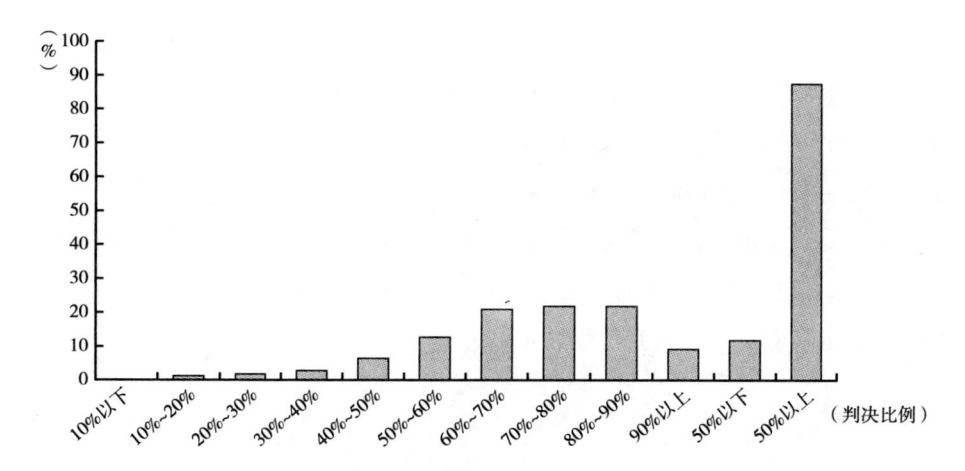

图12-21　1919~1926年山西省民事案件第一审各判决率之县数比例

数据来源：根据表12-21"综计"栏相关数据制作。

1919~1926年，各年和解结案案件比例超过50%的有2~10个县，占全省104县的2%~10%，因此，只有极少数的县以和解结案为主。83%的县判决结案案件比例超过50%，不足10%的县和解结案案件比例超过50%，多数县是以判决结案为主，以和解为辅。

虽然判决为多数县的主要结案方式，但仍存在以和解为主的县。各年和解结案案件比例高于判决结案案件比例的县有3~15个，占全省县数的3%~14%（详见表12-23）。各年有61~71个县和解结案案件比例高于20%，占全省104县的58%~68%，多数县和解结案案件比例虽没有判决结案案件比例高，但也占有不低的份额。

— 307 —

多数县判决结案案件比例集中在60%~90%。有10~19个县判决结案案件比例在50%~60%，占104县的10%~18%；有18~28个县判决结案案件比例在60%~70%，占104县的17%~27%；有17~25个县判决结案案件比例在70%~80%，占104县的16%~26%；有17~26个县判决结案案件比例在80%~90%，占104县的16%~25%；有6~13个县判决结案案件比例在90%以上，占104县的6%~13%。判决结案案件比例在60%~90%的县各年都有六七十个，占104县的60%~70%。

多数县的和解结案案件比例集中在10%~40%。和解结案案件比例在10%以下的县有7~13个，占全省104县的7%~13%；有24~33个县的和解结案案件比例为10%~20%，占104县的23%~32%；有19~33个县的和解结案案件比例为20%~30%，占104县的18%~32%；有19~23个县的和解结案案件比例为30%~40%，占104县的18%~22%；有7~15个县的和解结案案件比例为40%~50%，占104县的7%~14%；各年都有70多个县和解结案案件比例在10%~40%，占104县的70%左右，故多数县的和解结案案件比例集中在10%~40%（详见表12-19、表12-20、表12-21、表12-22、表12-23）。

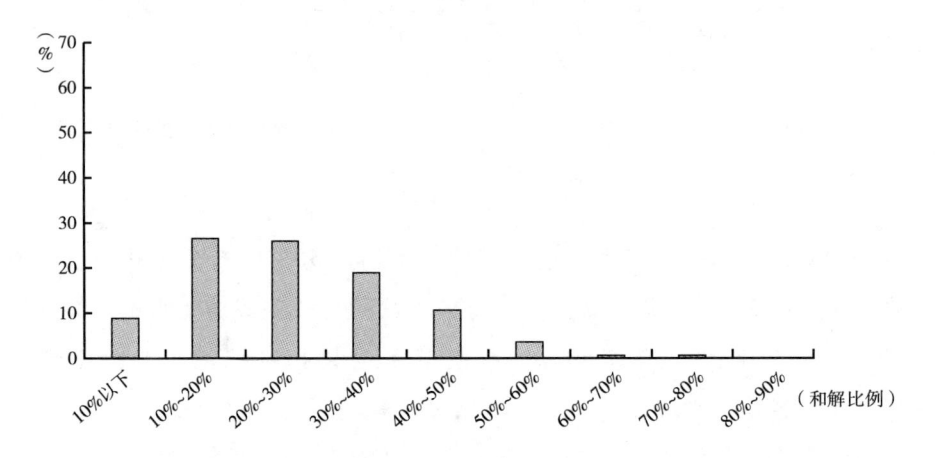

图12-22　1919~1926年山西省民事案件第一审各和解率之县数比例

数据来源：根据表12-22"综计"栏相关数据制作。

山西省兴县1917年和1918年民事第一审案件共结案86件，其中判决50件，约占58%；和解26件，约占30%；撤回6件，约占7%。兴县民事第一审结案方式中判决所占比例略高于顺义县；和解的比例两县基本相同；撤回的比例是顺义县略高于兴县（详见表12-24）。

第三，全国地方厅的结案方式。

1914~1923年，全国地方厅总的结案方式中以判决与和解为主，以这两类方式结案的案件数占已结案件数的比例为82%~89%。其中判决结案案件所占比例为59%~72%，和解结案案件所占比例为10%~27%。各年都是判决结案案件比例高于和解结案案件比例，而且二者相差甚多。

多数地方厅结案方式以判决为主。10年的民事统计年报中涉及全国地方厅等共539次，地方厅共有441次判决结案案件比例在50%以上，为全国地方厅的82%。各年分别有38~60所地方厅的判决结案案件比例在50%以上，占全国地方厅的72%~93%。

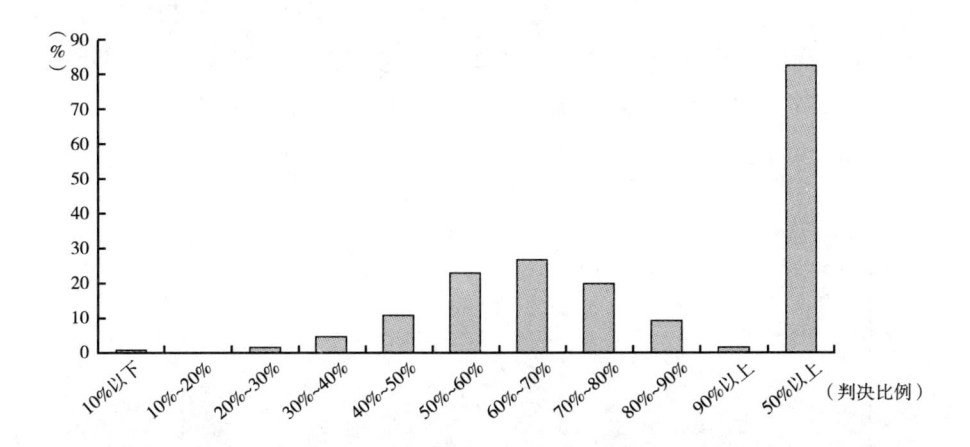

图12-23 1914~1923年全国地方厅民事案件第一审各判决率之厅次比例

数据来源：根据表12-27"综计"栏相关数据制作。

虽然多数地方厅结案方式以判决为主，但并非所有时候、所有地方厅都是判决比例高于和解比例。统计涉及全国地方厅539次，其中就有34次是和解案件多于判决案件。当然，和解案件多于判决案件的情况并不多，发生的概率约6%。和解超过50%以上的时候还要少些，共涉及地方厅22次，为总厅次数的4%。和解案件多于判决案件的时候虽不多，然而其比例也不低。地方厅有312次是和解结案案件超过20%，占全部地方厅的58%。

多数地方厅中判决结案案件比例为 50%~80%。涉及地方厅最多的判决结案案件比例是 60%~70%，共有 145 次，占全部地方厅的 27%；各年分别涉及 24%~35% 的地方厅。其次为 50%~60%，共涉及地方厅 125 次，占全部地方厅的 23%；各年分别涉及 6%~31% 的地方厅。再次为 70%~80%，涉及地方厅 108 次，占全部地方厅的 20%；各年分别涉及 11%~33% 的地方厅。50%~80% 的判决结案案件比例共涉及地方厅 378 次，约占 70%，多数地方厅的判决结案案件比例集中在这个区段。另外判决结案案件比例在 80% 以上，或 50% 以下的地方厅都有一定数量。

多数地方厅的和解结案案件比例为 10%~40%。各地方厅和解结案案件比例以 10%~20% 为最多，涉及地方厅 158 次，占全部地方厅的 29%；其次为 20%~30%，涉及地方厅 149 次，约占 28%；再次为 30%~40%，涉及地方厅 104 次，约占 19%。上述 10%~40% 的和解结案案件比例共涉及地方厅 411 次，约占 76%，这涉及了大多数的地方厅。10% 以下、40%~50% 以上和解结案案件比例也都涉及一定数量的地方厅（详见表 12-25、表 12-26、表 12-27、表12-28）。

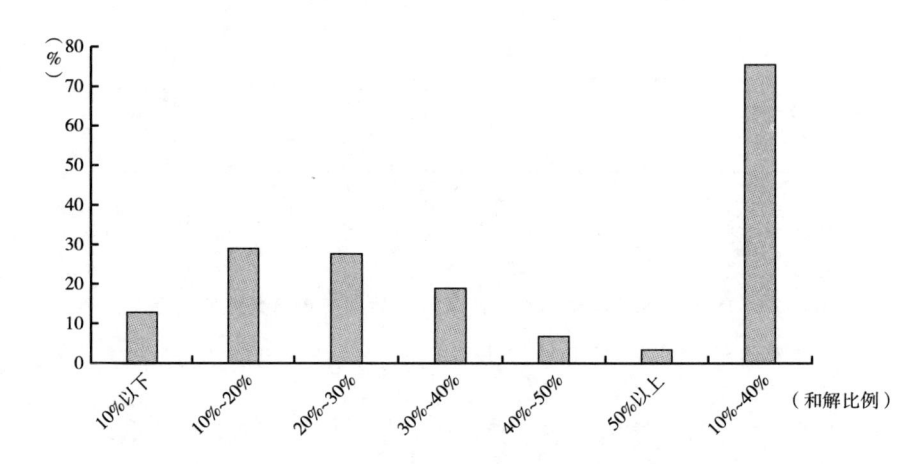

图 12-24　1914~1923 年全国地方厅民事案件第一审各和解率之厅次比例

数据来源：根据表 12-28 "厅次比例" 栏相关数据制作。

山西各县与全国地方厅在结案方式上存在一些细微的差异。就总的判决结案案件比例而言，山西各县要高于全国地方厅。1919~1923 年，山西省

第十二章 基层诉讼的规模、效率及结案方式

各厅县民事案件判决比例为 70% 左右，而全国地方厅则要少 10 多个百分点，为 60% 左右。顺义县判决比例在 50% 左右，处于山西各县平均水平之下。

判决结案案件比例涉及的司法机关数量而言，山西有较多的县判决结案案件比例较高，较高判决结案案件比例所涉及的全国地方厅略少。山西多数县判决结案案件比例集中在 60% ~ 90%。全国多数地方厅的判决结案案件比例集中在 50% ~ 80%。在此即以涉及司法机关最多的判决结案案件比例 50% ~ 90% 来进行比较。

70% 以上判决结案案件比例涉及的司法机关方面，山西各县所占比例高于全国地方厅所占比例。判决结案案件比例在 70% ~ 80%、80% ~ 90% 和 90% 以上三个部分，基本上是山西各县高于全国地方厅（1923 年山西由于 80% 以上判决结案案件比例的县较多，70% ~ 80% 的判决结案案件比例所涉及的县在比例上就少于全国地方厅）。80% ~ 90% 的判决结案案件比例共涉及山西 22% 的县，涉及 10% 的全国地方厅，前者比后者高 12 个百分点；各年山西各县高于全国地方厅 10% ~ 20%。70% ~ 80% 的判决结案案件比例共涉及山西 22% 的县，涉及 20% 的全国地方厅，前者比后者高两个百分点。

70% 以下判决结案案件比例涉及的司法机关方面，山西各县所占比例基本低于全国地方厅所占比例。60% ~ 70% 的判决结案案件比例共涉及山西 21% 的县，涉及 27% 的全国地方厅，前者比后者低 6 个百分点；各年山西各县低于全国地方厅 7 ~ 11 个百分点。50% ~ 60% 的判决结案案件比例共涉及山西 14% 的县，涉及 23% 的全国地方厅，前者比后者低 9 个百分点，各年山西各县低于全国地方厅 13 ~ 18 个百分点（详见表 12 - 29）。

山西各县与全国地方厅在结案方式上的细微差异并没有改变主体结构的趋同。无论是顺义县，还是山西省各厅县，抑或全国地方厅的结案方式，都是以判决与和解为主，多数时候多数司法机关的判决结案案件比例要高于和解结案案件比例，判决结案是主流；和解虽非主流，但所占比例并不低。

相对于清代，北洋时期民事案件判决与和解的比例是否发生了什么样变化？一些学者在缺乏清代大规模诉讼数据基础上而对结案方式做出了推断。如果我们用时间稍后的北洋时期的数据反观这种推断是否准确也许有欠妥

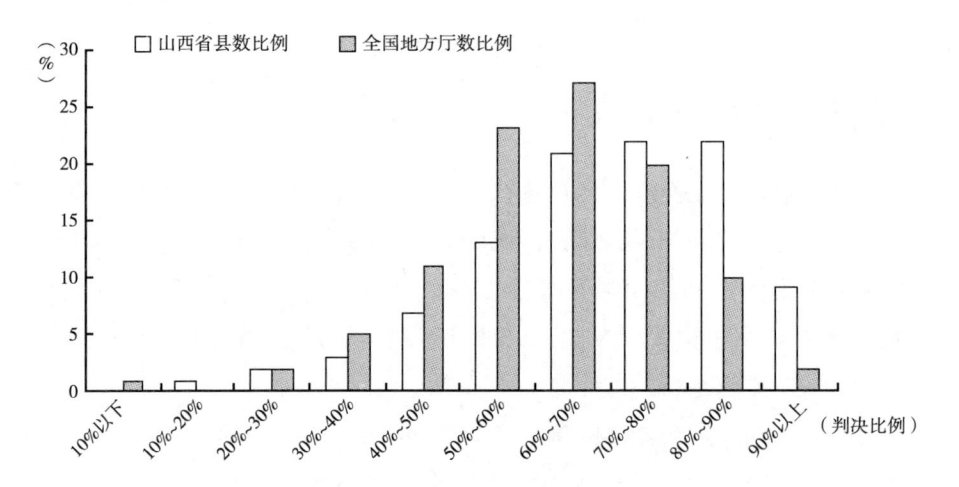

图 12-25　1919~1923 年山西各县与全国地方厅民事
案件第一审判决率之比较

数据来源：根据表 12-29 "综计" 栏相关数据制作。

当，但可以换一种提问的方法，即进入北洋时期后上述推断是否还适用，这样在一定程度上会避免用后来的分类系统去剪裁之前事实之嫌。

县官在案件中主要进行"教谕式调停"的观点，基本不适用于北洋时期顺义县、山西省各县和全国地方厅。北洋时期的结案已经明确区分了判决与和解等数种方式，如果县官处理诉讼都是教谕式调停，为何时人还特意对结案方式做出以上区分？难道区分这些结案方式的差异就毫无意义吗？和解结案也许与教谕式调停有关系，地方厅中的判决结案要与教谕式调停画等号似乎需要更充分的论证。[1] 如果承认结案方式存在差异，那么经调停而和解结案是否为主要的结案方式呢？山西省判决结案占 70% 左右，和解占 25% 左右；顺义县，判决约占 51%，和解约占 31%。它表明，县官在民事案件中主要不是以和解结案。山西只有 10% 左右的县是以和解结案案件占优势，全国和解结案案件比例高于判决比例的地方厅更是低至 6% 左右，因此，县官在案件中主要进行调解结案的观点在北洋时期仅仅针对很少部分司法机关是有效的，对绝大多数的司法机关是不适用的。

---

[1]　迄今尚未见有说服力的论证。

第十二章　基层诉讼的规模、效率及结案方式

　　黄宗智所持的县官坚持判决之说在北洋时期是否仍然适用呢？北洋时期，山西省各厅县与全国地方厅不仅各年总的判决结案案件比例都占 60%～70%，而且判决结案案件比例超过 50% 的厅县为多数，顺义县已结民事案件中判决结案案件的比例也在 50% 以上。就北洋时期而言，诸如全国绝大多数地方厅、山西省绝大多数县和顺义县这样的地方，判决结案是主流。然而不容忽略的是，判决比例较高的县很多，但仍有不少县判决结案案件比例并不高；和解结案案件比例较低的县很多，却仍有一些县和解结案案件占较高的比例；判决结案案件比例高于和解结案案件比例的县很多，仍有一些县是和解结案案件比例高于判决结案案件比例。因此基层司法机关结案以判决为主的看法在北洋时期仅仅针对很少部分司法机关是无效的，对绝大多数的司法机关是适用的。①

　　北洋时期的结案方式不仅为我们理解清代诉讼提供了参照，而且有助于定位近代以来的诉讼变革进程。黄宗智认为清代的法庭几乎从不调解，民国时期的法庭调解所起作用很有限，法庭调解几乎完全是现当代时期的发明。② 民国时期法庭调解所起作用很有限的看法也值得推敲，它至少不适合北洋时期的顺义县、山西省多数县和全国多数地方厅。顺义县民事案件和解数占已结案件的 31%；山西省各年和解案件的比例为 23%～26%；全国地方厅和解案件所占比例除了 1914 年为 10%、1915 年为 17% 以外，1916～1923 年在 21%～27%，58% 的地方厅中和解案件比例达到 20% 以上。多数地方有 1/5 以上的案件是以和解结案，这些县司法机关和审判厅的调解作用并非黄宗智所说那么有限，恰恰相反，其作用是值得重视的。一百年前处理案件和统计案件那些法律人，无论是顺义县、山西省、浙江省，还是司法部，都把和解案件数列入已结案件项内，研究者不能凌驾于时人的意识之上，也没有必要强行把这部分和解案件解读为民间调解或第三领域，而不算在司法机关的已结案件项内。北洋时期司法机关结案虽以判决为主，但多数

---

① 至于这种判决的性质是否全部或多大程度定性为依法判决或教谕式调停，这是一个涉及适用法律的问题。鉴于该问题的复杂性，留待以后进一步探讨。
② 参见黄宗智、尤陈俊主编《从诉讼档案出发：中国的法律、社会与文化》，第 461、439、462 页。

时候多数司法机关中和解案件仍占 1/5 以上，怎么能断言"法庭调解几乎完全是现当代时期的发明"？①

小　结

北洋时期顺义县、山西省 104 县、浙江省 64 县和全国地方厅的诉讼规模存在多样性，但其主体特征还是比较明晰的。山西、浙江等省多数县年均新收第一审民刑案件在 100～400 件之间，月均 30 件，每天为 1 件左右；全国各地方厅平均每年新收第一审民刑案件约 1100 多件，月均 100 件左右，每天不足 3 件。这意味着此时中国基层社会的诉讼规模并不大，而且没有剧烈增长。

月结案数，全国地方厅平均为 80～120 件；山西省各县平均约 31～36 件，这与新收案件数比较接近。而且顺义县、山西省各县以及全国地方厅的年结案率都比较高，未结案件并不多。故司法机关基本能应对当时诉讼规模。清代钱祥保、许文濬等知县也能一月结案二三十件，与北洋时期山西各县平均结案数相差无几。

诉讼规模并不大，尚未成为推动司法机关改革的强大动力。结案率尚能保持较高水平，即便司法制度不改革，传统旧制仍能围绕北洋时期的诉讼规模比较正常地运转。清末司法改革以来，很长时间不能在全国大部分地区建立完整的新式司法机关，上述因素的存在实为其原因之一。

当司法机关有限的结案能力与日益增长的诉讼规模之间发生尖锐冲突时，势必会寻找提高司法机关结案能力的办法。北洋时期，一部分县的诉讼规模已经较大，如山西和浙江都有 20%～30% 的县年新收第一审民刑案件数在 500 件以上。为了解决纠纷，国家将不得不加强司法机关建设。徐德润

---

① 黄宗智将县衙门受理案件划出一部分名曰"第三领域"，可谓一举两得：既构建了颇为引人注目的第三领域，又提升了法庭的判决比例，降低了法庭的调解比例，从而有利于驳斥滋贺秀三等人观点，并在此基础上提出县官在正式堂审中是判决的看法。我以为，"第三领域"那部分案件既然是县衙门受理的案件，其结果是和解，统计时就应算作县衙门以和解结案。如此一来，县衙门结案方式中和解比例必然大幅上升，这将从根基上动摇清代的法庭几乎从不调解的观点。

第十二章　基层诉讼的规模、效率及结案方式

在寿光县任知县时请求上级再派帮审员就是例证。他称："举凡振兴学校，提倡实业，整顿巡警，缉拿盗匪，以及地方自治之力谋进行，百端待理，方深丛脞之忧。乃益以词讼之繁，更觉不遑暇食。"虽然徐德润已经有了"听断细心，颇能相助为理"的帮审员董汝骏，仍觉得"事繁人少，即竭尽心力，终难免迟滞之虞"，于是提出再派一个帮审员的请求。[①] 多数县知事与徐德润面对的问题类似。因此，社会发展，诉讼规模增大，以及处理事务范围的扩展，都将挑战县知事处理诉讼的能力，从而使司法改革具备内在的动力。

北洋时期大部分地区的诉讼规模、结案率并没有成为推动司法改革的强劲而急切动力，它是影响到多数地方仍由县知事兼理司法的重要因素。而少数地区司法旧制已经不能满足诉讼需求，故建立新式法院，推行新式司法制度的努力也从未间断。

传统旧制下往往以和息的形式结案，北洋时期结案在形式上已经多样化，民事与刑事案件各有不同的结案方式，刑事案件包括有罪、无罪、公诉驳回等项，民事案件则有判决、撤回、和解等项。本章主要研究了民事案件的结案方式。

民事案件以判决结案为主，以和解结案为辅。该结案方式对维持司法旧制更为有利。如果改县知事监理司法等为新式法院，新式法院中不能用堂谕代判决，势必增加制作判词的难度。各县判决结案比例还高于新式法院，制作判词的数量也会增加。一个可能的结果是积案增加。刑事案件基本以判决结案，如果改设法院，司法机关的判词制作压力将进一步加剧。从这个角度看，在司法经费不足、司法人才缺乏的北洋时期，结案方式也未能成为设立新式法院的强大动力，从而影响司法与行政的分离。

[①] 徐德润：《上司法筹备处长呈文》，《拙庵公牍》卷1，第28页。

附表

表 12-1 1923~1928 年顺义县收结民刑案件数

项目	年份	1923	1924	1925	1926	1927	1928	各年综计
新收	刑事年收	117	153	74	36	32	31	443
	刑事月均	12	13	6	3	3	3	6
	民事年收	127	165	138	119	125	105	779
	民事月均	13	14	12	10	10	9	11
	民刑年收	244	318	212	155	157	136	1222
	民刑月均	24	27	18	13	13	11	17
受理数	刑事年收	117	170	82	40	37	31	
	民事年收	140	189	150	141	150	123	
	民刑年收	257	359	232	181	187	154	
	民刑月均	26	30	19	15	16	13	
已结	刑事年结	100	162	78	34	37	27	438
	刑事月均	10	14	7	3	3	2	6
	民事年结	119	180	128	116	131	105	779
	民事月均	12	15	11	10	11	9	11
	民刑年结	219	342	206	150	168	132	1217
	民刑月均	22	29	17	13	14	11	17
结案率(%)	刑事(年)	85	95	95	85	100	87	
	民事(年)	85	95	85	82	87	85	
	民刑(年)	85	95	89	83	90	86	

说明：(1) 从 1923 年 3 月到 1928 年底共 70 个月，各年平均值是总数除以 70。计算时四舍五入到个位，有时会导致某些分项之和与总数不一致，对结果的准确性影响并不多。以下各表同，不另注。(2) 司法机关受理的案件总数为旧受加上新收数。本编表格中数据的单位如下：案件数均为"件"；县数和厅庭数均为"个"，数年总和则为"县次"或"厅次"；标的为"元"。为省文，以下各表不再单独注明。

资料来源：根据顺义县档案 2-1-245、246、311、317、368、379、382、458、459、460、464、570、599 的相关资料计算制作。

表 12-2 1925~1927 年顺义县月收结民刑事诉讼案件数

项目	月份	1	2	3	4	5	6	7	8	9	10	11	12
旧受	1925 年	19	19	17	33	41	42	33	30	30	33	38	30
	1926 年	26	33	39	39	39	29	25	27	23	24	29	28
	1927 年	30	28	27	36	22	18	22	24	27	21	18	21

第十二章　基层诉讼的规模、效率及结案方式

续表

项目	月份	1	2	3	4	5	6	7	8	9	10	11	12
新收	1925年	11	11	35	31	34	9	8	6	14	18	15	16
	1926年	23	13	38	1	5	5	9	5	9	15	13	19
	1927年	14	16	27	9	9	18	17	17	11	2	9	8
受理数	1925年	30	30	52	64	75	51	41	36	44	51	53	46
	1926年	49	46	77	40	44	34	34	32	32	39	42	47
	1927年	44	44	54	45	31	36	39	41	33	23	27	29
已结数	1925年	15	14	19	23	33	18	11	6	11	13	23	20
	1926年	16	7	38	1	15	9	7	9	8	10	14	16
	1927年	16	17	17	23	13	14	15	19	12	5	6	11
结案率(%)	1925年	50	47	37	36	44	35	27	17	25	25	43	43
	1926年	33	15	49	3	34	26	21	28	25	26	33	34
	1927年	36	39	31	51	42	39	38	46	36	22	22	38

说明：1925年，顺义司法公署"民事诉讼月报表"强制执行类案件有几处数据不能前后对应。如执行中一栏的件数应该成为下月旧受件数，但1月执行中一栏强制执行为2件，2月旧受变成了5件，增加3件；2月执行中一栏为强制执行为4件，3月旧受变成了5件，增加1件，以上共增加4件。这4件应该先为新收而计入下一月旧受栏，实际上它们并没有列入新收栏内。由于从第二个月开始，所有旧受都应该是上月遗留的，已经算入上月，故计算案件总数时这月旧受件数就不应算入，以免重复计算，通常用第一个月旧受件数加上所有新收件数。它导致计算受理的强制执行案件总数时将减少4件。另外已结和未结之和为10件。说明这4件的确应该算入总数。故应将强制执行栏的新收案件数由4件更正为8件，新旧总数更正为10件。总的来看，"民事诉讼月报表"数据基本准确，大体可以作为分析的基础。

资料来源：根据顺义县档案2-1-311、379、458等资料计算制作。

表12-3　1925~1927年顺义县各诉讼规模之月数分布

项目	时间	1925年	1926年	1927年	合计月数	月数比例(%)
月新收	10件以下	3	6	5	14	39
	10~20件	6	4	6	16	44
	20~30件		1	1	2	6
	30件以上	3	1		4	11
月受理	20~30件			2	2	6
	30~40件	3	5	5	13	36
	40~50件	3	6	4	13	36
	50~60件	4		1	5	14
	60~70件	1			1	3
	70~80件	1	1		2	6

— 317 —

续表

项目	时间	1925 年	1926 年	1927 年	合计月数	月数比例(%)
月结案数	10 件以下	1	6	2	9	25
	10~20 件	7	5	9	21	58
	20~30 件	3		1	4	11
	30 件以上	1	1		2	6
月结案率	20% 以下	1	2		3	8
	20%~30%	3	5	2	10	28
	30%~40%	3	4	7	14	39
	40%~50%	4		2	6	17
	50% 以上	1	1	1	3	8

资料来源：根据表 12-2 计算制作。

表 12-4　1919~1926 年山西省地方厅年新收民刑第一审案件数

年份\项目	民事	刑事	民刑	厅年均民事	厅年均刑事	厅年均民刑事
1919	571	2173	2744			
1920	1479	2788	4267			
1921	1287	4266	5553	429	1422	1851
1922	1234	3457	4691	411	1152	1563
1923	1513	2583	4096	504	861	1365
1924	1774	2412	4186	591	804	1395
1925	1805	2380	4185	602	793	1395
1926	1562	1479	3041	521	493	1014

说明：民事、刑事数据为太原地方厅、第一高等分厅附设地方庭和第二高等分厅附设地方庭这三个地方厅庭数据之和，民事总数除以 3 为厅年均民事数；刑事总数除以 3 为厅年均刑事数。由于四舍五入的缘故，有时年均民刑分项之和与民刑总数除以 3 所得到数据略有出入。考虑到同一表格中分项之和应与总数相等，故厅年均民刑数则是年均民事数加上年均刑事数。以下各表同。

资料来源：根据"山西省第二次至第九次政治统计"各年"司法之部"的"各法庭民（刑）事案件与户数比较表"、"发生民（刑）事案件最近三年比较表"、"全省初审衙署发生民（刑）事案件统计总表"等资料计算制作。1919 年和 1920 年第一高等分厅附设地方庭和第二高等分厅附设地方庭所报数据不全，故该两年平均项无法准确计算。

第十二章 基层诉讼的规模、效率及结案方式

表 12－5　1919～1926 年山西省各县年新收民刑第一审案件数

年份＼项目	户数	民事	刑事	民刑	县年均民事	县年均刑事	县年均民刑事	每万户年均案件数
1919		12883	14382	27265	124	138	262	
1920	2245328	16050	23555	39605	154	226	381	176
1921	2257261	18957	27182	46139	182	261	443	204
1922	2256631	20260	25137	45397	195	242	437	201
1923	2339565	22992	15772	38764	221	152	373	166
1924	2288268	24076	20640	44716	232	198	430	195
1925	2295518	22592	18507	41099	217	178	395	179
1926	2290680	21426	17012	38438	206	164	370	168
年均	2281893	19905	20273	40178	191	195	386	176

说明：山西省民事、刑事数据为未设法院 104 县数据总和，民事总数除以 104 为县年均民事数，刑事总数除以 104 为县年均刑事数，各县年均民刑数则是年均民事数加上年均刑事数。民刑总数除以户数，再乘以 10000，即为每万户发生的年均案件数。

资料来源：根据"山西省第二次至第九次政治统计"各年"司法之部"的"各县民（刑）事案件与户数比较表""发生民（刑）事案件最近三年比较表""全省初审衙署发生民（刑）事案件统计总表"等资料计算制作。

表 12－6　1919～1926 年山西省各诉讼规模之县分布

项目	案件规模	100 以下	100～200	200～300	300～400	400～500	500～1000	1000 以上	100～400
县数	1919 年	5	39	32	12	4	12		83
	1920 年	1	17	21	27	14	24		65
	1921 年	1	9	21	23	14	34	2	53
	1922 年	1	12	21	24	12	31	3	57
	1923 年	3	26	26	16	8	22	3	68
	1924 年	1	19	25	17	8	28	6	61
	1925 年	3	21	29	12	13	24	2	62
	1926 年	5	32	18	17	10	18	4	67
	合计	20	175	193	148	83	193	20	516
县数比例（%）	1919 年	5	38	31	12	4	12		80
	1920 年	1	16	20	26	14	23		63
	1921 年	1	9	20	22	13	33	2	51
	1922 年	1	12	20	23	12	30	3	55
	1923 年	3	25	25	15	8	21	3	65
	1924 年	1	18	24	16	8	27	6	59
	1925 年	3	20	28	12	13	23	2	60
	1926 年	5	31	17	16	10	17	4	64
	综计	2	21	23	18	10	23	2	62

资料来源：同表 12－5。

表 12-7　1917~1918 年山西省兴县受理民刑事第一审案件数

项目 年份	旧受 刑事 年收	旧受 民事 年收	新收 刑事 年收	新收 刑事 月均	新收 民事 年收	新收 民事 月均	新收 民刑 年收	新收 民刑 月均	受理数 刑事 年收	受理数 刑事 月均	受理数 民事 年收	受理数 民事 月均	受理数 民刑 年收	受理数 民刑 月均	已结数 刑事 年结	已结数 刑事 月均	已结数 民事 年结	已结数 民事 月均	已结数 民刑 年结	已结数 民刑 月均	年结案率(%) 刑事	年结案率(%) 民事	年结案率(%) 民刑
1917	4	2	72	6	40	3	112	9	76	42	118	10	69	6	41	3	110	9	91	98	93
1918	7	1	83	7	48	4	131	11	90	49	139	12	79	7	49	4	128	11	88	100	92

资料来源："六（七）年度民（刑）事第一审表"，民国（1927 年）《合河政纪》卷 2《司法篇》，第 36~39 页。

表 12-8　1922~1924 年浙江省地方厅年新收民刑第一审案件情况

地方厅\年份项目	1922 民事	1922 刑事	1922 民刑	1923 民事	1923 刑事	1923 民刑	1924 民事	1924 刑事	1924 民刑
杭县地审厅	859	769	1628	1047	810	1857	941	738	1679
嘉兴分庭	166	762	928	224	345	569	158	219	377
吴县分庭	270	427	697	439	422	861	304	283	587
绍兴分庭	635	679	1314	890	284	1174	753	265	1018
鄞县地审厅	555	603	1158	654	629	1283	605	472	1077
临海分庭	459	878	1337	598	270	868	534	167	701
永嘉地审厅	1315	411	1726	804	390	1194	714	353	1067
丽水分庭	353	272	625	316	42	358	259	31	290
金华地审厅	494	311	805	510	315	825	435	291	726
衢县分庭	440	415	855	493	236	729	363	208	571
建德分庭	171	199	370	175	94	269	127	63	190
合　计	5717	5726	11443	6150	3837	9987	5193	3090	8283
厅　均	520	521	1040	559	349	908	472	281	753

资料来源：根据 1922 年度至 1924 年度的《浙江司法年鉴》计算制作。

表 12-9　1922~1924 年浙江省各诉讼规模之地方厅分布

	案件数	100~200	200~300	300~400	500~1000	1000 以上	500 以上
厅数	1922 年			1	5	5	10
厅数	1923 年		1	1	5	4	9
厅数	1924 年	1	1	1	4	4	8
厅数	合　计	1	2	3	14	13	27

续表

案件数		100~200	200~300	300~400	500~1000	1000以上	500以上
厅数比例（%）	1922年			9	45	45	91
	1923年		9	9	45	36	82
	1924年	9	9	9	36	36	73
	综计	3	6	9	42	39	82

资料来源：根据1922年度至1924年度的《浙江司法年鉴》计算制作。

表12-10　1922~1924年浙江省各县年新收民刑第一审案件数

年份\项目	民事	刑事	民刑	县均民事	县均刑事	县均民刑事
1922	10034	22682	32716	157	354	511
1923	9122	21564	30686	143	337	480
1924	9381	20417	29798	147	319	466

说明：浙江省民事、刑事数据为未设法院64县数据总和，民事总数除以64为县年均民事数，刑事总数除以64为县年均刑事数，各县年均民刑数则是年均民事数加上年均刑事数。

资料来源：根据1922年度至1924年度的《浙江司法年鉴》计算制作。

表12-11　1922~1924年浙江省各诉讼规模之县分布

诉讼规模		100以下	100~200	200~300	300~400	400~500	500~1000	1000以上	200~400
县数	1922年	1	6	15	14	4	19	5	29
	1923年	1	5	13	18	6	17	4	31
	1924年	1	6	15	15	7	16	4	30
	合计	3	17	43	47	17	52	13	90
县数比例（%）	1922年	2	9	23	22	6	30	8	47
	1923年	2	8	20	28	9	27	6	48
	1924年	2	9	23	23	11	25	6	45
	综计	2	9	22	24	9	27	7	47

资料来源：根据1922年度至1924年度的《浙江司法年鉴》计算制作。

表12-12　1914~1923年全国地方厅年新收民刑第一审案件数

年份\项目	民事总数	厅数	厅年均民事	刑事总数	厅数	厅年均刑事	厅年均民刑
1914	23993	43	558	30551	45	679	1237
1915	27512	45	611	36291	46	789	1400
1916	27254	50	545	27314	49	557	1103
1917	29331	54	543	31142	54	577	1120

续表

年份\项目	民事总数	厅数	厅年均民事	刑事总数	厅数	厅年均刑事	厅年均民刑
1918	29310	50	586	26907	52	517	1104
1919	27452	48	572	27554	50	551	1123
1920	32571	53	615	31868	54	590	1205
1921	35858	57	629	32932	59	558	1187
1922	35927	67	536	32028	69	564	1000
1923	40628	72	564	36015	73	493	1058

资料来源：根据1914年度至1923年度的"刑事统计年报"与"民事统计年报"计算制作本表。各厅年均民刑数是年均民事数加上年均刑事数。

表12-13　1914~1923年全国各诉讼规模之地方厅分布

诉讼规模	100以下	100~200	200~300	300~400	400~500	500~600	600~700	700~800	800~900	900~1000	1000~1500	1500~2000	2000以上
厅次	3	10	40	26	37	37	30	26	31	21	101	61	71
比例(%)	1	2	8	5	7	7	6	5	6	4	20	12	14

说明：涉及的总厅次为494次，不同诉讼规模的厅次除以494次，即为该类地方厅在总数中的比例。

资料来源：同表12-12。

表12-14　1920~1926年山西省厅县民刑案件年结案情况

项目\年份		1920	1921	1922	1923	1924	1925	1926
各县	总数	39568	45988	45878	38755	44891	41307	38406
	年均	380	442	441	373	432	397	369
	月均	32	37	37	31	36	33	31
各厅	总数	3739	5523	4742	3936	4403	4145	3119
	年均		1841	1581	1312	1468	1382	1040
	月均		153	132	109	122	115	87

资料来源：根据"山西省第五次至第九次政治统计"各年"司法之部"的"民（刑）事案件受理及结果表""民（刑）事第一审案件及终结未结"等资料计算制作。1920年第一高等分厅附设地方庭和第二高等分厅附设地方庭所报数据不全，故该年平均项无法准确计算。

第十二章 基层诉讼的规模、效率及结案方式

表 12－15　1920～1926 年山西省民刑案件第一审各结案率之县分布

	结案率		80%以下	80%~85%	85%~90%	90%~95%	95%以上	90%以上
县数	1920 年	民事		1	5	11	87	98
		刑事		1	4	19	80	99
	1921 年	民事	2	3	4	13	82	95
		刑事			4	10	90	100
	1922 年	民事			3	10	91	101
		刑事			1	6	97	103
	1923 年	民事		2	5	4	93	97
		刑事	1	4	3	11	85	96
	1924 年	民事		1	4	7	92	99
		刑事	1	1	2	10	90	100
	1925 年	民事			3	7	94	101
		刑事				10	94	104
	1926 年	民事		1	2	15	86	101
		刑事		1	3	7	93	100
	合　计	民事	2	8	26	67	625	692
		刑事	2	7	17	73	629	702
县数所占比例（%）	1920 年	民事		1	5	11	84	94
		刑事		1	4	18	77	95
	1921 年	民事	2	3	4	13	79	91
		刑事			4	10	87	96
	1922 年	民事			3	10	88	97
		刑事			1	6	93	99
	1923 年	民事		2	5	4	89	93
		刑事	1	4	3	11	82	92
	1924 年	民事		1	4	7	88	95
		刑事	1	1	2	10	87	96
	1925 年	民事			3	7	90	97
		刑事				10	90	100
	1926 年	民事		1	2	14	83	97
		刑事		1	3	7	89	96
	综　计	民事	0	1	4	9	86	95
		刑事	0	1	3	10	86	96

资料来源：同表 12－14。

表 12-16　1914~1923 年全国地方厅民刑事案件第一审结案数与结案率

项　目		受理总数	已结总数	厅数	年结案数	月结案数	民刑事月结案数	年结案率(%)
1914 年	民事	28414	24952	43	580	48	105	88
	刑事	32271	31033	45	690	57		96
1915 年	民事	30222	29340	45	652	54	121	97
	刑事	37649	37257	46	810	67		99
1916 年	民事	28222	26751	50	535	45	91	95
	刑事	27681	27286	49	557	46		99
1917 年	民事	30466	29126	54	539	45	93	96
	刑事	31534	31215	54	578	48		99
1918 年	民事	30469	29288	50	586	49	92	96
	刑事	27205	26894	52	517	43		99
1919 年	民事	28568	27205	48	567	47	93	95
	刑事	27796	27429	50	549	46		99
1920 年	民事	33995	32043	53	605	50	100	94
	刑事	32252	31797	53	600	50		99
1921 年	民事	37784	35373	57	621	52	99	94
	刑事	33376	32971	59	559	47		99
1922 年	民事	38327	34845	67	520	43	81	91
	刑事	32424	31743	69	460	38		98
1923 年	民事	43912	40024	72	556	46	87	91
	刑事	36739	35751	73	490	41		97

资料来源：根据 1914 年度至 1923 年度的"刑事统计年报"与"民事统计年报"计算制作。

表 12-17　1914~1923 年全国民刑事案件第一审各结案率之地方厅分布

结案率		80%以下	80%~85%	85%~90%	90%~95%	95%以上	90%以上
民事	厅次	35	19	53	138	294	432
	厅次比例(%)	6	4	10	26	55	80
刑事	厅次	15	7	17	56	455	511
	厅次比例(%)	3	1	3	10	83	93

资料来源：同表 12-16。

第十二章 基层诉讼的规模、效率及结案方式

表 12－18　1923～1928 年顺义县民事案件第一审结案方式

项目 \ 年份		1923	1924	1925	1926	1927	1928	计
结案方式	判决	52	85	71	48	55	28	339
	和解	51	85	31	17	17	21	222
	驳斥	9	2	1		1		13
	撤回		2	8	21	31	36	98
	其他	7	2	4	4	1		18
	计	119	176	115	90	105	85	690
结案方式比例（%）	判决	44	48	62	53	52	33	49
	和解	42	48	27	19	16	25	32
	驳斥	8	1	1		1		2
	撤回		1	7	23	30	42	14
	其他	6	1	3	4	1		3

资料来源：根据顺义县档案 2－1－245、311、379、458、464、570 等相关资料制作。

表 12－19　1919～1926 年山西省厅县民事案件第一审结案方式

项目 \ 年份	受理总数	判决	撤回	和解	发还	其他	已结数	判决比例（%）	和解比例（%）	年结案率（%）
1919		9786	25	3280	73	268	13432	73	24	
1920	17424	12491	29	4198	28	288	17034	73	25	98
1921	20735	14932	51	4656	7	452	20098	74	23	97
1922	22216	15715	74	5352	17	509	21667	73	25	98
1923	25054	17574	154	5515	102	895	24240	73	23	97
1924	26670	18427	276	6523	124	774	26124	71	25	98
1925	24946	16933	325	6262	131	754	24405	69	26	98
1926	23529	16413	292	5520	199	600	23024	71	24	98

资料来源：根据"山西省第二次至第九次政治统计"各年"司法之部"的"全省民事案件结果统计总表""民事案件受理及结果表""民事第一审案件及终结未结"等资料计算制作。

表 12－20　1920～1926 年山西省厅县刑事案件第一审结案方式

项目 \ 年份	受理总数	有罪	无罪	管辖错误	公诉驳回	消灭	其他	已结	有罪率（%）	年结案率（%）
1920	26983	23800	2111	15	100	81	160	26273	91	97
1921	32252	28484	1981	13	176	101	658	31413	91	97
1922	29521	25904	1913	34	459	65	578	28953	89	98

325

北洋时期的基层司法

续表

年份\项目	受理总数	有罪	无罪	管辖错误	公诉驳回	消灭	其他	已结	有罪率(%)	年结案率(%)
1923	18944	15493	2119	13	284	68	474	18451	84	97
1924	23568	19810	2224	15	273	414	434	23170	85	98
1925	21325	17426	2148	29	192	555	697	21047	83	99
1926	18781	15405	1921		186	385	604	18501	83	99

资料来源：根据"山西省第五次至第九次政治统计"各年"司法之部"的"刑事案件受理及结果表""刑事第一审案件及终结未结"等资料计算制作。

表12－21　1919～1926年山西省民事案件第一审各判决率之县分布

项目\判决比例		10%以下	10%~20%	20%~30%	30%~40%	40~50%	50%~60%	60%~70%	70%~80%	80%~90%	90%以上	50%以下	50%以上
县数	1919年			1	2	4	12	28	24	21	12	7	97
	1920年					3	15	22	25	26	13	3	101
	1921年		1		2	8	10	21	26	25	11	11	93
	1922年			4	4	4	15	18	27	24	8	12	92
	1923年		1	2	6	8	14	20	17	25	11	17	87
	1924年		1	1	3	13	15	25	18	22	6	18	86
	1925年	1		4	2	8	19	19	25	17	9	15	89
	1926年			2	5	3	12	24	20	25	6	17	87
	总计	1	5	17	22	55	112	177	182	185	76	100	732
县比例(%)	1919年			1	2	4	12	27	23	20	12	7	93
	1920年					3	14	21	24	25	13	3	97
	1921年		1		2	8	10	20	25	24	11	11	89
	1922年			4	4	4	14	17	26	23	8	12	88
	1923年		1	2	6	8	13	19	16	24	11	16	84
	1924年		1	1	3	13	14	24	17	21	6	17	83
	1925年	1		4	2	8	18	18	24	16	9	14	86
	1926年			2	5	3	7	12	23	19	24	6	16	84
	综计	0	1	2	3	7	13	21	22	22	9	12	88

资料来源：根据"山西省第二次至第九次政治统计"各年"司法之部"的"全省民事案件结果统计总表""民事案件受理及结果表""民事第一审案件及终结未结"等资料计算制作。

表 12-22　1919~1926 年山西省民事案件第一审各和解率之县分布

项目	和解比例	10%以下	10%~20%	20%~30%	30%~40%	40%~50%	50%~60%	60%~70%	70%~80%	80%以上	20%以上	50%以上
县数	1919 年	13	24	33	19	9	4	2			67	6
	1920 年	12	30	29	19	12	2				62	2
	1921 年	10	29	31	19	7	7			1	65	8
	1922 年	7	28	29	22	9	3	5	1		69	9
	1923 年	10	33	19	20	15	4		3		61	7
	1924 年	8	27	24	23	12	7	2	1		69	10
	1925 年	9	30	22	19	14	5	1	4		65	10
	1926 年	9	24	28	21	13	4	1	3	1	71	9
	总计	78	225	215	162	91	36	11	12	2	529	61
县比例(%)	1919 年	13	23	32	18	9	4	2			64	6
	1920 年	12	29	28	18	12	2				60	2
	1921 年	10	28	30	18	7	7			1	63	8
	1922 年	7	27	28	21	9	3	5	1		66	9
	1923 年	10	32	18	19	14	4		3		59	7
	1924 年	8	26	23	22	12	7	2	1		66	10
	1925 年	9	29	21	18	13	5	1	4		63	10
	1926 年	9	23	27	20	13	4	1	3	1	68	9
	综计	9	27	26	19	11	4	1	1	0	64	7

资料来源：同表 12-21。

表 12-23　1919~1926 年山西省民事案件第一审判决率低于和解率之县比较

项目 \ 年份	1919	1920	1921	1922	1923	1924	1925	1926
县数	4	3	8	10	9	12	10	15
比例(%)	4	3	8	10	9	12	10	14

资料来源：同表 12-21。

表 12-24　1917～1918 年山西省兴县民事案件第一审结案方式

项目	结案方式	判决	和解	撤回	其他
件数	1917 年	21	11	2	3
	1918 年	29	15	4	1
	合　计	50	26	6	4
比例(%)	1917 年	57	30	5	8
	1918 年	59	31	8	2
	综　计	58	30	7	5

资料来源："六（七）年度民（刑）事第一审表",民国（1927 年）《合河政纪》卷 2《司法篇》,第 36～39 页。

表 12-25　1914～1923 年全国地方厅刑事案件第一审结案方式

年份 项目	已结	有罪	无罪	管辖错误	公诉驳回	消灭	其他
1914	31033	29996	792	27	69	2	147
1915	37257	36342	639	56	113	22	85
1916	27286	26706	433	12	79	11	45
1917	31215	30485	471	22	119	14	104
1918	26894	26352	311	13	116	9	93
1919	27429	26822	385	10	109	13	90
1920	31797	31098	471	14	118	17	79
1921	32971	32222	473	20	120	11	125
1922	31743	30948	472	31	101	12	179
1923	35751	34100	820	83	204	47	497

资料来源：根据 1914 年度至 1923 年度的"刑事统计年报"计算制作。

表 12-26　1914～1923 年全国地方厅民事案件第一审结案方式

年份 项目	判决	和解	撤回	发还	其他	已结合计	判决比例(%)	和解比例(%)
1914	17965	2510	693	65	3719	24952	72	10
1915	21115	4940	580	100	2605	29340	72	17
1916	17955	5670	772	96	2258	26751	67	21
1917	18417	6729	1075	92	2813	29126	63	23
1918	17213	7800	1060	68	3147	29288	59	27
1919	15917	7017	1136	28	3107	27205	59	26
1920	18982	8040	1384	45	3592	32043	59	25
1921	21385	8555	1466	73	3894	35373	60	24
1922	21373	8747	1475	50	3200	34845	61	25
1923	24873	9595	2944		2612	40024	62	24

资料来源：根据 1914 年度至 1923 年度的"民事统计年报"计算制作。

表 12 – 27 1914～1923 年全国民事案件第一审各判决率之地方厅分布

项目	判决比例	10%以下	10%~20%	20%~30%	30%~40%	40%~50%	50%~60%	60%~70%	70%~80%	80%~90%	90%以上
厅次	1914 年				1	2	6	8	14	8	4
	1915 年	1			1		7	11	15	10	
	1916 年			1	3	4	3	15	10	12	2
	1917 年	1			3	5	10	16	11	5	3
	1918 年			2	5	5	13	12	11	2	
	1919 年			1	4		14	17	7		
	1920 年	1		2	3	7	15	14	6	5	
	1921 年			2	7	7	17	14	8	2	
	1922 年			1	1	13	18	19	10	4	1
	1923 年					12	22	19	16	3	
	合 计	3		9	28	58	125	145	108	53	10
厅次比例（%）	1914 年				2	5	14	19	33	19	9
	1915 年	2			2		16	24	33	22	
	1916 年			2	6	8	6	30	20	24	4
	1917 年	2			6	9	19	30	20	9	6
	1918 年			4	10	10	26	24	22	4	
	1919 年			2	8	6	29	35	15	4	
	1920 年	2		4	6	13	28	26	11	9	
	1921 年			4	12	12	30	25	14	2	
	1922 年			1	1	19	27	28	15	6	1
	1923 年					17	31	26	22	4	
	综 计	1		2	5	11	23	27	20	10	2

资料来源：根据 1914 年度至 1923 年度的"民事统计年报"计算制作。

表 12 – 28 1914～1923 年全国民事案件第一审各和解率之地方厅分布

项目	和解比例	10%以下	10%~20%	20%~30%	30%~40%	40%~50%	50%以上	20%以上	20%以下	10%~40%
厅次		69	158	149	104	37	22	312	227	411
厅次比例（%）		13	29	28	19	7	4	58	42	76

资料来源：同表 12 – 27。

表 12-29　1919~1923 年山西各县与全国地方厅民事案件第一审判决率比较

单位：%

判决比例		10%以下	10%~20%	20%~30%	30%~40%	40%~50%	50%~60%	60%~70%	70%~80%	80%~90%	90%以上
1919 年	县			1	2	4	12	27	23	20	12
	厅			2	8	6	29	35	15	4	
1920 年	县					3	14	21	24	25	13
	厅	2		4	6	13	28	26	11	9	
1921 年	县		1		2	8	10	20	25	24	11
	厅			4	12	12	30	25	14	4	
1922 年	县			4	4	4	14	17	26	23	8
	厅			1	1	19	27	28	15	6	1
1923 年	县		1	2	6	8	13	19	16	24	11
	厅					17	31	26	22	4	
综计	县	0	1	2	3	7	13	21	22	22	9
	厅	1		2	5	11	23	27	20	10	2

说明：表中的县指山西省各县，厅指全国地方审判厅。

资料来源：根据 1914 年度至 1923 年度的"民事统计年报"以及"山西省第二次至第九次政治统计"各年"司法之部"的"全省民事案件结果统计总表"、"民事案件受理及结果表"、"民事第一审案件及终结未结"等资料计算制作。

第十三章
基层诉讼的类别

诉讼类别是司法制度的重要内容，其变化反映了司法制度的变迁。诉讼类别在一定程度上还影响着司法制度的变革。

清末司法改革后，诉讼类别有了民、刑之分，刑事与民事又各分不同类别。学界对清代民刑比例有一定研究。黄宗智力图展现官方表达与法律制度运作实际的几幅不同图像，其一即官方表达认为民事诉讼不多，而他考察了台湾淡新诉讼档案和宝坻诉讼档案后指出，民事诉讼案件占了县衙门处理案件总数的大约 1/3。他还认为民国年间民事诉讼的比重可能有增加。① 黄宗智的研究成果的确动摇了民事诉讼不多的看法。不过现存淡新、宝坻档案中的案件未必就是历史上该地处理案件的全部。没有完整的数据作基础，所计算出来的民事案件占总案件的比例或民刑案件的比例往往不准确，即使准确也可能是巧合而已，实际上缺乏坚实的史料支撑。

还有学者利用北洋时期的刑事诉讼统计讨论犯罪问题。1920 年代末期，燕京大学社会学系的学生张镜予和严景耀对当时的犯罪进行了研究。张镜予对司法部犯罪统计进行了梳理，② 严景耀对北京犯罪进行了分析。③ 1934 年，严景耀在美国芝加哥大学的博士论文《中国的犯罪问题与社会变迁的关系》也涉及北洋时期的犯罪问题。④ 张镜予和严景耀主要研究了城市犯

---

① 黄宗智：《清代的法律、社会与文化：民法的表达与实践》，第 48～49 页。
② 张镜予：《北京司法部犯罪统计的分析》，《社会学界》第 2 卷，1928 年 6 月。
③ 严景耀：《北京犯罪之社会分析》，《社会学界》第 2 卷，1928 年 6 月。
④ 严景耀：《中国的犯罪问题与社会变迁的关系》，北京大学出版社，1986。

罪，特别是设有审判厅的城市犯罪，基本不涉及各县犯罪，更不涉及民事案件。2007年四川大学艾晶的博士论文专门研究了北洋时期的女性犯罪。[①]

虽有上述研究成果，但对北洋时期民刑案件的比较，刑事案件的罪名类别，民事案件诉讼类别及诉讼标的，特别是未设法院各县仍缺少深入的量化研究，更谈不上对法院与未设法院各县、城市与乡村进行比较。

本章即利用顺义县的相关档案、山西和浙江等省司法统计资料和司法部的"民、刑统计年报"分析基层诉讼的类别，并以此为基础检讨近代司法建设的动力是否缺失。

一 案件的民刑构成

现有研究成果多从近代民事、刑事分类的角度对中国传统诉讼类别进行讨论。中国传统诉讼不是按照民刑进行分类，而是按照细故与重情、户婚田土等进行分类。以民刑划分中国传统诉讼类别有欠妥当。民事、刑事分类标准是近代传入中国并逐渐成为中国司法中的案件分类标准。清末司法改革之后，民事、刑事分类标准开始成为中国司法中的案件分类标准；北洋时期司法部已经按照民事、刑事分类统计案件了。[②] 既然有民刑之分，那么民刑案件在总案件里的构成情况如何呢？

第一，顺义县民刑案件之构成。

1923～1928年，所有的年份顺义县新收刑事案件总数目都是少于民事案件总数。这近六年时间里，共新收民事案件779件，刑事案件443件，其在民刑案件总数中的比例分别约占63%和36%。1923年、1924年民事案件所占比例约52%，1925年即达到65%，之后几年甚至占77%左右，1927年约占80%。因为刑事案件急剧减少，1925年后民刑比例差距增大，平均每月新收民事案件约11件，而刑事案件已降至约6件（详见表13-1）。

---

① 艾晶：《清末民初女性犯罪研究（1901～1919年）》，博士学位论文，四川大学，2007。
② "民、刑统计年报"连续出版了10年，可见北洋时期确立了以民刑为诉讼分类标准。

第十三章 基层诉讼的类别

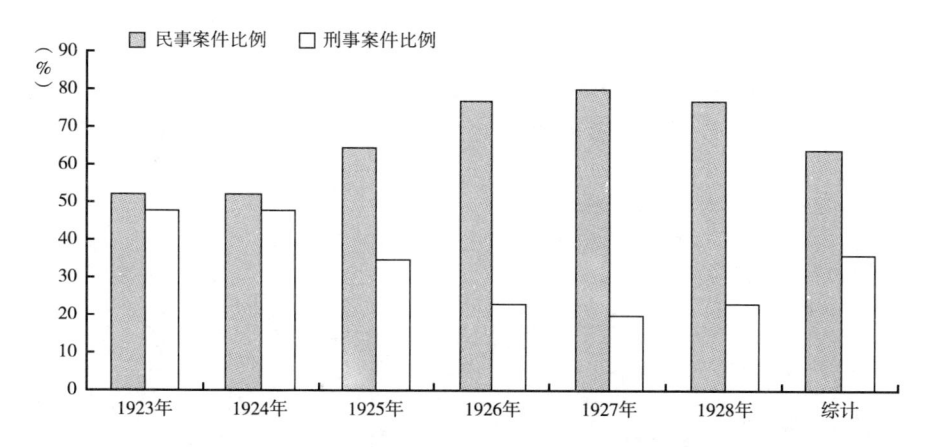

图 13-1　1923~1928 年顺义县新收民刑案件比例

数据来源：根据表 13-1 相关数据制作。

第二，山西省民刑案件之构成。

1919~1926 年，山西省太原地方厅等新收民刑第一审案件中，民事案件所占比例从 21% 逐渐上升到 51%，刑事案件所占比例从 79% 逐渐下降到 49%。前七年都是民事案件少于刑事案件，直到 1926 年民事案件才超过刑事案件。多数年份里民事与刑事所占比例相差较大。1919~1923 年民事与刑事所占比例相差在 26 个百分点以上，甚至有的年份相差约 50 个百分点。

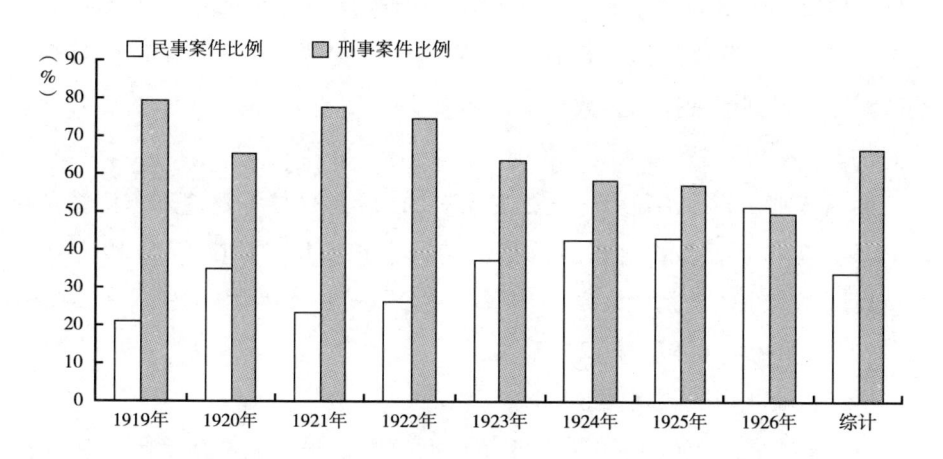

图 13-2　1919~1926 年山西省地方厅新收第一审案件民刑比例

数据来源：根据表 13-2 相关数据制作。

山西省104县总体上在前四年都是民事案件少于刑事案件,直到1923年民事案件才超过刑事案件。民事与刑事所占比例相差并不是太大,通常是一类案件占40%多,另一类占50%多。

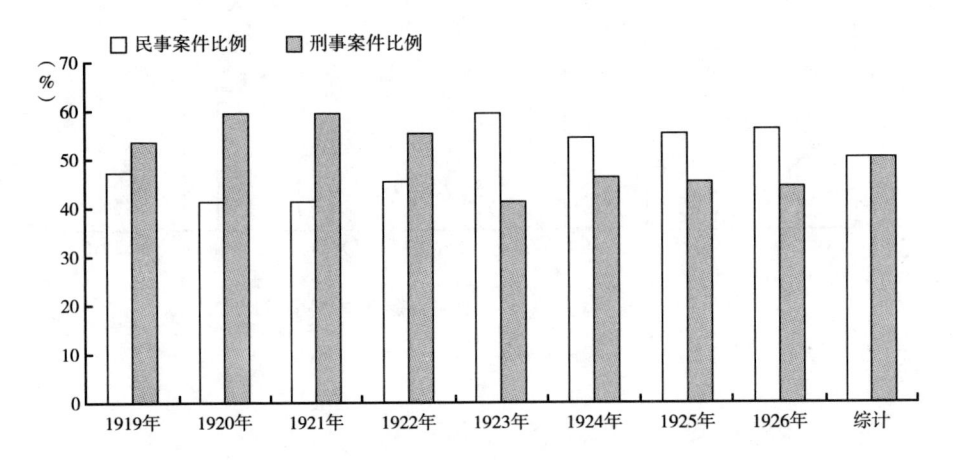

图13-3 1919~1926年山西省各县新收第一审案件民刑比较

数据来源:根据表13-3相关数据制作。

民事案件少于刑事案件的县数及其所占比例各年都不一样。1919~1922年民事案件少于刑事案件的县数超过50%,各年分别有58个到78个这样的县。1923~1925年民事案件少于刑事案件的县数在50%以下,各年分别有37个到49个这样的县。而1926年则是民事案件少于刑事案件的县数与民事案件多于刑事案件的县数持平,各有52个,各占50%(详见表13-2、表13-3、表13-4)。

除了《山西省政治统计·司法之部》,山西省兴县等处地方志记载了该县1919年前的诉讼数据。兴县的情况与顺义正相反,1917年与1918年都是新收刑事案件多于民事案件,刑事案件分别约占64%和63%,民事案件约占36%和37%(详见表12-7)。

第三,浙江省民刑案件之构成。

浙江省4所地审厅1918~1924年这七年都是民事案件多于刑事案件。[①]

---

① 《浙省四地审厅民刑第一审案件七年比较图(第二)》,《浙江司法年鉴》(民国十三年度)。

第十三章 基层诉讼的类别

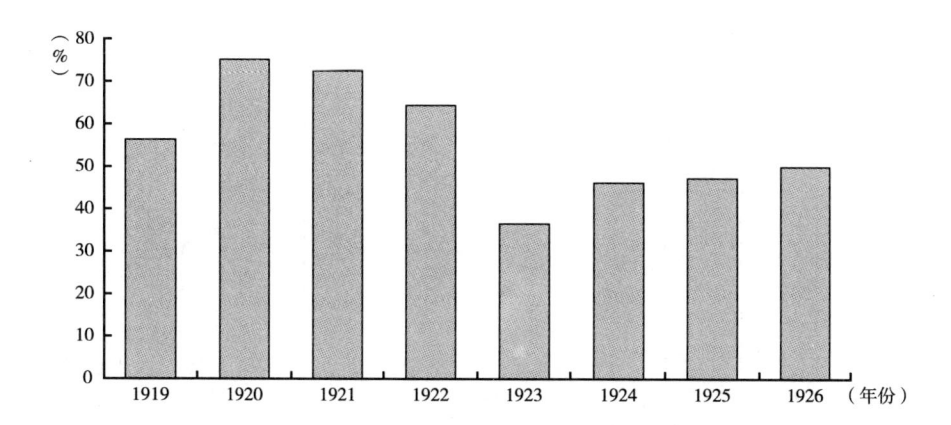

图 13－4　1919～1926 年山西省新收民事案件少于刑事案件之县数比例

数据来源：根据表 13－4"县数比例"栏相关数据制作。

1922 年，遵照司法部分年添厅计划，在浙江新增绍兴等 7 县地方分庭。1918～1922 年上述 7 地是刑事案件多于民事案件，之后两年是民事案件多于刑事案件。① 浙江省 4 所地方厅和 7 所地方分庭合计，1923 年度民事占 62%，刑事占 38%，二者相差 24 个百分点。1924 年度民事占 63%，刑事占 37%，二者相差 26 个百分点。1922 年度，民刑案件数非常接近，所占比例在 50% 上下。1923 年度和 1924 年度只有嘉兴分庭是民事案件少于刑事案件，其余都是民事案件多于刑事案件。1922 年度，有 6 个地方厅民事案件少于刑事案件，另外 5 个则是民事案件多于刑事案件。

浙江省的 4 所地审厅、7 所分庭与 64 县合计，1918～1924 年这七年都是民事案件少于刑事案件。② 由于浙江省 4 所地审厅 1918～1921 年都是民事案件多于刑事案件，故 1918～1921 年浙江 64 县也是民事案件少于刑事案件。1922～1924 年这 64 县的民刑构成没有发生改变。民事案件约占 30%，刑事案件约占 70%。民事案件多于刑事案件的县非常少，1922～1924 年度各年分别为 3 个、2 个和 5 个。

---

① 《浙省七地方分庭十二年十三年及七年以下县理民刑第一审案件比较图（第三）》，《浙江司法年鉴》（民国十三年度）。
② 《浙省四地审厅及七分庭并六四县民刑第一审案件七年比较图（第一）》，《浙江司法年鉴》（民国十三年度）。

北洋时期的基层司法

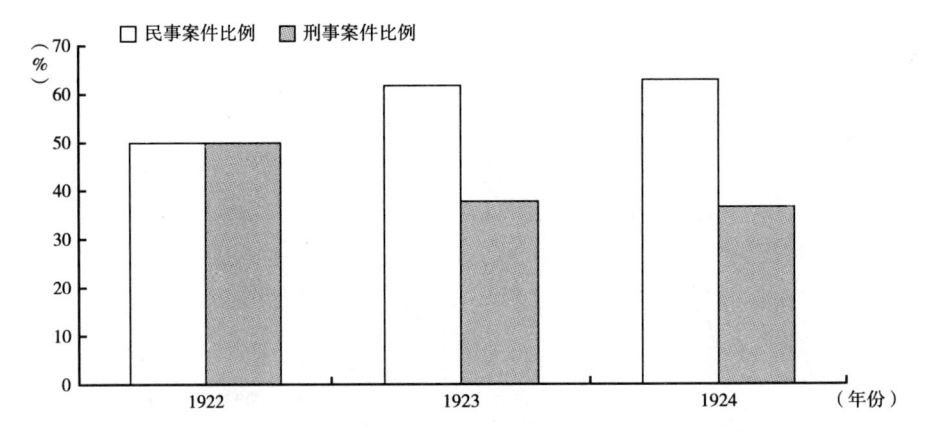

图 13-5 1922~1924 年浙江省地方厅新收第一审案件民刑比较

数据来源：根据表 13-5 相关数据制作。

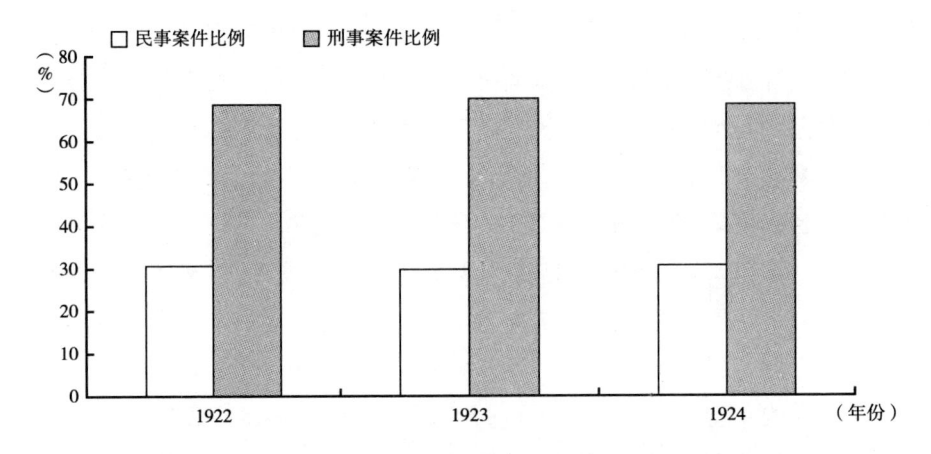

图 13-6 1922~1924 年浙江省各县新收第一审案件民刑比较

数据来源：根据表 13-6 "民事比例"与"刑事比例"栏相关数据制作。

浙江设地方厅及分庭之处民事案件多于刑事案件，而未设法院各县正相反。《浙江司法年鉴》从司法制度和社会状况两个方面分析了其原因。司法制度方面，法院审检权限划分是造成民事案件多于刑事案件的一大原因。诉讼人的民事案件而以刑事起诉者，常占百分之五六十，兼理司法各县对此多数不予纠正，地方厅则不能任其含混；兼理司法各县凡不起诉案件并无别种表式可以列记，往往一律计算在刑事案件内，地方厅则审检分权，各列各

第十三章 基层诉讼的类别

表。社会状况方面，地方厅辖境类为商务繁盛之区，民案较多，地方防卫较严，刑案较少；反之，各县辖境比地方厅小，且偏僻各县民气剽悍，讼争易起，加以县署审检权限未尽划清，造成刑多民少的结果。① 如果民事案件以刑事起诉的占百分之五六十是准确的，则浙江省各县的民事案件比例将大大提高，民刑格局也将发生变化（详见表 13-5、表 13-6）。

第四，全国地方厅民刑案件之构成。

1914~1923 年的"民、刑统计年报"记载了各省地方厅等审判机关新收第一审案件数目。根据案件数目可以计算民刑案件在总案件中的比例。

1914~1917 年，都是刑事案件多于民事案件，刑事案件所占比例约 50%~56%，民事案件所占比例约 44%~49%。此时，民刑所占比例已经相差不大，甚至非常接近。1918 年，民事案件首次超过刑事案件。民事案件达到 53%，刑事案件降至 47%。此后都是民事案件多于刑事案件（详见表13-7）。

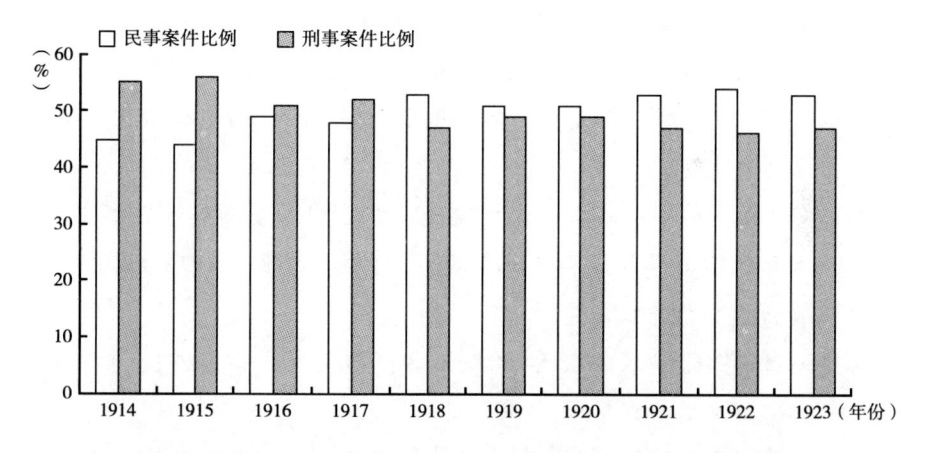

图 13-7　1914~1923 年全国地方厅新收第一审案件民刑比较

数据来源：根据表 13-7 相关数据制作。

为了较为准确地掌握各地方厅新收第一审民刑案件数目的差异，可以比较各厅每年民刑案件多少。绥远等特别区的案件数极少，另外各省某些年份

---

① 《十一年度浙省司法年鉴概说》，《浙江司法年鉴》（民国十一年度），第 6 页；《十三年度浙省司法年鉴概说》，《浙江司法年鉴》（民国十三年度），第 1 页。

民刑数据存在残缺。除去绥远、热河、察哈尔和东省等特别区域，还剔除某些年份民刑数据残缺的几个司法机关，统计涉及 1914~1923 年间的地方厅共 494 年次。民事案件少于刑事案件有 219 次，民事案件多于刑事案件有 275 次。[1] 多数地方厅是民事案件多于刑事案件。

顺义县、山西省、浙江省与全国地方厅的民刑案件构成具有以下特征。

首先，地方厅的民事案件比例在增长，不少地方厅民事多于刑事。全国地方厅、山西省和浙江省地方厅民事所占比例增长并逐渐超过了刑事案件比例。各厅民事案件比例从 30% 到 50% 不等：山西省地方厅最低，约 34%；全国地方厅次之，50% 左右；浙江地方厅较高，在 50% 以上。

其次，不少县民事案件超过刑事案件，仍有一些县刑事案件多于民事案件。

1919~1922 年，山西省总体上是刑事案件多于民事案件，但也有 25%~44% 的县仍然是民事案件多于刑事案件。1919~1926 年，山西各县民事案件比例增加，并在后几年整体上超过刑事案件，民事案件多于刑事案件之县也超过一半。顺义县是民事多于刑事案件。浙江省也有少数几个县民事案件超过刑事案件。

刑事案件较多以浙江省各县最为突出。浙江绝大多数县刑事多于民事。1919~1926 年山西各县前几年是刑事案件多于民事案件。1917 年和 1918 年山西兴县是刑事多于民事案件。

各县民事案件比例从 30% 到 60% 不等：顺义县民事案件比例约 64%，山西省各县约 50%，浙江各县约 30%。

再次，民刑比例的差距各不相同。全国地方厅和山西省各县整体上民刑比例相差不大，而浙江省多数县、兴县和顺义县的多数年份里则民刑比例相差较多。

最后，民刑案件比例的变化呈现多样性。全国地方厅和山西省各县整体上虽然民刑比例相差不多，但发生了结构性变化，在前半期刑事案件略多于民事案件，后半期则民事案件超过了刑事案件。顺义虽然民刑结构没有变

---

[1] 根据 1914~1923 年司法部的"民、刑统计年报"计算。

化，民事案件多于刑事案件，但是民事案件比例急剧增长。浙江各县民刑比例整体上比较稳定。

黄宗智指出 19 世纪民事诉讼案件占了县衙门处理案件总数的大约 1/3，1936 年一些地方法院民刑案件总数相当，1918~1944 年 5 个县民事案件超过刑事案件，得出民国年间民事诉讼的比重可能有增加的结论。[①] 他的重要证据是 5 个县某一两年民事案件超过刑事案件，但并没有指出这 5 个县之外的近两千个县是否也如此。如刑事案件多于民事案件的县，1919~1926 年山西省分别有 37~67 个，而 1922~1924 年度浙江分别有 61 个、62 个和 59 个，占全省未设法院县数比例为 92%~97%。黄宗智虽然注意到了清代与民国民刑比例的变化，而且其结论很可能是正确的，但上述结论的史料基础十分薄弱，其适用范围需要重新界定。如果他看到的是浙江省的个案，以及那些民事案件比例较低县的数据，该做何反思呢？

二 刑事案件的罪名类别

案件分民刑之后，刑事与民事之下还有更细的分类结构。北洋时期刑事案件的基本罪名就有强盗、窃盗、杀人、伤害、赌博、鸦片烟、诬告等。不同罪名下的犯罪件数反映了当时刑事诉讼的结构。

张镜予和严景耀已经关注到了犯罪类别，他们主要通过统计被告人数来分析犯罪的类别。被告人并不等于案件数，本书直接分析某种罪名的案件数及其比例。张镜予所用资料为刑事统计年报，严景耀的资料涉及 12 个省的 20 个城市，本书大大拓展了分析的范围，不仅包括全国地方厅，而且涉及顺义县、山西省 3 所地方厅和 104 县，浙江省 11 所地方厅和 64 县。正因为有各县的数据，所以还可以比较中心城市与各县、法院与未设法院各县的情形。

第一，顺义县刑事案件的罪名类别。

[①] 黄宗智：《清代的法律、社会与文化：民法的表达与实践》，第 48~49 页。

顺义县受理的刑事案件包括少量预审案件，有的预审后起诉，有的不起诉。本书讨论起诉之后的案件，故仅分析第一审案件。综计顺义县1923～1928年新收第一审刑事案件共426件，以伤害罪案件最多，共103件，约占24%；其次为鸦片烟案，有76件，约占18%；再次，逞凶案44件，约占10%；窃盗及强盗案34件，约占10%。① 另外，赌博案26件，约占6%；忤逆案19件，约占4%；略诱案18件，约占4%；诈财案16件，约占4%；侵占案14件，约占3%；诬告案14件，约占3%。以上10类案件占全部案件的86%强，是刑事案件的主体部分。其余案件每种都在10件以下，平均每年不到2件。

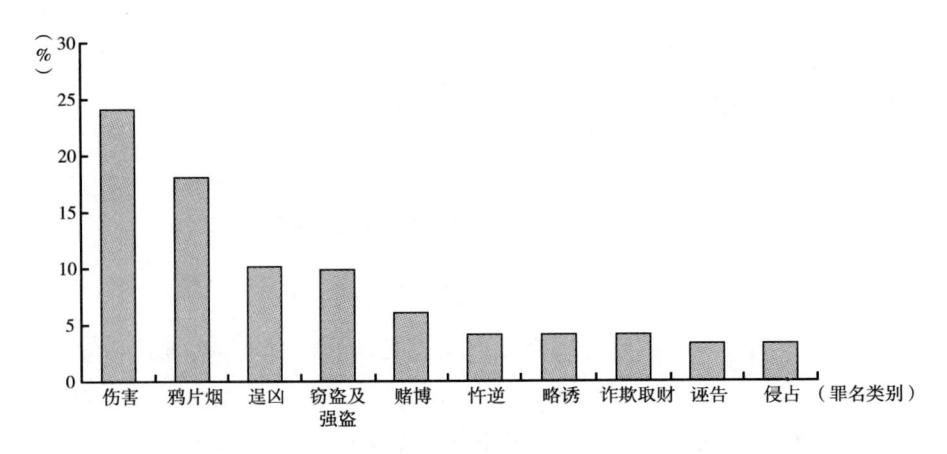

图13-8　1923～1928年顺义县新收刑事案件之主要罪名分布

数据来源：根据表13-8"综计"栏相关数据制作。

各年案件总数能排出个清楚的名次，然而在时间坐标上各类案件排名没有清晰的层次。

按照各类案件占总案件的比例，1923年和1924年伤害罪的比例较高，分别约占26%和43%；但1925～1928年则是鸦片烟案的比重最高，即使在1924年，鸦片烟案的比例也仅次于伤害罪。当时顺义县刑事诉讼的结构中，

---

① 顺义县档案统计中窃盗为一项，强盗为一项。考虑到全国地方审判厅和山西省都把窃盗和强盗列为一项，为了便于比较，在此把顺义县的窃盗和强盗合并统计。

第十三章 基层诉讼的类别

伤害和鸦片烟案件最多，可以作为第一级。从时间上看，从 1925 年开始，鸦片烟案取代伤害案成为所占比例最高的案件。其实，鸦片烟案数量一直维持在六七件到十几件，它本身随着时间推移发生了一定起伏，但起伏并不大。鸦片烟案比例高，主要是其他案件急剧减少。

六年里，所占比例在 10% 以上的案件中除去伤害与鸦片烟，还包括窃盗、逗凶、赌博、略诱和诬告。六年里，年新收案件在 5 件以上的除去伤害与鸦片烟案，还有 8 类案件，分别为窃盗、逗凶、赌博、侵占、略诱、忤逆、诈欺取财、诬告。因此，次于伤害和鸦片烟案的当属窃盗、逗凶、赌博等案件，它们在刑事案件结构里可以作为第二个部分。其他类型案件较少，作为第三个部分。

虽然，顺义县的案件大体可以划分为以上三个部分，但这三个部分的后两个部分所占比例排列其实还比较混乱。案件太少是造成这种不稳定的因素之一，某类案件仅增减数件，即可造成所占比例的大幅增减和排名的变化（详见表 13－8）。①

第二，山西省刑事案件的罪名类别。

1919~1923 年，山西省太原地方厅等刑事案件总数以鸦片烟案居首，占 48%；各年分别占 43%~51%。特别法犯案次之，占 12%；② 各年分别占 8%~17%。窃盗及强盗案为第三，占 11%；各年分别占 8%~14%。杀伤案居第四，占 9%；各年分别占 6%~12%。赌博案居第五，占 4%；各年分别占 2%~6%。另外略诱及和诱、诈欺取财和侵占分别占 1%~5%。以上几类案件是最主要的类别，占全部案件的 93%；各年分别占 91%~96%。其他罪名的案件各自所占比例最多不过 1%，大部分在 1% 以下。

1919~1923 年，山西省各县刑事案件总数以鸦片烟案居首，占 53%；各年分别占 46%~56%。特别法犯案次之，占 13%；各年分别占 9%~17%。赌博案为第三，占 12%；各年分别占 10%~14%。窃盗及强盗案居第四，占 7%；各年分别占 6%~9%。杀伤案居第五，占 6%；各年分别占

---

① 这提示我们在使用数据时应注意其规模，警惕个案的偏颇。
② 特别法指刑法以外各种附有罚则之法令而言，例如惩治盗匪法、私盐法，吗啡治罪法之类。

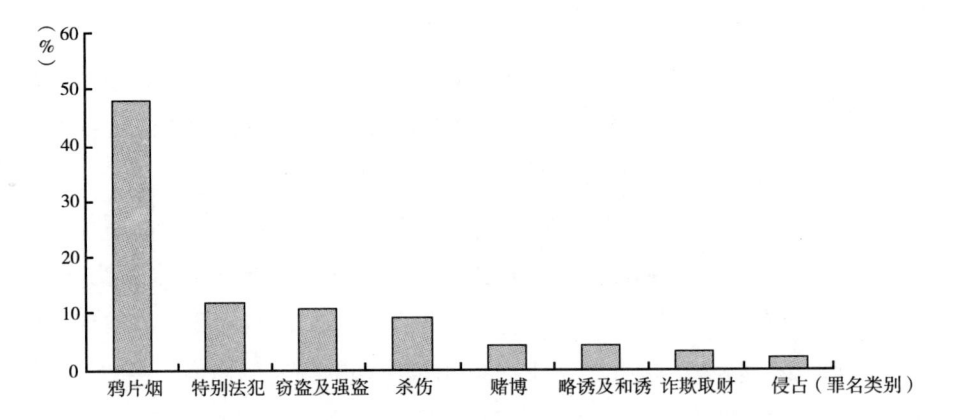

图 13-9　1919~1923 年山西省地方厅新收刑事案件之主要罪名分布

数据来源：根据表 13-9 "综计"栏相关数据制作。

5%~9%。以上五类案件是最主要的类别，占全部案件的 91%；各年分别占 86%~93%。另外妨害安全、信用名誉及秘密、诈欺取财、略诱、侵占、奸非及重婚、妨害秩序、伪证及诬告等各占百分之一二。其他罪名的案件所占比例都在 1% 以下。

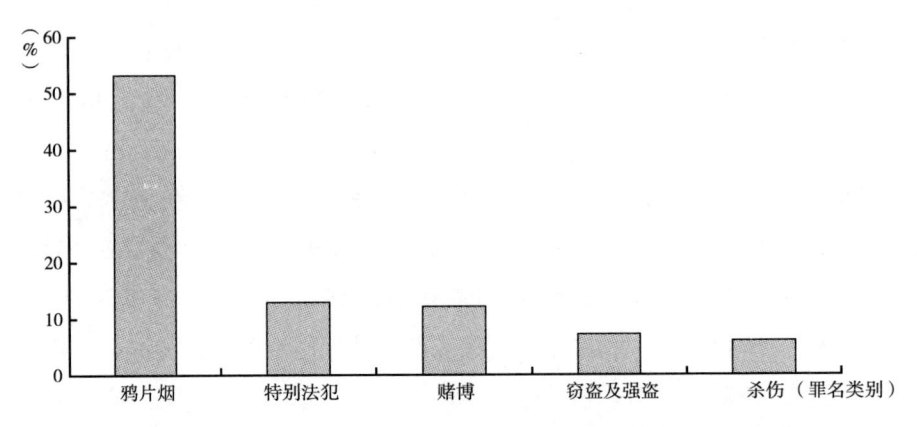

图 13-10　1919~1923 年山西省各县新收刑事案件之主要罪名分布

数据来源：根据表 13-10 "综计"栏相关数据制作。

在山西省地方厅与各县的几类主要案件中，赌博所占比例的排名变化较大。在各县，它仅次于鸦片烟和特别法犯案件，而在地方厅中，它还没有窃

第十三章　基层诉讼的类别

盗及强盗案、杀伤案多。另外，鸦片烟、特别法犯和赌博案所占比例，各县通常多于地方厅，而窃盗及强盗、杀伤、诈欺取财、略诱、侵占等案基本上是地方厅多于各县。不过地方厅与各县在各类案件比例上的差距并不是太大，连差别最大的赌博，各县也不过比地方厅多 8 个百分点，其他相差通常在 5 个百分点以内（详见表 13 - 9、表 13 - 10）。

山西兴县 1917 年和 1918 年的新收刑事第一审案件分别为 72 件和 83 件，鸦片案最多，各有 33 件和 58 件，所占比例分别约 46% 和 70%。1917 年，有杀伤案 12 件，约占 17%；赌博案 10 件，约占 14%；其他案件在 10 件以下。1918 年，赌博案也较多，约占 16%；其他案件都多不过两三件。兴县的诉讼以鸦片案最多，其次为杀伤、赌博等案，其他案件数量较少（详见表 13 - 11）。

兴县等地鸦片烟案特别多源于当地一方面开放烟禁，另一方面又查禁处以罚金。兴县县知事石荣瞕称，山西自 1918 年开放烟禁以来，严加查禁，烟案尤众。① 中国最早的禁烟法令，为雍正七年的禁烟法例。清代后期对鸦片烟时禁时弛。清末鸦片烟为刑法中的罪名之一。光绪三十三年冬所编成的《暂行新刑律》第 21 章即关于鸦片烟罪。新刑律因受攻击清末未能颁行，民国建立后由临时大总统颁布通行，其第 20 章为鸦片烟罪，共 10 条。1914 年 5 月，出台了烟案罚金充赏办法 5 条。其第 2 条规定，烟案之处罚金，得以其一部或全部赏给检举、揭发该案的行政人员。其充赏额数以各该案罚金多少为定。20 元以下 6 成充赏，50 元以下 5 成充赏，500 元以下 4 成充赏，1000 元以下 3 成充赏。1914 年 9 月，司法部又定嗣后拿获吗啡案应一律准用烟案罚金充赏办法。② 烟案罚金充赏办法鼓励了对鸦片烟犯的检举、揭发与控告。以上原因导致中国社会鸦片烟案比例特别高，以致作为鸦片烟主要产地的山西省，各处鸦片烟案占所有刑事案件一半左右。

第三，浙江省刑事案件的罪名类别。

1922 年度和 1923 年度《浙江司法年鉴》没有厅县刑事案件罪名的统

---

① 民国（1927 年）《合河政纪》卷 2《司法篇》，第 36~39 页。
② 于恩德：《中国禁烟法令变迁史》，中华书局，1934，第 9、159 页。

计，在此仅分析1924年度浙江省刑事案件的罪名。

浙江省各地方厅及分庭刑事案件以鸦片烟案为最多，占28%；其次为窃盗及强盗案，占22%；再次为杀伤，占18%。其余如略诱及和诱、毁弃损坏、诈欺取财、赌博、侵占、奸非及重婚案件，各自所占比例分别为2%~6%。以上各类案件占90%左右。

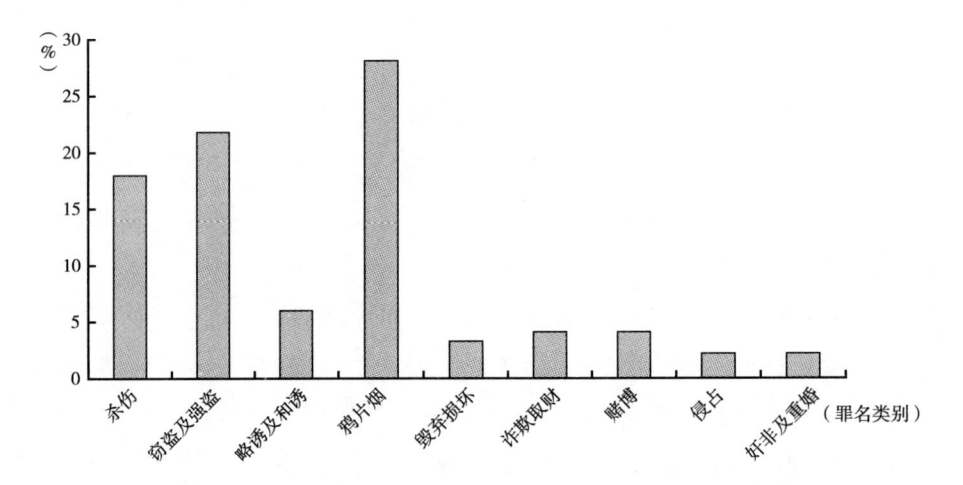

图13-11　1924年度浙江省地方厅刑事终结案件之主要罪名分布

数据来源：根据表13-12"案件比例（厅）"栏相关数据制作。

浙江省各县刑事案件以杀伤为最多，占25%；其次为窃盗及强盗案，占17%；再次为略诱及和诱、毁弃损坏、诈欺取财、赌博、鸦片烟、侵占与奸非及重婚案件，各自所占比例分别为3%~7%。以上各类案件占80%左右。

鸦片烟和窃盗及强盗案所占比例在地方厅及分庭分别比各县多出21%和5%。其他案件所占比例是各县高于地方厅及分庭，除了杀伤案件比例相差7个百分点外，赌博等案件比例相差在1~3个百分点（详见表13-12）。

第四，全国地方厅刑事案件的罪名类别。

1914~1923年，全国地方厅新收刑事案件中，最多的是鸦片烟案，共90634件，占案件总数约29%。其次为窃盗及强盗案，有73685件，在总案

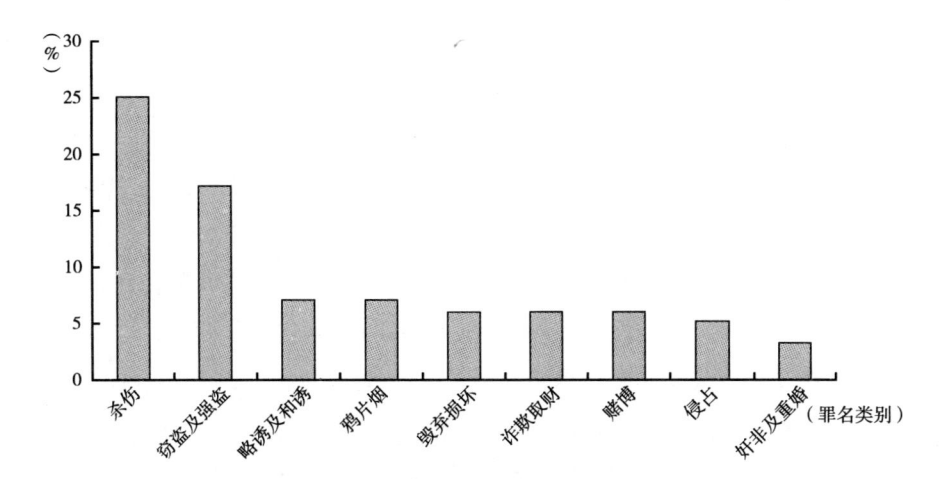

图 13－12　1924 年度浙江省各县刑事终结案件之主要罪名分布

数据来源：根据表 13－12 "案件比例（县）"栏相关数据制作。

件数里的比例约 24%。第三为杀伤案，共 46433 件，在总案件数里的比例约 15%。再次为赌博案，约占 7%；略诱及和诱、吗啡案约占 5%；诈欺取财案约占 4%；侵占案约占 3%；奸非及重婚案约占 1%。其他案件各自都不足 1%（详见表 13－13）。

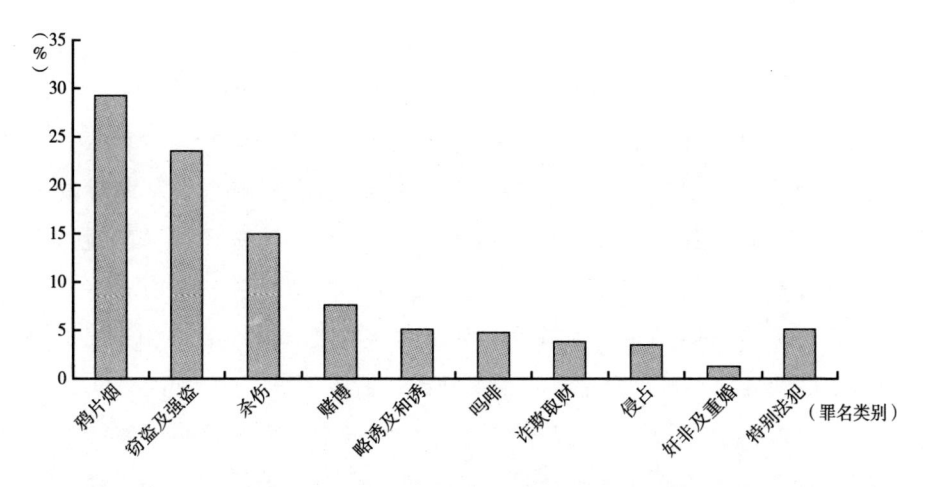

图 13－13　1914～1923 年全国地方厅新收刑事第一审案件之主要罪名分布

数据来源：根据表 13－13 "综计"栏相关数据制作。

从各年情况看，各类案件占总案件的比例相对稳定。其稳定性一是表现在这些案比例的排名相对稳定。鸦片烟案件除了1918年略低于窃盗及强盗案外，一直高居各类案件之首。窃盗及强盗案绝大多数时间都排在第二，杀伤案则稳居第三。以上三类案件比例都在10%以上，其他案件都在10%以下。赌博案除了1915年低于略诱及和诱案，1917年略低于吗啡案外，其余8年都排在第4位。排在赌博案之后为略诱及和诱案、吗啡案。略诱及和诱案总体上要高于吗啡案，但二者的比例比较接近，前者有6年略高于后者，后者有4年略高于前者。接下来是诈欺取财案和侵占案。这两种案件的比例也比较接近，诈欺取财案略高于侵占案。再次为奸非及重婚案，所占比例在1%以上。

其稳定性还表现在每一类案件的比例在10年中相对稳定。如鸦片烟案的比例在30%左右；窃盗及强盗案在25%左右；杀伤案在15%左右；赌博案在8%左右；略诱及和诱案、吗啡案各在5%左右；诈欺取财案和侵占案各在3%左右；奸非及重婚案在1%左右。

以上9类案件之和为288766件，占全部312602件诉讼的比例在92%以上，是刑事案件的主体。其层次比较分明，且相对稳定，说明这10年里案件的主体结构没有发生显著的变化。

鸦片烟、窃盗及强盗、杀伤、赌博等案件在总案件中占有绝大多数，是当时的主要案件类型，因此由它们组成的刑事案件结构代表了当时刑事案件的基本结构。无论是1914～1923年全国地方厅，还是1919～1923年山西省各厅县，无论是1923～1928年的顺义县，还是1917年和1918年的兴县，多数年份里都是鸦片烟案件占有最高比例，窃盗及强盗、杀伤、赌博等案虽次于鸦片烟案，但也占有较高比例。因此，这样的案件结构超越了不同的司法制度（县知事兼理司法、司法公署等未设法院的司法机关与地方分庭、地方厅等新式法院），超越了中心城市和乡村（法院主要建立在省会和商埠等中心城市，山西多数县和顺义县都不是中心城市，更多代表了广大的乡村）。

未设法院各县与设有新式法院之处、中心城市与乡村的刑事案件主体结构基本相同，但其内部还是存在量上的差别。全国地方厅和山西省都有较为完整的数据，而且涉及的地方厅和县较多，时间跨度较长，在此以它们为样本进行比较（详见表13-14）。

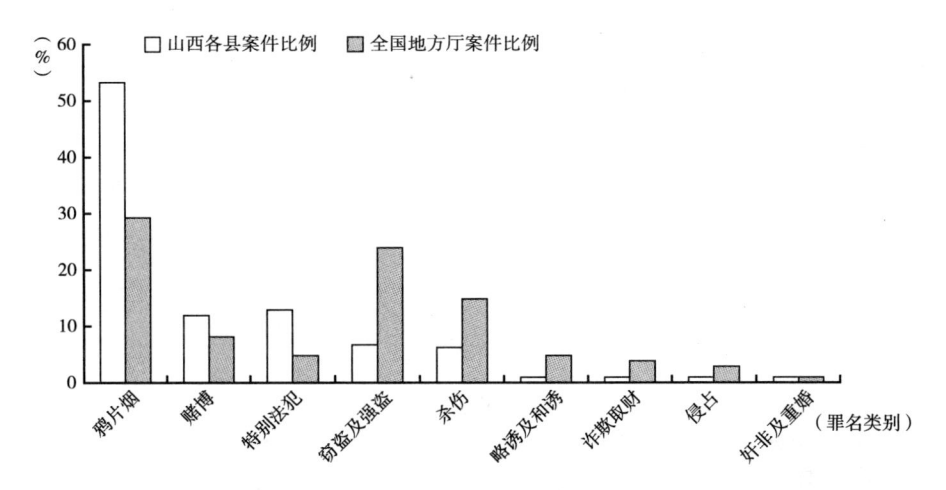

图 13 – 14　北洋时期全国地方厅与山西各县新收刑事第一审案件主要罪名分布

数据来源：根据表 13 – 14 相关数据制作。

鸦片烟案差别最大，全国地方厅中它占 29%，而山西省各县中它占 53%，二者相差 24 个百分点；其次为窃盗与强盗案，全国地方厅中它占 24%，而山西省各县中它占 7%，二者相差 17 个百分点；第三为杀伤案，全国地方厅中它占 15%，而山西省各县中它占 6%，二者相差 9 个百分点；第四为赌博案，全国地方厅中它占 8%，而山西省各县中它占 11%，二者相差 4 个百分点。山西省各县的统计中，有特别法犯一项，全国地方厅的统计中特别法犯案又分为吗啡、盗匪等数种，为了便于比较，将全国地方厅统计表中吗啡、盗匪等特别法犯案合并为一项。[①] 则特别法犯案件，全国地方厅中它占 5%，而山西省各县中它占 13%，二者相差 8 个百分点。奸非及重婚案所占比例接近。主要的案件中，鸦片烟，赌博和特别法犯案所占比例是山西省各县多于全国地方厅，而杀伤、窃盗及强盗、略有及和诱、诈欺取财、侵占等案所占比例都是全国地方厅多于山西省各县。

如果将鸦片烟案排除在统计之外，则赌博和特别法犯案所占比例，山西省各县分别比全国地方厅多 14 个百分点和 20 个百分点，其他如窃盗及强盗等案件所占比例仍是全国地方厅多于山西省各县。

---

① 全国地方审判厅中吗啡案占特别法犯的 90% 左右。

如果将鸦片烟和赌博案排除在统计之外，则特别法犯案所占比例，山西省各县比全国地方厅多 28 个百分点，其他如窃盗及强盗等案件所占比例仍是全国地方厅多于山西省各县。

如果将鸦片烟，赌博和特别法犯案排除在统计之外，则杀伤案所占比例，山西省各县比全国地方厅多 4 个百分点，其他如窃盗及强盗等案件所占比例仍是全国地方厅多于山西省各县。需要注意的是二者的差别并不大，差别最大的是窃盗及强盗案件，二者相差也仅仅 7 个百分点。

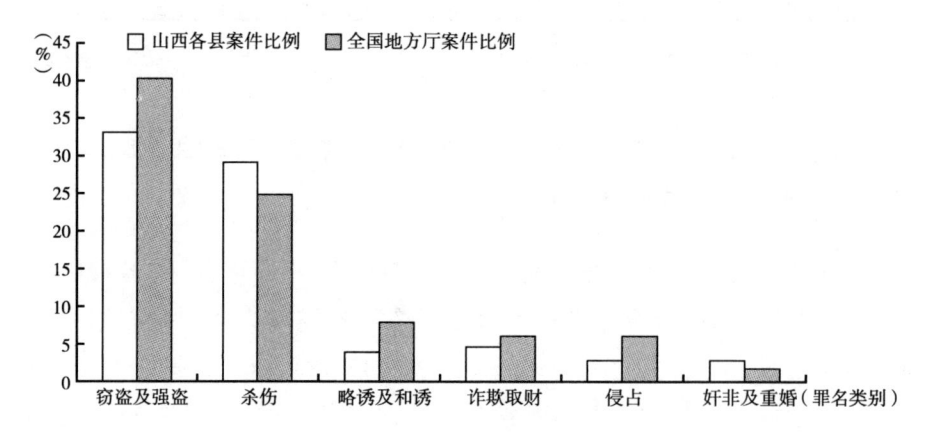

图 13-15 北洋时期全国地方厅与山西各县新收刑事第一审案件主要罪名分布
（鸦片烟、赌博和特别法犯案除外）

数据来源：根据表 13-14 相关数据制作。

山西省各县与全国地方厅刑事案件构成的差别一定程度上反映了未设法院的司法机关与已设新式法院之间，以及乡村与中心城市之间刑事案件构成的差别。如除去鸦片烟、赌博和特别法犯案，这些差别则变得非常微小。

三 民事案件的类别

民事案件不仅存在类型之别，而且还有诉讼标的之异。

1. 民事案件的类别

根据现有资料，大体可以知晓顺义县、山西省、浙江省和全国地方厅民事案件的类别。

第一，顺义县民事案件的类别。

顺义县档案馆现存1923~1928年间顺义县第一审民事案件诉讼类别统计资料（缺1925年的相关资料）显示，土地、金钱是第一审民事案件的大宗。土地案件占全部案件的总比例为47%，各年分别约占33%~61%。除了1927年，土地类案件的比例略低于金钱类案件外，其他年份都是土地类案件最多。金钱类案件仅次于土地类案件，所占总比例为33%，起伏不大，各年最低约29%，最高不过37%。再次为人事类案件，所占总比例约9%，各年最低约7%，最高约12%。以上三类案件约占90%，是民事案件的主体，其他类案件数量非常少（详见表13-15）。

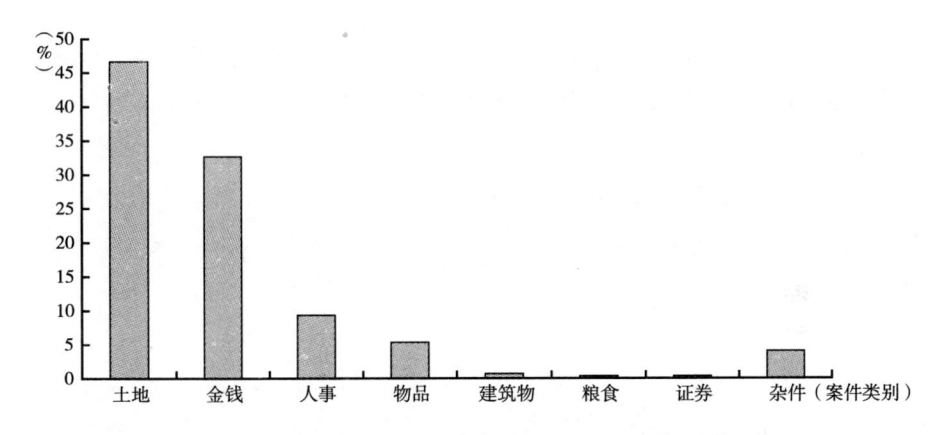

图13-16　1923~1928年顺义县新收民事案件类别分布

数据来源：根据表13-15"综计"栏相关数据制作。

第二，山西省民事案件的类别。

1919~1926年，山西新收民事第一审案件中土地和金钱类案件最多，二者合计通常占全部案件的70%多。总的来看，是金钱类案件多于土地类案件，前者占42%，后者占34%。8年里，有5年是金钱类案件多于土地类案件，有3年是土地类案件多于金钱类案件。其次为建筑物、物品和人事案件，总体上分别占4%~6%。再次为证券和粮食案件，占1%~2%（详见表13-16）。

北洋时期的基层司法

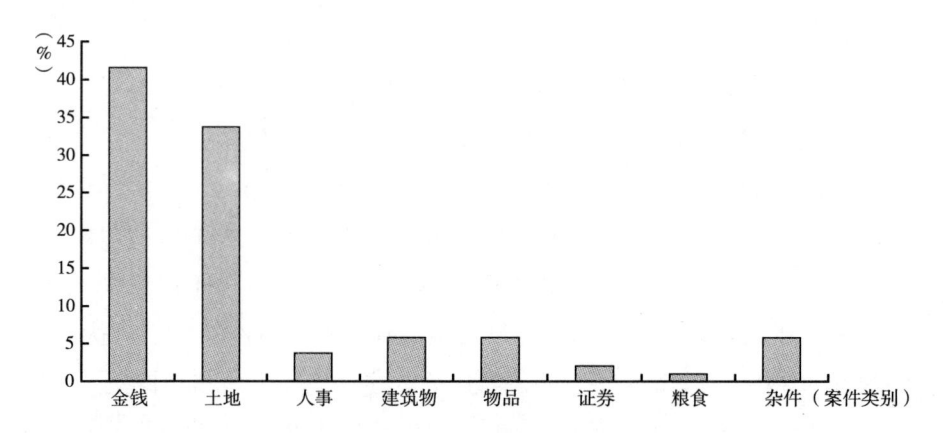

图 13-17　1919~1926 年山西省各县新收民事案件类别分布

数据来源：根据表 13-16 "综计" 栏相关数据制作。

山西兴县 1917 年和 1918 年新收民事案件分别为 40 件和 48 件，共计 88 件。最多为金钱类案，共 42 件，1917 年约占案件总数的 38%，1918 年约占 56%。土地类和粮食类案仅次于金钱类案。1917 年是粮食类案略高于土地类案（分别为 13% 和 10%）；1918 年是土地类案高于粮食类案（分别为 15% 和 6%）。物品类案 7 件，约 8%。建筑类案 4 件，约 4%~5%。人事类案 3 件，约 3%~4%（详见表 13-17）。

第三，浙江省民事案件的类别。

1922 年度和 1923 年度《浙江司法年鉴》没有各县民事案件类别的统计，在此仅分析 1924 年度浙江省民事案件的类别。

浙江省各县以土地案件最多，占 34%；其次为金钱类案件，占 29%。以上两类案件共计约占 63%。其他案件各自所占比例都在 10% 以下。浙江地方厅及分庭金钱案件最多，占 47%；其次为土地案件，占 21%，二者合计约占全部案件的 68%。其他案件各自所占比例都在 10% 以下。金钱案件所占比例，地方厅及分庭比各县高 18 个百分点。而土地案件则是各县比地方厅及分庭高 13 个百分点。其他案件相差比例不过 1%~2%（详见表 13-18）。

第四，全国地方厅民事案件的类别。

1914~1923 年的民事统计年报虽然没有新收第一审民事案件诉讼类别

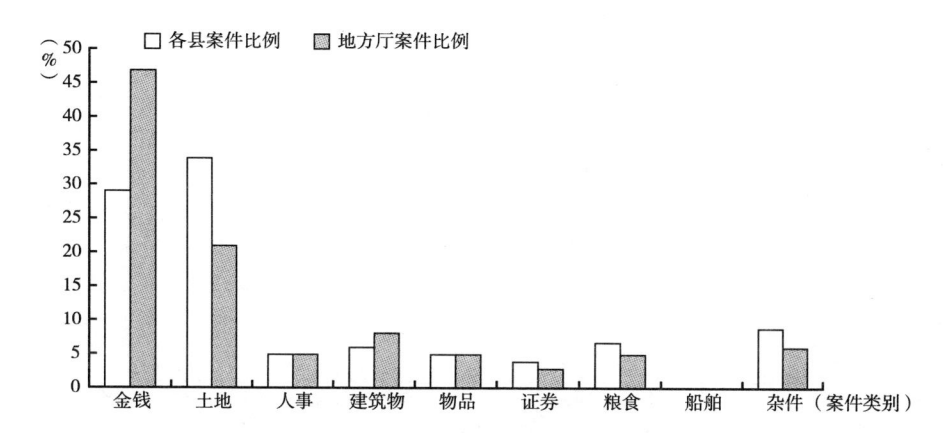

图 13-18　1924 年度浙江省地方厅与各县民事终结案件之诉讼类别分布

数据来源：根据表 13-18 "案件比例" 栏相关数据制作。

方面的专门统计资料，但列有"第一审终结案件之诉讼种类"表。由于新收案件在受理案件中的比例除了 1914 年约 84% 以外，其他 9 年分别在 91%~97% 之间，新收案件占绝大多数；再加上结案率除了 1914 年约 88% 以外，其他 9 年分别在 91%~97% 之间，因此终结案件中绝大多数为新收案件。"第一审终结案件之诉讼种类"表不是直接说明新收案件的种类，但能在很大程度上反映新收案件的种类。

"第一审终结案件之诉讼种类"表中可以看到诉讼种类主要有三个层次。第一个层次是金钱类案件。总比例约 56%，各年的比例分别在 50%~59% 之间，远远高于其他案件。第二个层次是土地类案件。总比例约 16%，各年的比例分别在 14%~19% 之间。第三个层次为人事、建筑物、物品等案件。其各年的比例都在 10% 以下。这些案件中也存在比较清晰的层次，人事类案件总比例约 7%，各年比例在 6%~9% 之间。建筑物类案件总比例约 7%，各年比例在 6%~8% 之间。物品类案件总比例约 4%，各年比例在 3%~4% 之间，证券类案件总比例约 3%，各年的比例在 2%~4% 之间，粮食类案件的比例约 2%。人事、建筑物等案件略多于物品、证券、粮食等案件。民事诉讼案件的种类不仅层次清晰，而且各种案件所占比例历时性变化并不大。这反映当时法院民事诉讼的种类并没有发生结构性变化（详见表 13-19）。

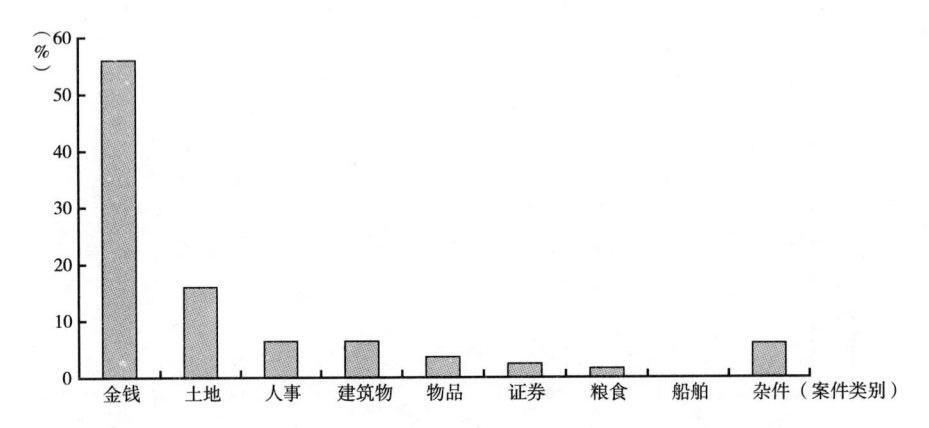

图 13-19　1914~1923 年全国地方厅民事终结案件之诉讼类别分布

数据来源：根据表 13-19"综计"栏相关数据制作。

全国地方厅，山西省和浙江省各县，顺义县和兴县都是金钱类和土地类案件所占比例较大，它们共占 60%~70%，其他案件各自所占比例则低于 10%。

金钱类案件在全国地方厅终结第一审民事案件中约占 56%，在山西省各县中约占 40% 多，在浙江各县和顺义县中它也约占 30%。土地类案件在顺义县新收第一审民事案件中占有的比例相当高，达到 47%，在山西省和浙江省各县中它约占 30%，而全国地方厅和兴县中它占 10%。

山西省各县和全国地方厅基本上是金钱类案件多于土地类案件，而浙江省各县和顺义县基本上是土地类案件多于金钱类案件。金钱和土地类案件在顺义县、山西省和浙江省各县相差 10 个百分点左右，而在全国地方厅和兴县，却相差 30~40 个百分点。

人事、建筑物和物品等案件各自所占比例都低于 10%，它们之间的差别不大。全国地方厅、山西和浙江省各县中，这三类案件各自所占比例分别为 4%~7%，它们之间相差最多不过 3 个百分点。证券类案件无疑比例更小，它所占比例通常不到 4%。除此之外，粮食类案在山西省各县、全国地方厅以及顺义县所占比例为 1%~2%，不过它在浙江省各县却占 7%。

各县与地方厅在金钱和土地案件方面存在较大不同。金钱案件方面，各县比全国地方厅各年分别少 12～27 个百分点。土地案件方面，各县都比全国地方厅多 5～31 个百分点。

其他案件，各县与地方厅之间仅有细微的差别。物品等案件比例，是各县略多于全国地方厅。人事、建筑物和证券类案件的比例基本上是全国地方厅略多于各县（详见表 13-21）。

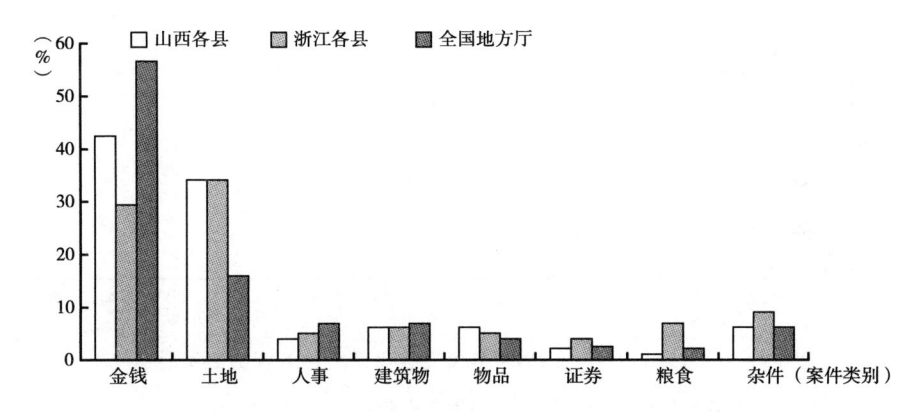

图 13-20　北洋时期各县与地方厅民事案件类别比较

数据来源：根据表 13-20 相关数据制作。

2. 民事案件之标的

北洋时期民事诉讼标的可以从两个方面进行分析：一为不同诉讼标的之案件数及其比例；二为平均每个案件诉讼标的之大小。

首先，顺义县之诉讼标的。

顺义县民事案件按照标的可以分为三类。

第一类案件诉讼标的多不满 200 元。不满 200 元的案件各年共有 297 件，约占 86%；各年分别有 63～142 件，约占 81%～88%。第二类案件为 200 元以上而不满 1000 元。这类案件共有 41 件，约占 12%；各年分别有 12～16 件，约占 10%～17%。第三类诉讼标的在 1000 元以上的案件非常少。这类诉讼标的的案件数目每年不过一两件，1000 元以上而不满 2000 元的诉讼共有 4 件，约占 1%；2000 元以上而不满 4000 元的诉讼有 2 件，约占 0.6%。

第一和第二类案件略有起伏。1928年，第一类案件的比例从原来的88%左右下降到81%，第二类案件的比例则从10%左右上升到约17%。这表明诉讼标的较大的案件有所增加。

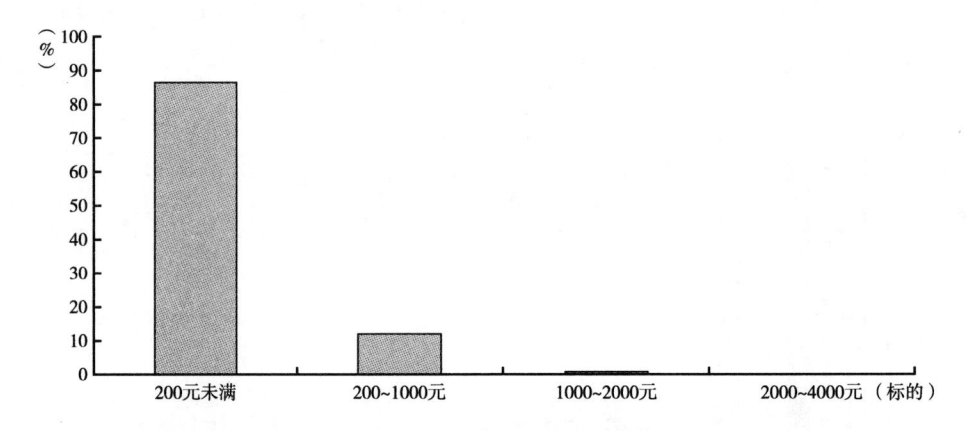

图13-21　1923、1924、1928年顺义县民事案件各标的之案件分布

数据来源：根据表13-21"综计"栏相关数据制作。

诉讼标的不满200元的案件中，平均每起案件的诉讼标的各年分别为41元、67元和75元。诉讼标的在200元以上而不满1000元的案件中，平均每起案件的诉讼标的各年分别为284元、322元和364元。诉讼标的在1000元以下的案件中其平均标的数在不断上升（详见表13-21、表13-22）。

其次，山西省之诉讼标的。

1919~1925年，山西省太原地方厅等诉讼标的以300元未满为主。这类案件各年所占比例分别为72%~94%，平均达85%。诉讼标的为300~500元的案件各年所占比例分别为1%~24%，平均为9%。另外，诉讼标的为500~750元等类案件各自所占比例在1%~5%，甚至2500~5000元的案件所占比例有的年份也能达到1%。

1919~1925年，山西省各县绝大多数案件诉讼标的不满300元。这类案件各年所占比例为92%~94%，平均为93%。诉讼标的为300~500元的案件各年所占比例约3%~6%，平均为4%。诉讼标的为500~750元案件各年所占比例在1%左右。诉讼标的为750~1000元的案件所占比例不足

第十三章 基层诉讼的类别

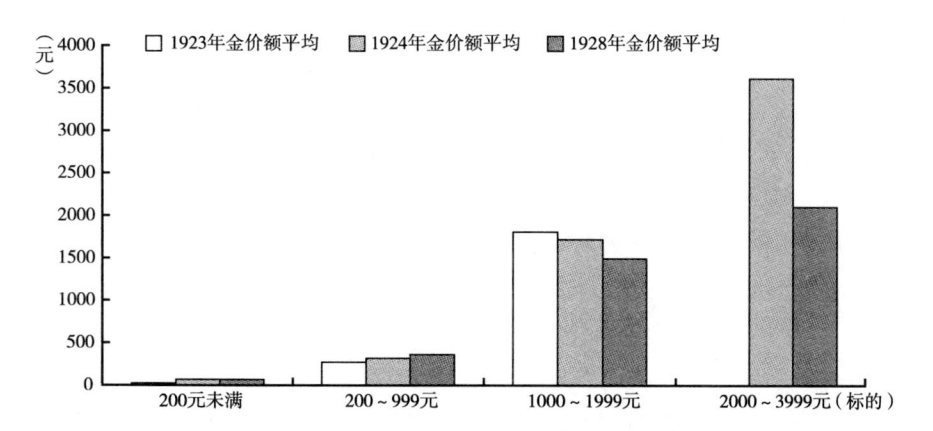

图 13-22　1923、1924、1928 年顺义县民事案件各标的数目分布

数据来源：根据表 13-22 相关数据制作。

1%，有的年份在 0.5% 以上，通过四舍五入而达到 1%，其他案件连四舍五入后都不能达到 1%。

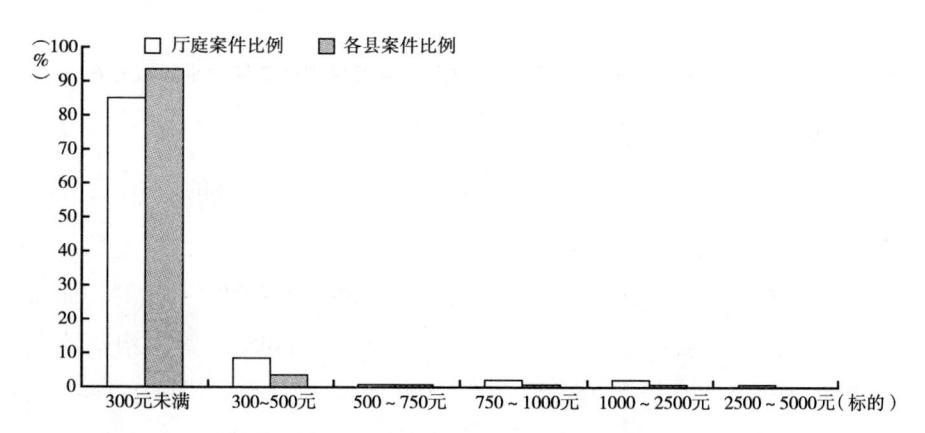

图 13-23　1919~1925 年山西省地方厅与县民事案件各标的之案件分布

数据来源：根据表 13-23 与表 13-24"综计"栏相关数据制作。

山西省地方厅诉讼标的平均金价额，300 元未满案件各年分别为 33~101 元，各年总平均约 74 元；300~500 元案件各年分别为 362~456 元，各年总平均约 397 元；500~750 元案件各年分别为 559~1120 元，各年总平均约 685 元。

— 355 —

北洋时期的基层司法

山西省各县诉讼标的平均金价额，300元未满案件各年分别为45~75元，各年总平均约55元；300~500元案件各年分别为271~408元，各年总平均约344元；500~750元案件各年分别为405~763元，各年总平均约571元。

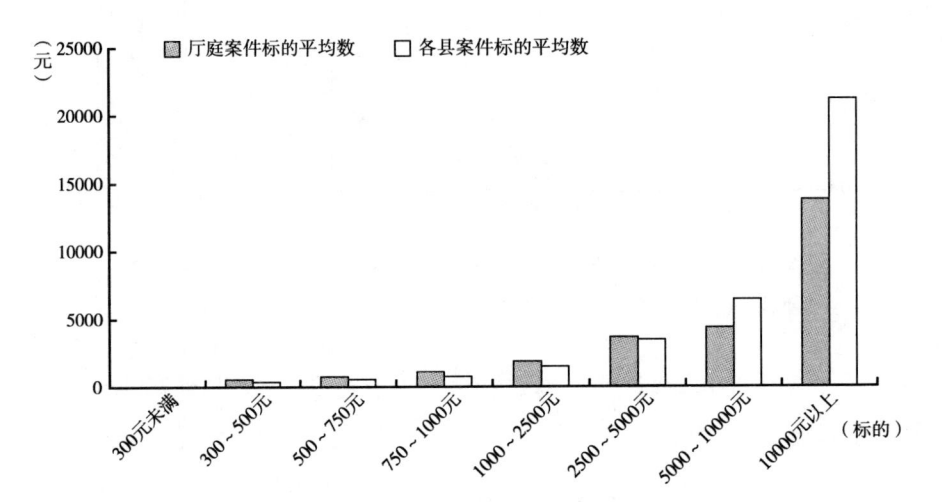

图13-24 1919~1925年山西省地方厅与县民事案件各标的平均数分布

数据来源：根据表13-25"平均"栏相关数据制作。

山西省基本上是地方厅的诉讼标的高于各县的诉讼标的。它体现在两个方面，一是低额诉讼标的案件比例地方厅少于各县，二是诉讼标的数目各县多数时候要低于地方厅。前者如诉讼标的不满300元案件所占比例，地方厅平均约85%，而各县约93%。后者如诉讼标的不满300元案件中，地方厅平均每件约74元，各县约55元；300~500元案件，地方厅平均每件约397元，各县约344元（详见表13-23、表13-24、表13-25）。

再次，全国地方厅之诉讼标的。

1914~1922年全国地方厅诉讼标的分类统计标准是一样的，1923年改变了分类统计标准，故1923年需要单独进行分析。

1914~1922年，全国地方厅中不同诉讼标的之案件保持着相对稳定的层次。300元未满的最多，各年分别约占64%~71%，平均约占68%；300元以上500元未满的次之，各年分别约占10%~13%，平均约占11%；其他各类案件比例都不到10%。500元以上750元未满的分别约占6%~9%，平均约占7%；750元以上1000元未满的约占3%~5%，平均约占4%；1000元以上2500元未满的约占4%~7%，平均约占5%；2500元以上5000元未满的约占2%~3%，平均约占2%；5000元以上10000元未满的约占1%~2%，平均约占1%；10000元以上的约占0.6%~1%，平均约占0.8%。

同一诉讼标的之案件在不同的年代所占比例略有起伏，不过基本上处于一个相对稳定的状态。如标的为300元未满的案件从1915年到1920年所占比例接近70%；标的为300元以上500元未满的案件有5年约占11%；标的为500元以上750元未满的案件先是连续4年为7%，之后有4年约6%；标的为2500元以上5000元未满的案件有4年约占2%，有5年约占3%。各年也存在微小的波动。如标的300元未满的案件在1921年发生了波动，从上年的70%左右下降到约67%。

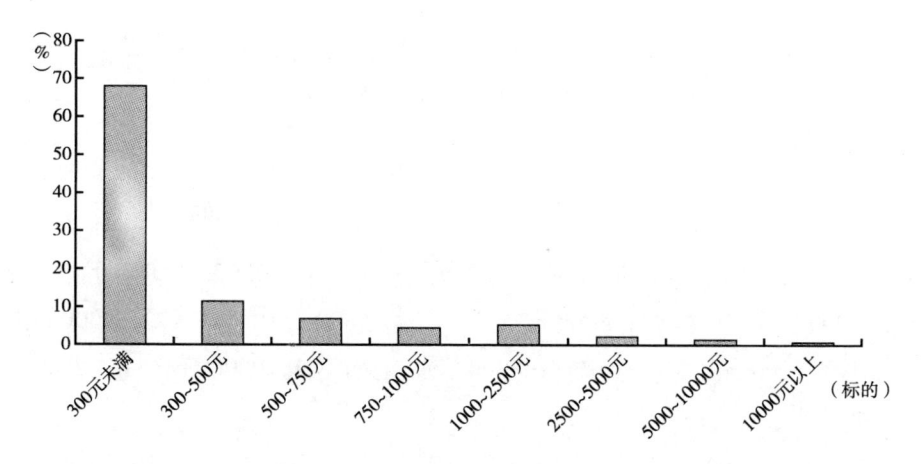

图13-25　1914~1922年全国地方厅民事案件各标的之案件分布

数据来源：根据表13-26"综计"栏相关数据制作。

1914~1922年全国地方厅平均每起民事案件的诉讼标的如下：300元未满的，各年分别约90~105元，平均约97元；300元以上500元未满的，各年分别约378~391元，平均约385元；500元以上750元未满的约587~638元，平均约609元；750元以上1000元未满的约825~872元，平均约

— 357 —

854元；1000元以上2500元未满的约1523～1751元，平均约1643元；2500元以上5000元未满的约3378～3767元，平均约3564元；5000元以上10000元未满的约5867～7508元，平均约6894元；10000元以上的约20998～59840元，平均约34364元（详见表13-26、表13-27）。

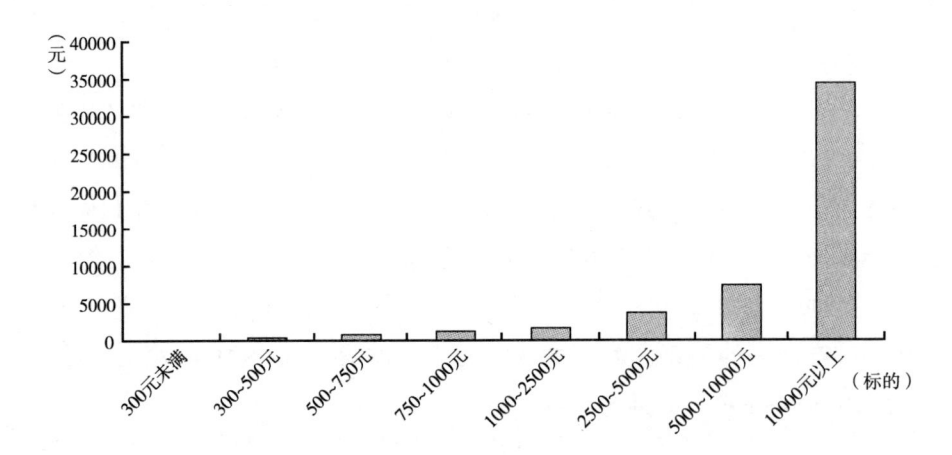

图13-26　1914～1923年全国地方厅民事案件各标的平均数分布

数据来源：根据表13-27"各年总平均"栏相关数据制作。

1923年，全国地方厅改变了统计分类标准。1923年，全国地方厅各诉讼标的案件所占比例如下：不满200元的案件约占61%；200元以上而不满1000元的约占27%；1000元以上而不满2000元的约占6%；2000元以上而不满4000元的约占3%；4000元以上而不满6000元的约占1%；6000元以上而不满8000元的约占0.7%；8000元以上而不满10000元的约占0.5%；10000元以上的约占0.8%。

1923年，全国地方厅平均每起民事案件的诉讼标的如下：200元未满的约85元；200元以上1000元未满的493元；1000元以上2000元未满的约1392元；2000元以上4000元未满的约2796元；4000元以上6000元未满的约4864元；6000元以上8000元未满的约7037元；8000元以上10000元未满的约9017元；10000元以上的约26612元。

顺义县、山西省各县与全国地方厅诉讼标的有何异同呢？

总的来说，低诉讼标的之案件较多，且标的数目较小。标的不满300元的案件在全国地方厅中约占 70%，平均标的不足 100 元；山西省各县在 90% 以上，平均诉讼标的约 50 元。不过，各县与全国地方厅在诉讼标的上仍存在数量差别。

1923 年，全国地方厅的统计分类标准与顺义县一致，故可对二者进行比较。

顺义县与全国地方厅相比，诉讼标的较低的案件多。不满 200 元的案件前者约占 88%，后者约占 61%，前者比后者多 27 个百分点。诉讼标的在 200 元以上案件比例都是全国地方厅高于顺义县。200 元以上而不满 1000 元的诉讼，前者约占 11%，后者约占 27%，前者比后者少 16 个百分点；1000 元以上而不满 2000 元的诉讼，前者约占 1%，后者约占 6%；2000 元以上的案件前者没有，后者有。

顺义县平均每起民事案件诉讼标的之金价额低于全国地方厅。200 元未满的案件，前者约 41 元，后者约 85 元，前者比后者少 44 元；200 元以上 1000 元未满的，前者约 284 元，后者约 493 元，前者比后者少 209 元。①

山西省（1919~1925 年）与全国地方厅（1914~1922 年）统计分类标准一致。山西省各县与全国地方厅相比，低诉讼标的案件数所占比例较大。300 元未满的案件，山西省各县占到 93%，而全国地方厅占 68%，二者相差 25 个百分点。其他案件都是全国地方厅多于山西省各县。

平均每起民事案件诉讼标的之金价额，山西各县都低于全国地方厅。如 300 元未满的案件，山西各县平均约 55 元，而全国地方厅约 97 元；300 元以上 500 元未满的案件，山西各县平均约 344 元，而全国地方厅约 385 元。

顺义县、山西省各县与全国地方厅相比，都是诉讼标的较低的案件多，诉讼标的较大的案件少，平均每起民事案件诉讼标的之金价额较低。

---

① 1000~2000 元的案件，顺义县只有 1 件，标的为 1800 元，高于全国地方审判厅的平均数。由于顺义县该类案件数量少，这种状况极具偶然性，因此不能说明 1000~2000 元的案件通常都是顺义县诉讼标的高于全国地方审判厅。

小 结

北洋时期，全国地方厅与各县的诉讼种类有时存在比较显著的差别。

民刑比例方面，地方厅通常是民事案件接近或超过刑事案件，各县则不尽然。1919～1926年山西各县民事案件比例增加，并在后几年整体上超过刑事案件。浙江省绝大多数县刑事案件多于民事而且民刑事案件比例相差较多。①

刑事案件主要类别中，鸦片烟、赌博和特别法犯案所占比例是山西省各县多于全国地方厅，而杀伤、窃盗及强盗、略诱及和诱、诈欺取财、侵占等案所占比例都是全国地方厅多于山西省各县。鸦片烟等主要根源于个人的嗜好和社会风习，是特定时空的诉讼种类。除去鸦片烟、赌博和特别法犯案等，各县与全国地方厅的其他类别案件所占比例差别不大。与各县相比，全国地方厅的诉讼种类并没有发生结构性变化。

金钱和土地案件为当时的主要案件。金钱案件所占比例，各县比全国地方厅少。土地案件所占比例，各县比全国地方厅多。

各县与全国地方厅相比，各县都是低诉讼标的之案件更多，高诉讼标的之案件更少，平均每件民事案件诉讼标的之金价额更低。

地方厅与各县诉讼种类的差别不仅反映了法院与未设法院各县的差别，还在一定程度上反映了城乡诉讼种类的差别。

法院与未设法院各县的差别，以及城乡差别制约着法制建设。民事案件比例的增加，民事案件中金钱等案件比例的增加，以及诉讼标的增加反映了中心城市、法院的诉讼种类之特点。广大的乡村和未设法院各县刑事案件比例较高，土地等案件较多，诉讼标的小，说明经济活动尚不如城市活跃。

诉讼种类除了城乡差别，还存在地域差别。山西省各县民事案件比例高

---

① 清代虽有禁鸦片烟之条例，但未认真执行，效果有限，鸦片烟案并不多，如法部第二次统计时"京畿直省犯罪人数总表"中并未有鸦片烟一项。直到北洋时期，鸦片烟案才急剧增长。如果除去鸦片烟案，民事案件的比例还将大幅上升。

于浙江省各县，浙江省各县刑事案件高于山西省各县。鸦片烟、赌博和特别法犯案件比例是山西各县高于浙江省各县。山西省各县的金钱类民事案件比例高于浙江省各县；浙江省各县的人事、证券等案件比例高于山西省各县。地域差别的形成除了经济因素，还有政治和社会方面的因素。如山西各县种植、贩运、吸食鸦片烟的人较多，加上一些县经济不发达，需要靠审理鸦片烟案件获得罚金来增加收入，解决财政困难，故鸦片烟案件比例高。

就全国地方厅而言，民刑比例在北洋时期尚处于胶着状态。民事比例有所增长，不少地方厅民事多于刑事。10 年中有 4 年民事案件没有超过刑事案件。民事案件低诉讼标的之案件较多，标的数目并不高。它说明社会与经济尚未足够发展，社会与经济交往尚未足够频繁。

诉讼种类方面，法院与未设法院各县之间，城乡之间，甚者不同地域之间存在差别，广大乡村的诉讼需求对法制建设的推动力远远不如城市。即便是设有法院的城市，诉讼需求对司法制度改革的推动力仍嫌不足。

附表

表13-1　1923~1928年顺义县新收案件民刑比较

单位：%

年份	1923	1924	1925	1926	1927	1928	合计
刑事案件比例	48	48	35	23	20	23	36
民事案件比例	52	52	65	77	80	77	64

资料来源：根据顺义县档案2-1-245、246、311、317、368、379、382、458、459、460、464、570、599"的相关资料计算制作。

表13-2　1919~1926年山西地方厅新收第一审案件民刑比较

单位：%

年份	1919	1920	1921	1922	1923	1924	1925	1926	综计
民事案件比例	21	35	23	26	37	42	43	51	34
刑事案件比例	79	65	77	74	63	58	57	49	66

资料来源：根据"山西省第二次至第九次政治统计"各年"司法之部"的"各县民（刑）事案件与户数比较表"、"发生民（刑）事案件最近三年比较表"、"全省初审衙署发生民（刑）事案件统计总表"等资料计算制作。

表13-3　1919~1926年山西省各县新收第一审案件民刑比较

单位：%

年份	1919	1920	1921	1922	1923	1924	1925	1926	综计
民事案件比例	47	41	41	45	59	54	55	56	50
刑事案件比例	53	59	59	55	41	46	45	44	50

资料来源：同表13-2。

第十三章 基层诉讼的类别

表 13-4　1919～1926 年山西省新收第一审案件民事少于刑事之县比例

年份	1919	1920	1921	1922	1923	1924	1925	1926
县数	58	78	75	67	37	48	49	52
县数比例（%）	56	75	72	64	36	46	47	50

资料来源：同表 13-2。

表 13-5　1922～1924 年浙江省地方厅新收第一审案件民刑比较

单位：%

年份	1922		1923		1924	
类别	民事	刑事	民事	刑事	民事	刑事
杭县地审厅	53	47	56	44	56	44
嘉兴分庭	18	82	39	61	42	58
吴县分庭	39	61	18	17	52	48
绍兴分庭	48	52	76	24	74	26
鄞县地审厅	48	52	51	49	56	44
临海分庭	34	66	24	11	76	24
永嘉地审厅	76	24	67	33	67	33
丽水分庭	56	44	88	12	89	11
金华地审厅	61	39	33	20	60	40
衢县分庭	51	49	68	32	64	36
建德分庭	46	54	65	35	67	33
综计	50	50	62	38	63	37

资料来源：根据 1922 年度至 1924 年度的《浙江司法年鉴》计算制作。

表 13-6　1922～1924 年浙江省各县新收第一审案件民刑比较

单位：%，个

年份	民事比例	刑事比例	民事多于刑事之县	民事少于刑事之县
1922	31	69	3	61
1923	30	70	2	62
1924	31	69	5	59

资料来源：同表 13-5。

— 363 —

表 13-7　1914~1923 年全国地方厅新收第一审案件民刑比较

单位：%

年份	1914	1915	1916	1917	1918	1919	1920	1921	1922	1923
民事案件比例	45	44	49	48	53	51	51	53	54	53
刑事案件比例	55	56	51	52	47	49	49	47	46	47

资料来源：根据 1914 年度至 1923 年度的"刑事统计年报"与"民事统计年报"计算制作。

表 13-8　1923~1928 年顺义县新收刑事案件之主要罪名分布

	罪名	伤害	鸦片烟	逞凶	窃盗及强盗	赌博	忤逆	略诱	诈欺取财	诬告	侵占
案件数	1923 年	28	17	9	19	6	3	9	2		5
	1924 年	65	6	27	7	7	11		9	3	6
	1925 年	5	15	8	9	9	5	1		1	1
	1926 年	4	12			1		6	2	2	2
	1927 年		19			2		2	3	2	
	1928 年	1	7		7	1				6	
	合计	103	76	44	42	26	19	18	16	14	14
案件比例 (%)	1923 年	26	16	8	18	6	3	8	2		5
	1924 年	43	4	18	5	5	7		6	2	4
	1925 年	7	22	12	13	13	7	1		1	1
	1926 年	11	33			3		17	6	6	6
	1927 年		59			6		6	9	6	
	1928 年	3	23		23	3				19	
	综计	24	18	10	10	6	4	4	4	3	3

资料来源：根据顺义县档案 2-1-245、246、311、317、379、382、458、459、460、464、570、599 等相关资料计算制作。

表 13-9　1919~1923 年山西省地方厅新收刑事案件之主要罪名分布

	罪名	鸦片烟	特别法犯	窃盗及强盗	杀伤	赌博	略诱及和诱	诈欺取财	侵占
案件数	1919 年	1080	213	211	259	128	64	76	25
	1920 年	1296	476	386	171	127	79	74	56
	1921 年	2027	561	520	379	95	147	147	79
	1922 年	1763	283	293	324	190	182	105	61
	1923 年	1111	248	294	313	118	126	83	80
	合计	7277	1781	1704	1446	658	598	485	301

续表

罪名		鸦片烟	特别法犯	窃盗及强盗	杀伤	赌博	略诱及和诱	诈欺取财	侵占
案件比例(%)	1919年	50	10	10	12	6	3	3	1
	1920年	46	17	14	6	5	3	3	2
	1921年	48	13	12	9	2	3	3	2
	1922年	51	8	8	9	5	5	3	2
	1923年	43	10	11	12	5	5	3	3
	综计	48	12	11	9	4	4	3	2

资料来源：根据"山西省第二次至第九次政治统计"各年"司法之部"的"全省发生刑事案件罪名统计月别表"、第一审案件及终结未结与罪名之比"、"初审衙署发生刑事案件总表"等资料计算制作。

表13-10　1919~1923年山西省各县新收刑事案件之主要罪名分布

罪名		鸦片烟	特别法犯	赌博	窃盗及强盗	杀伤
案件数	1919年	7651	1515	1587	895	1147
	1920年	12547	3923	2398	1608	1393
	1921年	15277	3338	3097	2219	1417
	1922年	13335	3171	3490	1728	1388
	1923年	7237	1415	2079	1465	1489
	合计	56047	13362	12651	7915	6834
案件比例(%)	1919年	53	11	11	6	8
	1920年	53	17	10	7	6
	1921年	56	12	11	8	5
	1922年	53	13	14	7	6
	1923年	46	9	13	9	9
	综计	53	13	12	7	6

资料来源：同表13-9。

表13-11　1917~1918年山西省兴县新收刑事案件之主要罪名分布

罪名		鸦片	赌博	杀伤	窃盗及强盗	妨害安全信用名誉及秘密	亵渎祀典及发掘坟墓	略诱及和诱	妨害公务	骚扰
案件数	1917年	33	10	12	8	7	1	1		
	1918年	58	13	3	3	1			2	1
	合计	91	23	15	11	8	1	1	2	1
案件比例(%)	1917年	46	14	17	11	10	1	1		
	1918年	70	16	4	4	1			2	1
	综计	59	15	10	7	5	1	1	1	1

资料来源：根据"六（七）年度刑事第一审表"相关数据计算制作，民国（1927年）《合河政纪》卷2《司法篇》，第36~39页。

表 13-12　1924 年度浙江省地方厅与各县刑事终结案件之主要罪名分布

罪名		杀伤	窃盗及强盗	略诱及和诱	鸦片烟	毁弃损坏	诈欺取财	赌博	侵占	奸非及重婚
案件数	县	4072	2856	1205	1091	1043	928	909	879	560
	厅	549	683	195	867	78	125	127	69	62
案件比例(%)	县	25	17	7	7	6	6	6	5	3
	厅	18	22	6	28	3	4	4	2	2

资料来源：《十三年度浙省兼理司法各县刑事终结案件之罪名表（第十六）》、《十三年度浙省各级审判厅庭刑事终结案件之罪名表（第十二）》，《浙江司法年鉴》（民国十三年度），第 32~35、19~21 页。总县数与总厅数不一样，故不能比较地方厅与县的案件数，但其比例是可以比较的。

表 13-13　1914~1923 年全国地方厅新收刑事第一审案件之主要罪名分布

罪名		鸦片烟	窃盗及强盗	杀伤	赌博	略诱及和诱	吗啡	诈欺取财	侵占	奸非及重婚	特别法犯
案件数	1914 年	9385	6032	5726	2136	1453	1195	1006	787	344	1285
	1915 年	10564	7033	6569	1915	2362	1526	1282	1201	589	1727
	1916 年	7266	6347	4388	1981	1348	1284	1045	902	375	1505
	1917 年	8107	7644	4520	2052	1585	2136	1126	1057	430	2343
	1918 年	6505	7373	3691	2152	1437	1617	968	927	306	1773
	1919 年	8705	6409	4139	2238	1269	918	890	818	347	1034
	1920 年	9703	7778	4582	2369	1259	1635	1057	1074	391	1736
	1921 年	9737	8558	4212	2483	1411	1525	1180	1108	432	1723
	1922 年	10064	7649	3937	3028	1372	1180	1097	1017	375	1322
	1923 年	10598	8862	4669	2985	1899	1190	1333	1174	436	1333
	合计	90634	73685	46433	23339	15395	14206	10984	10065	4025	15781
案件比例(%)	1914 年	31	20	19	7	5	4	3	3	1	4
	1915 年	29	19	18	5	7	4	4	3	2	5
	1916 年	27	23	16	7	5	5	4	3	1	6
	1917 年	26	25	15	7	5	7	4	3	1	8
	1918 年	24	27	14	8	5	6	4	3	1	7
	1919 年	32	23	15	8	5	3	3	3	1	4
	1920 年	30	24	14	7	4	5	3	3	1	5
	1921 年	30	26	13	8	4	5	4	3	1	5
	1922 年	31	24	12	10	4	4	3	3	1	4
	1923 年	29	25	13	8	5	3	4	3	1	4
	综计	29	24	15	8	5	5	4	3	1	5

资料来源：根据 1914 年度至 1923 年度的"刑事统计年报"数据计算制作。

表 13－14　北洋时期全国地方厅与山西各县新收刑事第一审案件主要罪名比较

单位：%

罪名		鸦片烟	赌博	特别法犯	窃盗及强盗	杀伤	略诱及和诱	诈欺取财	侵占	奸非及重婚
全部	山西各县	53	12	13	7	6	1	1	1	1
	全国地方厅	29	8	5	24	15	5	4	3	1
	二者差额	24	4	8	-17	-9	-4	-3	-2	0
除鸦片烟等	山西各县				33	29	4	5	3	3
	全国地方厅				40	25	8	6	6	2
	二者差额				-7	4	-4	-1	-3	1

说明：鸦片烟等具体包括鸦片烟、赌博、特别法犯三类案件；县指山西省各县，厅指全国地方审判厅。

资料来源：根据1914年度至1923年度"刑事统计年报"，"山西省第二次至第九次政治统计"各年"司法之部"的"全省发生刑事案件罪名统计月别表"、"第一审案件及终结未结与罪名之比"、"初审衙署发生刑事案件总表"等资料计算制作。

表 13－15　1923～1928 年顺义县新收民事案件类别分布

	类别	土地	金钱	人事	物品	建筑物	粮食	证券	杂件
案件数	1923 年	64	47	14	2				
	1924 年	100	47	14	2			2	
	1926 年	32	29	6	12				7
	1927 年	33	36	12	12				8
	1928 年	36	26	7	2	5	3		8
	合计	265	185	53	30	5	3	2	23
案件比例（%）	1923 年	50	37	11	2				
	1924 年	61	29	9	1			1	
	1926 年	37	34	7	14				8
	1927 年	33	36	12	12				8
	1928 年	41	30	8	2	6	3		9
	综计	47	33	9	5	1	1	0	4

资料来源：根据顺义县档案 2－1－245、246、311、317、379、382、458、459、460、464、570、599 等相关资料计算制作。

表 13-16　1919~1926 年山西省各县新收民事案件类别分布

类	别	人事	建筑物	船舶	土地	金钱	粮食	物品	证券	杂件
案件数	1919 年	652	757	1	3782	5800		796	289	806
	1920 年	721	830	2	3750	8515		1207	287	738
	1921 年	725	991	11	5234	9655		1030	280	1031
	1922 年	708	1182	10	6892	8628		1177	487	1176
	1923 年	821	1311	34	9676	8111	384	1321	289	1045
	1924 年	980	1140	4	10383	7766	361	1444	296	1402
	1925 年	1059	1602	8	8860	7981	338	1091	377	1276
	1926 年	958	1126	58	5622	10830	300	898	338	1296
	合　计	6624	8939	128	54199	67286	1383	8964	2643	8770
案件比例（%）	1919 年	5	6		29	45		6	2	6
	1920 年	4	5		23	53		8	2	5
	1921 年	4	5		28	51		5	1	5
	1922 年	3	6		34	43		6	2	6
	1923 年	4	6		42	35	2	6	1	6
	1924 年	4	5		43	32	1	6	1	6
	1925 年	5	7		39	35	1	5	2	6
	1926 年	4	5		26	51	1	4	2	6
	综　计	4	6		34	42	1	6	2	6

资料来源：根据"山西省第二次至第九次政治统计"各年"司法之部"的"发生民事案件最近三年之比"、"全省初审衙署发生民事案件种类统计总表"、"初审衙署发生民事案件种类总表"、"第一审案件种类"等资料计算制作。

表 13-17　1917~1926 年山西省兴县新收民事案件种类分布

类	别	人事	建筑物	土地	金钱	粮食	物品	证券	杂件
案件数	1917 年	1	2	4	15	5	3		10
	1918 年	2	2	7	27	3	4		3
	1919 年	1	1	5	31		2		1
	1920 年	5	3	10	39		5	1	
	1921 年	6	4	13	57		8		
	1922 年	2	6	11	25		7		4
	1923 年	9	5	13	25	4	5		6
	1924 年	5	9	25	18	6	5		9
	1925 年	2	3	13	12	3	1		10
	1926 年	4	5	23	16	7	4		20
	合　计	37	40	124	265	28	44	1	63

第十三章 基层诉讼的类别

续表

类别		人事	建筑物	土地	金钱	粮食	物品	证券	杂件
案件比例（%）	1917年	3	5	10	38	13	8		25
	1918年	4	4	15	56	6	8		6
	1919年	2	2	12	76		5		2
	1920年	8	5	16	62		8	2	
	1921年	7	5	15	65		9		
	1922年	4	11	20	46		13		7
	1923年	13	7	19	37	6	7		9
	1924年	6	12	33	23	8	6		12
	1925年	5	7	30	27	7	2		23
	1926年	5	6	29	20	9	5		25
	综计	6	7	21	44	5	7	0	10

资料来源：根据"六（七）年度民事第一审表"相关数据计算制作，民国（1927年）《合河政纪》卷2《司法篇》，第36~39页。

表13-18 1924年度浙江省地方厅与各县民事终结案件之诉讼种类分布

类别		人事	建筑物	船舶	金钱	土地	粮食	物品	证券	杂件
案件数	各县	421	468	30	2417	2802	577	425	319	743
	地方厅	245	451	9	2520	1151	260	296	138	335
案件比例（%）	各县	5	6	0	29	34	7	5	4	9
	地方厅	5	8	0	47	21	5	5	3	6

资料来源：《十三年度浙省兼理司法各县民事终结案件之诉讼种类表（第十五）》、《十三年度浙省各级审判厅庭民事终结案件之诉讼种类表（第十一）》，《浙江司法年鉴》（民国十三年度），第30~31、18页。

表13-19 1914~1923年全国地方厅民事终结案件之诉讼种类分布

类别		金钱	土地	人事	建筑物	物品	证券	粮食	船舶	杂件
案件数	1914年	12549	4621	2200	1980	1045	999	540	94	924
	1915年	16249	5558	1996	1801	1039	1060	552	68	1017
	1916年	14573	4807	1580	1774	902	783	611	45	1676
	1917年	16467	4759	1982	1757	1104	724	530	29	1774
	1918年	16949	4691	1749	1942	1031	550	568	20	1788
	1919年	15353	4402	1786	2047	974	500	528	10	1605
	1920年	17882	5258	2192	2329	1032	746	623	43	1938
	1921年	20403	5023	2145	2276	1421	730	692	30	2653
	1922年	19615	4882	2286	2225	1355	686	705	49	3042
	1923年	23603	5489	2404	2239	1539	1154	784	33	2779
	合计	173643	49490	20320	20370	11442	7932	6133	421	19196

续表

类别		金钱	土地	人事	建筑物	物品	证券	粮食	船舶	杂件
案件比例（%）	1914 年	50	19	9	8	4	4	2		4
	1915 年	55	19	7	6	4	4	2		4
	1916 年	55	18	6	7	3	3	2		6
	1917 年	57	16	7	6	4	3	2		6
	1918 年	58	16	6	7	4	2	2		6
	1919 年	56	16	7	8	4	2	2		6
	1920 年	56	16	7	7	3	2	2		6
	1921 年	58	14	6	6	4	2	2		8
	1922 年	56	14	7	6	4	2	2		9
	1923 年	59	14	6	6	4	3	2		7
	综　计	56	16	7	7	4	3	2		6

资料来源：根据 1914 年度至 1923 年度的"民事统计年报"计算制作。

表 13-20　北洋时期各县与地方厅民事案件类别分布

单位：%

类别	金钱	土地	人事	建筑物	物品	证券	粮食	杂件
山西各县	42	34	4	6	6	2	1	6
浙江各县	29	34	5	6	5	4	7	9
顺义县	33	47	9	1	5	0	1	4
兴县	44	21	6	7	7	0	5	10
全国地方厅	56	16	7	7	4	3	2	6
山西与全国之差	-14	18	-3	-1	2	-1	-1	0
浙江各县与全国之差	-27	18	-2	-1	1	1	5	3
顺义县与全国之差	-24	31	3	-6	2	-2	-2	-2
兴县与全国之差	-12	5	-1	0	3	-2	3	4

资料来源：根据表 13-15 至表 13-19 计算制作。各项比例为司法机关合计栏内数据。

表 13-21　1923、1924、1928 年顺义县民事案件各标的之案件分布

标的		200 元未满	200~999 元	1000~1999 元	2000~3999 元
案件数	1923 年	92	12	1	
	1924 年	142	16	2	1
	1928 年	63	13	1	1
	合　计	297	41	4	2

续表

标的		200元未满	200~999元	1000~1999元	2000~3999元
比例(%)	1923年	88	11	1	
	1924年	88	10	1	1
	1928年	81	17	1	1
	综 计	86	12	1	1

资料来源：根据顺义县档案2-1-245、311、570等相关资料计算制作。

表13-22　1923、1924、1928年顺义县民事案件诉讼标的分布

标的		200元未满	200~999元	1000~1999元	2000~3999元
1923年	金价额总数	3740.9	3404	1800	
	案件数	92	12	1	
	金价额平均	41	284	1800	
1924年	金价额总数	9556.7	5150	3432	3600
	案件数	142	16	2	1
	金价额平均	67	322	1716	3600
1928年	金价额总数	4746.4	4734	1500	2100
	案件数	63	13	1	1
	金价额平均	75	364	1500	2100

资料来源：根据顺义县档案2-1-245、311、570等相关资料计算制作。

表13-23　1919~1925年山西省地方厅民事案件各标的之案件分布

标的		300元未满	300~500元	500~750元	750~1000元	1000~2500元	2500~5000元	5000~10000元	10000元以上
案件数	1919年	11038	394	149	112	95	21	8	5
	1920年	13965	564	268	92	83	28	8	1
	1921年	16289	672	293	120	90	35	9	5
	1923年	20066	826	176	63	86	24	7	2
	1924年	20560	830	363	138	108	35	9	4
	1925年	18731	1186	283	134	81	28	7	3
	合 计	100649	4472	1532	659	543	171	48	20

续表

标的		300元未满	300~500元	500~750元	750~1000元	1000~2500元	2500~5000元	5000~10000元	10000元以上
案件比例（%）	1919年	93	3	1	1	1			
	1920年	93	4	2	1	1			
	1921年	93	4	2	1	1			
	1923年	94	4	1					
	1924年	93	4	2	1				
	1925年	92	6	1	1				
	综计	93	4	1	1	1			

资料来源：根据"山西省第二次至第九次政治统计"各年"司法之部"的"（全省）初审衙署民事案件及金价额区别表"、"第一审终结案件及金价额表"等资料计算制作。

表13-24　1919~1925年山西省各县民事案件各标的之案件分布

标的		300元未满	300~500元	500~750元	750~1000元	1000~2500元	2500~5000元	5000~10000元	10000元以上
案件数	1919年	11038	394	149	112	95	21	8	5
	1920年	13965	564	268	92	83	28	8	1
	1921年	16289	672	293	120	90	35	9	5
	1923年	20066	826	176	63	86	24	7	2
	1924年	20560	830	363	138	108	35	9	4
	1925年	18731	1186	283	134	81	28	7	3
	合计	100649	4472	1532	659	543	171	48	20
案件比例（%）	1919年	93	3	1	1	1			
	1920年	93	4	2	1	1			
	1921年	93	4	2	1	1			
	1923年	94	4	1					
	1924年	93	4	2	1				
	1925年	92	6	1	1				
	综计	93	4	1	1	1			

资料来源：同表13-23。

表13-25　1919~1925年山西省地方厅与县民事案件平均诉讼标的分布

单位：元

标的		300元未满	300~500元	500~750元	750~1000元	1000~2500元	2500~5000元	5000~10000元	10000元以上
地方厅	1919年	33	362	559	800	1415	3460		
	1920年	76	387	648	867	1568	3834	6989	11000
	1921年	64	381	595	839	1545	3072	5000	60000
	1923年	97	418	627	906	1250	3209	8000	
	1924年	101	379	560	1393	2455	3973	6210	
	1925年	71	456	1120	1486	2461	3210		12000
	平均	74	397	685	1049	1782	3460	4367	13833
县	1919年	58	408	663	629	1554	3657	7357	16735
	1920年	75	330	555	852	1643	3256	6625	29000
	1921年	47	271	405	810	1613	3386	5701	21888
	1923年	52	344	567	877	1439	3174	6109	15591
	1924年	45	375	470	763	1435	3127	6284	20785
	1925年	51	338	763	869	1502	3239	6027	22873
	平均	55	344	571	800	1531	3307	6351	21145

资料来源：同表13-23。

表13-26　1914~1922年全国地方厅民事案件各标的案件分布

标的		300元未满	300~500元	500~750元	750~1000元	1000~2500元	2500~5000元	5000~10000元	10000元以上
案件数	1914年	12387	2470	1682	849	1012	506	329	202
	1915年	18319	2687	1910	1417	1020	548	274	162
	1916年	15797	2336	1470	1070	922	425	224	150
	1917年	16493	2549	1609	901	1330	540	304	153
	1918年	17865	2740	1688	1110	1290	653	240	159
	1919年	16398	2567	1490	881	1316	624	365	168
	1920年	19439	2916	1572	900	1710	710	416	203
	1921年	20402	3613	1866	1046	2010	849	438	309
	1922年	19822	3335	1891	1309	1800	717	433	231
	合计	156922	25213	15178	9483	12410	5572	3023	1737

续表

标的		300元未满	300~500元	500~750元	750~1000元	1000~2500元	2500~5000元	5000~10000元	10000元以上
案件比例(%)	1914年	64	13	9	4	5	3	2	1
	1915年	70	10	7	5	4	2	1	1
	1916年	71	10	7	5	4	2	1	1
	1917年	69	11	7	4	6	2	1	1
	1918年	69	11	7	4	5	3	1	1
	1919年	69	11	6	4	6	3	2	1
	1920年	70	11	6	3	6	3	2	1
	1921年	67	12	6	3	7	3	1	1
	1922年	67	11	6	4	6	2	2	1
	综计	68	11	7	4	5	2	1	1

资料来源：根据1914年度至1923年度的"民事统计年报"数据计算制作。

表13-27 1914~1922年全国地方厅民事案件平均诉讼标的分布

标的		300元未满	300~500元	500~750元	750~1000元	1000~2500元	2500~5000元	5000~10000元	10000元以上
1914年	件数	12387	2470	1682	849	1012	506	329	202
	金额	711332	585686	673456	439781	1046115	1116753	1324958	8831990
	价额	593618	371053	399277	300197	726100	789280	1145239	3255875
	金价额	1304951	956739	1072733	739978	1772215	1906033	2470197	12087865
1915年	件数	18319	2687	1910	1417	1020	548	274	162
	金额	1198592	608978	684075	751392	1054442	1257040	1099883	4760311
	价额	707626	408525	476120	418078	660303	603921	507671	793795
	金价额	1906218	1017502	1160195	1169470	1714744	1860961	1607554	5554106
1916年	件数	15797	2336	1470	1070	922	425	224	150
	金额	979239	628760	620088	507302	997033	996476	935227	3136678
	价额	447737	285059	293101	409016	406983	489246	555038	857895
	金价额	1426975	913819	913189	916318	1404016	1485722	1490265	3994573
1917年	件数	16493	2549	1609	901	1330	540	304	153
	金额	1089781	617688	599369	476745	1317347	1350044	1336899	2770900
	价额	538070	370766	371067	299425	977192	611638	901925	1206958
	金价额	1627851	988455	970436	776170	2294539	1961682	2238825	3977858
1918年	件数	17865	2740	1688	1110	1290	653	240	159
	金额	1104854	676655	603594.1	648985	1400528	1341599	1201756	2525364
	价额	563654	361660	386656	290461	691615	864204	395026	813348
	金价额	1668509	1038315	990250	939445	2092143	2205803	1596782	3338712

续表

标的		300元未满	300~500元	500~750元	750~1000元	1000~2500元	2500~5000元	5000~10000元	10000元以上
1919年	件数	16398	2567	1490	881	1316	624	365	168
	金额	1019351	595074	537844	480709	1456101	1410922	1752325	5748217
	价额	533178	375049	358257	271074	748353	737121	756535	1299316
	金价额	1552529	970123	896102	751782	2204454	2148044	2508860	7047528
1920年	件数	19439	2916	1572	900	1710	710	416	203
	金额	1199062	741500	645841	513458	1798823	1668980	2008754	5511738
	价额	645912	386037	298618	258093	971761	848798	828754	1060610
	金价额	1844973	1127537	944459	771551	2770584	2517779	2837508	6572348
1921年	件数	20402	3613	1866	1046	2010	849	438	309
	金额	1339920	935814	796711	649420	2120496	2076562	2328685	7903255
	价额	625525	441678	347361	261013	1071070	1033109	837828	4126516
	金价额	1965445	1377492	1144072	910433	3191566	3109671	3166513	12029771
1922年	件数	19822	3335	1891	1309	1800	717	433	231
	金额	1224946	866378	806141	756353	2034457	1909347	2269322	4072986
	价额	715277	439188	347995	356481	852166	782834	793920	2457641
	金价额	1940223	1305565	1154136	1112834	2886623	2692181	3063241	6530628
1914年	金价额平均	105	387	638	872	1751	3767	7508	59840
1915年	金价额平均	104	379	607	825	1681	3396	5867	34285
1916年	金价额平均	90	391	621	856	1523	3496	6653	26630
1917年	金价额平均	99	388	603	861	1725	3633	7365	25999
1918年	金价额平均	93	379	587	846	1622	3378	6653	20998
1919年	金价额平均	95	378	601	853	1675	3442	6874	41950
1920年	金价额平均	95	387	601	857	1620	3546	6821	32376
1921年	金价额平均	96	381	613	870	1588	3663	7229	38931
1922年	金价额平均	98	391	610	850	1604	3755	7074	28271
	各年总平均	97	385	609	854	1643	3564	6894	34364

资料来源：根据1914年度至1923年度的"民事统计年报"数据计算制作。

第十四章
基层诉讼中的上诉与覆判

上诉规模的大小反映了诉讼当事人以及检察官等对原审结果接受程度的高低。从上诉审和覆判的结果则可以观察到上级司法机关对原审司法机关处理案件的各种评论。这些评论反映了司法机关处理案件的水平和审判人员的专业素质，而它正是影响法制变迁的重要因素。

现有对清代和民国时期基层诉讼的研究主要是对第一审案件本身进行分析，间或引用审判官员事后的评论，很少通过上诉案件来评估初审司法机关审理案件的水平和审判人员的素质。大规模的上诉案件统计资料是众多上级审判机关对下级审判机关的专业评估，常常可以避免个案研究中盲人摸象之危险和个人评论的主观性、随意性，从而使研究更具客观性和全面性。本书利用北洋时期司法部所编"民、刑统计年报"和顺义县档案分析基层司法中的上诉与覆判，力图展示这个时代的司法状况，并从初审司法机关审理案件的水平和审判人员的素质探讨近代法制变迁的动因。

一 基层诉讼中的上诉率

北洋时期上诉案件分为三种：不服第一审判决而于第二审审判厅上诉叫控诉；不服第二审判决于终审审判厅上诉叫上告；不服审判厅的决定或命令依法于该管上级审判厅上诉叫抗告。本书主旨在于通过第二审的审理结果观察第一审审理状况，故在此仅研究控诉与抗告，而不考察上告。

第十四章　基层诉讼中的上诉与覆判

上诉率指上诉案件在已结案件中所占比例。研究上诉率需要知道第一审已结案件数目和上诉案件数目。顺义县档案和司法部的"民、刑统计年报"都记载了第一审已结案件数目和上诉案件数目，在此仅就顺义县和全国地方厅的上诉率进行分析。

1. 顺义县的上诉率

顺义县的已结案件数和上诉案件数主要记载于 1923 年 3 月至 1926 年夏季的审判官诉讼成绩书中。1923 年 3 月顺义县建立司法公署。1925 年 6 月，顺义县司法公署改组为地方分庭。以 1925 年 6 月为界，审判官诉讼成绩书分为司法公署和地方分庭两个时期。

1923 年度，对顺义县司法公署审理案件提起控告的有 19 件，提起抗告者有 2 件，控告和抗告两类上诉共 21 件，占 219 起已结案件的比例近 10%。[①] 1924 年已结 160 件第一审刑事案件中，提起上诉者共 9 件，上诉率不到 6%。[②] 已结 180 件民事案中，提起控诉共 23 件，提起抗告者共 5 件，二者合计为 28 件，合计上诉率达到 15%。[③] 1924 年度，对顺义县司法公署所审理民刑案件提起控告与抗告的共 37 件，占已结 342 件的比例近 11%。[④] 1925 年 1 月至 6 月 9 日，对顺义县司法公署已结 115 起案件提起上诉的有 7 件控告，1 件抗告，共 8 件，上诉率将近 7%。

顺义司法公署时期的上诉率，1923 年约 10%，1924 年约 11%，1925 年约 7%，平均约 10%。提起抗告的并不多，提起控告的略多一些。

大约正如顺义县分庭推事黄永俶所言，由于顺义分庭在 1925 年 6 月刚刚成立的缘故，夏季结案较少，才结 3 件。夏季没有上诉。秋季有 5 件上诉，占已结 27 件的比例不到 18%。冬季已结 55 起案件中提起控告的为 18 件，上诉率将近 33%。夏秋冬三季共有上诉 23 件，在已结 85 件中约占 27%。[⑤] 1925 年全年 200 件已结案中有 31 件上诉，上诉率平均不到

[①] 顺义县档案 2 - 1 - 244。
[②] 顺义县档案 2 - 1 - 317。
[③] 顺义县档案 2 - 1 - 317。
[④] 除了民、刑事第一审案件外，尚有预审已结 2 件，故各类案件已结总数为 342 件。
[⑤] 顺义县档案 2 - 1 - 317。

16%。

1926年，地方厅顺义县分庭春季结案61起，有7起提起控告，上诉率约11%；夏季结案25起，上诉6起，上诉率约24%；春夏合计共结案86起，上诉13起，上诉率约15%。[①] 1926年秋季和冬季的"地方厅顺义县分庭推事成绩书"中没有填载有关上诉的信息。此后的上诉率及上诉结果也不得而知。

1923年3月至1926年夏季共40个月，这期间顺义县司法机关结案847件，上诉102件，上诉率约12%，月均上诉2.55件，年均上诉30.6件（详见表14-1）。

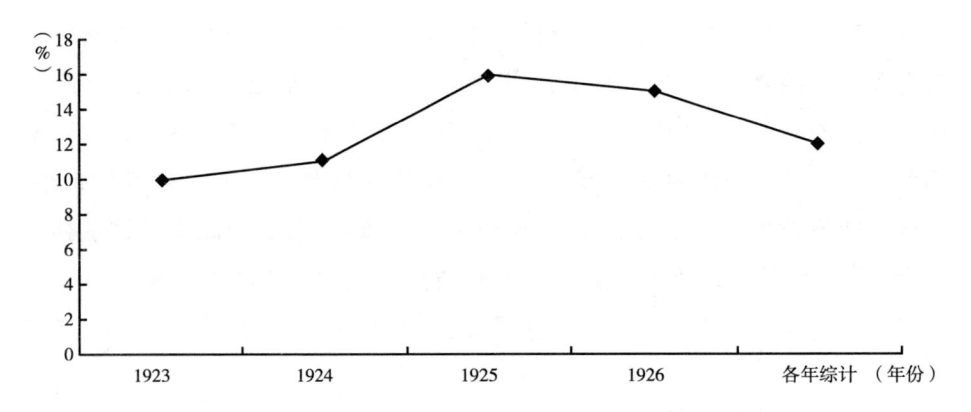

图14-1 1923~1926年顺义县民刑案件第一审的上诉率

数据来源：根据表14-1"上诉率"栏相关数据制作。

2. 全国地方厅的上诉率

1914~1923年"民、刑统计年报"列有两类统计表，一为全国地方厅第一审案件受理数及已结未结表，一为上诉审受理数及已结未结表。由第一类表的已结项下可以统计出各类审判机关已结案件数。从第二类表的新收项下则可以统计出来自第一审司法机关的控告和抗告案件数。由于各种因素导致统计表中某些审判机关某年仅有已结第一审案件数而没有上诉案件数，另

---

① 顺义县档案2-1-382。

外极少数年份某些审判机关仅有上诉案件数而没有已结第一审案件数。就刑事案件而言，10 年中，共涉及此类审判机关约 50 次，民事案件中涉及此类审判机关更少，约 30 次，平均每年涉及三五个这样的审判机关。而民事和刑事案件方面各涉及既有已结第一审案件数又有上诉案件数的审判机关共约 500 次，它们包括了当时审判机关的绝大多数，在此即以它们作为分析对象。

1914～1923 年全国地方厅所受理第一审民事案件中已结共 307532 件。第二审审判机关各年新收案件共 84900 件。10 年间全国地方厅总上诉率约 28%。各年的上诉率从 21% 到 31% 不等，其中 1914～1921 年从 21% 逐渐增长至 30% 左右，之后两年又略有下降。

1914～1923 年全国地方厅所受理第一审刑事案件中已结共 311698 件。第二审包括初级与地方管辖的控告和抗告案件，上诉审审判机关各年新收这四类案件共 26792 件。10 年间全国地方厅总上诉率约 9%，各年从 8%～10% 不等，起伏并不大。

多数审判厅中刑事案件的上诉率要低于民事案件。[①] 民事案件的总上诉率高于刑事案件约 19 个百分点，各年分别多 13～23 个百分点，二者的差距有所拉大。

民事案件高上诉率的地方厅较多。约有 67% 的地方厅，其上诉率在 20% 以上；甚至约有 17% 的地方厅，其上诉率在 40% 以上。

多数审判厅的刑事案件上诉率都在 20% 以下。统计共涉及 1914～1923 年全国地方厅 505 次，有 80% 多的地方厅（416 次），其上诉率在 20% 以下。其中约有一半的地方厅（266 次），其上诉率在 10% 以下。只有极少数的审判厅上诉率在 30% 以上。共涉及这样的审判厅 22 次，占全部审判厅的 4%；而且仅有约 1% 的地方厅，其上诉率在 40% 以上。

---

① 苏力研究了 1989～1997 年民事案件初审判决上诉率和 1987～1996 年刑事案件一审判决上诉率，民事与刑事上诉率之间差距较小。参见苏力《送法下乡——中国基层司法制度研究》，中国政法大学出版社，2000，第 404～421 页。北洋时期的上诉率在国民政府时期，在中华人民共和国到底发生了什么样的变化，留待以后研究。由于意图不同，本书的上诉率与苏力所用概念存在差异。

北洋时期的基层司法

民事案件高上诉率的地方厅所占比例远远多于刑事案件涉及的地方厅比例。上诉率在15%以下部分，民事案件涉及的审判机关少于刑事案件涉及的审判机关，而上诉率在15%以上部分正相反，民事案件涉及的审判机关多于刑事案件涉及的审判机关。尤其是上诉率为30%~35%、35%~40%、40%以上几个部分，民事案件涉及的审判厅所占比例为百分之十几，而刑事案件方面才百分之一二（详见表14-2、表14-3）。

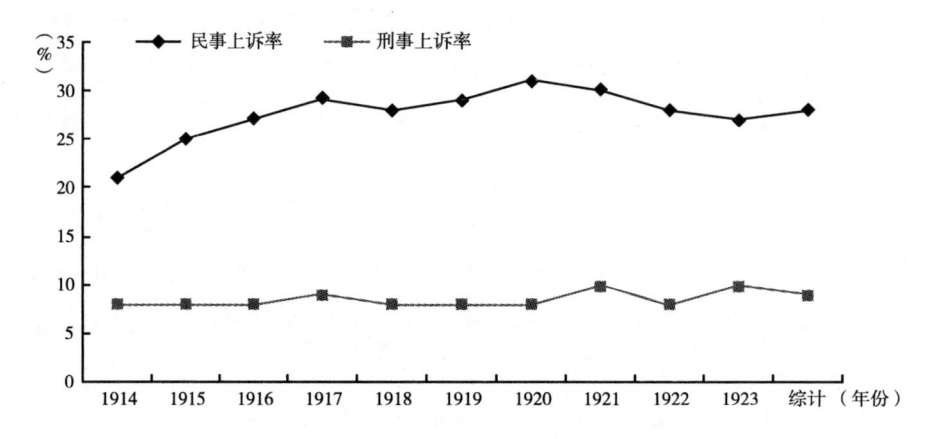

图14-2 1914~1923年全国地方厅民刑案件第一审的上诉率

数据来源：根据表14-2"上诉率"栏相关数据制作。

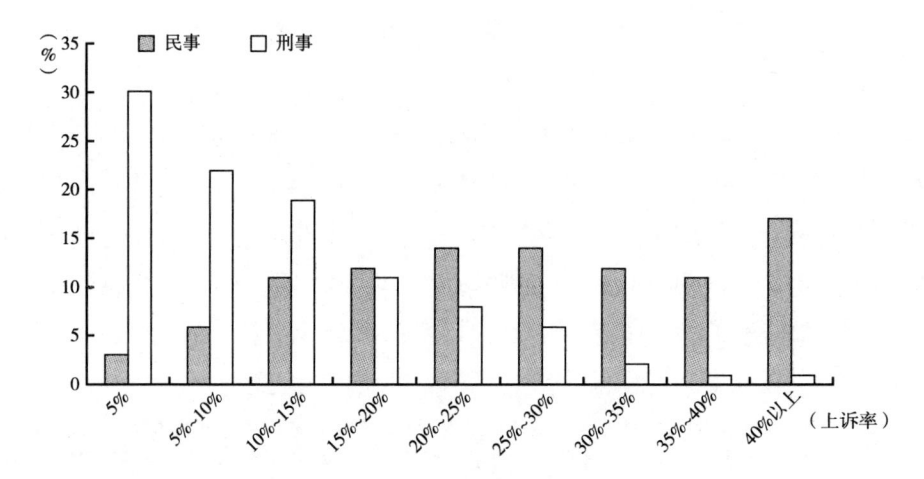

图14-3 1914~1923年全国民刑事案件第一审各上诉率之地方厅分布

数据来源：根据表14-3民事与刑事"比例"栏相关数据制作。

二 上诉案件之结果

(一) 民事上诉案件之结果

"民事统计年报"对上诉审的结果记载极为详细,以下分析控告和抗告的结果。

1. 民事控告案件之结果

首先,初级管辖民事案件的控告审。

地方厅、高等分厅附设之地方庭、高等分庭新收各县的初级管辖民事控告案件总数除以总县数,为每个县每年新增加的初级管辖民事控告案件数,1914~1923 年其数目约 11.1 件,各年分别约 6.9~14 件。每个县各年新判初级管辖案件平均上诉数的基本趋势是逐年增加的,1914 年均约 6.9 起,到 1918 年时即达到 10 起,之后逐渐增长至 14 起。

1914 年每地方厅新增初级管辖民事控告约 48 件,远远低于其他各年。1914~1923 年新增加来自全国地方厅的初级管辖民事控告案件每厅年均约99 件,除 1914 年外,其余各年分别约 86~113 件。

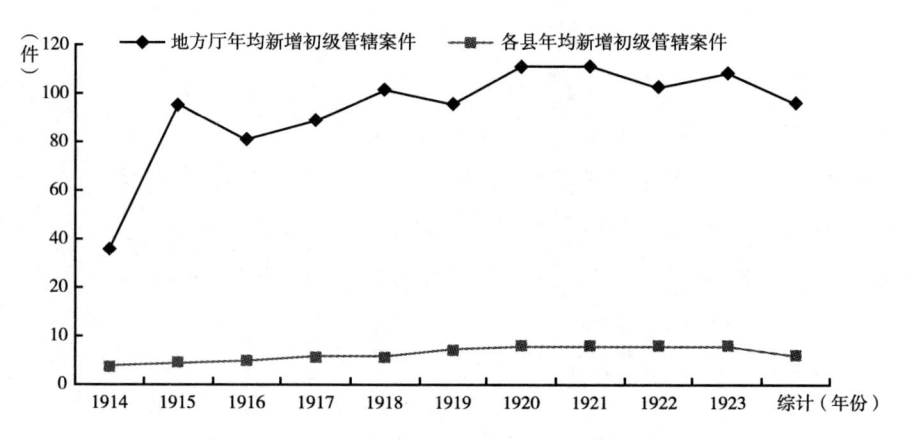

图 14-4 1914~1923 年地方厅与各县初级管辖民事控告案件数

数据来源:根据表 14-4 "初级管辖年均新收"栏相关数据制作。

民事控告案件的控告审一般有驳回、撤销、撤回、和解等结案方式。"撤销原判决"说明原审判机关的判决有可能是错误的,"驳回"通常意味着上诉理由不充分,原审判机关的判决可能是正确的。各县初级管辖民事控告审的结案率各年分别为84%~92%。"撤销原判决"(撤销)占已终结控告案件的比例为31%,各年分别约25%~42%,[①]撤销率略呈下降趋势。"驳回"占已终结控告案件的比例为46%,各年分别约43%~51%。

全国地方厅的初级管辖民事控告案件结案率各年分别为84%~95%。"撤销原判决"(撤销)占已终结控告案件的比例为25%,各年分别约20%~39%。撤销率呈下降趋势。"驳回"占已终结控告案件的比例为54%,各年分别约48%~57%。

其次,地方管辖民事案件的控告审。

1914~1923年,高等厅或分厅新收各县的地方管辖控告案件每县年均约4.2件,各年分别约3.3~4.9件。每个县各年新判地方管辖案件平均上诉虽然略有起伏,但整体趋势是逐年增加的。1918年之前通常不超过4起,之后则多于4起。1914~1923年,高等厅或分厅新收来自全国地方厅的地方管辖控告案件每厅年均约39件,各年分别约34~47件。

对各县地方管辖民事控告案件的控告审中结案率各年分别约79%~90%。"撤销原判决"占已终结控告案件的比例为33%,各年分别约30%~37%。撤销率比较平稳,多数年份在30%~35%之间波动。"驳回"占已终结控告案件的比例约48%,各年分别约38%~60%。驳回率呈下降趋势,前几年在50%以上,后几年在50%以下。

对全国地方厅地方管辖民事控告案件的控告审中结案率各年分别约79%~91%。"撤销原判决"占已终结控告案件的比例为34%,各年分别约27%~40%。撤销率呈下降趋势,1914年约40%,1915~1921年约30%多,之后两年更是下降至30%以下。"驳回"占已终结控告案件的比例约50%,各年分别约44%~52%。

[①] 1923年前统计民事已结上诉案件时多按照驳回、撤销、撤回、和解等细目进行分类,1923年开始代之以驳斥上诉、变更原判、废弃原判、和解、撤销、其他。变更原判、废弃原判都有撤销之意,故将1923年的变更原判与废弃原判合并计算,与之前各年的撤销项对应。

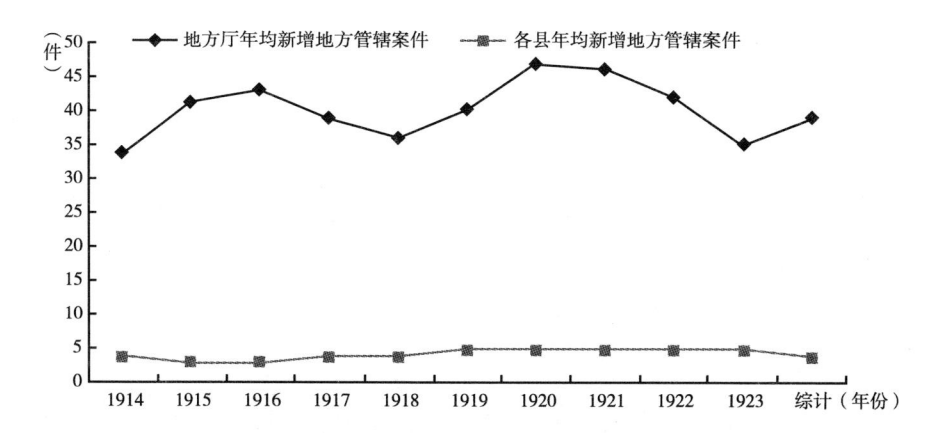

第十四章 基层诉讼中的上诉与覆判

图 14-5　1914~1923 年地方厅与各县地方管辖民事控告案件数

数据来源：根据表 14-4 "地方管辖年均新收"栏相关数据制作。

第三，初级管辖与地方管辖民事控告案件驳回率、撤销率之比较。

多数年份地方厅与各县民事控告案件的撤销率是初级管辖低于地方管辖案件。地方厅中初级管辖案件的撤销率低于地方管辖近 10 个百分点，而各县初级管辖低于地方管辖约 2 个百分点。与各县相比，地方厅中初级管辖与地方管辖案件的撤销率差距较大。

有一半的年份各县民事控告案件的驳回率初级管辖案件高于地方管辖，综计是地方管辖案件撤销率高于初级管辖约 2 个百分点。地方厅民事控告案件的驳回率是初级管辖案件高于地方管辖的年份较多，二者综计相差约 5 个百分点。

第四，地方厅与各县民事控告案件驳回率、撤销率之比较。

初级管辖民事控告案件的撤销率，综计是地方厅低于各县 6 个百分点左右。地方管辖案件的撤销率，综计是地方厅略高于各县约 1 个百分点，不过其中有 5 年是各县高于地方厅。民事控告案件的撤销率，地方厅与各县主要在初级管辖方面相差较大。

初级管辖和地方管辖案件的驳回率，综计都是地方厅高于各县。初级管辖方面，地方厅比各县的驳回率高 8 个百分点。地方管辖方面，地方厅比各县的驳回率高 1 个百分点，不过其中仍有 4 年是各县高于地方厅。民事控告案件的驳回率，地方厅与各县主要在初级管辖方面相差较大（详见表 14-4）。

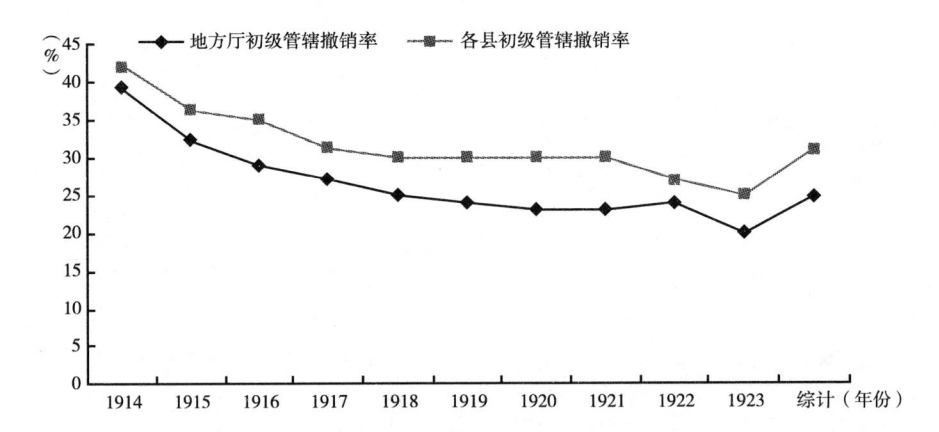

图 14-6　1914～1923 年地方厅与各县初级管辖民事控告案件之撤销率

数据来源：根据表 14-4"撤销率"栏相关数据制作。

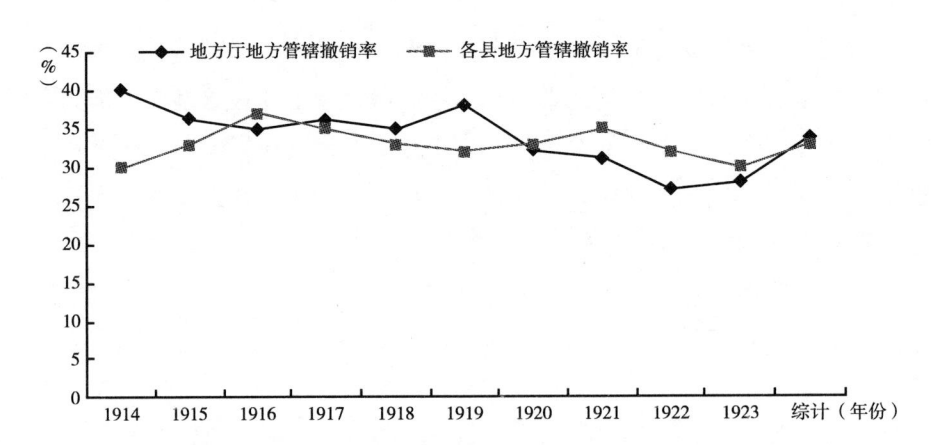

图 14-7　1914～1923 年地方厅与各县地方管辖民事控告案件之撤销率

数据来源：根据表 14-4"撤销率"栏相关数据制作。

2. 民事抗告案件之结果

首先，初级管辖民事案件的抗告审。

1914～1923 年的 10 年间，初级管辖民事案件的抗告每县年均为 2.5 件，各年新增分别为 1.8～2.9 件。总的看来，抗告案件绝对数并不多，与控告案件相比也是比较少的。对各县初级管辖民事案件新批谕的上诉，各年略有增加。对各县处理案件的抗告，1914 年约 2 起，之后有所增加，到

1919年即接近3起，1919~1923年基本维持在平均每年近3起。1914~1923年，初级管辖民事抗告案件各地方厅年均新增7.9起，各年分别新增4.1~12起。

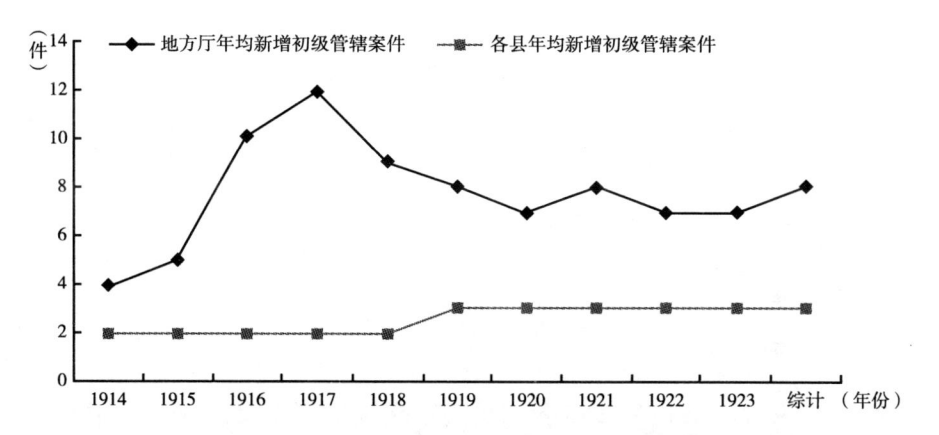

图14-8　1914~1923年地方厅与各县初级管辖民事抗告案件数

数据来源：根据表14-5"初级管辖年均新收"栏相关数据制作。

民事抗告案件的抗告审通常有驳回抗告、撤销原决定、撤回抗告等结案方式。撤销原决定又细分为全部和部分撤销。其中"撤销原决定"意味着原审县知事的决定有可能是不恰当的。"驳回抗告"意味着上诉理由是不充分的。

各县民事抗告案件的抗告审年结案率多在95%以上。"全部撤销原决定"案件在已终结抗告案件中所占比例为20%，各年分别为12%~23%；"部分撤销原决定"案件在已终结抗告案件中占的比例为3%，各年分别为1%~4%；以上两种撤销原决定案件共占22%，各年分别为14%~26%。

各县"撤销原判决"案件在已结案件中的比例各年小有起伏。其比例在1914年约14%，到1916年上升至约25%，1917年降至约17%，之后不断上升，1921年达到约26%，之后两年又下降至约25%和22%。"驳回原决定"案件占已终结抗告案件的比例为63%，各年分别为50%~72%。驳回率除了1914年较低外，其他年份略有起伏，但波动不大，大体保持在

60%~70%。

各地方厅民事抗告案件的抗告审年结案率较高，多在97%以上。"全部撤销原决定"案件在已终结抗告案件中的比例为12%；"部分撤销原决定"案件在已终结抗告案件中占的比例为2%；二者之和为14%，各年分别为12%~18%。撤销率除了1915年超过15%外，其余年份在12%~15%之间波动。驳回抗告占已终结抗告案件的比例为66%，各年分别为58%~75%。10年中驳回率前几年略高，后几年略低。1915~1918年各年分别为73%以上，1919~1923年各年分别为67%以下。

其次，地方管辖民事案件的抗告审。

1914~1923年，地方管辖案件的抗告每县年均为2.4件，各年分别为2~2.8件。各县新批谕地方管辖民事案件的平均上诉虽然各年略有起伏，但起伏其实很小。1914~1923年，地方管辖民事抗告案件各地方厅年均为19起，各年平均为9.7~25起。

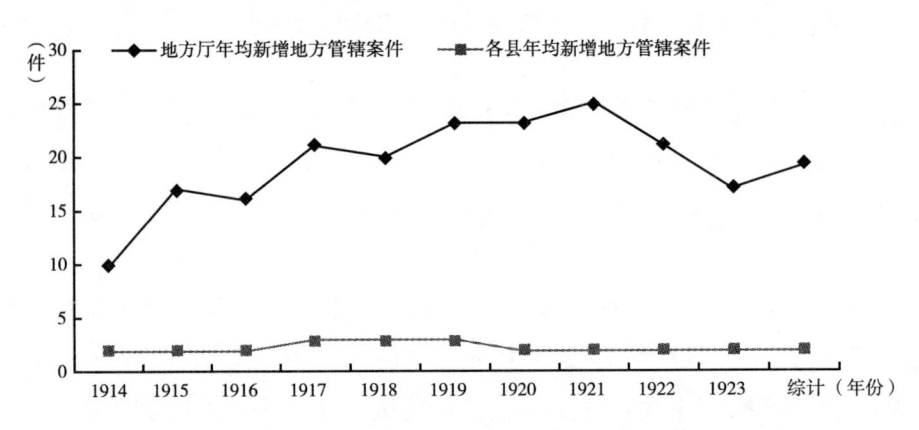

图14-9　1914~1923年地方厅与各县地方管辖民事抗告案件数

数据来源：根据表14-5"地方管辖年均新收"栏相关数据制作。

对各县地方管辖案件的抗告审年结案率多在95%以上。"全部撤销原决定"案件在已终结抗告案件中的比例为18%；"部分撤销原决定"案件在已终结抗告案件中的比例为3%；二者之和为21%，各年分别为17%~29%。撤销原决定中"全部撤销原决定"是主要的。对各县地方管辖案件的抗告审中，"撤销原决定"在已结案件中的比例，1914~1919年在17%~20%

之间波动，1920～1923 年 22%～29% 之间波动。

"驳回"各县抗告案件占已终结抗告案件中的比例为 56%，各年分别为 47%～66%。各年驳回率在起伏中略有下降。1914～1917 年间尚有 3 年的驳回率在 60% 以上，之后都低于 60%，甚至有数年在 50% 左右。

对各地方厅地方管辖案件的抗告审年结案率多在 97% 以上。"全部撤销原决定"案件在已终结抗告案件中的比例为 16%；"部分撤销原决定"案件在已终结抗告案件中的比例为 3%；二者之和为 19%，各年分别为 16%～23%。撤销率除了 1914 年，1920 年和 1921 年超过 20% 外，其余年份都在 16%～20% 之间波动。驳回抗告占已终结抗告案件的比例为 67%，各年分别为 63%～70%，起伏不大。

第三，初级管辖与地方管辖案件民事抗告案件撤销率、驳回率之比较。

1914～1923 年，各县抗告案件的撤销率有 5 年是初级管辖高于地方管辖，有 4 年是地方管辖高于初级管辖，有一年二者所占比例相同。多数年份地方厅中初级管辖案件的撤销率低于地方管辖案件。地方厅初级管辖案件的撤销率综计低于地方管辖案件约 5 个百分点，各县则是初级管辖案件的撤销率综计略高于地方管辖约 1 个百分点。

各县抗告案件的驳回率基本是初级管辖高于地方管辖，地方厅抗告案件的驳回率则是地方管辖高于初级管辖的年份有一半。各县初级管辖案件的驳回率综计高于地方管辖案件约 7 个百分点，地方厅初级管辖案件的驳回率综计低于地方管辖案件约 1 个百分点。

第四，地方厅与各县民事抗告案件的驳回率、撤销率之比较。

初级管辖和地方管辖抗告案件的撤销率，总体上是地方厅低于各县，不过其中地方管辖案件有两年是各县低于地方厅。这表明各县对案件做出批谕的出错率要略高于地方厅的出错率。各县初级管辖民事抗告案件撤销率综计约 22%，地方厅为 14%；地方厅低于各县 8 个百分点；多数年份地方厅与各县相差在 5 个百分点以上、12 个百分点以下。各县地方管辖民事抗告案件撤销率综计约 21%，地方厅为 19%；地方厅低于各县 2 个百分点；绝大多数年份，地方厅与各县相差在 5 个百分点以下。民事抗告案件的撤销率，地方厅与各县主要在初级管辖方面相差较大。

北洋时期的基层司法

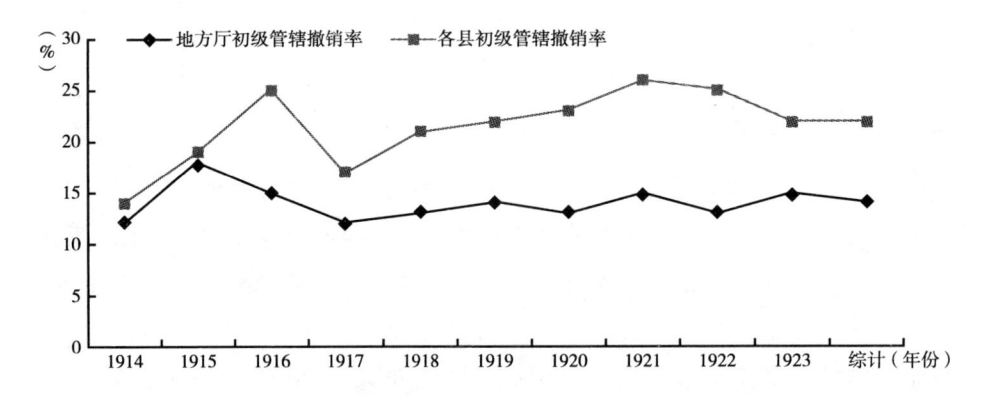

图 14-10　1914~1923 年地方厅与各县初级管辖民事抗告案件之撤销率

数据来源：根据表 14-5"撤销率"栏相关数据制作。

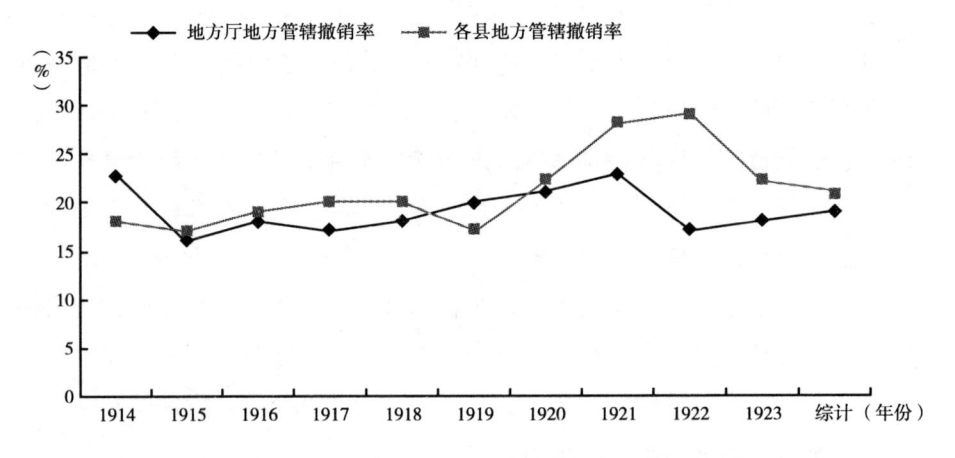

图 14-11　1914~1923 年地方厅与各县地方管辖民事抗告案件之撤销率

数据来源：根据表 14-5"撤销率"栏相关数据制作。

初级管辖和地方管辖案件的驳回率，总体上是地方厅高于各县，其中初级管辖案件有 3 年是各县高于地方厅。初级管辖民事抗告案件的驳回率，地方厅综计为 66%，各县为 63%，地方厅比各县高 3 个百分点。只有一年相差超过 10 个百分点。地方管辖民事抗告案件的驳回率，地方厅综计为 67%，各县为 56%，地方厅比各县高 11 个百分点。有 6 年相差超过 10 个百分点。民事抗告案件的驳回率，地方厅与各县主要在地方管辖方面相差较大（详见表 14-5）。

（二）刑事上诉案件之结果

刑事上诉案件除了可以分析其控告与抗告的件数、结案率、驳回率、撤销率外，还可对刑事控告案件中"撤销原判决"的理由进行考察。

1. 刑事控告案件之结果

首先，初级管辖刑事案件的控告审。

1914～1923 年，初级管辖刑事案件的控告县年均新增约 2.2 件，各年平均分别为 1.7～2.8 件。初级管辖刑事案件的控告各地方厅年均新增 8 件，各年平均分别为 5.9～9.4 件。

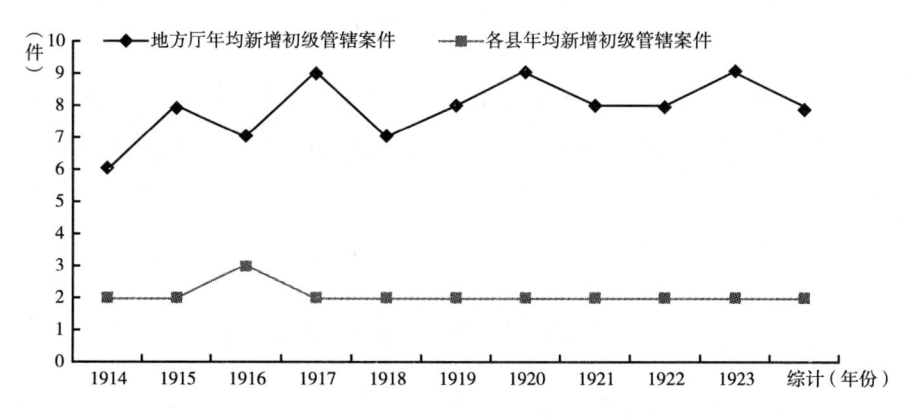

图 14-12　1914～1923 年地方厅与各县初级管辖刑事控告案件数

数据来源：根据表 14-6 "初级管辖年均新收" 栏相关数据制作。

各县初级管辖刑事控告案件年结案率为 79%～92%。"撤销原判决"案件占已终结控告案件的比例为 44%，各年的撤销率在 39%～50% 之间起伏。地方厅初级管辖刑事控告案件年结案率为 88%～98%，多数年份在 95% 以上；撤销率为 39%，各年分别为 31%～45%，多数年份在 40% 左右。

各县初级管辖刑事控告案件的驳回率为 39%，各年略有起伏，分别为 34%～48%。地方厅初级管辖刑事控告案件的驳回率为 54%，各年分别为 44%～65%，多数年份在 50%～55% 之间。

其次，地方管辖刑事案件的控告审。

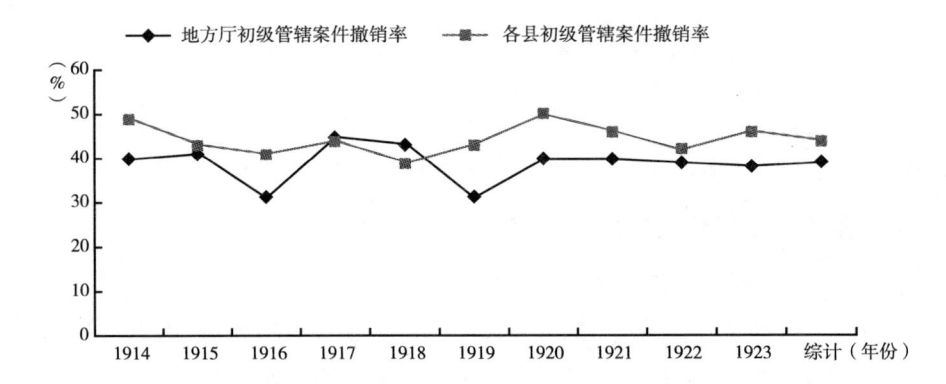

图 14-13　1914~1923 年地方厅与各县初级管辖刑事控告案件之撤销率

数据来源：根据表 14-6"初级管辖撤销率"栏相关数据制作。

1914~1923 年，县年均新增加的地方管辖控告案件约 4.7 件，各年平均分别为 2~5.9 件。各县年均控告案件数呈增长态势，最初约两三件，后来增加到五六件。1914~1923 年，地方管辖刑事案件的控告各地方厅年均新增 39 件，各年平均分别为 26~51 件，多数年份在 40 件左右。

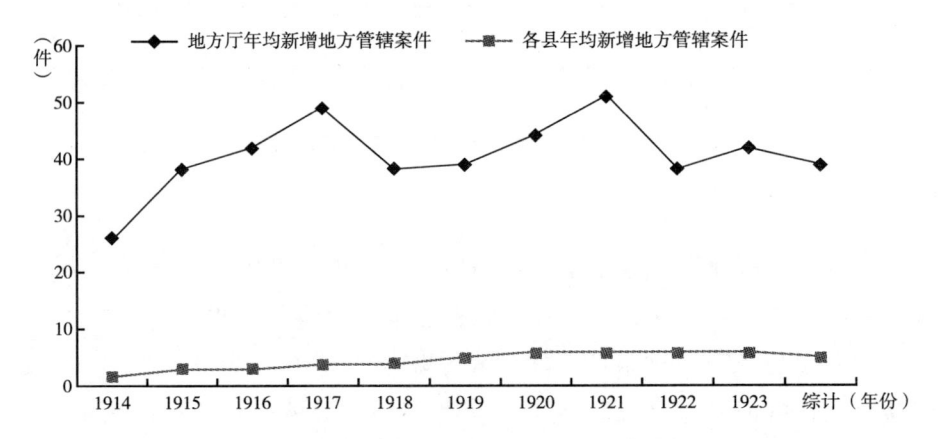

图 14-14　1914~1923 年地方厅与各县地方管辖刑事控告案件数

数据来源：根据表 14-6"地方管辖年均新收"栏相关数据制作。

各县地方管辖控告案件的年结案率为 77%~87%。"撤销原判决"案件占已终结控告案件的比例为 57%，各年撤销率分别为 50%~60%。各地方厅地方管辖控告案件的年结案率为 84%～93%，多数年份在 90% 左右。撤销率为 50%，各年分别为 45%～55%。撤销率前几年多在 50% 以下，后几年则在 50% 以上，略有上升趋势。无论是初级管辖还是地方管辖控告案件的撤销率，地方厅通常比各县低。初级管辖综计低 10 个百分点，地方管辖综计低 7 个百分点。

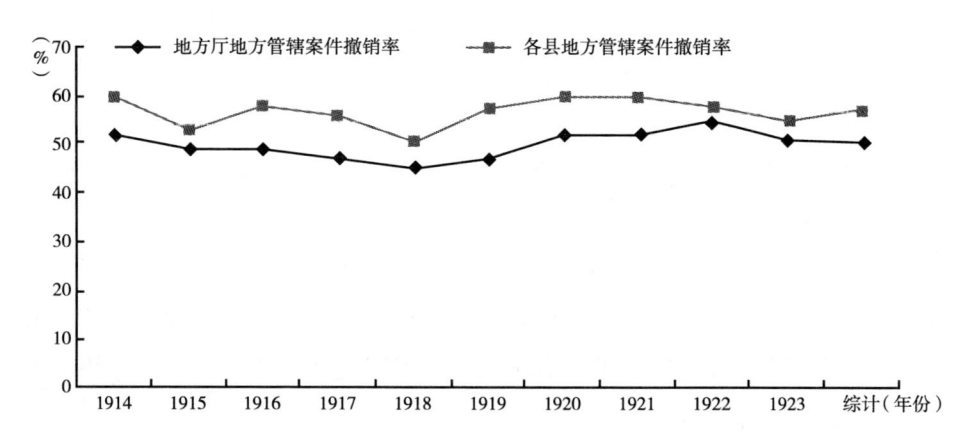

图 14–15　1914～1923 年地方厅与各县地方管辖刑事控告案件之撤销率

数据来源：根据表 14–6 "地方管辖撤销率" 栏相关数据制作。

各县地方管辖控告案件的驳回率为 34%，各年为 28%～40% 不等，略有下降趋势。各地方厅地方管辖控告案件的驳回率为 44%，各年分别为 37%～50%，略有下降趋势，最初几年近 50%，后几年下降至 40% 左右。无论是初级管辖还是地方管辖控告案件的驳回率，地方厅都比各县高。初级管辖综计高 15 个百分点，地方管辖综计高 10 个百分点。

第三，初级管辖与地方管辖刑事控告案件驳回率、撤销率之比较。

无论地方厅还是各县，地方管辖控告案件的撤销率都比初级管辖高，而且多数年份高出 10 个百分点以上。

无论地方厅还是各县，地方管辖控告案件的驳回率都比初级管辖低，地方厅中有一半多年份二者相差 10 个百分点以上。

第四，"撤销原判决" 的理由。

"撤销原判决" 的理由为引律错误、诉讼程序不合法、无罪认为有罪、有罪认为无罪、刑失之过重、刑失之过轻、管辖错误等。1923年刑事上诉案件"撤销原判决"之理由的统计项目有别于之前各年，在此仅分析1914~1922年的数据。

无论是各县还是地方厅，引律错误，刑失之过重，无罪认为有罪，刑失之过轻等都是"撤销原判决"的前四大理由，而且排位顺序一致。

引律错误为"撤销原判决"的最主要理由。各县控告案件中，引律错误占撤销原判案件总数的37%。除了1914年引律错误比例（24%）相对较低外，其余年份都比较接近，在34%~41%之间起伏。地方厅控告案件中，引律错误占撤销原判案件总数的30%。各年分别在27%~34%之间，前后略有上升趋势。

刑失之过重排第二位。各县控告案件中，刑失之过重占撤销原判案件总数的18%。除了1914年（23%）稍高外，其余各年在15%~19%之间。地方厅控告案件中，刑失之过重占撤销原判案件总数的29%。各年在26%~32%之间起伏。

无罪认为有罪排第三位。各县控告案件中，无罪认为有罪占撤销原判案件总数的17%。各年分别为15%~19%，比较平稳。地方厅控告案件中，无罪认为有罪占撤销原判案件总数的17%。各年分别为15%~19%，略呈下降趋势。

刑失之过轻排第四位。各县控告案件中，刑失之过轻占撤销原判案件总数的9%。各年分别为6%~12%，呈上升趋势。地方厅控告案件中，刑失之过轻占撤销原判案件总数的10%。各年分别为7%~14%，略呈上升趋势。

引律错误、刑失之过重、无罪认为有罪、刑失之过轻等四项理由占撤销原判案件总数的80%左右，而且各项原因所占比例基本接近或在10%以上，因此是主要原因。

其余如诉讼程序不合法、有罪认为无罪、驳回公诉、管辖错误等原因各自所占比例通常为6%以下，所以是次要原因。

各县与地方厅的差别主要体现在以下两个方面。

一是诉讼程序不合法、有罪认为无罪、驳回公诉三项理由各自所占比例

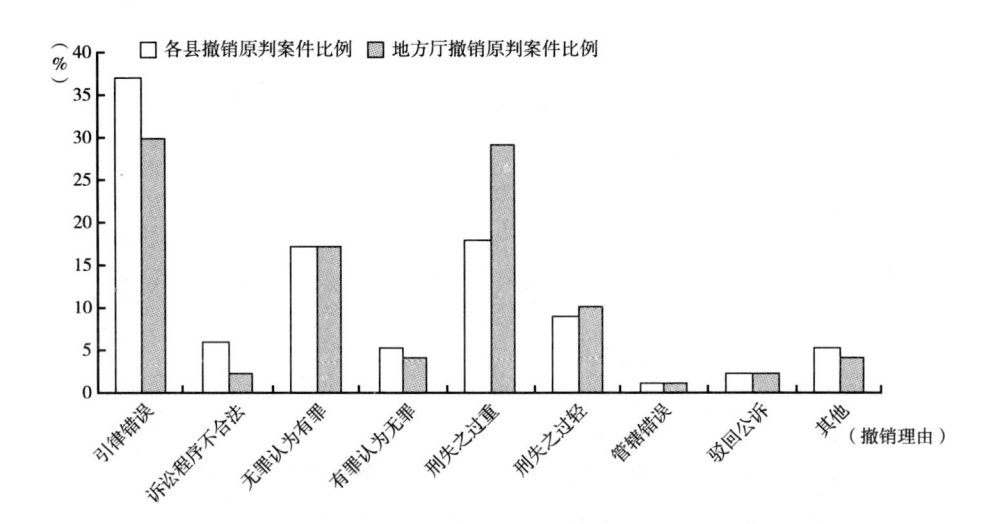

图 14-16　1914~1923 年撤销地方厅与各县原判之理由

数据来源：根据表 14-7"综计"相关数据制作。

的排序不一致。各县是诉讼程序不合法高于有罪认为无罪，有罪认为无罪高于驳回公诉；地方厅是有罪认为无罪高于驳回公诉；驳回公诉高于诉讼程序不合法。

二是各项理由所占比例之间有的相差较大。大体而言，引律错误、诉讼程序不合法、有罪认为无罪等项所占比例是各县高于地方厅，而刑失之过重、刑失之过轻等项是地方厅高于各县。有较大差距的是刑失之过重、引律错误和诉讼程序不合法这三项。刑失之过重所占比例地方厅高于各县 11 个百分点。引律错误和诉讼程序不合法所占比例各县高于地方厅约 7 个和 4 个百分点。

各县引律错误与诉讼程序不合法之处更多，而地方厅在量刑方面出错更多（详见表 14-6、表 14-7）。

2. 刑事抗告案件之结果

地方厅和各县年均新收刑事抗告案件数目极少。地方厅中初级管辖和地方管辖抗告案件年均都不足 4 件，各县更少，年均不过一两件。

各县初级管辖刑事抗告案件的撤销率约 18%，各年分别为 5%~32%，

北洋时期的基层司法

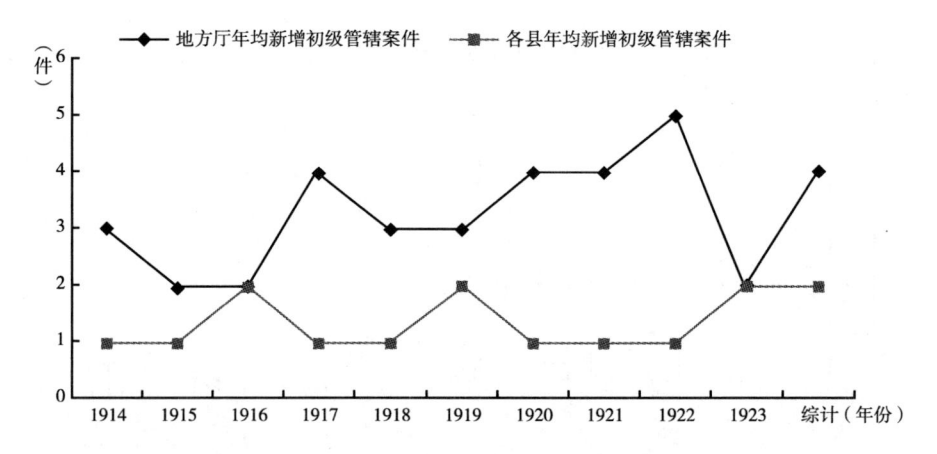

图 14-17　1914~1923 年地方厅与各县初级管辖刑事抗告案件数

数据来源：根据表 14-8 "年均新收初级管辖案件"栏相关数据制作。

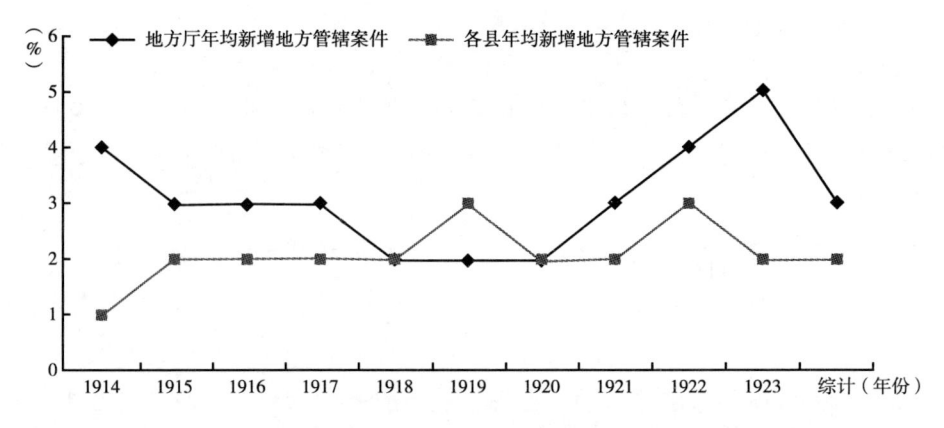

图 14-18　1914~1923 年地方厅与各县地方管辖刑事抗告案件数

数据来源：根据表 14-8 "年均新收地方管辖案件"相关数据制作。

有 7 年在 17%~28% 之间波动。地方厅初级管辖刑事抗告案件的撤销率约 20%，各年分别为 7%~43%，有 7 年在 15%~30% 之间波动，整体呈下降趋势。初级管辖刑事抗告案件的撤销率综计地方厅比各县高 2 个百分点，其中仍各有 3 年是各县的撤销率比地方厅高，有 6 年地方厅比各县高 10 个百分点以上。

各县初级管辖刑事抗告案件的驳回率约 72%，各年分别为 51%~82%，

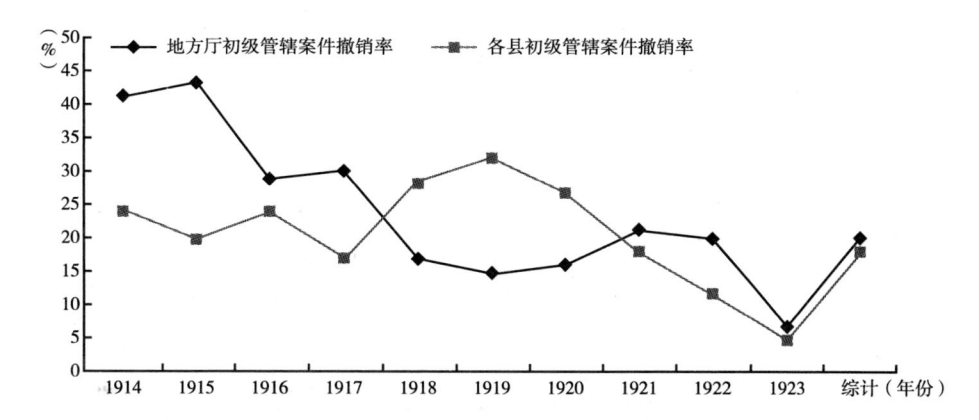

图 14-19　1914~1923 年地方厅与各县初级管辖刑事抗告案件之撤销率

数据来源：根据表 14-8"初级管辖撤销率"相关数据制作。

有 7 年在 67%~76% 之间波动。地方厅初级管辖刑事抗告案件的驳回率约 72%，各年分别为 50%~82%。初级管辖刑事抗告案件的驳回率综计地方厅与各县相同，其中有 7 年是地方厅的驳回率低于各县。

各县地方管辖刑事抗告案件的撤销率约 19%，各年分别为 14%~30%。前 5 年在 20%~30% 之间波动，后 5 年在 14%~16% 之间波动，总体呈现下降趋势。地方厅地方管辖刑事抗告案件的撤销率约 21%，各年分别为 13%~41%，前后呈现曲折下降趋势。地方管辖刑事抗告案件的撤销率，有 3 年地方厅与各县相差 10~14 个百分点，其余年份相差不太大。

各县地方管辖刑事抗告案件的驳回率约 74%，各年分别为 64%~77%，有 9 年在 70%~77% 之间波动。地方厅地方管辖刑事抗告案件的驳回率约 72%，各年分别为 54%~80%，有 7 年在 70%~80% 之间波动。地方管辖刑事抗告案件的驳回率综计地方厅比各县低 2 个百分点，有 5 年是地方厅比各县低，另 5 年正相反。

各县地方管辖比初级管辖刑事抗告案件的撤销率综计高 1 个百分点，地方厅亦然。不过各年的撤销率并不尽然。各县有 6 年是地方管辖比初级管辖案件的撤销率高；二者差距不小，有 3 年相差 10~16 个百分点，有 4 年相差 6~8 个百分点。地方厅只有 4 年是初级管辖比地方管辖撤销率低。

北洋时期的基层司法

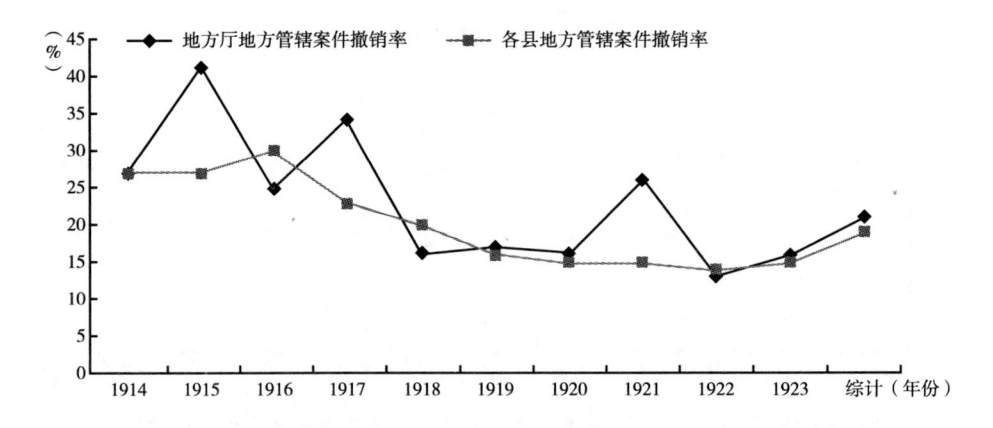

图14-20 1914~1923年地方厅与各县地方管辖刑事抗告案件之撤销率

数据来源：根据表14-8"撤销率"栏相关数据制作。

各县地方管辖比初级管辖刑事抗告案件的驳回率综计高仅2个百分点，有5年相差在5个百分点以上。地方厅初级管辖与地方管辖刑事抗告案件的驳回率综计相同，有4年是前者比后者低（详见表14-8）。

三 覆判案件之结果

覆判案件对县司法机关而言是比较重大的案件。因此，考察司法人员的断案水平不能不注意覆判案件。覆判事项在清朝已经存在，当时由大理院办理。北洋时期所有未设法院各地方之司法事务仍须由县知事兼理，为此而施行覆判制度以救县知事审判之不足。

1912年8月间，司法部以州县判决案件送大理院覆判与现行审级制度不符，将覆判事项改归各省高等审判厅办理，于是年10月订定《覆判暂行简章》公布施行。后于1913年3月20日、1914年7月3日两次修改，最后定名为《覆判章程》。此后，又经数次修改，1914年9月14日补订章程第1条，1915年6月25日、10月19日两次修改章程第8条。1918年由司法部将原章程及历次修改各条删繁补缺，编成《覆判章程》12条，于4月26日

— 396 —

公布施行。① 1922 年再次修改《覆判章程》。

《覆判章程》规定，兼理司法事务之县知事审判一些刑事案件，当事人没有声明控诉，于控诉期间经过后 5 日内，呈由高等检察厅或分厅于接收后 5 日内附意见书送高等审判厅或分厅覆判，但窃盗罪及关于盗窃之赃物罪不在此限。覆判案件主要针对的是兼理司法事务之县知事审判的刑事案件而非其他审判机关审判的案件。它和上诉案件有所不同，属于当事人没有声明上诉的案件，而且是过了控诉期间的案件。覆判程序分三步：首先，由县知事将相关案件呈高等检察厅或分厅；其次，高等检察厅或分厅附意见书送高等审判厅或分厅；第三，由高等审判厅或分厅进行覆判。

1918 年修改的《覆判章程》列举了 5 类应覆判案件：法定最重主刑在三等有期徒刑以上者；法定最重主刑因减等而降至前款所揭以下者；法定主刑为单独罚金 500 元以上而所科在百元以上者；法定最重主刑为四等有期徒刑以下，其并科罚金或易科罚 500 元以上而所科在百元以上者；法定主刑是依价额计算之单独罚金或有依价额计算之并科罚金而所科在 200 元以上者。该章程还规定一案中有被告数人罪刑不同，其较重者满足于前项各款之一时，应将全案呈送覆判。

据"刑事统计年报"统计，1914～1923 年间，共新增覆判案件 69308 起，涉及 11499 县次，各县平均每年新增覆判案件约 6 起，各年在 3.6～8.3 件之间起伏不定。

上级审判机关对覆判案件处理结果在数量上排在前三位的是核准、发还原审知事覆审和更正。已结案件为 70188 起，核准等三项案件总数达到 68280 起，占已结案件的 97.3%。其他如提审、发交邻近地方厅或邻邑知事覆审以及指定推事莅审等在数量上都微乎其微，各自占已终结案件的比例都不到 1%。

核准判决指情罪相符者。核准案件共 27528 起，占已终结案件的 39.2%。各县平均每年核准约 2.4 件。核准案件占已终结案件的比例，1914～1920 年，从 33% 上升至 40% 多，1921～1923 年又降为 35% 左右。

---

① 《请公布修正覆判章程》，《司法公报》第 90 期，1918 年 5 月，第 20 页。

北洋时期的基层司法

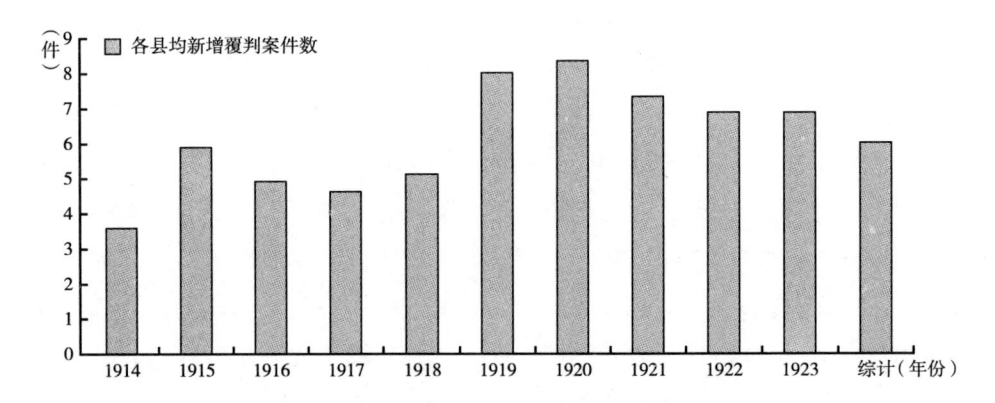

图 14-21　1914~1923 年各县年均新增覆判案件数

数据来源：根据表 14-9 "各县平均新增" 栏相关数据制作。

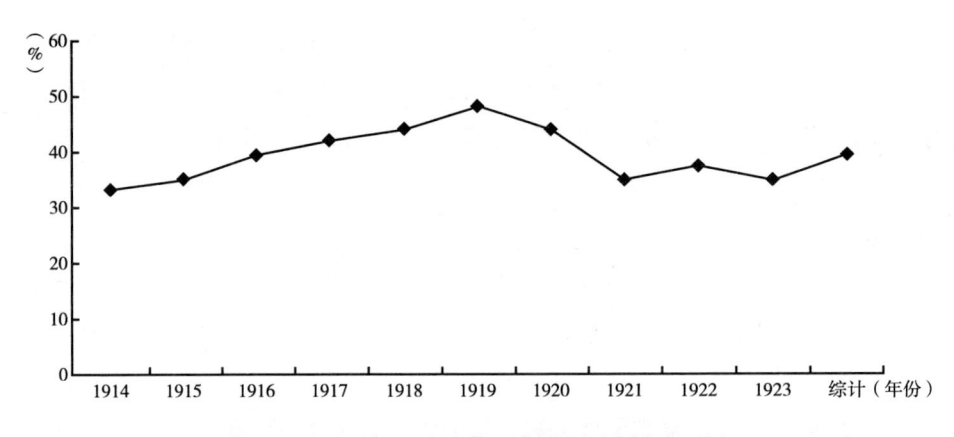

图 14-22　1914~1923 年各县覆判案件之核准率

数据来源：根据表 14-9 "核准率" 栏相关数据制作。

更正判决包括引律错误，于罪并无出入或失出者；其引律虽无错误而处刑轻重不当者，但原处刑在无期徒刑以下者不得改处死刑。① 更正案件为 19832 起，占已终结案件的比例为 28.3%。各县平均每年更正约 1.7 件。更正判决案件占已结案件的比例，1914~1921 年一直呈下降趋势，从 48% 降至 18%。

———————

① 《覆判章程》，《司法公报》第 90 期，1918 年 5 月，第 20~25 页。

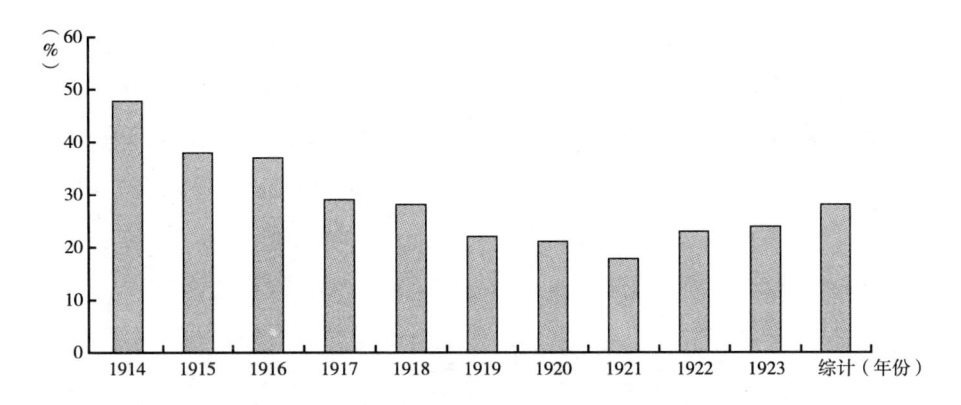

图 14－23 1914～1923 年各县覆判案件之更正率

数据来源：根据表 14－9"更正率"栏相关数据制作。

证据不足或事实不明致罪有失出失入或引律错误致罪有失出者，高等审判厅或分厅通常将这类案件发还原审知事覆审。发还原审知事覆审的案件有 20920 起，占已终结案件的比例约 29.8%。各县平均每年发还原审知事覆审约 1.8 件。发还原审知事覆审案件占已结案件的比例基本呈上升趋势，从 1914 年的 15% 逐渐上升到 30%～40%。

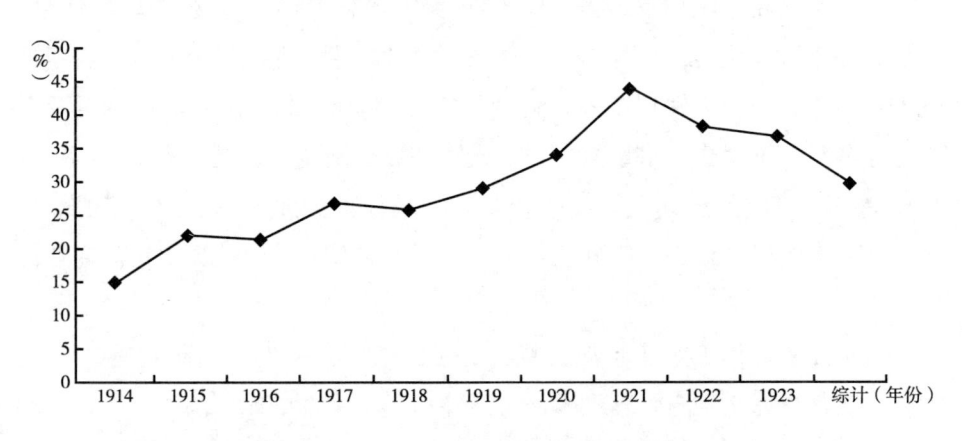

图 14－24 1914～1923 年各县覆判案件之覆审率

数据来源：根据表 14－9"发还原审知事覆审率"栏相关数据制作。

核准案件说明县司法机关的判决正确。更正案件表明县司法机关的判决存在错误。发还原审知事覆审则说明县司法机关的判决可能存在这样那样的不足。核准案件在已结案件中的比例虽是最高的,但也不过 39.2% 左右,因此可以认为县司法机关判决的正确率是比较低的。更正案件占到了已结案件的 28.3%,说明县司法机关判决的错误率并不低。加上那 29.8% 发还原审知事覆审的案件,县司法机关判决的不正确之处实在太多(详见表 14-9)。

小　结

诉讼当事人、上级司法行政部门和审判机关由于各自拥有的法律知识、各自所处的地位不同,往往对各县司法机关及其司法人员审理的案件存在不同的认可度。北洋时期全国地方厅刑事案件的总上诉率约 9%,民事案件的总上诉率约 28%。地方厅刑事案件的上诉率比民事案件要低得多,很明显,人们对地方厅第一审民事案件判决或决定的认可度相当低,而对刑事案件的认可度还比较高。

各县年均新增民刑事控告、抗告案件约 31 件,各年分别有 21~37 件。各地方厅年均新增民刑事控告、抗告案件约 219 件,除了 1914 年年均新增民刑事控告、抗告案件较少外,其余各年新增 208~257 起不等。各县及各地方厅各年新增民事、刑事控告与抗告案件数量基本趋势是越来越多,不过 1914~1923 年间并没有发生大的波动,也没有出现上诉规模的急剧膨胀。

上级审判机关对上诉案件的处理可以反映它们对原判或原决定的专业评价。

撤销民事控诉等案件原判或原决定在已结案件中的所占比例有 20%~30%,尤其是撤销地方管辖刑事控诉案件占已结案件的比例高达一半,说明原判或原决定错误率还是比较高的。各县与地方厅对刑事案件判决错误主要在引律错误、刑失之过重、无罪认为有罪、刑失之过轻等方面。[①] 另外,撤

---

① 黄宗智与滋贺秀三曾围绕中国的审判是否依法判案展开争论。本书不仅指出了上诉规模,而且深入分析了上诉案件的撤销率,并讨论了撤销原判的各种理由。

销率的历时性变化显示，各县和地方厅的民事控告案件和刑事抗告案件撤销率越来越低，审理此类案件的水平在逐渐提升。

上诉案件中只有各县民事抗告的撤销率是初级管辖案件高于地方管辖案件1个百分点，其他类型案件都是地方管辖上诉案件的撤销率高于初级管辖。大约，地方管辖案件标的更大，案情更复杂，司法机关审理此类案件时错误率较高。

地方厅上诉案件的撤销率低于各县。初级管辖民事控告案件、初级管辖与地方管辖民事抗告案件和刑事控告案件5类案件的撤销率都是各县高于地方厅。这5类案件占8类案件年平均数的80%左右，地方厅上诉案件的撤销率低于各县是主流。①

地方管辖民事控告案件的撤销率是地方厅高于各县1个百分点，刑事抗告案件的撤销率是地方厅高于各县2个百分点。这3类案件占总数的20%。虽然地方厅的上诉案件撤销率高于各县的情形是支流，而且相差极其微小，仍可见地方厅与各县在撤销率方面呈现多样性。

除了地方管辖刑事抗告的驳回率是各县高于地方厅2个百分点以外，其他7类上诉案件的驳回率都是地方厅高于各县。地方管辖刑事抗告占8类案件年平均数的比例连1%都不到，基本上可以说地方厅上诉案件的驳回率高于各县。

不仅上诉案件中地方厅上诉案件的撤销率低于各县，驳回率高于各县，而且从上级审判机关对覆判案件的处理看，各县原判或原决定错误率并不低。因此，改革县司法制度，提高司法人员的素质以减少处理案件的错误将成为司法建设不得不面对的问题。

---

① 民刑事初级、地方管辖的控告和抗告共8类案件。

续表

项目		新收	总数	驳回	撤销	撤回	和解	其他	已结合计	厅县数	年均新收	结案率（%）	驳回率（%）	撤销率（%）
地方管辖	地方厅	1914年	3509	4926	2088	1600	86	242		4016	104	34	82	52	40
		1915年	2199	2823	1311	915	143	192		2561	54	41	91	51	36
		1916年	1881	2126	826	615	165	155		1761	44	43	83	47	35
		1917年	1868	2234	860	667	144	189		1860	48	39	83	46	36
		1918年	1600	1921	724	539	132	160		1555	45	36	81	47	35
		1919年	1731	2063	756	640	111	193		1700	43	40	82	44	38
		1920年	2175	2541	1034	681	165	226		2106	46	47	83	49	32
		1921年	2329	2766	1027	718	244	308		2297	51	46	83	45	31
		1922年	2000	2417	1060	552	143	267		2022	48	42	84	52	27
		1923年	2443	2916	1159	644	103	243	151	2300	69	35	79	50	28
		综计	21735	26733	10845	7571	1436	2175	151	22178	552	39	83	49	34
	各县	1914年	4187	5638	2698	1326	159	286		4469	1060	4	79	60	30
		1915年	3436	4672	2359	1398	219	237		4213	1050	3.3	90	56	33
		1916年	2971	3378	1414	1002	129	188		2733	908	3.3	81	52	37
		1917年	3560	4186	1742	1230	223	308		3503	997	3.6	84	50	35
		1918年	3372	3929	1493	1056	290	343		3182	849	4	81	47	33
		1919年	3994	4629	1604	1237	577	441		3859	813	4.9	83	42	32
		1920年	4336	5122	1724	1369	543	473		4109	901	4.8	80	42	33
		1921年	4265	5273	1665	1517	612	545		4339	894	4.8	82	38	35
		1922年	3907	4813	1662	1236	488	535		3921	846	4.6	81	42	32
		1923年	4209	5132	1718	1212	272	460	429	4091	858	4.9	80	42	30
		综计	38237	46772	18079	12583	3512	3816	429	38419	9176	4.2	82	48	33

资料来源：根据"民事统计年报"中"原审衙门别控告受理数及已结未结"表等资料计算制作。

表14-5 1914~1923年地方厅与各县民事抗告案件之结果

项目		新收	总数	驳回	撤销全部	撤销部分	撤回	其他	已结	厅县数	年均新收	结案率（%）	驳回率（%）	撤销率（%）
地方厅	1914年	87	87	50	7	3	1	24	85	21	4.1	98	59	12
	1915年	181	182	133	26	6		13	178	35	5.2	98	75	18
	1916年	345	350	252	46	4	6	36	344	36	9.6	98	73	15
	1917年	505	511	359	47	13	6	66	491	43	12	96	73	12
	1918年	379	399	287	47	4	7	44	389	43	8.8	97	74	13
	1919年	349	358	234	42	8	5	59	348	42	8.3	97	67	14
	1920年	321	331	190	33	10	6	83	322	44	7.3	97	59	13
	1921年	389	398	237	49	8	11	78	383	47	8.3	96	62	15
	1922年	319	334	188	30	12	9	85	324	47	6.8	97	58	13
	1923年	365	375	207	53		22	76	358	54	6.8	95	58	15
	综计	3240	3325	2137	380	68	73	564	3222	412	7.9	97	66	14
初级管辖各县	1914年	269	290	139	33	5	3	100	280	145	1.8	97	50	14
	1915年	569	580	362	87	19	7	90	565	276	2.1	97	64	19
	1916年	718	733	442	148	23	21	61	695	365	2	95	64	25
	1917年	979	1010	704	158	13	13	94	982	440	2.2	97	72	17
	1918年	884	903	559	167	17	23	100	866	375	2.4	96	65	21
	1919年	1087	1118	704	210	31	17	124	1086	370	2.9	97	65	22
	1920年	1103	1135	668	202	48	26	148	1092	408	2.7	96	61	23
	1921年	1040	1083	601	242	33	25	144	1045	361	2.9	96	58	26
	1922年	1026	1064	643	221	32	11	111	1018	359	2.9	96	63	25
	1923年	1093	1139	624	235		29	171	1059	393	2.8	93	59	22
	综计	8768	9055	5446	1703	221	175	1143	8688	3492	2.5	96	63	22

续表

项目		新收	总数	驳回	撤销全部	撤销部分	撤回	其他	已结	厅县数	年均新收	结案率(%)	驳回率(%)	撤销率(%)
初级管辖	地方厅													
	1914年	641	726	477	114	40	11	35	677	66	9.7	93	70	23
	1915年	793	822	532	115	16	17	117	797	48	17	97	67	16
	1916年	932	957	632	135	30	12	112	921	57	16	96	69	18
	1917年	1271	1310	867	164	49	13	172	1265	60	21	97	69	17
	1918年	1135	1176	752	173	35	8	171	1139	56	20	97	66	18
	1919年	1181	1205	739	199	42	13	185	1178	52	23	98	63	20
	1920年	1313	1340	892	228	43	4	132	1299	56	23	97	69	21
	1921年	1446	1487	960	291	48	34	120	1453	59	25	98	66	23
	1922年	1212	1246	827	178	30	20	162	1217	59	21	98	68	17
	1923年	1063	1093	732	197		27	114	1070	62	17	98	68	18
	综计	10987	11362	7410	1794	333	159	1320	11016	575	19	97	67	19
	各县													
	1914年	932	1016	610	135	35	5	144	929	460	2	91	66	18
	1915年	1524	1629	1015	216	54	39	264	1588	616	2.5	97	64	17
	1916年	892	926	464	131	36	8	233	872	428	2.1	94	53	19
	1917年	1286	1338	817	202	54	7	225	1305	513	2.5	98	63	20
	1918年	1204	1236	686	198	40	12	259	1195	454	2.7	97	57	20
	1919年	1294	1332	645	182	43	41	390	1301	466	2.8	98	50	17
	1920年	1045	1077	593	197	28	4	210	1032	446	2.3	96	57	22
	1921年	1040	1085	488	253	39	7	257	1044	463	2.2	96	47	28
	1922年	1025	1066	526	265	33	17	186	1027	443	2.3	96	51	29
	1923年	1028	1069	539	223		18	235	1015	445	2.3	95	53	22
	综计	11270	11774	6383	2002	362	158	2403	11308	4734	2.4	96	56	21

资料来源：同表14-4。

表 14-6 1914~1923 年地方厅与各县刑事控告案件之结果

项目		新收	总数	驳回	撤销	撤回	其他	已结	厅县数	年均新收	结案率（%）	驳回率（%）	撤销率（%）
初级管辖	地方厅												
	1914 年	172	174	68	61	22	2	153	29	5.9	88	44	40
	1915 年	303	321	170	126	11	1	308	39	7.8	96	55	41
	1916 年	285	298	186	89	9	1	285	42	6.8	96	65	31
	1917 年	446	459	229	201	13	2	445	49	9.1	97	51	45
	1918 年	316	329	165	138	17	1	321	46	6.9	98	51	43
	1919 年	326	331	208	100	8	4	320	42	7.8	97	65	31
	1920 年	385	397	212	153	19		384	45	8.6	97	55	40
	1921 年	426	439	217	169	33	7	426	52	8.2	97	51	40
	1922 年	371	385	186	139	31	1	357	46	8.1	93	52	39
	1923 年	537	565	258	195	24	36	513	57	9.4	91	50	38
	综 计	3567	3698	1899	1371	187	55	3512	447	8	95	54	39
	各县												
	1914 年	236	282	108	124	12	8	252	140	1.7	89	43	49
	1915 年	478	509	221	198	39	5	463	204	2.3	91	48	43
	1916 年	777	826	256	271	114	13	654	277	2.8	79	39	41
	1917 年	781	858	298	349	127	19	793	350	2.2	92	38	44
	1918 年	607	663	235	225	96	27	583	316	1.9	88	40	39
	1919 年	527	579	208	227	82	13	530	295	1.8	92	39	43
	1920 年	650	700	219	310	86	10	625	343	1.9	89	35	50
	1921 年	659	731	220	296	109	16	641	327	2	88	34	46
	1922 年	905	989	330	366	165	6	867	384	2.4	88	38	42
	1923 年	971	1096	357	436	77	81	951	404	2.4	87	38	46
	综 计	6591	7233	2452	2802	907	198	6359	3038	2.2	88	39	44

续表

项目		新收	总数	驳回	撤销	撤回	其他	已结	厅县数	年均新收	结案率（%）	驳回率（%）	撤销率（%）
地方管辖	地方厅												
	1914年	2525	3054	68	1119	1346	39	2572	98	26	84	44	52
	1915年	2462	2852	43	1290	1292	34	2659	65	38	93	49	49
	1916年	1830	2008	25	878	899	16	1818	44	42	91	48	49
	1917年	2226	2409	72	1099	1058	19	2248	45	49	93	49	47
	1918年	1716	1841	57	852	768	25	1702	45	38	92	50	45
	1919年	1680	1791	59	794	766	19	1638	43	39	91	48	47
	1920年	1999	2152	100	789	995	38	1922	45	44	89	41	52
	1921年	2691	2922	228	1013	1369	27	2637	53	51	90	38	52
	1922年	2048	2307	128	766	1134	38	2066	54	38	90	37	55
	1923年	2844	3151	104	1103	1400	118	2725	67	42	86	40	51
	综计	22021	24487	884	9703	11027	373	21987	559	39	90	44	50
	1914年	1189	1553	22	422	720	36	1200	600	2	77	35	60
	1915年	2807	3157	172	1043	1420	69	2704	882	3.2	86	39	53
	1916年	3057	3500	133	1034	1699	79	2945	920	3.3	84	35	58
	1917年	4465	4992	260	1580	2414	82	4336	1009	4.4	87	36	56
	1918年	4065	4679	326	1579	2005	83	3993	928	4.4	85	40	50
各县	1919年	4724	5274	317	1555	2560	51	4483	872	5.4	85	35	57
	1920年	5479	6294	333	1676	3093	83	5185	993	5.5	82	32	60
	1921年	5679	6771	563	1583	3367	83	5596	1006	5.6	83	28	60
	1922年	5564	6664	548	1711	3161	76	5496	942	5.9	82	31	58
	1923年	5653	6969	383	1746	2953	310	5392	986	5.7	77	32	55
	综计	42682	49853	3057	13929	23392	952	41330	9138	4.7	83	34	57

资料来源：根据"刑事统计年报"中"原审衙门别控告受理数及已结未结"表等资料计算制作。

表 14-7　1914~1923 年撤销地方厅与各县原判之理由

撤销原判及理由		撤销原判	引律错误	诉讼程序不合法	无罪认为有罪	有罪认为无罪	刑失之过重	刑失之过轻	管辖错误	驳回公诉	其他
各县	案件数	1914 年	850	205	95	154	44	199	47	10	24	73
		1915 年	1624	593	120	278	101	245	137	43	39	88
		1916 年	1983	776	228	314	115	314	134	30	19	53
		1917 年	2784	1048	223	458	160	519	175	48	36	117
		1918 年	2250	768	153	379	110	434	197	22	44	145
		1919 年	2797	1133	92	512	127	475	219	37	74	128
		1920 年	3417	1246	99	649	179	636	396	26	60	126
		1921 年	3711	1378	142	571	175	662	446	44	75	190
		1922 年	3586	1331	115	699	191	664	367	25	47	146
		总　计	23002	8478	1267	4014	1202	4148	2118	285	418	1066
	案件比例(%)	1914 年		24	11	18	5	23	6	1	3	9
		1915 年		37	7	17	6	15	8	3	2	5
		1916 年		39	11	16	6	16	7	2	1	3
		1917 年		38	8	16	6	19	6	2	1	4
		1918 年		34	7	17	5	19	9	1	2	6
		1919 年		41	3	18	5	17	8	1	3	5
		1920 年		36	3	19	5	19	12	1	2	4
		1921 年		37	4	15	5	18	12	1	2	5
		1922 年		37	3	19	5	19	10	1	1	4
		综　计		37	6	17	5	18	9	1	2	5

续表

	撤销原判及理由	撤销原判	引律错误	诉讼程序不合法	无罪认为有罪	有罪认为无罪	刑失之过重	刑失之过轻	管辖错误	驳回公诉	其他
地方厅	案件数 1914年	1401	390	34	260	35	442	126	11	54	48
	1915年	1412	431	26	267	60	386	95	28	40	59
	1916年	975	262	13	153	13	265	109	8	24	32
	1917年	1238	385	43	212	57	378	104	12	23	24
	1918年	886	255	18	130	35	274	83	14	36	39
	1919年	856	290	2	138	30	243	101	13	14	25
	1920年	1134	335	10	194	45	337	141	15	25	32
	1921年	1490	498	14	225	54	386	202	23	17	99
	1922年	1214	361	15	177	60	363	132	12	23	72
	总计	10606	3207	175	1756	389	3074	1093	136	256	430
	案件比例(%) 1914年		28	2	19	2	32	9	1	4	3
	1915年		31	2	19	4	27	7	2	3	4
	1916年		27	1	16	1	27	11	1	2	3
	1917年		31	3	17	5	31	8	1	2	2
	1918年		29	2	15	4	31	9	2	4	4
	1919年		34	0	16	4	28	12	2	2	3
	1920年		30	1	17	4	30	12	1	2	3
	1921年		33	1	15	4	26	14	2	1	7
	1922年		30	1	15	5	30	11	1	2	6
	综计		30	2	17	4	29	10	1	2	4

资料来源：根据"刑事统计年报"中"原审衙门别撤销原判件数及撤销之理由"表等资料计算制作。

表 14-8 1914~1923 年地方厅与各县刑事抗告案件之结果

	项目	新收	总数	驳回	撤销	撤回	消灭	已结	厅县数	年均新收	结案率（%）	驳回率（%）	撤销率（%）
地方厅	1914 年	13	18	10	7			17	5	2.6	94	59	41
	1915 年	6	7	4	3			7	3	2	100	57	43
	1916 年	14	14	7	4	3		14	8	1.8	100	50	29
	1917 年	83	83	54	24	3		81	19	4.4	98	67	30
	1918 年	59	60	48	10	1		59	19	3.1	98	81	17
	1919 年	61	61	50	9	2		61	21	2.9	100	82	15
	1920 年	102	102	77	16	8		101	23	4.4	99	76	16
	1921 年	120	121	91	26	4		121	28	4.3	100	75	21
	1922 年	117	117	75	23	18		116	25	4.7	99	65	20
	1923 年	45	46	30	3		13	46	20	2.3	100	65	7
	综　计	620	629	446	125	39	13	623	171	3.6	99	72	20
初级管辖各县	1914 年	26	28	17	6	1	1	25	18	1.4	89	68	24
	1915 年	38	41	29	8	4		41	30	1.3	100	71	20
	1916 年	93	93	67	22	3		92	46	2	99	73	24
	1917 年	62	62	43	10	5	2	60	53	1.2	97	72	17
	1918 年	39	39	20	11	8		39	33	1.2	100	51	28
	1919 年	28	28	16	9	2	1	28	16	1.8	100	57	32
	1920 年	34	34	22	9	2		33	27	1.3	97	67	27
	1921 年	40	41	29	7	2		38	31	1.3	93	76	18
	1922 年	49	52	37	6	7		50	40	1.2	96	74	12
	1923 年	142	144	111	7	1	17	136	70	2	94	82	5
	综　计	551	562	391	95	35	21	542	364	1.5	96	72	18

续表

项目		新收	总数	驳回	撤销	撤回	消灭	已结	厅县数	年均新收	结案率（%）	驳回率（%）	撤销率（%）
初级管辖	地方厅	1914年	128	141	93	34		1	128	34	3.8	91	73	27
		1915年	73	76	40	30	3	1	74	25	2.9	97	54	41
		1916年	78	80	54	19	2	2	77	25	3.1	96	70	25
		1917年	84	88	54	30	3	1	88	33	2.5	100	61	34
		1918年	59	59	45	9	3		57	28	2.1	97	79	16
		1919年	61	62	45	10	3	1	59	25	2.4	95	76	17
		1920年	71	74	52	12	9	1	74	29	2.4	100	70	16
		1921年	91	91	60	23	6		89	36	2.5	98	67	26
		1922年	156	158	125	21	10	1	157	37	4.2	99	80	13
		1923年	268	271	205	42	3	18	268	53	5.1	99	76	16
		综计	1069	1100	773	230	42	26	1071	325	3.3	97	72	21
	各县	1914年	148	159	106	40	1		147	123	1.2	92	72	27
		1915年	309	321	222	84	3	6	315	183	1.7	98	70	27
		1916年	276	282	173	81	3	13	270	170	1.6	96	64	30
		1917年	475	486	339	108	22	8	477	252	1.9	98	71	23
		1918年	459	468	341	93	19	7	460	224	2	98	74	20
		1919年	528	536	394	85	45	6	530	210	2.5	99	74	16
		1920年	511	517	381	75	38	15	509	227	2.3	98	75	15
		1921年	478	486	360	73	33	5	471	222	2.2	97	76	15
		1922年	570	585	432	80	49	4	565	227	2.5	97	76	14
		1923年	710	732	537	106	16	42	701	287	2.5	96	77	15
		综计	4464	4572	3285	825	229	106	4445	2125	2.1	97	74	19

资料来源：根据"刑事统计年报"中"原审衙门别抗告受理数及已结未结"表等资料计算制作。

表 14-9　1914~1923 年各县覆判案件之结果

年份	1914	1915	1916	1917	1918	1919	1920	1921	1922	1923	综计
新收	4519	8769	6756	5883	5289	7797	8981	7803	6752	6759	69308
受理总数	5502	9518	6908	6028	5331	7863	9055	7912	6798	6879	71794
核准	1586	3304	2610	2516	2310	3710	3891	2768	2474	2359	27528
发还原审知事覆审	734	2076	1395	1593	1369	2249	3031	3436	2514	2523	20920
发交邻近司法机关覆审	30	104	51	40	40	42	4	37	16	5	369
提审	33	120	44	26	20	54	66	97	80	85	625
指定推事莅审		31	6		1			1			39
更正	2315	3574	2500	1734	1465	1696	1913	1450	1568	1617	19832
消灭(其他)	104	141	94	67	58	39	39	74	36	223	875
已结	4802	9350	6700	5976	5263	7790	8944	7863	6688	6812	70188
县数	1263	1480	1371	1267	1035	979	1078	1068	976	973	11490
各县平均新增	3.6	5.9	4.9	4.6	5.1	8	8.3	7.3	6.9	6.9	6
核准率(%)	33	35	39	42	44	48	44	35	37	35	39
发还原审知事覆审率(%)	15	22	21	27	26	29	34	44	38	37	30
更正率(%)	48	38	37	29	28	22	21	18	23	24	28

资料来源：根据"刑事统计年报"中"原审衙门别覆判受理数及已结未结"表等资料计算制作。

结 论

北洋时期基层司法制度的变迁充满了曲折，亦参差多变。

清末一而再再而三地缩短筹设法院的时间，其计划变得越来越"急进"。"急进"之策背后变通之方如影随形，即不断缩小筹设法院的规模与范围。民国肇造，政体更新，改良司法潮流所趋，司法总长许世英提出了司法计划书，延续清末普设法院方向的同时，具体法院设置方案也从清末的变通而趋向稳健。许世英计划在1914年6月以前，先改组已设的审判厅；再用5年时间筹设新的审判厅；未设法院各县先派法政毕业生充专审员，使司法、行政逐渐分离，一旦筹设法院，即可改为法官。1913年，向未设法院各县派法政毕业生充专审员发展为建立审检所。1913年夏，政府面临严峻的财政困难，不得不压缩司法经费，使许世英的司法计划被迫延后一年执行。1913年下半年至1914年初，梁启超任司法总长，他实行消极的司法建设路线，并开始设计县知事兼理司法制度。1914年4月，审检所在县花一现后随即被全部裁撤，审判厅大裁并更使新式审判机关建设备受摧残，新式司法制度的推进陷入低谷，此后两年基层法制建设几乎停滞。

袁世凯去世之后，在恢复共和的背景下于1916年底召开了全国司法会议，提出筹设地方分庭和县司法公署的新构想，意图重新开启县司法制度的改革。无奈，经费无着，县司法制度的新构想数年来启而不动。1920年前后巴黎和会和华盛顿会议相继召开，中国借收回法权运动而再次制定了添设厅监计划，并开始设立司法公署，添设地方分庭等，新式审判机关建设有所加速。直至北洋末期，地方厅的数量才与清末相当。

由于普设法院不能一蹴而就，各类司法机关或相继或并存，其数量上存

结 论

在极不平衡的格局。清末在京师、省城和一些商埠筹设新式法院 90 来处，也有一些县进行分科治事改革；1913 年，有半数县从传统旧制改设审检所；1914 年春，审检所和初级审判厅被全部裁并，不到 40 所地方厅在省城和少数中心城市得以保留，每省除了一两处新式法院，其余各县推行县知事兼理司法制度；1920 年代前期，各县陆续增设司法公署 40 多处，地方分庭 20 多处，地方厅达 60 多处。清末建立第一所专门的新式审判机关之后 20 年里，设有新式审判机关的地方多数时间不足 100 处，占全国县数的比例不足 5%。审检所数目虽不少，但昙花一现；县司法公署是 1922 年才出现，其数目也不多。北洋时期的绝大多数时间里，全国 92% 以上的县都是县知事兼理司法。无论地域上，还是时间上，县知事兼理司法都是绝对的主体，新式审判机关不过是漂浮在汪洋大海中的数叶轻舟。

基层司法制度即便是县知事兼理司法制度已非传统旧制，它借鉴、吸收了西方司法制度的部分内容。县司法机关的职能划分为审判与检察两个部分，通常由审判与检察两类司法官分别执行。在全国绝大多数县中县知事仍同时拥有审判权和检察权，不过承审员等已分享了部分审判权。审判人员和司法辅助人员成为国家正式编制之内的职员，而不仅仅为县知事私人雇佣，使非正式国家机关和非国家职官转变为正式的国家机关及其职员，承审员等审判人员多由具备新式法律知识的法政毕业生充当，不过，承发吏、送达吏、法警等司法辅助人员常由六房书吏、班役等改换名目而来。司法人员多领取薪俸、工食，数额上各县审判人员的薪俸是司法辅助人员的数倍，甚至超出县署其他部门的长官，具有较高的经济地位。不仅如此，县知事兼理司法制度也越来越多地采用新式司法制度的审判程序及审判依据。对于那些从未建立过审判厅和审检所而仍实行传统旧制的县，推行县知事兼理司法制度并不是回归传统，而恰恰正是它们走出传统的重要一步。

北洋时期基层司法制度不仅有古今之别、新旧之分，亦含中西之辩。虽然，一百年前的人们也许根本就没有受到所谓"现代化范式"的支配，虽然，何为西方都还仅仅是一模糊的概念，当清末传入西方司法制度后，司法独立便成为一个参照、一个标杆，中国的司法制度时常被拿去测量在其中到

— 415 —

底处于一个什么样的位置。时人是如何看待各种基层司法制度中的西方意蕴？他们是如何定位各种基层司法制度在西方司法独立坐标中的位置呢？主体不同、视角不同，大约会横看成岭侧成峰。地方志的编撰者多为该县基层司法制度近距离的观察者，甚至还是亲历者、实践者，他们的视角较为全面、仔细、深入，这是不可或缺的一种基本视角。聆听他们发自基层的声音对理解这些问题不无裨益。

第一，对民初分科治事的定位。

《分宜县志》认为，县知事下设立司法课等，"司法始具雏形"；与此同时，它也意识到，法权仍操于县知事。①《赤溪县志》指出，1913年，该县行政、司法分立，行政设县知事一员，司法设专审员一员，监狱一员。②

第二，对审检所的定位。

审检所的建立划分了司法与行政的权限。山东《德平县续志》指出，经清季倡言三权，而立法、司法、行政之说起，但以一县范围而论，兵农政刑仍萃于知县一身，无所谓司法机关；民国肇兴，县设帮审员，于是乎知事有兼事司法名义。③《镇东县志》、《临江县志》、《开原县志》、《锦西县志》等认为，各县设立审检所是实行"司法与行政分权"，"司法权限自此确定"，"司法与行政始分权"，"司法厘然划分"。④

司法与行政分立，司法独立是一个过程，审检所的建立是其起始阶段。福建的政和、建瓯等县志认为，1913年间奉司法部令各县设立审检所隐寓司法独立之意；政和、建瓯等县审检所由司法筹备处委任帮审员专司审判，县知事兼任检察职权，"稍具地方审检厅之雏形焉"。⑤《铁岭县续志》认为，设立审检所"始具独立之雏形"。⑥《义县志》、《岫岩县志》、《怀德县志》指

---

① 参见民国（1940年）《分宜县志》卷10《职官志·司法》，第19页。
② 参见民国（1920年）《赤溪县志》卷5《职官表·文职》，第5～10页。
③ 参见民国（1935年）《德平县续志》卷3《政治志·司法》，第9～11页。
④ 民国（1927年）《镇东县志》卷3《司法》，第26～27页；民国（1935年）《临江县志》卷4《政治志》，第37～39页；民国（1931年）《开原县志》卷5《政治·行政司法》，第12～21页；民国（1929年）《锦西县志》卷4《政治·行政·县行政公署》，第1～6页。
⑤ 民国（1919年）《政和县志》卷19《刑法》，第1～5页；民国（1929年）《建瓯县志》卷16《刑法》，第1～7页。
⑥ 民国（1933年）《铁岭县续志》卷5《司法志》，第1～4页。

出,此为"司法独立之始","司法独立之先导","司法独立之权舆"。①

审检所的建立被认为是在培植司法独立的根基。宽甸等县成立了审检所,《宽甸县志略》认为,"异时宽邑司法有达完全独立之一日,当以斯为滥觞";②山东《阳信县志》认为,"十五年来唯县立审检所,植司法独立之基"。③

也有的县志指出,各县添设帮审一员,审理词讼,名为司法独立,其实仍依傍行政。④

第三,对县知事兼理司法的定位。

县知事兼理司法被认为是行政与司法的混合。山东《阳信县志》指出,实行县知事兼理司法后,"由县署划分权限,批示、呈状归司法科员,法庭裁判归承审,虽略符初审之义,而独立精神完全为行政方面所侵夺,距司法改良之径途尚远。"⑤

全国不少县是裁撤审检所后实行县知事兼理司法,故县知事兼理司法常被拿来与审检所进行比较。

直隶《盐山新志》指出,1913年派法政学生于各县为帮审员,意在独立;1914年秋改为承审员,承审者受成于县知事,而不复"独立之谓","知事仍兼理审判、检察,与昔日之州县殆无殊异"。⑥《隆化县志》也认为设审检所,意谋司法分立,以县知事兼理司法,"于是司法、行政又混合矣"。⑦山东《莱阳县志》指出,1912年仿欧美三权分立之制,各县设审检所;1913年裁审检所,设承审员,承审员审理案件须秉承县知事意旨,轻微者可自行拟结,稍重大须县知事负责署名,于是,"行政、司法复合一矣"。⑧

---

① 民国(1930年)《义县志》中卷(四),《职官志·义县司法官》,第76~78页;民国(1928年)《岫岩县志》卷2《政治志·政行》,第2页;民国(1929年)《怀德县志》卷6《司法》,第63~66页。
② 民国(1915年)《宽甸县志略》,《司法表》,第1页。
③ 民国(1926年)《阳信县志》卷4《司法》,第4页。
④ 参见民国(1934年)《冠县志》卷2《建置志·县法院》,第49~52页。
⑤ 民国(1926年)《阳信县志》卷4《司法》,第4页。
⑥ 民国(1916年)《盐山新志》卷10《法制略·新政》,第6~9页。
⑦ 民国(1919年)《隆化县志》卷6《司法》,第10页。
⑧ 民国(1935年)《莱阳县志》卷2《政治志·司法》,第61~64页。

也有一些县志对县知事兼理司法提出了不同的看法。

《拜泉县志》认为，县知事兼理司法与帮审员办理司法并无大的歧异，诉讼程序、审理手续均仍含有审判独立的性质，"此司法独立之预备，实于县知事兼理司法时代植其基矣"。① 河南《阳武县志》也认为，民初裁典史设管狱，革差役雇政警，民刑诉讼派有承审专员，"是为司法独立之始"。②

第四，对司法公署的定位。

司法公署的设立使司法与行政权限划分清晰。东北的《宁安县志》等指出，1923 年设立司法公署办理审判，县知事则执行检察事务，与县署行政"界划始厘然各别矣"。③《岫岩县志》认为，1913 年春，审检所成立，此为"司法独立之先导"；1925 年，县司法公署成立，县公署改称县行政公署，"行政、司法厘然划清矣"。④《开原县志》指出，1913 年成立审检所，司法与行政始分权；1914 年，裁审检所，县知事仍兼司法；1923 年，添设司法公署，设监督审判官，审判官权限除行政清乡案件归县知事处理，其民刑词讼均该署审判，添设检察员，受县知事指挥，此"司法、行政分立之始"。⑤

司法公署的设立被认为具有司法独立精神，是司法独立时代的来临。

《怀德县志》指出，光绪末，变法图强乃分司法行政之权限，于是各省先设司法筹备处，继设提法、审检各机关，"始具司法独立之雏形"；1913 年，各县设立审检所，由省高等审检厅委帮审员专理诉讼，为"司法独立之权舆"；1914 年，县知事兼理司法聊为补苴之计，究有混合之嫌；1925 年，司法公署成立以县知事兼检察官，虽有监理司法之名，而审判权则纯属于监督审判官及审判官，于是"渐有司法独立之精神矣"。⑥

《临江县志》认为，光绪之季，变法立宪，行政司法始分蹊径，各省设立筹备处及审判检察各厅，司法独立始具端倪；民国肇建，各县设立审检

---

① 民国（1920 年）《拜泉县志·经政志》，页码不清。
② 民国（1936 年）《阳武县志》卷 2《司法志》，第 74 页。
③ 民国（1924 年）《宁安县志》卷 2《司法》，第 1~4 页。
④ 民国（1928 年）《岫岩县志》卷 2《政治志·政行》，第 2 页。
⑤ 民国（1931 年）《开原县志》卷 5《政治·行政司法》，第 12~21 页。
⑥ 民国（1929 年）《怀德县志》卷 6《司法》，第 63~66 页。

所，司法权限自此确定；1925 年，成立司法公署，以县知事兼检察官，而审判权仍属司法监督，"司法独立之精神因而圆满"。[①]

《集宁县志》认为，该县所设司法公署，保障民权，尊重人道，具有独立精神。[②]《绥中县志》、《农安县志》认为，该县组织司法公署，颁发章程，划分审判、检察两部，设审判官、检察员、书记官、检验吏，此为"司法独立告成之时代也"；又为"司法独立时期"。[③]

第五，对地方分庭和地方厅的定位。

地方分庭和地方厅都被视为正式法院，其成立往往被认为司法与行政权限划分清楚，实现了司法独立。

《抚顺县志》指出，1923 年司法公署成立，仍附属于县署，审判部分归监督审判官主持，检察部分仍由县知事兼理；1924 年改司法公署为沈阳地方审检厅抚顺分庭，设监督推事、监督检察官综理一切司法行政事宜，至是"司法乃脱离行政而独立"。[④]《铁岭县续志》认为，县署内添设审检所，"司法尚未独立"；1917 年，铁岭地方审判、检察厅成立，"司法俨然独立矣，而司法与行政俨然划清矣"；设立审判检察两厅乃与行政分离，"而司法真正独立矣"。[⑤]《西丰县志》指出，该县司法机关的变迁由"司法半独立之司法公署，更进而为完全独立之司法分庭"。[⑥]《东丰县志》指出，1923 年司法公署成立，"司法始有专司，县知事不再兼理"；1924 年司法公署改组为地方分庭，分检察审判为两部，各有职权不相牵掣，"司法完全独立"。[⑦]

民初的分科治事，尤其是昙花一现的审检所，多被认为是行政与司法分权的开始，培植了司法独立的根基。司法公署多被认为使司法与行政权限划

[①] 民国（1935 年）《临江县志》卷 4《政治志》，第 37~39 页。
[②] 民国（1924 年）《集宁县志》卷 1《司法》，第 22 页。
[③] 民国（1929 年）《绥中县志》卷 6《司法组织及成立》，第 28~29 页；民国（1927 年）《农安县志》卷 3《司法》，第 65~68 页。
[④] 民国（钞本）《抚顺县志》卷 2《政治志·司法》，第 35~38 页。
[⑤] 民国（1933 年）《铁岭县续志》卷 1《政治》，第 5~7 页；卷 5《司法志》，第 1~4 页。
[⑥] 民国（1938 年）《西丰县志》卷 13《行政》，第 1~4 页。
[⑦] 民国（1931 年）《东丰县志》卷 2《政治志·司法》，第 1~7 页。

分清晰,具有司法独立精神。当然,一些在裁司法公署之后设有地方分庭的县会被认为司法公署尚未使司法完全独立。设有地方分庭或地方厅通常被认为已经实现了司法独立。他们判断司法独立的标准是什么呢?最主要的是司法与行政在组织和人员上划清界限,包括由专门的司法人员执行司法权、司法机关从行政机关分离出来、司法人员由司法机关的人员担任而不由行政机关的人员担任。审检所与司法公署中,审判权专属于帮审员、监督审判官及审判官;有的审检所或司法公署还是在县行政公署之外另建司法机关,它们往往被划入司法独立的范畴。县知事是行政官,在审检所与司法公署中兼掌检察权,司法与行政人员没有完全分开,审检所或司法公署便被当作司法独立过程的起点,或是中间阶段。地方厅掌审判权,已经从县署分离出来,县署的知事等人不担任审判官、检察官,审判官、检察官来自司法系统,因此,地方厅的建立被当作司法独立的标志。尤其是,在县知事兼理司法的汪洋大海里,寻觅到司法公署已属难能可贵,发现地方厅时,以为那就是追寻的终点,并宣布至此司法独立已经实现,似不无道理。的确,在县行政公署之外另建地方审判厅,由审判厅中的人员行使审判权,使法院自成系统,司法独立具备了组织基础,然而地方审判厅的建立就是司法独立的终点吗?至少,如何划分审判权与行政权,怎样实现法院的审判独立,以及如何保障审判人员独立行使审判权,都还有不少路要走。

审检所、司法公署、地方分庭或地方厅等被认为行进在司法独立之路的某个阶段,唯独县知事兼理司法多被认为与司法独立无涉。清末司法改革倡言司法独立,北洋时期司法独立之论仍不绝于耳,然而中国的绝大部分地区仍实行县知事兼理司法制度。尽管县知事兼理司法制度已吸收了西方近代司法制度的某些内容,仍未突破旧有设官分职框架,依旧沿着设官分职的路径前行。

19世纪,历史法学派便指出,法律是一个民族整个历史的必然结果,而不是思辨能够从一个法学家的头脑中刻意规划出来的东西,也不是立法能够根据一种专断的命令而得以形成的东西。现在中国一些学者认为社会生活自然会创造法律,由政府强制推行法制改革的"变法模式"注定要失败。北洋时期基层司法制度改革走向县知事兼理司法,似乎"印证"了上述看

结　论

法。本书研究表明，司法与行政分离进展虽然缓慢，然而，二者毕竟在分离的过程中，政府强制推行司法改革仍有可能取得成绩。县知事兼理司法制度下的承审员距离司法公署中审判官原本一步之遥。随着县知事兼理司法制度下承审员与县知事司法权限的明晰，以及承审员执行审判权时独立性增强，承审员距离司法公署中审判官越来越近，县知事兼理司法未尝不可由设官分职发展成为司法独立坐标系的某个点。

北洋时期司法与行政纠结于分与不分之间：在行政公署之外建立了少量新式法院，它们朝着司法独立迈进；绝大多数县仍由知事兼理司法，沿着设官分职的轨迹行进。那么，到底有哪些因素左右着司法与行政的分离呢？

关于近代中国司法独立的论著论述司法不够独立的原因时通常都会从经济、政治、文化等方面列举、总结不利于司法独立的若干因素。问题是，相同的经济、政治、文化条件下，基层司法既朝司法独立迈进，又沿着设官分职的轨迹行进。于是，我们不仅要质疑：这些条件的存在，一定不能产生司法独立吗？这些因素不存在了，一定就能促使司法独立吗？不同的时段，不同的事件中，影响司法与行政分离的因素各自有不同的地位和作用，形成不同的组合模式。在具体的历史情境中观察影响法制变迁的诸种因素，可能远比大而化之地讨论单一因果决定论更重要。法制的演进离不开一定时空，它必须在具体的社会情境中进行，因此受到各种社会因素的推动和制约；社会因素对法制变迁的影响也不是单向度的，同一背景下历史往往存在多种可能性。

第一，司法独立、共和等观念在司法与行政分离中的牵引力并不强大。

人们通常认为，三权分立、司法独立、共和、宪政等观念在启动司法与行政分离中起着重要的作用。《兴城县志》、《辽中县志》、《冠县志》、《开阳县志稿》、《香河县志》等都指出，清末筹备立宪倡言三权分立，始有司法独立之议，于是省会商埠各地逐渐成立审检各厅。[①]《建瓯县志》、《阳信

[①] 参见民国（1927 年）《兴城县志》卷 6《司法》，第 1~7 页；民国（1930 年）《辽中县志》3 编卷 15《司法志》，第 9~10 页；民国（1934 年）《冠县志》卷 2《建置志·县法院》，第 49~52 页；民国（1940 年）《开阳县志稿》第 3 章"政治·司法"，第 64~65 页；民国（1936 年）《香河县志》卷 4《行政·组织》，第 1~3 页。

县志》等认为，民国肇造，以司法为立国大本，乃独树一帜不受任何方面之监督，分司法、民政为两途，县公署只理民政事务，诉讼案件概归法院办理；"司法、行政分立已成全国公认为不移之铁案"。① 西方三权分立观念引入后也会发现旧制弊端。《满城县志略》便指出，"自三权鼎立之说盛行而行政兼司法群诟为不合学理，司法独立期于实行也久矣。"②

正是以司法独立、共和、宪政等观念为参照，中国才着手筹设新式司法系统，以推进司法与行政之分立，西方政治、法律观念对中国启动法制改革的作用不言而喻。然而在进一步推进基层司法制度建设的过程中，其作用又如何呢？北洋时期基层司法制度建设中的大事如1914年审判厅大裁并和1916年县司法改革重启最能反映共和等观念的作用。

总结北洋时期司法与行政不分的原因，首先会想到袁世凯。袁世凯背离民主共和理想，走向帝制的过程中恰巧出台了县知事兼理司法，发生了审检所的裁撤和基层审判厅的大裁并，于是两件事似乎具有了因果关系，前者似乎导致了后者。本书第四章分析显示，袁世凯是否有共和思想对其设厅或裁厅的影响并不大。

然而，北洋时期司法与行政分离在袁世凯当政时期发生转折，袁世凯等并非没有施加影响。1914年裁撤审判厅过程中，在处理一些有关司法机关存废的公务中袁世凯对维持审判厅的行动采取消极态度，对裁审判厅的举动予以积极支持，实际上纵容或推动了裁撤审判厅。政治家无疑应当负起建设国家的责任，但不可能担负所有责任，把司法与行政不分的全部或主要原因都集中在他们身上，并加以背离共和、走向独裁的名义，必将遮蔽许多其他因素。

如果认为袁世凯是妨碍设置审判厅的罪魁祸首，那么，他去世后，这个障碍已除，设审判厅会有大的起色吗？1916年，再造共和的氛围里，重启了县司法机关改革，提出筹设司法公署与地方分庭，的确可以看到共和再造推动司法与行政分离的迹象。然而启而不动数年，说明共和观念在筹设法院中的推动力也许并不如人们想象的那样强大。

---

① 民国（1929年）《建瓯县志》卷16《刑法》，第1~7页；民国（1926年）《阳信县志》卷4《司法》，第4页。
② 民国（1931年）《满城县志略》卷5《县政·机关组织》，第1~3页。

结　论

第二，收回法权对司法与行政分离的外在压力不足。

收回领事裁判权往往被当作近代中国筹设法院的动因。《连山县志》指出，清季多国际交涉，于是进行司法改革，省府县乡都准备设裁判机关。①《拜泉县志》认为，国家屡拟筹设各级审检厅以为收回领事裁判权基础。②《平潭县志》指出，"近因华盛顿会议于取消领事裁判权之先共设一委员会调查我国司法情形，改良之论复喧于耳。"③《阳信县志》认为，"外人借口中国司法之不良致领事裁判权不能取消，会审公廨不能收回，屡酿交涉辱及国体。"④

收回法权对中国法制改革产生影响有几个高潮性事件，在清末是中美商约与中国近代司法改革的启动，北洋时期则是1920年代前后巴黎和会与华盛顿会议对中国法制改革的推动。巴黎和会与华盛顿会议对1920年前后各县司法公署和地方分庭的筹设确实有所推动。不过，1914年讨论裁撤各级审判厅时，为了收回法权而保留审判厅的论调连商埠的初级审判厅也没保住，添设厅监计划没有大规模展开，设各县地方分庭和司法公署的成效也不大，故收回法权作为一种外在的诱因对中国司法与行政分离产生的压力并不足够强大。

第三，诉讼需求对司法与行政分离的推动力不足。

传统旧制下知县集诸多事务于一身，清末民初这种状况进一步加强。《昌图县志》注意到，民国肇兴，知事之事务纷繁，诚非昔比，民刑各事知事司之，而教育、巡警、保卫团、自治、外交暨地方一切新政均总集于知事之一身，人纵万能，精神亦将不继。⑤《连山县志》指出，"狱者，万人之命也，虽有贤智仁勇之才，非一其心力以从事于斯，恶能胜任而愉快。"⑥《讷河县志》记载，自讷河厅同知始，因行政事繁，对审理民刑案件不能每案亲听，于是呈准设置帮审员，帮审司法民刑各案。⑦ 岫岩县知事因词讼繁多

---

① 参见民国（1928年）《连山县志》卷6《司法·司法沿革》，第1~2页。
② 参见民国（1920年）《拜泉县志·经政志》，页码不清。
③ 民国（1923年）《平潭县志》卷19《刑法志》，第1页。
④ 民国（1926年）《阳信县志》卷4《司法》，第4页。
⑤ 民国（1916年）《昌图县志》第6编《志政事·分科》，第54页。
⑥ 民国（1928年）《连山县志》卷6《司法·司法沿革》，第1~2页。
⑦ 民国（油印本）《讷河县志》卷4《吏治志·司法》，第81~95页。

于1925年禀请设立司法公署。①

县知事事务繁多，精力有限，如果诉讼繁多，则需要专门司法人员或机构处理诉讼。问题是，诉讼繁多的状况普遍吗？旧制度真的无法应付繁多之诉讼？

诉讼规模、效率与上诉等反映了诉讼需求。大部分地区的诉讼规模不大、结案率较高、案件标的小，案件可能并不复杂而且容易审理。地方厅刑事案件的上诉率并不高，而且各县上诉案件数量并不是特别多，反映当事人对原判决与决定接受程度并不低。即便司法制度不做根本性改革，仍能围绕当时的诉讼需求比较正常地运转。因此，仅添承审员助县知事处理诉讼的县知事兼理司法制度应运而生，并长期存在。

诚然，改革传统旧制的弊端可以通过设官分职来解决，而不一定非得走向司法独立。不过，司法独立未尝不能作为解决诉讼需求的一种选择。一些地区诉讼规模已经较大，司法旧制已经容不下如许诉讼需求，或者诉讼需求导致处理诉讼的人员和机关膨胀，从而产生从行政衙门分离出去的要求。上级审判机关对各县的上诉案件，以及覆判案件的处理看，各县原判或原决定错误率并不低。恰好新式法院上诉案件的撤销率低于各县，各县司法制度向法院制度演变也有充分理由。故建立新式法院，推行新式司法制度的努力也从未间断。

第四，经费匮乏直接影响司法与行政分离的进展。

清末北洋时期法院未能遍设，甚至停办已设法院，各地多认为其主要原因在于经费支绌。《威县志》、《建阳县志》、《泰宁县志》、《建瓯县志》、《辽中县志》、《兴城县志》、《大田县志》、《绥化县志》、《双城县志》等均认为，因财政困难，法院未能遍设；清末设有地方、初级审检厅也因款项支绌而停办。②《拜泉县志》、《连山县志》、《龙岩县志》、《霞浦县志》等指

---

① 民国（1928年）《岫岩县志》卷2《政治志·司法》，第75~76页。
② 参见民国（1929年）《威县志》卷8《政事志下》，第1~2页；民国（1929年）《建阳县志》卷7《刑法志》，第64~65页；民国（1929年）《建瓯县志》卷16《刑法》，第1~7页；民国（1942年）《泰宁县志》卷22《刑法》，第1页；民国（1930年）《辽中县志》3编卷15《司法志》，第9~10页；民国（1927年）《兴城县志》卷6《司法》，第1~7页；民国（1931年）《大田县志》卷5《刑法志》，第48页；民国（1920年）《绥化县志》卷3《司法略》，第12~15页；民国（1926年）《双城县志》卷3《职官志》，第38~52页。

结　论

出，经费困难不仅是不能遍设法院而改设审检所的原因，它也导致裁撤审检所。[1]《来宾县志》、《政和县志》、《建瓯县志》、《平潭县志》、《临江县志》、《开阳县志》等均认为，因财政问题未能办理法院，仍以县地方行政官兼理司法事务。[2]

基层司法制度的变迁受财政困难的影响最直接、普遍。无论是清末民初筹设法院计划的变通、稳健，还是停止许世英普设法院计划、裁撤审检所和审判厅；无论是1917年提出设地方分庭和司法公署又随即停顿，还是1920年前后巴黎和会与华盛顿会议对国内司法改革推动力不大，其背后无一不是财政因素在发生影响。

民初，中央财政收入不多，司法经费所占比例也非常小，故司法经费的总数很少。是否可以增加中央财政收入、扩大司法经费的比例筹集设立法院、维持法院运转的经费呢？1914～1919年财政部或国务院核定的司法费总数在缓慢增长，1919年之后一直未变。用这些司法经费维持已设法院尚且困难，遑论继续大规模地筹设法院。中央政府所分配司法经费比例低、数额少，致使法院不能普设，行政系统之外另建司法系统进展缓慢。

不过，财政困难并非所有时候都是影响司法制度建设的充分理由，如1914年政治会议上便指出，通过裁厅节省经费的理由并不充分；比较审检所与县知事兼理司法制度的人员与经费可知，裁撤审检所而实行县知事兼理司法可以节省经费的理由也难以成立。

司法经费不仅影响到司法机关的筹设，还可能影响司法机关的运作。没有司法经费，司法活动就难以开展。司法经费的获取要么由国家财政

---

[1] 参见民国（1928年）《连山县志》卷6《司法·司法沿革》，第1～2页；民国（1920年）《拜泉县志·经政志》，页码不清；民国（1920年）《龙岩县志》卷19《刑法志》，第1～2页；民国（1929年）《霞浦县志》卷20《司法》，第1页。

[2] 参见民国（1936年）《来宾县志》下篇《县之政典五·狱讼》，第92～96页；民国（1919年）《政和县志》卷19《刑法》，第1～5页；民国（1929年）《建瓯县志》卷16《刑法》，第1～7页；民国（1923年）《平潭县志》卷19《刑法志》，第1页；民国（1935年）《临江县志》卷4《政治志》，第37～39页；民国（1927年）《兴城县志》卷6《司法》，第1～7页；民国（1940年）《开阳县志稿》第3章"政治·司法"，第64～65页。

北洋时期的基层司法

支付，要么如清代通过非正式制度的渠道取之于诉讼者。北洋时期基层司法经费一部分由地方行政机关筹措，一部分仰仗司法收入作为补充。通过这两种方式获得司法经费从而勉强维持了司法活动，使司法一息尚存。然而这又可能使司法独立掉进新的陷阱。中央财政无能力负责筹集司法经费，只好交由地方筹措，正如顺义县司法经费的领取那样，很可能使地方司法机关受制于地方行政机关；仰仗司法收入以补充司法经费之不足，司法中征收各项费用的初衷发生改变，筹集司法经费成了主要目标，很可能走到司法改良的反面，使司法成为筹钱工具，从根本上影响司法独立。

第五，司法人才不足影响司法与行政不分。

北洋时期，裁撤审判厅、审检厅，延迟法院普设、推行县知事兼理司法往往以人才缺乏为由。时人多以为财政困难与人才缺乏导致法院不能遍设。《南宫县志》、《满城县志略》、《青县志》、《香河县志》、《兴义县志》等认为，自光绪末筹备立宪时首以司法独立为标帜，卒以经费支绌、人才缺乏之故，各县缩手不敢轻试筹设初级审判厅，而仍由县长兼理司法；有的还指出，由于帮审员经验幼稚、知识不足，改为承审员，并裁撤审检所。[①]

清末筹建府厅州县城治各级审判厅时法政毕业生在数量上无论如何都不能满足筹设审判厅所需。许世英推行司法计划仍会遇到司法人才缺乏的问题，但因司法人才不足而完全停止筹设法院，裁撤审检所，其理由并不充分。通过审检所和法政教育等途径会培养越来越多的司法人才，并逐渐满足法院需要。许世英的司法计划可以调整，不至于没等开始普设法院就停止该计划。1919 年，司法部与财政部提出"添设厅监分年筹备"的司法改革计划时，法政毕业生在数量上已经多于筹设法院所需法官数。因法政毕业生自身的素质以及择业去向多样化，司法人才缺乏问题还是存在，但已经不是阻

---

① 参见民国（1936 年）《南宫县志》卷 11《法制志·新政篇·司法》，第 1~2 页；民国（1931 年）《满城县志略》卷 5《县政·机关组织》，第 1~3 页；民国（1931 年）《青县志》卷 7《经制志三·时政篇·司法》，第 2~3 页；民国（1936 年）《香河县志》卷 4《行政·组织》，第 1~3 页；民国（1948 年）《兴义县志》第 6 章"政治·司法"，第 75~77 页。

碍实施该计划的最主要因素。如果国民政府时期司法人才不足仍被当作司法与行政不分的理由，则更应该反省法政教育和法官的选拔和保障机制，以及如何采取措施吸引司法人才投身司法领域。

第六，诉讼习惯对司法与行政分离的影响。

清末民初，人们尊信行政官，而不信新式司法机关之事时有发生："法院初立，信仰弗深，就已设法厅之地而论，一般人民仍尊信行政官吏，检察厅执行逮捕搜查之职诸多窒碍"；① "人民习惯多信用县知事，不信用专审员"。② 诉讼习惯能否改变呢？

近年，用法律文化解释中国法制的性质及变迁颇为盛行。法律文化可以从两个方面发生作用：首先传统法政合一的观念及实践仍然左右着政治家及法律人，使之难以跳出既有思想及行为的窠臼；其次新式审判机关没有获得民众的认同，民众习惯于到行政机关寻求解决纠纷，而行政机关也习惯于受理诉讼案件。用法律文化解释司法与行政不分容易导致宿命论。既然政治家、法律人和民众都受传统法律文化的影响，习惯于司法与行政不分，如果这种影响又根深蒂固、不易改变，那么，司法与行政不分岂不成了我们国家、我们民族的宿命？

其实，传统司法体制是可以改变的：北洋时期建立了大理院、各省高等审判厅和一部分地方审判厅，在司法组织建制方面实现了司法与行政的分离。每年各省地方厅通常比未设法院各县新收第一审案件数要多，固然是因为法院设在经济繁盛之处，纠纷增多，但仍可见民众的习惯和传统法律观念是可以改变的，甚至可以形成到法院解决纠纷的新习惯。问题的关键在于国家设不设法院，让不让行政机关受理案件。如果设立了法院，又不允许行政机关受理诉讼案件，民众到法院寻求纠纷的解决将变成新的习惯。把诉讼习惯作为新式司法机关不能建立的原因是没有说服力的。至于在文化心理上，行政机关是否仍把司法机关作为自己的一个部门看待，或是司法机关是否仍将自己归于行政机关，甚至司法机关或司法人员是否按照中国法律文化的精

---

① 《覆四川民政长检察厅执行职务暂依据法院编制法第一百二条酌量办理电（附原电）》，《司法公报》第1年第2期，1912年11月，第67~68页。
② 《司法会议议决案附司法会议纪实》（1916年），第112~113页。

神处理案件，旧有习惯或许会对此产生持续影响。

第七，政治分立对司法与行政分离的妨碍。

北洋时期，绝大多数年份里有近90%的省区与北京政府没有中断司法关系，政治分立造成司法系统断裂的范围并不大。中央政府无论对各地司法官员的任免奖惩，还是对诉讼事务的督饬，抑或在审级管辖方面都有比较畅通的渠道。至少在形式上，政治分立对司法与行政分离的妨碍并不算大。如果中央政府能够提供足够的司法经费与司法人才，各县普设法院并非没有可能。如果中央政府要地方政府自筹司法经费，则各地拖延、抵制普设法院也为未可知。当然，法院系统上下畅通，司法权的地方化仍然可能存在。北洋政治分立与司法统一的历史显示，加强司法的专业化或许不失为克服司法权地方化，进而实现司法统一、司法独立的途径。

北洋时期基层司法与行政分离经历了种种不能承受之重：军阀混战不仅耗费无数的资源，造成无力办司法，而且动荡的政治环境下政治家考虑更多的是军事、财政等问题，不能把更多的经费与精力投入到司法制度建设；中央政府司法经费不足，靠地方政府筹集司法经费，靠司法收入补助司法经费，最终导致司法不能独立于行政，不能独立、公正地解决纠纷；司法人才不足也是导致法院不能普设、司法质量不高的重要因素。人们的诉讼需求没有形成促使司法制度改革的强大内在动力，共和观念与收回法权等对司法与行政分离的推动力也极其有限。北洋时期司法改革的内在需求不足，而外在重压又往往迫使时人不能自由地抉择，司法与行政的分离蹒跚而行，造成了仅在少数地方设立新式法院，大部分地区由县知事兼理司法的局面。

面对现实沉重的压力，人们往往无力去追寻中国司法的理想图景。北洋时期人们在为县知事兼理司法制度下承审员的权限与权利而努力，在为添设审检所、司法公署、地方分庭而奋斗，连设立正式法院都是奢望，多以为有了法院便实现了司法与行政的分立，实现了司法独立。随着历史车轮的滚动，北洋时期基层司法建设所面临的那些沉重压力可能逐渐减轻甚至消失，人们将获得更多抉择的自由。当普设法院的追求实现之后，宣称追求司法独立的历史已经终结可能为时尚早，也许应该进一步反思司法与行政分立将走向何方。

结　论

　　清末直至北洋时期，关于西方三权分立制度是否适宜于中国，时有争议。对移植西方司法制度有一些质疑之声，正如《南宫县志》所称，三权之理论虽充分，"征诸事实其窒碍亦殊多端"。[①] 另一方面，司法独立逐渐成为不得不喊的口号，通常号称追求司法独立即意味着"政治正确"。1912年中央司法会议、1914年政治会议、1916年全国司法会议上构建基层司法制度时，多次强调选择什么样的司法制度是事实问题，而不是法律问题，西方近代司法制度往往被认为具有毋庸置疑的正当性。无论西方近代的司法制度如何好，如何适合于西方或别的国家，但并不能证明其一定适合于中国。北洋时期的司法实践显示新式法院的上诉案件撤销率低是其优点，结案率低又是其弱点，尚需更充分的证据证明司法与行政分立的优越性。

　　清末启动司法改革直至北洋时期结束的近20年时间里，中国不过在5%的县建立了新式法院，这也不能断定西方司法制度一定不适合中国。按照西方司法制度办理司法需要另建司法机关，司法机关的设立与运作则需要大量司法经费与司法人才等资源。没有资源，或者资源不够就办不了司法。法院不普设，甚至裁撤部分法院，可能并不是制度冲突造成的，而是诸如司法经费与司法人才这些外在的事实因素决定了其生死。若有足够的司法经费和司法人才，多建立些法院未尝不可能。从各县判决错误率高于地方厅看，司法专业化对于纠纷的解决可能优于县知事审判案件。即使各地尚无积极变革的诉求，若能由政府提供更为优质的司法服务，何乐而不为呢？司法制度的命运并非由其本身来决定，而为社会事实所决定。司法制度的建构过程中司法制度本身长期置身事外，如何真正检验西方司法制度能否在中国落地生根，抑或设计更好的司法制度？

　　北洋时期，司法与行政分立的正当性未经充分证明，其是否具有不正当性也未能充分证明。北洋时期法制建设留给后世继续思考的一个重要问题是中国司法制度的理想图景是什么，司法与行政应不应分立。为此，将继续探索行政系统愿意设官分职，还是原放弃司法权？司法对其是一种负担，还是有效工具？司法系统为什么要提倡司法与行政的分立，是否要依附于行政而

[①] 民国（1936年）《南宫县志》卷11《法制志·新政篇·司法》，第1~2页。

不愿意彻底分权？当事人愿不愿司法与行政分立，司法独立对他们有什么好处，有什么不利？政治制度的顶层设计又将如何权衡司法与行政分立的利与弊？……

　　北洋时期在寻找解决司法与行政能不能分、如何分立之路上艰难行进。影响北洋时期司法与行政分离的各因素，有的将发生变迁，有的仍在延续。国人的共和宪政知识会越来越丰富，越来越多的人对西方司法制度的认识不再停留在肤浅的"司法独立"等口号层面，尤其对西方司法制度与法律文化不再顶礼膜拜，而且可以用平和的心态重新思考西方与中国的法律制度和法律文化，做出司法与行政应否分立的选择，寻找如何分立的更好办法；中国收回了治外法权，但全球化对中国国内司法改革仍是动力，伴随外来动力的还有西方司法文化的霸权；经济发展，人口流动性增强，社会交往增强，纠纷增加，诉讼规模扩大，以司法维护权利可能导致司法与行政的分立，与此同时需要讨论哪些纠纷通过司法解决，哪些不是；经济和法学教育的发展，各县都能建立起法院，最基本的司法经费和司法人才都能满足需要，也许司法经费结构将发生改变，办案所需经费仍可能艰窘，高素质的司法人才仍可能缺乏，司法经费和司法人才在地域上仍不平衡；无论民众、政府还是法官的思想和行动中，传统解决纠纷的思维仍时隐时现；国家统一，并不意味着司法权的统一，司法权地方化也许并没有完全消失……影响北洋时期司法与行政分离的各因素，有的当时十分重要而今可能不再重要；有的当时不太重要而今其作用却得以凸显。它们无疑都是思考司法与行政分立可能性的出发点和源泉。

　　一百年前，先辈们的抉择、奋斗正是走向今天的起点，也成为今天的参照。今天能留给未来什么……

征引文献

一 档案

顺义县档案"全宗号2－目录号1－档案顺序号3、80、124、184、190、212、227、228、242、243、244、245、246、247、311、317、351、368、379、382、458、459、460、464、570、599

二 文献史料集等

《大清法规大全》

《大清光绪新法令》

《法部奏定直省提法司署及审判厅划一经费简章（附表9种）》，中国社会科学院近代史研究所图书馆藏

《奉天高等审判所、承德地方审判所民事案件》，北京大学图书馆藏

《光绪宣统两朝上谕档》

《民国档案史料汇编》第3辑（教育）

《清末筹备立宪档案史料》，中华书局，1979

《清史稿·职官三》卷116，中华书局，1977

《调查法权委员会报告书》，法律评论社，1926

蔡鸿源主编《民国法规集成》，黄山书社，1999

丁文江、赵丰田编《梁启超年谱长编》，上海人民出版社，1983

法权讨论委员会编《考查司法记》，北京日报馆，1924

樊增祥：《樊山政书》，《官箴书集成》第10册，黄山书社，1997

湖北省政府民政厅编《湖北县政概况》（1934年），台北，文海出版社，1990

江靖编注，汤志钧、马铭德校订《梁启超致江庸书札》，天津古籍出版社，2005

教育部编《第一次中国教育年鉴》，开明书局，1934

教育部编《教育部行政纪要》，1916

教育年鉴编纂委员会编《第二次中国教育年鉴》，商务印书馆，1948

京师警察厅编《京师警察厅法律汇纂》（总务类），撷华印书局，1915

蓝鼎元：《鹿洲公案》，沈云龙主编《近代中国史料丛刊》续编，台北，文海出版社

梁章钜：《退庵随笔》，沈云龙主编《近代中国史料丛刊》正编，台北，文海出版社

潘懋元编《中国近代教育史资料汇编·高等教育》，上海教育出版社，1993

钱祥保：《谤书》，沈云龙主编《近代中国史料丛刊》续编，台北，文海出版社

阮本焱：《求牧刍言》，沈云龙主编《近代中国史料丛刊》正编，台北，文海出版社

盛宣怀：《愚斋存稿》，沈云龙主编《近代中国史料丛刊》续编，台北，文海出版社

汪辉祖：《学治说赘》，《续修四库全书》史部第755册，上海古籍出版社

汪辉祖：《病榻梦痕录》，《续修四库全书》史部第554~555册，上海古籍出版社

汪庆祺编、李启成点校《各省审判厅判牍》，北京大学出版社，2007

徐德润：《拙庵公牍》，中国社会科学院近代史研究所图书馆藏

学部总务司编《第二次教育统计图表》，光绪三十四年

学部总务司编《第三次教育统计图表》，宣统元年

学部总务司编《第一次教育统计图表》，光绪三十三年

苑书义等主编《张之洞全集》，河北人民出版社，1998

张我观：《覆瓮集》，《续修四库全书》子部第974册，上海古籍出版社

张之洞：《张之洞存各处来电》光绪二十七年十月（12月），甲182~152，中国社会科学院近代史研究所图书馆藏

朱有瓛主编《中国近代学制史料》第3辑，华东师范大学出版社，1990

《司法公报》（北洋）

《政府公报》（北洋）

《中央司法会议报告录》，司法部，1913

《司法会议议决案附司法会议纪实》（1916年），《司法公报》第71、72期

《政治会议速记录》（1914年），中国社会科学院近代史研究所图书馆藏

《政治会议议决案》（1914年），中国社会科学院近代史研究所图书馆藏

司法部总务厅第五科编《中华民国三年第一次民事统计年报》至《中华民国十二年第十次民事统计年报》，共10册，1917~1924年

司法部总务厅第五科编《中华民国三年第一次刑事统计年报》至《中华民国十二年第十次刑事统计年报》，共10册，1917~1924年

山西省长公署统计处编印《山西省第一次政治统计·司法之部》至《山西省第六次政治统计·司法之部》，共6册，1920~1925年

山西省政府统计处编印《山西省第七次政治统计·司法之部》至《山西省第九次政治统计·司法之部》，共2册，1928~1929年

山西省长公署统计处编印《山西省第一次政治统计·总务之部》，1922年6月

山西省长公署统计处编印《山西省第二次政治统计·总务之部》，1924年5月

浙江高等审判、检察厅编辑处编《浙江司法年鉴》（民国十一、十二年度），1924

浙江高等审判、检察厅编辑处编《浙江司法年鉴》（民国十三年度），1925

三 志书

民国（1913年）《大赉县志》、民国（1915年）《呼兰府志》、民国（1915年）《宽甸县志略》、民国（1915年）《重修蒙城县志书》、民国（1916年）《昌图县志》、民国（1916年）《盐山新志》、民国（1917年）《临江县志》、民国（1917年）《铁岭县志》、民国（1917年）《长乐县志》、民国（1919年）《建宁县志》、民国（1919年）《隆化县志》、民国（1919年）《望奎县志》、民国（1919年）《政和县志》、民国（1920年）《拜泉县志》、民国（1920年）《赤溪县志》、民国（1920年）《复县志略》、民国（1920年）《六合县续志稿》、民国（1920年）《龙岩县志》、民国（1920年）《沛县志》、民国（1920年）《绥化县志》、民国（1921年）《宝山续县志》、民国（1921年）《凤城县志》、民国（1921年）《宿松县志》、民国（1921年）《续修巨野县志》、民国（1921年）《庄河县志》、民国（1922年）《三续高邮州志》、民国（1922年）《文安县志》、民国（1923年）《慈利县志》、民国（1923年）《德清县志》、民国（1923年）《平潭县志》、民国（1924年）《昌化县志》、民国（1924年）《集宁县志》、民国（1924年）《宁安县志》、民国（1925年）《太和县志》、民国（1925年）《兴京县志》、民国（1926年）《双城县志》、民国（1926年）《泗阳县志》、民国（1926年）《新民县志》、民国（1926年）《阳信县志》、民国（1927年）《合河政纪》、民国（1927年）《辉南县志》、民国（1927年）《农安县志》、民国（1927年）《通化县志》、民国（1927年）《兴城县志》、民国（1927

年)《镇东县志》、民国(1928年)《北镇县志》、民国(1928年)《房山县志》、民国(1928年)《桦川县志》、民国(1928年)《连山县志》、民国(1928年)《辽阳县志》、民国(1928年)《沙县志》、民国(1928年)《岫岩县志》、民国(1929年)《安图县志》、民国(1929年)《怀德县志》、民国(1929年)《建瓯县志》、民国(1929年)《建阳县志》、民国(1929年)《锦西县志》、民国(1929年)《绥中县志》、民国(1929年)《桐梓县志》、民国(1929年)《威县志》、民国(1929年)《霞浦县志》、民国(1929年)《新绛县志》、民国(1929年)《翼城县志》、民国(1930年)《抚松县志》、民国(1930年)《盖平县志》、民国(1930年)《呼兰县志》、民国(1930年)《桓仁县志》、民国(1930年)《辽中县志》、民国(1930年)《寿昌县志》、民国(1930年)《遂安县志》、民国(1930年)《义县志》、民国(1931年)《大田县志》、民国(1931年)《东丰县志》、民国(1931年)《辑安县志》、民国(1931年)《开原县志》、民国(1931年)《乐昌县志》、民国(1931年)《满城县志略》、民国(1931年)《青县志》、民国(1931年)《确山县志》、民国(1931年)《太谷县志》、民国(1931年)《元氏县志》、民国(1932年)《景县志》、民国(1932年)《孟县志》、民国(1932年)《南皮县志》、民国(1932年)《汝城县志》、民国(1932年)《新修阌乡志》、民国(1933年)《北镇县志》、民国(1933年)《沧县志》、民国(1933年)《昌黎县志》、民国(1933年)《高邑县志》、民国(1933年)《开平县志》、民国(1933年)《齐河县志》、民国(1933年)《沁源县志》、民国(1933年)《铁岭县续志》、民国(1934年)《济阳县志》、民国(1934年)《阜宁县新志》、民国(1934年)《冠县志》、民国(1934年)《济阳县志》、民国(1934年)《梨树县志》、民国(1934年)《平谷县志》、民国(1934年)《通许县新志》、民国(1934年)《完县新志》、民国(1934年)《望都县志》、民国(1935年)《德平县续志》、民国(1935年)《浮山县志》、民国(1935年)《高密县志》、民国(1935年)《贵县志》、民国(1935年)《莱阳县志》、民国(1935年)《临江县志》、民国(1935年)《罗定县志》、民国(1935年)《齐东县志》、民国(1935年)《续修广饶县志》、民国(1935年)《沾化县志》、民国(1935年)《重

— 435 —

修和顺县志》、民国（1936年）《川沙县志》、民国（1936年）《儋县志》、民国（1936年）《馆陶县志》、民国（1936年）《来宾县志》、民国（1936年）《南宫县志》、民国（1936年）《宁国县志》、民国（1936年）《陕县志》、民国（1936年）《商河县志》、民国（1936年）《寿光县志》、民国（1936年）《无极县志》、民国（1936年）《香河县志》、民国（1936年）《阳武县志》、民国（1936年）《正阳县志》、民国（1937年）《海城县志》、民国（1937年）《海龙县志》、民国（1937年）《清远县志》、民国（1937年）《续修博山县志》、民国（1938年）《麻江县志》、民国（1938年）《西丰县志》、民国（1938年）《阳山县志》、民国（1940年）《分宜县志》、民国（1940年）《开阳县志稿》、民国（1940年）《宜春县志》、民国（1941年）《崇安县新志》、民国（1942年）《古田县志》、民国（1942年）《泰宁县志》、民国（1943年）《大埔县志》、民国（1943年）《临泽县志》、民国（1944年）《洛川县志》、民国（1944年）《续修兴化县志》、民国（1944年）《宜川县志》、民国（1948年）《兴义县志》、民国（钞本）《抚顺县志》、民国（钞本）《嫩江县志》、民国（钞本）《青冈县志》、民国（钞本）《庆城县志》、民国（钞本）《汤原县志略》、民国（油印本）《宾县县志》、民国（油印本）《扶余县志》、民国（油印本）《讷河县志》、民国（油印本）《双山县志》、民国《顺义县志》（北京图书馆出版社，1998年重印）、宣统（1911年）《西安县志略》、汪楫宝《民国司法志》（正中书局，1959）

四 报刊

《江苏司法汇报》，1912年

《近代史资料》第76期，1989年

《政治官报》，1909年

《东方杂志》，1906～1927年

《吉林司法官报》，1911年

《申报》，1914～1922年

《中华法学杂志》，1936～1937年

《京话日报》，1914年

五 专著

曾宪义、范忠信：《中国法律思想史研究通览》，天津教育出版社，1989

曾宪义、郑定：《中国法律制度史研究通览》，天津教育出版社，1989

曾宪义主编《中国法制史》，北京大学出版社、高等教育出版社，2001

陈同：《近代社会变迁中的上海律师》，上海世纪出版公司、上海辞书出版社，2008

程燎原：《清末法政人的世界》，法律出版社，2003

川岛真：《中国近代外交的形成》，田建国译，北京大学出版社，2012

戴炎辉：《清代台湾之乡治》，台北，联经出版事业公司，1979

邓正来：《中国法学向何处去——建构"中国法律理想图景"时代的论纲》，商务印书馆，2008

费正清等主编《剑桥中华民国史》，刘敬坤等译，中国社会科学出版社，1994

付海晏：《变动社会中的法律秩序——1929～1949年鄂东民事诉讼案例研究》，华中师范大学出版社，2010

公丕祥：《中国的法制现代化》，中国政法大学出版社，2004

哈罗德·J.伯尔曼：《法律与革命》，贺卫方等译，中国大百科全书出版社，1996

韩涛：《晚清大理院：中国最早的最高法院》，法律出版社，2012

韩秀桃：《司法独立与近代中国》，清华大学出版社，2003

侯宜杰：《二十世纪初中国政治改革风潮——清末立宪运动史》，中国人民大学出版社，2011

胡春惠：《民初的地方主义与联省自治》，中国社会科学出版社，2001

胡旭晟：《解释性的法史学：以中国传统法律文化的研究为侧重点》，中国政法大学出版社，2005

胡永恒：《陕甘宁边区的民事法源》，社会科学文献出版社，2012

黄源盛：《法律继受与近代中国法》，台北，黄若乔出版，元照总经销，2007

黄源盛：《民初大理院与裁判》，台北，元照出版公司，2011

黄源盛：《民初法律变迁与裁判》，台湾政治大学，2000

黄宗智、尤陈俊主编《从诉讼档案出发：中国的法律、社会与文化》，法律出版社，2009

黄宗智：《法典、习俗与司法实践：清代与民国的比较》，上海书店出版社，2003

黄宗智：《过去和现在：中国民事法律实践的探索》，法律出版社，2009

黄宗智：《清代的法律、社会与文化：民法的表达与实践》，上海书店出版社，2001

贾士毅：《民国财政史》，商务印书馆，1917

李超：《清末民初的审判独立研究》，法律出版社，2009

李春雷：《中国近代刑事诉讼制度变革研究》，北京大学出版社，2004

李贵连：《近代中国法制与法学》，北京大学出版社，2002

李贵连：《沈家本评传》，南京大学出版社，2005

李贵连主编《二十世纪的中国法学》，北京大学出版社，1998

李启成：《晚清各级审判厅研究》，北京大学出版社，2004

李细珠：《张之洞与清末新政研究》，上海书店出版社，2003

李新主编《中华民国史》第2～6卷，中华书局，2011

李艳君：《从冕宁县档案看清代民事诉讼制度》，云南大学出版社，2009

李在全：《法治与党治：国民党政权的司法党化（1923～1948）》，社会科学文献出版社，2012

里赞：《晚清州县诉讼中的审断问题：侧重四川南部县的实践》，法律

出版社，2010

梁治平：《法辨：中国法的过去、现在与未来》，中国政法大学出版社，2002

刘昕杰：《民法典如何实现：民国新繁县司法实践中的权利与习惯》，中国政法大学出版社，2011

刘子扬：《清代地方官制考》，北京紫禁城出版社，1994

那思陆：《清代州县衙门审判制度》，台北，文史哲出版社，1982

倪正茂主编《法史思辨——2002年中国法史年会论文集》，法律出版社，2004

欧根·埃利希：《法社会学原理》，舒国滢译，中国大百科全书出版社，2009

欧阳湘：《近代中国法院普设研究——以广东为个案的历史考察》，知识产权出版社，2007

庞德：《法理学》，邓正来译，中国政法大学出版社，2004

钱实甫：《北洋政府时期的政治制度》，中华书局，1984

邱志红：《现代律师的生成与境遇：以民国时期北京律师群体为中心的研究》，社会科学文献出版社，2012

瞿同祖：《清代地方政府》，范忠信、晏锋译，法律出版社，2003

瞿同祖：《瞿同祖法学论著集》，中国政法大学出版社，2004

寺田浩明：《权利与冤抑：寺田浩明中国法史论集》，王亚新等译，清华大学出版社，2012

宋玲：《清末民初行政诉讼制度研究》，中国政法大学出版社，2009

苏力：《法治及其本土资源》，中国政法大学出版社，1996

苏力：《送法下乡——中国基层司法制度研究》，中国政法大学出版社，2000

孙慧敏：《制度移植：民初上海的中国律师（1912~1937）》，台北中研院近代史研究所，2012

汤能松：《探索的轨迹：中国法律教育发展史略》，法律出版社，1995

唐启华：《被"废除不平等条约"遮蔽的北洋修约史（1912~1928）》，

社会科学文献出版社,2010

陶希圣:《清代州县衙门刑事审判制度及程序》,台北,食货出版社,1972

汪朝光:《民国的初建》,《中国近代通史》第6卷,江苏人民出版社,2007

魏光奇:《官治与自治——20世纪上半期的中国县制》,商务印书馆,2000

吴吉远:《清代地方政府的司法职能研究》,中国社会科学出版社,1998

吴永明:《理念、制度与实践:中国司法现代化变革研究(1912~1928)》,法律出版社,2005

徐家力:《中华民国律师制度史》,中国政法大学出版社,1998

徐小群:《民国时期的国家与社会:自由职业团体在上海的兴起,1912~1937》,新星出版社,2007

严景耀:《中国的犯罪问题与社会变迁的关系》,北京大学出版社,1986

杨鸿烈:《中国法律发达史》,中国政法大学出版社,2009

杨念群:《中层理论——东西方思想会通下的中国史研究》,江西教育出版社,2001

易江波:《近代中国城市江湖社会纠纷解决模式——聚焦于汉口码头的考察》,中国政法大学出版社,2010

于恩德:《中国禁烟法令变迁史》,中华书局,1934

余明侠主编《中华民国法制史》,中国矿业大学出版社,1994

俞江:《近代中国的法律与学术》,北京大学出版社,2008

展恒举:《中国近代法制史》,台湾商务印书馆,1973

张国福编《中华民国法制简史》,北京大学出版社,1986

张海鹏主编《中国近代通史》第6~7卷,江苏人民出版社,2006~2007

张晋藩:《中国百年法制大事纵览》,法律出版社,2001

张晋藩主编《中国司法制度史》，人民法院出版社，2004

张朋园：《梁启超与民国革命》，吉林出版集团，2007

张伟仁：《清代法制研究》，台北中研院历史语言研究所，2007

张晓蓓：《冕宁清代司法档案研究》，中国政法大学出版社，2010

张中秋编《法律史学科发展国际学术研讨会文集》，中国政法大学出版社，2006

郑秦：《清代法律制度研究》，中国政法大学出版社，2000

郑秦：《清代司法审判制度研究》，湖南教育出版社，1988

中南财经政法大学法律史研究所编《中西法律传统》第2卷，中国政法大学出版社，2002

周育民：《晚清财政与社会变迁》，上海人民出版社，2000

周振鹤主编，傅林祥、郑宝恒著《中国行政区划通史》（中华民国卷），复旦大学出版社，2007

朱勇主编《中国法制通史》第9卷，法律出版社，1999

滋贺秀三等：《明清时期的民事审判与民间契约》，王亚新、梁治平编，法律出版社，1998

夫馬進編『中國訴訟社会史の研究』、京都大学学術出版会、2011

滋賀秀三：『清代中国の法と裁判』、創文社、1984

滋賀秀三：『続・清代中国の法と裁判』、創文社、2009

Xiaoqun Xu, *Trial of Modernity: Judicial Reform in Early Twentieth-century China, 1901–1937*: Stanford University Press, 2008

六 论文

毕连芳：《北洋政府时期法官群体的物质待遇分析》，《宁夏社会科学》2009年第1期

曾友豪：《法权委员会与收回治外法权问题》，《东方杂志》第23卷7号，1926年

陈晓枫、柳正权：《中国法制史研究世纪回眸》，《法学评论》2001年第2期

陈亚平：《〈中英续议通商行船条约〉与清末修律辨析》，《清史研究》2004年第1期

戴炎辉：《清代之司法制度》，载《台湾省通志卷三·政事志·司法编》，1972

邓建鹏：《清代州县讼案的裁判方式研究》，《江苏社会科学》2007年第3期

邓建鹏：《清代州县讼案和基层的司法运作——以黄岩诉讼档案为研究中心》，《法治研究》2007年第5期

邓建鹏：《中国法律史研究思路新探》，《法商研究》2008年第1期

高汉成：《晚清法律改革动因再探——以张之洞与领事裁判权问题的关系为视角》，《清史研究》2004年第4期

郭志祥：《民初法官素养论略》，《法学研究》2004年第3期

郭志祥：《清末和民国时期的司法独立研究》，《环球法律评论》2002年春、夏季号

胡震：《民初司法发展的制度性环境——以司法官考试制度为例的分析》，《中国矿业大学学报》（社会科学版）2007年第3期

胡震：《民国前期（1912~1936）司法官考试的模型设计》，《法学》2005年第12期

胡震：《南北分裂时期之广州大理院（1919~1925）》，《中外法学》2006年第3期

黄燕群：《民国时期"兼理司法制度"组织形式演变探析》，《湘潭师范学院学报》2005年第5期

江庸：《五十年来中国之法制》，《最近之五十年——申报五十周年纪念（1872~1922）》，上海申报馆，1922

蒋秋明：《国民政府基层司法建设述论》，《学海》2006年第6期

居正：《二十五年来司法之回顾与展望》，《中华法学杂志》新编第1卷第2号，1936年10月

征引文献

康黎：《1922~1923年北洋政府京外司法考察述评》，《首都师范大学学报》（社会科学版）2007年第4期

李峻：《论北洋政府时期的司法独立》，《南京社会科学》2000年第10期

李力：《危机、挑战、出路："边缘化"困境下的中国法制史学——以中国大陆地区为主要对象》，《法制史研究》2005年第8期

李启成：《领事裁判权与晚清司法改革之肇端》，《比较法研究》2003年第4期

李启成：《司法讲习所考——中国近代司法官培训》，《比较法研究》2007年第2期

李启成：《治外法权与中国司法近代化之关系——调查法权委员会个案研究》，《现代法学》第28卷第4期，2006年7月

李育民：《晚清改进、收回领事裁判权的谋划及努力》，《近代史研究》2009年第1期

李在全：《1914~1915年中国司法改革进程中的利益诉求与博弈》，《重庆社会科学》2008年第7期

里赞：《中国法律史研究中的方法、材料和细节——以清代州县审断问题研究为例注释》，《法学》2009年第3期

梁治平：《法律史的视界：方法、旨趣与范式》，《中国文化》2003年第19、20期合刊

刘广安：《二十世纪中国法律史学论纲》，《中外法学》1997年第3期

刘广安：《中国法史学基础问题反思》，《政法论坛》2006年第1期

刘海年、马小红：《五十年来的中国法制史研究》，韩延龙主编《法律史论集》第3卷，法律出版社，2001

刘昕杰：《"中国法的历史"还是"西方法在中国的历史"——中国法律史研究的再思考》，《社会科学研究》2009年第4期

刘昕杰：《政治选择与实践回应：民国县级行政兼理司法制度述评》，《西南民族大学学报》（人文社科版）2009年第4期

罗文幹：《法院编制改良刍议》，《法学丛刊》第1卷第3号，1930年5月

罗志田：《革命的形成：清季十年的转折（上）》，《近代史研究》2012年第3期

孟森：《宪政篇》，《东方杂志》第5年第8期，1908年；第6年第7期，1909年；第7年第1期，1910年

欧阳湘：《对民国前期新式法院数量的核实》，《中国地方志》2006年第5期

欧阳湘：《新编政法志中的近代法制史料评述》，《中国地方志》2008年第3期

饶鑫贤：《二十世纪之中国法律思想史研究及其发展蠡测》，《中国法学》1997年第6期

阮毅成：《行政与司法的关系》，《中华法学杂志》新编第1卷第4号，1937年2月

苏亦工：《法律史学研究方法问题商榷》，《北方工业大学学报》1997年第4期

唐启华：《清末民初中国对"海牙保和会"之参与》，《国立政治大学历史学报》第23期，2005年5月

王宠惠：《二十五年来中国之司法》，《中华法学杂志》第1卷第1号，1936年

王志强：《二十世纪的中国法律思想史学——以研究对象和方法为线索》，《中外法学》1999年第5期

吴燕：《理想与现实：南京国民政府地方司法建设中的经费问题》，《近代史研究》2008年第4期

吴燕：《论民初"兼理司法"制度的社会背景》，《求索》2004年第9期

夏锦文、秦策：《民国时期司法独立的矛盾分析》，《南京社会科学》1999年第5期

徐忠明：《关于中国法律史研究的几点省思》，《现代法学》2001年第1期

徐忠明：《中国法律史研究的可能前景：超越西方，回归本土？》，《政

法论坛》2006 年第 1 期

徐忠明：《中国法制改革认知取向的考述与评析》，《中山大学学报》2000 年第 5 期

严景耀：《北京犯罪之社会分析》，《社会学界》第 2 卷，1928 年 6 月

杨天宏：《北洋外交与"治外法权"的撤废——基于法权会议所作的历史考察》，《近代史研究》2005 年第 3 期

杨天宏：《民国时期司法职员的薪俸问题》，《四川大学学报》2010 年第 2 期

尹伟琴：《论民国时期基层法院判决依据的多样性——以浙江龙泉祭田纠纷司法档案为例》，《浙江社会科学》2010 年第 5 期

俞江：《司法储才馆初考》，《清华法学》第 4 辑，2004 年 5 月

张镜予：《北京司法部犯罪统计的分析》，《社会学界》第 2 卷，1928 年 6 月

张勤：《清末民初奉天省的司法变革》，《辽宁大学学报》（哲学社会科学版），2008 年第 3 期

张仁善：《论司法官的生活待遇与品行操守——以南京国民政府时期为例》，《南京大学法律评论》2002 年春季号

张仁善：《略论南京国民政府时期司法经费的筹划管理对司法改革的影响》，《法学评论》2003 年第 5 期

张仁善：《南京国民政府时期县级司法体制改革及其流弊》，《华东政法学院学报》2002 年第 6 期

张生：《民初大理院审判独立的制度与实践》，《政法论坛》，2002 年第 4 期

张生：《民国初期的大理院：最高司法机关兼行民事立法职能》，《政法论坛》1998 年第 6 期

张玉法：《民国初年山东省的司法改革》，《社会科学战线》1997 年第 3 期

朱浤源：《社会犯罪与治安维护》，《中华民国史社会志》，台北"国史馆"，1999

朱浤源：《我国司法现代化的个案研究——广西司法的初期现代化（1907～1931）》，《科际整合学报》1991 年第 1 期

诸克聪：《论法部奏地方审判厅检察分厅员额并其预算经费》，《吉林司法官报》第 1 期，1911 年

诸克聪：《讼费考》，《吉林司法官报》第 4 期，1911 年

七　学位论文

艾晶：《清末民初女性犯罪研究（1901～1919 年）》，博士学位论文，四川大学历史文化学院，2007

邓建鹏：《纠纷、诉讼与裁判——黄岩、徽州及陕西的民诉案研究（1874～1911）》，博士学位论文，北京大学法学院，2004

胡谦：《清代民事纠纷的民间调处》，博士学位论文，中国政法大学法律史专业，2007

李雯瑾：《清末民初的县知事审判研究——以江苏省句容县审判材料为例》，硕士学位论文，中国政法大学法律史专业，2009

吴燕：《南京国民政府时期四川基层司法审判的现代转型》，博士学位论文，四川大学历史文化学院，2007

杨立杰：《民初民事诉讼法制现代化研究（1912～1928）》，博士学位论文，重庆大学法学院，2008

图书在版编目(CIP)数据

北洋时期的基层司法/唐仕春著. —北京：社会科学文献出版社，2013.6（2014.1 重印）
 ISBN 978 - 7 - 5097 - 4763 - 6

Ⅰ.①北… Ⅱ.①唐… Ⅲ.①北洋军阀政府 - 司法 - 行政 - 研究 Ⅳ.①D929.6

中国版本图书馆 CIP 数据核字（2013）第 129014 号

北洋时期的基层司法

著　　者 / 唐仕春

出 版 人 / 谢寿光
出 版 者 / 社会科学文献出版社
地　　址 / 北京市西城区北三环中路甲 29 号院 3 号楼华龙大厦
邮政编码 / 100029

责任部门 / 近代史编辑室 （010）59367256　　责任编辑 / 宋荣欣
电子信箱 / jxd@ssap.cn　　　　　　　　　　　责任校对 / 孙　彪　白桂和
项目统筹 / 宋荣欣　　　　　　　　　　　　　责任印制 / 岳　阳
经　　销 / 社会科学文献出版社市场营销中心 （010）59367081　59367089
读者服务 / 读者服务中心 （010）59367028

印　　装 / 三河市尚艺印装有限公司
开　　本 / 787mm×1092mm　1/16　　　　　印　张 / 29.25
版　　次 / 2013 年 6 月第 1 版　　　　　　　字　数 / 460 千字
印　　次 / 2014 年 1 月第 2 次印刷
书　　号 / ISBN 978 - 7 - 5097 - 4763 - 6
定　　价 / 89.00 元

本书如有破损、缺页、装订错误，请与本社读者服务中心联系更换
△ 版权所有　翻印必究